高等学校人工智能通识教育系列教材

人工智能应用技术

主　编	冯玉明	代祥光	闫东方
副主编	冯宗玺	张强强	牟群刚
	胡金戈	吕心怡	谢先阳
编　者	吴世强	刘建峰	阮玲英
	代祥琴	唐炜均	

中国教育出版传媒集团

高等教育出版社·北京

内容提要

本书聚焦人工智能技术实践，旨在为初学者提供从基础认知到高阶应用的全方位指南，具有很强的适用性与实践性，尤其适用于需要快速建立 AI 应用认知、但无须深入钻研算法理论的初学者。

全书共 7 章，首先从宏观视角解析人工智能的技术演进、产业应用与社会影响；深入讲解提示词优化与 API 调用，结合 DeepSeek 部署实践；探讨 AI 重在写作、PPT 设计、Excel 分析等办公场中的流程优化；解析 AI 赋能数学解题、Python 编程和论文写作的路径；展示 AI 在法律文书、旅行规划、金融分析、职业发展中的渗透应用；提供图像、音乐、视频等 AIGC 工具的实战指南；深度剖析 AI 的安全风险、伦理挑战与法律监管，强化责任意识。

通过本书的学习，读者将能在未来的专业学习与职业生涯中，应用人工智能技术解决实际问题。本书内容先进，案例丰富，既可独立作为高等学校人工智能通识课程的核心教材，也可与其他人工智能理论教材配合使用。

图书在版编目（CIP）数据

人工智能应用技术 / 冯玉明，代祥光，闫东方主编 ；冯宗玺等副主编. -- 北京 ：高等教育出版社，2025. 9.

ISBN 978-7-04-065621-3

Ⅰ. TP18

中国国家版本馆 CIP 数据核字第 2025NN0982 号

Rengong Zhineng Yingyong Jishu

| 策划编辑 | 刘　娟 | 责任编辑 | 刘　娟 | 封面设计 | 张　志 | 版式设计 | 马　云 |
| 责任绘图 | 马天驰 | 责任校对 | 高　歌 | 责任印制 | 刘弘远 | | |

出版发行	高等教育出版社	网　　址	http://www.hep.edu.cn
社　　址	北京市西城区德外大街 4 号		http://www.hep.com.cn
邮政编码	100120	网上订购	http://www.hepmall.com.cn
印　　刷	河北吉祥印务有限公司		http://www.hepmall.com
开　　本	787 mm×1092 mm　1/16		http://www.hepmall.cn
印　　张	17		
字　　数	370 千字	版　　次	2025 年 9 月第 1 版
购书热线	010-58581118	印　　次	2025 年 9 月第 1 次印刷
咨询电话	400-810-0598	定　　价	35.20 元

前　言

　　人工智能是利用数字计算机控制机器模拟、延伸和扩展人类智能，使其能够感知环境、获取知识并运用知识以获得最优结果的理论、方法、技术及应用系统。它不仅是新一轮科技革命的核心驱动力，更是未来国际竞争的焦点和经济发展的新引擎。当前，以机器学习、自然语言处理和深度学习为核心的人工智能技术，正以前所未有的速度和广度渗透并影响着各行各业。面对全球人工智能的蓬勃发展，我国高度重视并积极布局，将其上升为国家战略。2017 年，国务院印发《新一代人工智能发展规划》，明确提出了中国到 2030 年人工智能理论、技术与应用总体达到世界领先水平的目标，为产业发展锚定了清晰方向。顺应这一时代浪潮，国内各大高校纷纷将人工智能教育纳入战略布局，积极探索面向全体学生的通识教育新模式。近年来，以大型语言模型和生成式人工智能为代表的新技术浪潮席卷全球，布局发展人工智能已成为共识。在此背景下，为大学各专业学生开设人工智能通识课程，培养学生在智能时代的核心素养与应用能力，已成为高等教育的迫切需求。

　　本书是为响应国家号召并服务于人才培养的关键任务，致力于人工智能的前沿科学研究，在教育体系中广泛开设人工智能通识课程而编写的。本书编者团队在人工智能及其应用方面拥有深厚的研究基础，近年来持续投入研究与教学工作，更积累了丰富的教学和实践经验。本书旨在为广大读者提供一本系统、前沿且注重应用的通识读本，帮助读者建立人工智能思维，掌握与 AI 协作的核心技能，能够在未来的专业学习与职业生涯中，应用人工智能技术解决实际问题，成为推动国家人工智能发展战略的生力军。

　　全书共 7 章，内容翔实，紧跟技术前沿。

　　第 1 章描绘人工智能的宏观图景，介绍其基本概念，发展现状以及在生命科学、工程制造、金融服务等领域的应用案例，并展望其未来发展与社会影响。

　　第 2 章是掌握 AI 应用的核心，系统介绍与 AIGC 高效对话的原则与技巧（提示词工程），并指导如何通过 API 或集成工具调用 AI 能力，以 DeepSeek 为例讲解模型的部署和使用。

　　第 3 章聚焦智能化办公场景，探讨如何利用 AI 进行高效写作、日程管理，并深入介绍 WPS AI 在 Word、PPT、Excel 中的集成应用，显著提升工作与学习效率。

第 4 章探索 AI 如何作为"智能助学官"，在数学解题、Python 编程学习、诗歌创作、语言学习及学术论文写作等全方位提供支持。

第 5 章带领读者领略 AI 如何成为"百事通"，内容涵盖 AI 在解读法律文书、处理大数据（如规划旅行）、辅助金融分析和职业生涯规划（如润色简历、模拟面试）中的应用。

第 6 章介绍数字创作新范式，通过实操案例指导读者使用主流 AIGC 工具进行图像、音乐、视频内容的生成与创作。

第 7 章作为全书不可或缺的部分，引导读者深入思考人工智能带来的安全隐患、伦理困境与法律挑战，培养技术向善的责任意识。

本书的编写特色主要有：

（1）语言通俗，场景导向。全书力求用通俗易懂的语言，将 AI 技术与办公、学习、生活、创作等日常情景紧密结合。通过大量鲜活的案例，让读者感受 AI 就在身边，激发学习兴趣。

（2）内容先进，注重应用。本书紧跟技术前沿，内容涵盖国内外主流 AIGC 模型与工具（如 DeepSeek、WPS AI 等）。全书摒弃艰深的算法理论，完全从应用与实践出发，确保读者学有所用。

（3）结构清晰，便于学习。每一章都设有清晰的学习目标，并在章末配有本章小结与习题思考，帮助读者巩固知识、加深理解。全书逻辑清晰，循序渐进，符合通识课程学生的认知规律。

（4）实操性强，方便实践。书中包含了大量可操作的步骤指导和实例讲解。从模型部署到工具使用，从提示词优化到项目创作，引导读者亲自动手，在实践中探索，在探索中成长。

（5）视野全面，兼顾伦理。本书特设专门章节深入探讨人工智能的安全、伦理与法律问题。旨在引导读者建立对 AI 应用的批判性思维和责任意识，在享受技术红利的同时，能够预见风险、坚守底线。

在本书策划出版过程中三峡学院胡金戈、唐炜均、吴世强、阮玲英、刘建峰、张强强、冯宗玺、谢先阳、牟群刚、吕心怡、代祥琴等老师为本书编写做出了贡献。但限于编者水平，书中难免存在不足之处，恳请广大读者和同行专家不吝批评指教，编者邮箱：ymfeng@sanxiau.edu.cn。

编　者

2025 年 6 月

目 录

第1章 绪论

近年来，随着计算机技术的飞速发展和应用领域的不断拓宽，人类的智力活动是否能够通过计算机来实现这一需求被提出。长期以来，计算机被普遍视为仅能高效、精确执行数值计算的工具。然而，在当今社会发展所面临的众多挑战中，所要解决的问题远非仅限于数值计算。例如，语言的理解与翻译、图形及声音的识别、决策管理等领域均不属于传统数值计算的范畴；特别是诸如医疗诊断等系统，更是需要拥有专业经验和知识的医师才能做出准确的判断。因此，计算机的应用需求已从单一的"数据处理"向更为广泛的"知识处理"领域拓展。这一变化成为推动"人工智能"领域快速发展的关键因素。

人工智能（artificial intelligence，AI），作为计算机科学的一个重要分支，自1956年被正式提出以来，迅猛发展，其应用范围已渗透至多个学科领域，并取得了显著的成果。渐渐地，人工智能演化为一门独立的学科，无论是在理论上，还是工程实践的应用中，均形成了完整且独立的体系。

1.1 人工智能概述

1.1.1 人工智能概念

1. 信息

信息是对事物存在方式、运动状态及其特征的描述和反映，它通常表现为符号、数据、文本、声音、图像等。这些信息可以被人类或机器识别、接收、存储、处理、传递和利用。

2. 认识

人的认识过程是一个复杂而多维度的心理活动过程，它涉及感性认识、理性认识和实践等多个环节和阶段。感性认识是认识过程的初级阶段，它主要通过人的感觉器官来获取事物的个别属性。这些感觉信息是人脑对外部世界的直接反映，是认识过程的起点。理性认识是认识过程的高级阶段，它是在感性认识的基础上，通过思维活动对事物进行抽象、概括和推理的过程。理性认识主要包括知觉、记忆、思维、想象等心理活动。

3. 知识

知识是人类在社会实践中所获得的认识和经验的总和,它具有客观性、系统性、实践性和发展性等特点。

4. 智力

智力是一个复杂且多维度的概念,通常被理解为生物(特别是人类)认识、理解客观事物,并运用所学知识、经验来解决问题的能力。

5. 智能

智能是一个复杂且多维的概念,至今没有一个统一的定义。它涉及哲学、脑科学、认知科学等多个领域的研究。智能的定义在不同的学科和领域中存在着多种表述。在心理学中,智能通常被定义为个体在认知、学习、问题解决和适应环境等方面的能力。在计算机科学中,智能则被视为机器模拟人类智能的能力。而在哲学中,智能被视为一种对世界的理解和把握的能力。

智能的发生被认为是自然界四大奥秘之一,至今仍未完全理解清楚。智能的形成机制涉及大脑的结构与功能、遗传与环境的作用以及神经可塑性等多个因素。智能的内涵包括感知、理解、推理、学习、决策等多个方面。

智能的研究是结合对人脑的认识和智能的外在表现,从不同角度和方法进行探索的过程。多学科的交叉融合为揭示智能的奥秘提供新的视角和方法,这样的研究有望在智能的形成机制、发展规律等方面取得新的突破。

智能是知识与智力的总和,知识是智能行为的基础,智力是获取和运用知识的能力。

深入理解智能的定义、本质、研究方法、主要理论、人类思维的层次模型以及智能的组成,可以更好地把握智能这一复杂而又神秘的概念。这不仅有助于推动科技的进步和社会的发展,也有助于更好地认识人类自身的价值和意义。

6. 人工智能的定义

人工智能是一种模拟、延伸和扩展人类智能的技术和方法。它通过计算机程序或机器来实现,旨在使机器能够像人类一样学习、思考和做出决策,从而完成复杂的任务。

7. 生成式人工智能

生成式人工智能(generative artificial intelligence,GAI)是一种能够自主创造新内容的人工智能技术。它通过学习大量数据中的模式和规律,生成与训练数据相似但全新的文本、图像、音频、视频、代码或其他形式的内容。与传统的判别式人工智能(专注于分类、识别或预测任务)不同,生成式人工智能的核心目标是"创造"而非"判断"。

1.1.2　国外 AIGC 发展现状

目前,国外人工智能生成内容(artificial intelligence generated content,AIGC)的发展主要有以下几个方面。

模型能力跃迁:以 GPT-4、DALL·E 3 为代表的生成式模型,参数量级已突破万亿级别，展现出类人的内容理解与创造能力。

多模态融合创新：文本–图像–视频跨模态生成技术日趋成熟，如谷歌（Google）的 Imagen Video 实现文本到高清视频的端到端生成。

伦理治理探索：欧洲联盟（简称欧盟）率先发布《ethics guidelines for trustworthy AI》（可信赖 AI 的伦理准则），推动 AIGC 技术应用的透明性与责任追溯机制建设。

1.1.3　国内 AIGC 发展现状

生成式人工智能作为人工智能领域的重要分支，近年来在我国快速发展，展现出强大的技术潜力与广泛的应用前景，在政策支持、技术研发、产业应用等方面均取得显著进展。

1. 技术突破与创新

（1）大模型创新

我国科研机构与企业积极布局大规模预训练模型研发。例如，百度公司的"文心一言"、阿里巴巴公司的"通义千问"、科大讯飞公司的"星火大模型"等，在自然语言处理、多模态生成等领域达到国际先进水平。2023 年，部分中文大模型的参数规模已突破千亿级，并在逻辑推理、创造性内容生成能力上持续优化。

（2）算力基础设施支撑

全国一体化算力网络与超算中心建设加速，国产 AI 芯片（如华为昇腾、寒武纪思元）性能提升，为生成式 AI 训练提供底层支持。同时，开源社区（如 OpenAI 启智）推动技术共享，降低研发门槛。

2. 应用场景

生成式人工智能的应用场景覆盖经济与社会多个领域，其功能正从"工具替代"向"价值创造"演进，这些领域主要包括：

- 传媒领域，如新华社"AI 主播"、腾讯"DreamWriter"，可以实现新闻自动撰写与播报。
- 文化创意，如敦煌研究院利用 AI 复原壁画，影视行业借助 AI 生成剧本分镜与特效。
- 数字人经济，如虚拟偶像（如"洛天依"），企业数字员工应用于客服、直播等场景。
- 制造行业，如 AI 辅助生成产品设计原型，缩短研发周期。
- 医疗健康，如 AI 辅助生成医学影像分析报告、个性化诊疗方案。
- 教育行业，如利用 AI 智能生成习题、规划个性化学习路径，常见的有"AI 教师"系统。

3. 挑战与机遇

生成式人工智能的发展在芯片算力、高质量中文语料库建设等方面仍存在关键技术领域难题。这要求当代青年学子既要保持技术敏感度，更要培养自主创新意识，在解决关键技术难题中践行科技报国使命。

1.2　人工智能应用案例概述

1.2.1　生命科学：AlphaFold 3 与医疗 AI

随着计算能力的提升和大数据技术的进步，AI 在生命科学领域的应用日益广泛。从基因组学到药物发现，从医学影像分析到个性化医疗，AI 正在改变我们对生命科学的理解和实践。

1. 案例一：蛋白质结构预测

由于 AI 大模型给科学发现所带来的巨大贡献，戴维·贝克（David Baker）因计算蛋白质设计，戴米斯·哈萨比斯（Demis Hassabis）和约翰·江珀（John Jumper）因蛋白质结构预测共同获得"2024 年诺贝尔化学奖"（图 1-1）。

(a) 戴维·贝克　　　　　　(b) 戴米斯·哈萨比斯　　　　　(c) 约翰·江珀

图 1-1　2024 年诺贝尔化学奖获奖者

AlphaFold 3（图 1-2）于 2024 年 5 月上线，引领生物学预测技术进入下一阶段——构建蛋白质与其他分子（诸如 DNA 或 RNA）结合的复合体结构。AlphaFold 3 能够实现多种生物分子结构的预测，包括蛋白质、DNA、RNA 以及一系列配体等，并且可以生成 3D 结构。此外，AlphaFold 3 还以空前的精确度成功预测生物分子之间的相互作用。与现有的其他预测方法相比，AlphaFold 3 在发现蛋白质与其他分子类型的相互作用中的性能提高 50%，在一些重要的相互作用类别中，性能甚至能提高一倍。

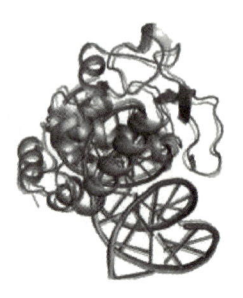 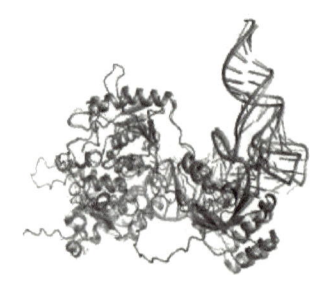

图 1-2　AlphaFold 3

2. 案例二：谷歌公司医疗 AI 模型 Med-Gemin

2024 年 5 月，谷歌公司发布应用于多模态医疗领域的 Med-Gemini 系列模型，其中包含 Med-Gemini-2D、Med-Gemini-3D 以 及 Med-Gemini-Polygenic。Med-Gemini 系列模型可以实现在放射学、病理学、皮肤学、眼科学和基因组学领域的医疗应用（图 1-3）。

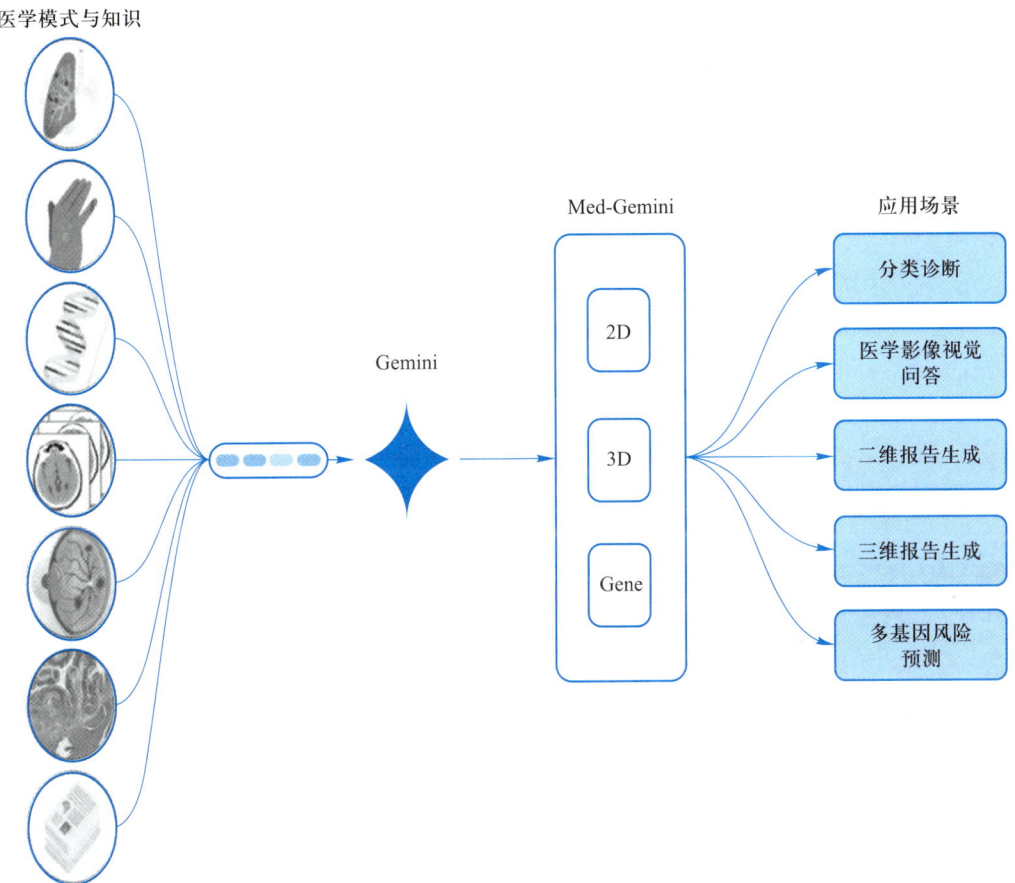

图 1-3　Med-Gemini 系统模型

Med-Gemini-2D 能够在传统 2D 医疗影像（X 光、CT 影像、病理切片等）上执行分类、视觉问答和文本生成等多项任务；可以理解并能够撰写 3D 研究放射学报告，例如，头部 CT 影像；能够实现通过收集基因组信息，预测疾病以及健康状态。

3. 案例三：医联 MedGPT

医联 MedGPT 可以整合多种医学检验检测模态能力，完成线上问诊到医学检查的无缝衔接，通过多模态应用，实现从问诊到康复指导的全流程诊疗。

MedGPT 主要专注于在真实医疗场景中发挥实际诊疗价值，实现从疾病预防、诊断、治疗到康复的全流程智能化诊疗能力。MedGPT 通过线上的多轮问诊引导患者给出病情全貌以收集足够的诊断决策因子，使得准确性得到保障才会进入下一环节。线上问诊结束后，向患者开具必要的医疗检查项目，患者则可以通过医联云检验等多模态能力进行医学检查。此外，MedGPT 还会在患者收到药品后为患者提供用药指导、智能随访复诊和康复指导等智能化疾病诊疗服务。

1.2.2　工程制造：元景大模型赋能智能制造

工业发展正加速迈向智能化阶段。继机械化、电气化、自动化、信息化阶段后，工业领域正处于从数字化向智能化转型的关键时期。在当前阶段，中国在工业领域已积累了海量数据、基础能力和场景需求，借助生成式人工智能的能力，可对工业进行更深入的升级和改造，从而提高生产效率、降低生产成本并提升产品质量。此外，生成式人工智能技术可渗透至工业生产、运营、管理等各个领域，持续优化感知、认知和决策等关键环节，推动工业发展实现"自适应、自决策、自执行"的智能化模式。

案例：中国联通元景大模型赋能杭州嘉溢制衣有限公司

中国联合网络通信集团有限公司（中国联通）通过元景大模型底座，提供性能领先的衣裳云生成式人工智能能力平台，该平台汇聚视觉合规、视觉质检、服装纺织 AIGC 等产品能力单元。中国联通借助元景大模型能力，已在全国服装纺织行业成功打造包括浙江的报喜鸟、中国巨石、嘉溢服饰等多个重点标杆项目，服务海宁经编、安徽宿松等多个产业集群平台（图 1-4）。

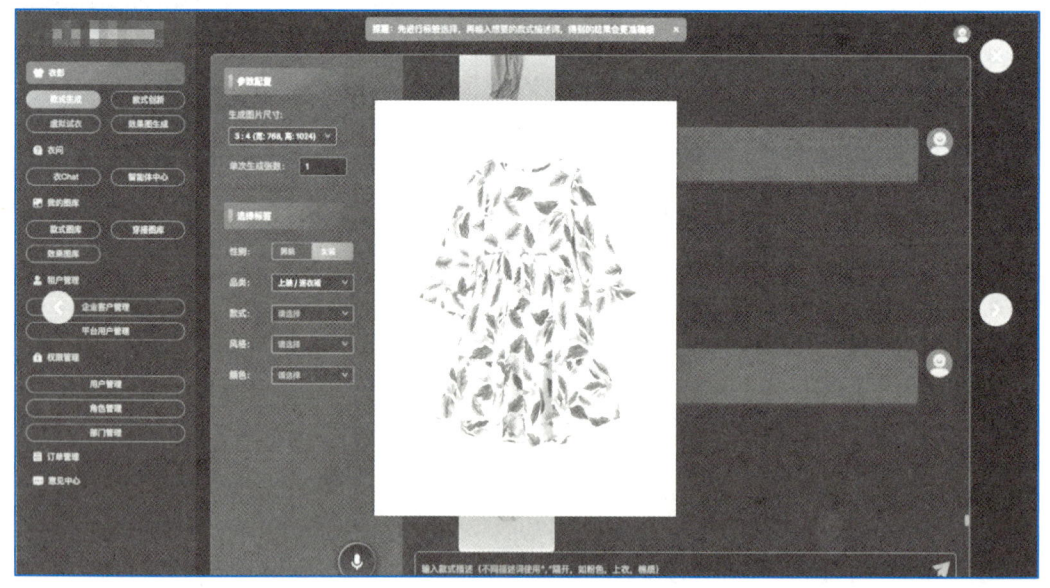

图 1-4　"衣影"大模型

中国联通与杭州嘉溢制衣有限公司联合开发定制化元景服装大模型——"衣影"大模型，依托"衣影"大模型，设计师只需在大模型聊天框内输入想生成的衣服款式描述，短短数秒后，穿着该样式服装的模特便呈现在屏幕上。设计师用画笔等在模特衣服上进行修改调整，大模型便即时生成了修改后的最新款式。衬衣、长裙、外套，学院风、中式风等各种款式、各种风格大模型都可以生成。除根据文字实时生成款式图样外，"衣影"大模型还可以导入现有的图片，自动进行款式调整。

从过去一个业务熟练设计师一天最多设计 3～4 款服装，确定一款设计需要两天左右时间，到如今只需 3 秒钟就能生成设计图，看到上身效果，且平均只需大模型生成修改十余次就能得到较为满意的款式，设计师的工作效率大幅提升，图 1-5 为元景大模型 AI 工序合规检测示意图。

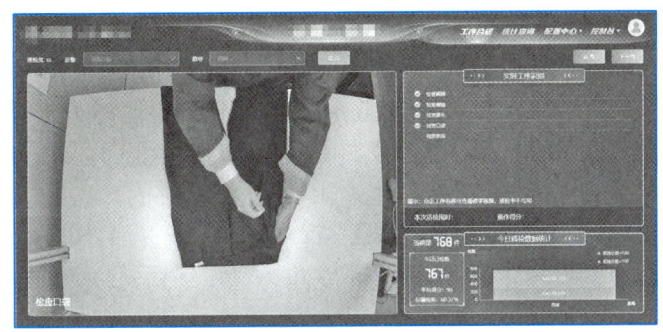

图 1-5　元景大模型 AI 工序合规检测

1.2.3　文学创作：文心一言与 Kimi

文学创作功能依托自动化、智能化和自适应的文本生成技术，该功能显著提升内容创作的效率与质量。在激发创作灵感方面，生成式人工智能写作工具能够自动生成吸引人的文章标题和摘要，提供贴合语境的写作建议以及基于关键词或主题的内容创意生成，助力创作者突破思维局限，迅速捕捉创作灵感。在确保文章质量方面，生成式人工智能纠错工具通过细致的语法检查、拼写检查、标点符号检查以及风格和用词建议，帮助创作者避免常见错误，提升文章的专业性和可读性。在拓宽创作领域方面，生成式人工智能协同创作工具实现跨领域知识融合，人机协作，推动创作走向更深层次的创新与探索。此外，生成式人工智能写作功能的应用场景极为丰富，覆盖创意文案、小说创作、旅游指南、科研文献等多个领域，不仅减轻了人力负担，还降低了创作成本，为创作者带来了前所未有的便捷性与可能性。

1. 案例一：文心一言

以文心大模型 4.0 为底座的文心一言是百度全新一代知识增强大语言模型，具备跨模态、跨语言的深度语义理解与生成能力。相较于其他同类型产品，文心一言在提供多种实用插件和易用性方面表现优秀，适合在拓展性要求较高的应用场景使用，为用户提供更加便捷、高效的解决方案。文学创作方面，文心一言可以清晰地表达观点、传递情感，激发创意思维，为用户提供新的灵感和想法，因此可以应用于小说、散文、诗歌等文学作品的创作中。搜索问答方面，文心一言的聊天机器人可以与用户进行自然语言交互，理解用户的意图和需求，并提供相应的回答和建议。这种应用可以广泛应用于生活服务等领域。多模态生成方面，文心一言支持图像生成和处理，可以根据用户需求生成图像或者对已有图像进行处理编辑。特色应用方面，文心一言与甲骨文信息处理教育部重点实验室共同打造"来自甲骨文的回答"互动程序，用户只需输入提示词进行提问，就可以收到来自甲骨文的回答。通过调用文心一言的对话能力及对甲骨文文字的释义，让古老的甲骨文"活起来"。截至 2024 年 6 月，文心一言用户规模已超过 3 亿，日调用量已超过 5 亿次。

2. 案例二: Kimi

Kimi 智能助手是月之暗面公司推出的一款基于自研 Kimi 大模型的应用产品。该产品以千亿级模型参数为基础，以长文本处理为核心能力，凭借其初始阶段约 20 万汉字的无损上下文处理能力，为用户解锁了众多新应用场景。相较于其他同类型产品，Kimi 在文件处理和信息检索方面具有优势，适合用于报告优化、网页内容提取和长文本信息概括等领域。目前，Kimi 已将上下文处理能力提升至 200 万汉字，能够一次性深入阅读 500 份甚至更多文件。在响应速度方面，Kimi 能够在 20 秒内完成对 30 页以内文档的迅速解析，并输出相关文本综述。在长文本概括能力上，Kimi 能够全面把握各篇文章的核心观点，并在处理多篇论文时有效比较和融合相似观点，同时确保输出的文本具备良好的可读性和层次结构。

1.2.4   金融服务: 腾讯云金融大模型

金融行业的前、中、后台业务已全方位受益于生成式人工智能的赋能，运营效率显著提升。对话机器人、虚拟助理等生成式人工智能应用已经逐渐出现在个性化服务、客户服务、金融欺诈检测、信贷支持等服务场景中。在个性化服务方面，基于客户数据的深度分析，生成式人工智能大模型能够为客户量身定制财务和产品计划，实现精准服务。在客户服务方面，生成式人工智能大模型依据客户的行为偏好，生成个性化电子邮件与信息，并提供差异化的智慧客服服务，有效提升客户体验。在金融欺诈检测方面，生成式人工智能大模型助力高效检索和分析大量数据，准确识别欺诈行为，保障金融安全。在信贷支持方面，生成式人工智能大模型通过分析海量生产生活和信用数据，为信贷部门人员生成高质量的信贷方案建议，减少贷款收益损失。

案例: 腾讯云金融大模型赋能银行开发智慧客服

在银行客服场景中，银行的客服系统存在三大痛点。一是知识维护量大，冷启动知识配置成本 14 天到 1 个月不等，且需要持续投入运营。二是问答覆盖率低、拦截率低，由于知识边界受限，不在知识库的问题无法回复或者几轮下来往往答非所问。三是接待上限低、服务效率低，进线后座席需要经历知识理解、搜索、组织回复的复杂流程。

银行客服系统基于腾讯云金融行业大模型能力，结合自身场景数据，通过腾讯云 TI 平台进行精调，构建了专属的金融客服大模型，并进行私有化部署。通过快速接入银行企业知识，直接学习企业文档库、搜索引擎现有资源，同时直接对接银行 API 进行任务式对话问答，打造了银行专属 AI 助手。银行可采用语音识别、语音合成、人脸识别等 AI 技术，在进行安全认证的基础上，对自然语言进行深度分析，并进行精准回复，让服务"看得见""听得见"，大幅减少人工成本的基础上，极大地提升用户交互体验。一是智能语音导航和智能问答。通过智能语音导航和智能问答，可以实现对客户的合理引导，将复杂的功能菜单扁平化，提升客服服务效率。二是智能外呼和智能质检。一方面，银行利用腾讯云金融大模型的 NLP、情绪识别、语音识别等技术，将人工客服的服务录音进行转写，并在此基础上进行数据分析，形成专题分析。另一方面，将外呼营销、催收等过去由人工开展的业务，交由机器人办理，并实时对数据进行深度分析，朝着定制化的客户处理方案演进。三是客服助手。客服助手可以在人工座席服务时，为员工提供即时的话术支持，也可以根据人工座席的需求，为其提供即时的协助，提升工作效率。

1.2.5　教育革新：自适应学习与 AI 教师

当今教育行业的传统教学模式存在一定程度上的个性化教育与普惠教育之间的矛盾。个性化教育虽能够根据学生的特点和需求提供精准的教学方案，从而最大程度地发掘每个学生的潜能，但教育个性化的实施需要配套教师资源的持续投入，这对于具有规模化教育需求的国家而言，带来了师资稀缺、教育开支过高等问题。

对于学生而言，AIGC 可为学生提供自适应学习、口语陪练、智能排课、在线答疑等学习支持。对于教师而言，可优化教学设计三大环节，创新规划单元教学设计、一键生成互动教学课件、智能教学评价，明显提升教师课前备课、课中观察、课后评价效率和质量。

1.　案例一：Abab 系列大模型助力高途教育

MiniMax 与高途合作，针对不同学龄阶段学生的特点和学习规律，推出了一系列智能助手。这些助手采用先进的文本和语音大模型技术，实现了智能问答、数字课件讲解、数字讲师等数十种精细化的应用场景，为师生提供了丰富的教学交互方式。此外，双方还共同开发了数字讲师、生涯助手等功能，实现了针对学习内容的问答、聊天、内容生成及规划指导等任务。其中，MiniMax 教师音色复刻等特色功能可根据不同场景定制特色音色，实现重点 IP 音色的高还原度复刻，并与使用者进行一对一交互。Abab-speech 语音模型技术则支持合成更自然的声音、消除机械音，从而提升了学生在高途数字讲师前的学习体验。目前，MiniMax 携手高途共同推出数字老师 30 余名，累计制作超十万分钟 AI 数字课程，辅助生成虚拟资源课件数量破万。

对于处于高考、考研等升学阶段的考生，生成式人工智能也展现出了新的创新应用价值。高途教育利用 MiniMax 大模型和 RAG 全套工具链，结合院校信息、招生信息以及初试复试参考信息等数据，推出了"生涯助手"应用场景。该场景与考生实现智能问答，帮助他们在与大模型的对话过程中逐步选定理想院校和专业，并自动生成针对每位考生的个性化回答和建议。

2.　案例二：讯飞星火智慧教育赋能国家开放大学英语教学

国家开放大学是教育部直属、以现代信息技术为支撑、面向全国提供开放教育的新型高等学校。其英语学习者每年超过 300 万，学习需求多样，英语教学亟须充分交互、及时反馈的个性化支持服务，学习界面如图 1-6 所示。

基于讯飞核心人工智能技术及星火大模型能力，国家开放大学打造了个性化语言学习环境，通过英语口语智能训练系统，让每位学生都能即时获得不同维度的训练反馈。基于大模型+知识图谱双轮驱动，学校建设了自适应学习平台，并将"学位英语"课程打造为新型数字课程。学生可以结合自身需求开展"千人千面"的自适应学习，并通过课程知识图谱及学习画像，自主寻找知识盲点、查缺补漏，实现针对性提升。借助讯飞虚拟人技术，学校还打造了依托虚拟教师的新型数字教学模式，帮助教师便捷定制 AI 课程资源，提升资源建设效率，为学生提供 7×24 小时的智能答疑服务，回答过程可同步展示与问题相关的知识点及学习资源，助力拓展练习，学习界面如图1-7 所示。经过近万名师生的教学实践，国家开放大学智慧教学资源体系已经形成，共建设智能问答资源库 1 个、自适应课程 1 门、完成知识图谱知识点拆解 200 个、虚拟资源课件 141 个、虚拟资源 844 分钟，打造了开放教育"因材施教"的全新范式。

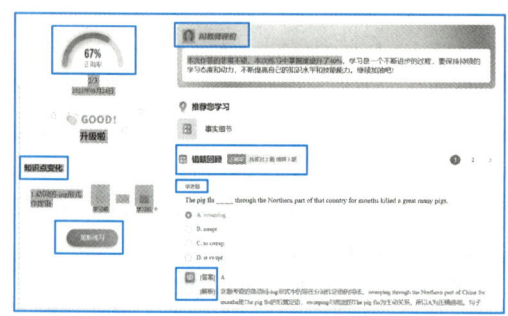

图 1-6 学习界面 1

图 1-7 学习界面 2

1.3 人工智能未来发展

1.3.1 技术前沿：从深度学习到 AGI 的技术演进

人工智能技术在不断创新和演化。在未来的几年里，以下几种技术进展被认为是推动 AI 未来发展的关键。

1. 深度学习的演变与创新

深度学习是近年来最重要的人工智能技术之一，它通过多层神经网络模型对数据进行学习和分析，实现了从语音识别、图像识别到自然语言处理等多个领域的突破。未来，深度学习将进一步向以下几个方向发展：

更高效的模型：深度学习模型的计算量巨大，未来将重点关注如何提高计算效率，减少对硬件资源的依赖。例如，量子计算可能成为未来加速深度学习算法的重要工具。

自监督学习：目前的深度学习模型大多依赖大量的标注数据。自监督学习（self-supervised learning）作为一种新兴的无监督学习方法，允许 AI 在没有人工标签的情况下进行有效学习。

解释性 AI：尽管深度学习取得了巨大成功，但其"黑盒"性质仍然是一个难题。未来的研究将着重于开发更具可解释性的 AI 模型，以便更好地理解其决策过程，尤其在医学、金融等领域。

2. 强化学习的进展

强化学习（reinforcement learning，RL）在游戏和机器人领域已经展现出巨大的潜力，随着技术的不断进步，其应用范围也在不断扩展。尤其是在解决复杂问题和实际应用中，强化学习未来将有可能实现更深远的突破，特别是在多智能体系统和长期规划与决策方面。未来，强化学习将会进一步在以下几个方面取得突破：

多智能体系统：在复杂环境中，多个智能体的协调与合作将成为解决实际问题的关键。例如，在自动驾驶领域，车辆不仅需要感知和理解道路环境，还必须与其他车辆、行人以及交通信号灯进行互动与协调。通过强化学习，智能体能够在动态变化的环境中不断调整策略，优化整体系统的表现。在这一过程中，强化学习能够帮助各个智能体形成更为有效的合作机制，避免冲突，减少能源消耗，提高安全性和效率。未来，随着多智能体技术的进一步发展，强化学习将在自动驾驶、机器人集群协作、智能交通等领域发挥重要作用，实现更复杂的任务和更高效的协作。

长期规划与决策：传统的强化学习方法通常侧重于短期回报的最大化，即通过即时奖励来调整智能体的行为。然而，许多现实世界中的问题并非能够通过短期回报来优化解决，而是需要考虑长期目标和复杂环境中的各种因素。例如，在金融投资领域，决策者不仅要考虑眼前的市场走势，还需预见未来几个月或几年的经济变化，制定长期战略。同样，在机器人领域，长期任务的执行也需要考虑更长远的目标和复杂的环境因素。未来的强化学习研究将进一步提升其在长期决策中的表现，特别是通过改进奖励机制和探索策略，使得智能体能够在不确定性和延迟奖励的情况下，依然能够做出具有远见的决策。

3. 通用人工智能的追求

通用人工智能（artificial general intelligence，AGI）是指能够在各个领域、解决多种任务、具备灵活适应能力的人工智能系统。目前，大部分 AI 技术仍属于特定领域的弱 AI（narrow AI）。

然而，研究者们正在致力于实现 AGI，期望它能够像人类一样理解世界、解决问题和进行创造性思维。实现 AGI 的挑战主要包括以下方面：

认知架构：构建一个类似人类的认知架构是实现 AGI 的首要挑战。人类的大脑能够处理抽象问题、进行复杂推理并且拥有丰富的常识知识。相比之下，现有的 AI 系统往往仅仅依赖于大量的数据和统计模型来完成任务，而缺乏像人类一样的深度理解能力。为了接近人类智能，AGI 系统需要具备处理复杂、模糊、动态问题的能力，能够在面对未见过的情况时进行推理和判断。例如，AGI 系统应该能够理解和应用常识知识，推导出对复杂问题的合理解答，并能够将不同领域的知识综合起来，做出适应性强的决策。

迁移学习与跨领域能力：实现迁移学习和跨领域学习是 AGI 面临的另一个关键挑战。在当前的弱 AI 系统中，知识往往是局限在特定领域内的，例如，一个训练有素的图像识别模型可能在自然语言处理任务中表现不佳。而 AGI 则需要具备将一个领域的知识迁移到另一个领域的能力，这不仅要求 AI 系统能够学习领域间的相似性，还要能够在不同领域之间进行灵活的知识整合。例如，一个在医疗领域非常成功的 AGI 系统，应该能够将其对疾病诊断的理解迁移到金融分析、气候预测等完全不同的领域，而不需要从头开始学习。

1.3.2 社会影响：就业、伦理与法律重构

随着 AI 技术的广泛应用，社会结构和日常生活将不可避免地发生巨大变化。以下是人工智能对社会的潜在影响。

1. 劳动力市场的变化

人工智能的发展将对劳动力市场带来深远影响。一方面，自动化技术将替代大量的重复性劳动和低技能工作，另一方面，AI 技术也将在高技能领域催生新的就业机会。主要影响如下。

职业替代：传统的制造业、零售业、客户服务等行业的低技能岗位可能会被自动化系统取代。AI 与机器人技术结合，将使得这些行业的大量工作岗位消失。

技能转型与再培训：人类劳动者需要适应新技术，学习数据科学、AI 算法、机器学习等领域的知识，以保持其竞争力。

新兴职业：AI 的普及将催生新兴职业，如 AI 数据标注师、AI 训练专家、AI 伦理专家等。

2. 教育与人类能力的提升

AI 将在教育领域引发重大变革。个性化学习、智能教学助手和自动化教育管理将成为未来教育的重要组成部分。AI 将帮助教育者针对学生的个性化需求设计教学内容，并提供实时反馈。此外，AI 还可以促进终身学习，使人们在职业生涯中不断提高技能。

3. 医疗与健康

AI 技术的应用能够极大地提高医疗诊断的准确性，并加速新药研发过程。例如，深度学习可以帮助医生分析影像资料，发现疾病的早期迹象。AI 还将帮助开发个性化治疗方案，提高全球医疗健康水平。未来，AI 系统能够与生物传感器等技术相结合，实时监控患者的健康状况，提供个性化的治疗和健康建议。

4. 伦理和法律挑战

随着 AI 技术的普及，随之而来的伦理、法律和安全问题将变得更加复杂，例如。

偏见与公平性：AI 系统可能在训练过程中学习到偏见，导致决策中的不公平。如何确保 AI 在各个领域的应用中公平、公正，成为亟待解决的问题。

隐私保护：AI 技术在收集、存储和处理个人数据时，如何保证用户的隐私权不被侵犯，已经成为法律和技术领域的热门话题。

5. 法律与责任问题

当 AI 系统参与决策时，谁应为其行为负责？在自动驾驶、医疗诊断等领域，AI 的决策错误可能会导致严重后果。如何界定 AI 的责任与人类的责任，建立合理的法律框架，是未来法律发展的重点。

6. AI 安全与控制

AI 系统的安全性是一个日益重要的课题。随着技术的不断进步，AI 系统变得

越来越复杂，且难以预测其行为，尤其是在高风险领域，如军事应用、金融交易等。因此，如何确保 AI 系统在执行任务时不会产生意外的负面影响，是人工智能安全研究的重要方向。

1.4　本　章　小　结

人工智能是利用计算机模拟人类智能行为科学的统称，旨在研究、理解、模拟人类智能，并发现其规律。作为计算机科学的一个分支，人工智能试图了解智能的实质，并生产出一种能以类似人类智能的方式做出反应的智能机器。该领域的研究包括机器人技术、语言识别、图像识别、自然语言处理和专家系统等。人工智能通过训练计算机，使其能够完成类似于人类的自主学习、判断、决策等行为，促使智能机器具备听、看、说、思考、学习和行动的能力。

人工智能自 1956 年在美国达特茅斯会议上被正式提出以来，已经经历了 60 多年的发展历史。其间，人工智能经历了逻辑推理、专家系统和机器学习等多个阶段的发展，并在大数据、云计算和物联网等新兴科技的推动下，不断推向新的高峰。如今，人工智能在医学、医疗影像、交通、金融、工业制造等多个领域都取得了广泛的应用和成功。

1.5　习题与思考

1. 什么是人工智能？请简要阐述其定义和核心要素。

2. 生成式人工智能与判别式人工智能的主要区别是什么？

3. 分析当前国内外在人工智能技术发展方面的主要差异和各自的优势。

4. 探讨人工智能在未来几年内可能对社会结构和劳动力市场产生的具体影响，并提出相应的应对措施。

5. 选取文档中的一个或多个应用案例，分析其成功应用的关键因素，并讨论这些案例对人工智能未来发展的启示。

6. 以 AlphaFold 3 为例，说明人工智能在生命科学领域的应用价值，并探讨其对医学研究和临床实践的影响。

7. 你认为实现通用人工智能面临的最大挑战是什么？请提出你的观点和解决方案。

8. 在未来，人工智能将可能在哪些领域带来革命性的变化？请结合当前技术发展趋势进行预测。

第2章　如何与 AIGC 建立高效互动

AIGC 是一个强大的工具，要充分利用其潜力，与 AIGC 建立高效互动尤为重要，这需要用户通过科学的方法引导和优化，以获得最优质的内容和解答。这一章以通义千问文本生成工具和深度求索为例，详细探讨如何通过关键提示词与 AIGC 高效交流，让它在创意、学习、工作等方面更好地服务于我们。

2.1　AIGC 对话技巧

高效利用 AIGC 的关键在于对话技巧的设计与优化，目前，AIGC 工具仍然有诸多缺陷，例如，自然语言的多义性和开放性可能导致 AI 理解偏差；长对话中信息连贯性难以维持，易出现逻辑跳跃；AI 依赖训练数据，可能无法突破预设知识或应对复杂场景，等等。这就要求提问者需要通过精准的提问、上下文管理和反馈机制，激发 AI 的潜力并实现人性化交互。这一节列举一些常用的 AIGC 对话技巧，以帮助读者更好地与 AIGC 工具交互。但需要指出，目前 AIGC 工具仍然在高速迭代中，一些目前有用的提示词技巧，很有可能在不久的将来会被更加"聪明"的 AI 大模型优化掉。

2.1.1　对话的基本原则

在与 AIGC 交流时，最基本的一种做法是使用 AI 提示语的三段式方法。这是一种结构化的提示方法，旨在通过清晰的逻辑引导 AI 生成更准确、连贯的回答。它通常包括以下三个部分：

（1）背景信息或者角色扮演：提供必要的背景或上下文，帮助 AI 理解问题的背景。

（2）待完成任务说明：明确说明需要 AI 完成的具体任务或回答的问题。

（3）输出格式或限制：指定回答的格式、长度或其他限制条件。

该方法能提高 AI 回答的准确性和相关性，帮助用户更清晰地表达需求，任务通用性较强。

例如：

　　背景信息（角色扮演）：假设你是一名大学教授，正在向本科生讲授线性代数
　　　　　　　　　　　　这门课程。

　　任务说明：请列举你认为最重要的知识点和相关数学公式。

　　输出格式或限制：使用 Latex 格式输出。

　　最新出现的推理模型（inference model）是在通用模型基础之上强化推理、逻辑分析和决策能力的模型。它在显示结果的同时，还可以展现大模型自身的思考与推理过程。因此它可以很好地完成一些逻辑性较强的推理型任务，并让用户观察大模型自身的逻辑思维过程，这样可以找出大模型思考的逻辑缺陷，或者拓展用户自身的思维方式。目前，国内最知名的推理模型是 DeepSeek 的 r1 模型（该网页工具在默认情况下是 v3 通用模型，需要单击网页下方的"深度思考（R1）"才能开启 r1 推理模型）。其他一些平台也部署了该推理模型。例如腾讯元宝、硅基流动、火山引擎等。

　　推理模型往往针对某一领域的知识进行了强化训练，并且需要输出推理步骤，因此输出较慢。一种良好的实践方法是根据问题类型来选择是使用推理模型还是通用模型。一般来说，以现有资料收集、分析为主，有明确目的的问题，可以选择通用模型；而以数学、逻辑推断，创意设计，希望激发用户自身灵感的一些问题，可以选择推理模型。另外，对于通用模型来说，提示词和上下文约束越多，答案可能会越准确。而推理模型可能需要一定的提示词自由度，来发挥其推理的能力。

　　例如，"收集并分析过去一年生物工程技术的重大进展"可以使用通用模型；而"设计并编写一个网页 UI 界面，展示过去一年生物工程技术的重大进展"使用推理模型更佳。

2.1.2　如何与 AIGC 进行互动

　　与 AIGC 进行互动的核心在于：明确表达、提供上下文和逐步引导，以获得准确、有用的回答。

1. 清晰表达问题

　　AIGC 的能力依赖于输入的清晰度。如果问题含糊或不完整，AIGC 可能无法准确理解，导致回答偏离主题。因此，要确保问题的语言简单、明了，以下是一组示例：

　　含糊提问：

　　>写一个文章标题。

　　!错误：没有给定主题或风格方向，AIGC 可能生成不相关的标题。

　　清晰提问：

　　>写一篇关于"AI 如何改变教育行业"的文章，写一个吸引人的标题，风格要简洁生动。

　　–改进：主题明确，输出范围清晰，增加了风格要求。

2. 明确上下文

上下文是 AIGC 理解问题的基础。如果问题涉及某段背景、某个场景，明确说明相关信息可以显著提高回答质量，以下是一组例子。

无上下文提问：

>为什么这很重要？

!错误：缺乏上下文，AIGC 无法理解"这"指代的是什么。

提供上下文提问：

>在计算机编程领域，数据结构为什么很重要？

3. 分解复杂问题

当问题涉及多个方面或需要详细解释时，将问题分解为简单的子问题，可以帮助 AIGC 逐步解决，避免因问题过于复杂而生成不完整或模糊的回答，以下是一组例子。

复杂问题：

>如何通过 AI 提高企业效率？

!错误：范围过广，AIGC 可能难以聚焦。

分解后的问题：

>1. 企业效率的主要影响因素有哪些？

　2. AI 在提升这些因素中的应用场景是什么？

　3. 有哪些成功的企业案例可以借鉴？

4. 使用逻辑引导对话

逻辑引导的目的是让 AIGC 按照用户的意图逐步推进对话，通过暗示结构和步骤，让其生成有条理的答案，示例如下：

逻辑引导问题：

>请分三个部分讨论 AI 对教育的影响。

　1. 学生的学习方式。

　2. 教师的教学方式。

　3. 学校管理的优化。

AI 的回答结果会更加逻辑清晰，覆盖所有关键点。

5. 调整语气和风格

根据场景需求，可以指定 AIGC 的回答风格，如专业化、幽默化、简洁化等。这种明确的语气要求可以帮助生成符合预期的内容，以下是一组例子。

普通提问：

>什么是机器学习？

明确风格提问：

>1. 用通俗易懂的语言解释机器学习。

　2. 用专业术语解释机器学习的原理。

　3. 用幽默的方式说明机器学习是什么。

6. 迭代式改进对话

与 AIGC 的对话是一个动态过程，如果第一次回答不理想，可以通过追问或改进问题提高内容质量，以下是一组例子。

初次提问：

>帮我写一段关于 AI 教育的介绍。

可能的回答：

>AI 正在改变教育行业，为学生和教师提供更多的可能性。

追问：

>请将这段话扩展到 150 字，详细说明 AI 如何为教育提供具体的帮助。

7.　案例：编写一个数据处理程序

使用清晰的语言表达，并提供明确的上下文信息，如图 2-1 所示。

分解复杂问题与逻辑引导谈话，如图 2-2 所示。

继续进行迭代式改进，如图 2-3 所示。

2.1.3　尽量使用标准化问题

与 AIGC 互动时，问题的质量直接决定了回答的效果。标准化问题是指以清晰、结构化的方式提出问题，减少歧义，提升 AIGC 的响应准确性和内容质量。它具有以下特点：

（1）明确性：问题目标清晰，避免含糊其词。

（2）逻辑性：问题结构有条理，分步骤推进。

（3）指向性：问题聚焦某一具体内容或目标。

通过标准化问题，AIGC 可以更高效地理解用户的需求，减少生成内容偏离预期的可能性。

1.　标准化问题的构建要素

（1）具体的任务目标。

明确问题的意图，让 AIGC 知道要做什么。例如，是生成文本、解释概念、总结信息，还是设计代码，示例如下。

不明确的提问：

>什么是区块链？

明确的提问：

>请用 100 字以内解释区块链的定义，并举一个实际应用。

（2）期望的输出格式。

通过指定输出格式（如段落、列表、表格），引导 AIGC 生成更符合需求的内容，示例如下：

输出格式要求：

>证明概率论中的大数定理，以 Latex 格式输出。

（3）上下文与背景信息。

为 AIGC 提供问题相关的背景信息，避免信息不足导致回答偏差，示例如下：

提供背景的提问：

>中国大陆的制造业公司如何通过区块链优化供应链管理？

你好，我需要编写一个程序，获取某个web页面上的数据，并进行数据分析。

 你好！要编写一个程序来获取网页上的数据并进行分析，你需要遵循以下步骤：

1. **确定目标网站和数据：**
   - 确定你想要从哪个网站抓取数据。
   - 明确你需要哪些具体的数据。

2. **检查法律和道德问题：**
   - 查看目标网站的 `robots.txt` 文件，了解哪些页面可以被抓取。
   - 确保你的行为符合网站的服务条款，并遵守相关法律法规。

3. **选择编程语言和工具：**
   - 你可以使用多种编程语言如Python、JavaScript等。Python因为其丰富的库（如requests, BeautifulSoup, Scrapy）而成为网页抓取的流行选择。
   - 如果是动态内容，可能需要使用Selenium或Puppeteer等工具来模拟浏览器行为。

4. **发送HTTP请求：**
   - 使用 `requests` 库发送GET请求到网页URL以获取HTML内容。

5. **解析HTML内容：**
   - 使用像BeautifulSoup这样的库来解析HTML文档，提取出你感兴趣的数据。

6. **处理和存储数据：**
   - 清洗和预处理提取的数据，以便进一步分析。
   - 将数据存储在数据库中或者保存为CSV、JSON等格式的文件。

7. **数据分析：**
   - 使用pandas等数据分析库对数据进行清洗、转换和分析。
   - 可视化结果，例如用matplotlib或seaborn制作图表。

8. **自动化和维护：**
   - 如果需要定期更新数据，考虑将脚本设置为定时任务。
   - 定期检查代码是否仍然有效，因为网站结构可能会改变。

这里是一个简单的Python示例，用于抓取网页并提取链接：

```Python
import requests
from bs4 import BeautifulSoup

# 发送HTTP请求
url = 'http://example.com'
response = requests.get(url)

# 检查请求是否成功
if response.status_code == 200:
    # 解析HTML内容
    soup = BeautifulSoup(response.text, 'html.parser')

    # 提取所有链接
    for link in soup.find_all('a'):
        href = link.get('href')
        if href:
            print(href)
else:
    print("Failed to retrieve the page.")
```

请根据实际需求调整上述代码。如果你有更具体的请求，比如特定类型的网页或数据类型，请提供更多的细节，我可以给出更针对性的建议。

代码模式

图 2-1　数据处理程序提问 1

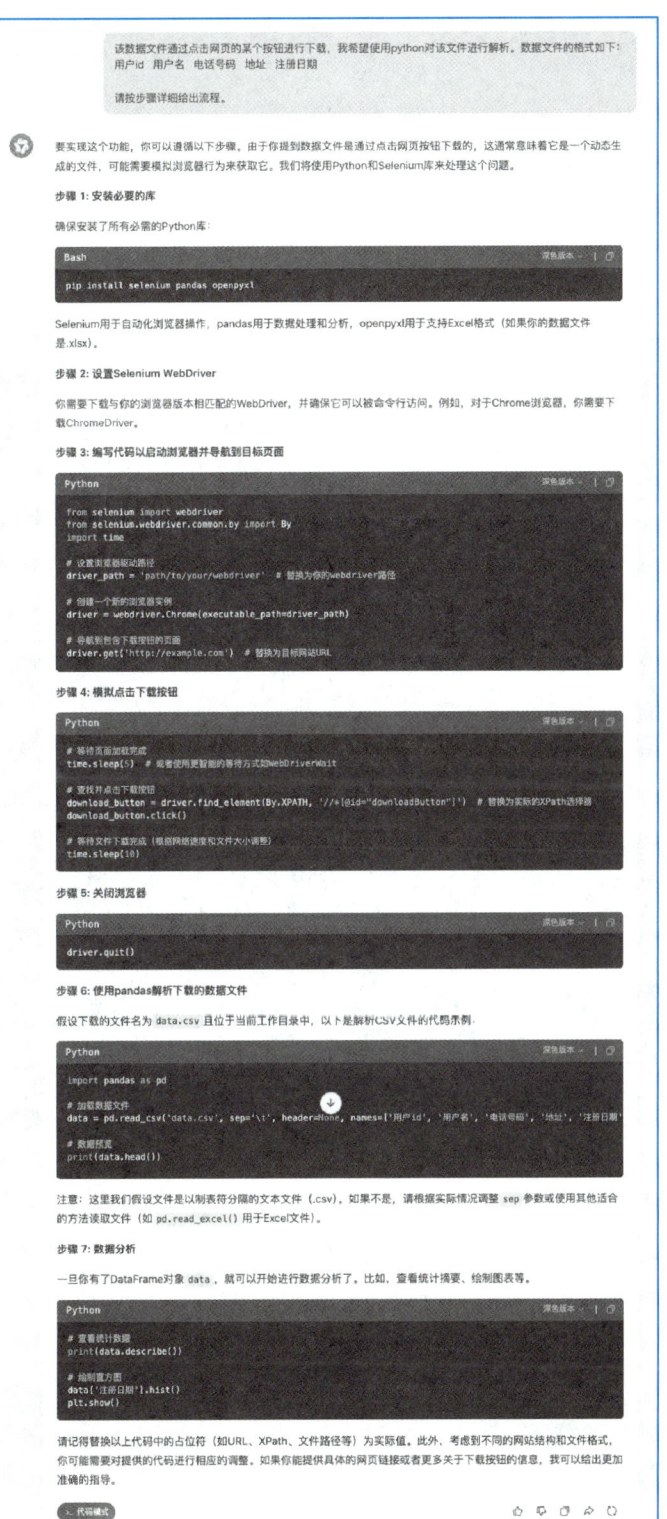

图 2-2　数据处理程序提问 2

前面你给出的程序需要检测数据文件中的电话号码与日期有效性，文件也可能存在空行。请在原来的代码上进行修改。

‹ 3 / 3 ›

为了检测电话号码的有效性、日期格式的有效性，并处理可能存在的空行，我们可以扩展之前的代码。我们将使用 Python 的 pandas 库来处理数据文件，并且添加一些逻辑来验证电话号码和日期。

对于电话号码的有效性检查，我们将假设有效的电话号码是一个11位数字（例如中国的手机号码），但你可能需要根据实际情况调整正则表达式。对于日期的有效性，我们将尝试解析它为日期对象，以确保其符合特定的格式（如 YYYY-MM-DD）。

以下是修改后的代码：

```Python
import pandas as pd
import re
from datetime import datetime

# 加载数据文件
data = pd.read_csv('data.csv', sep='\t', header=None, names=['用户id', '用户名', '电话号码', '地址', '注册日期'

# 删除所有包含NaN值的行，即空行
data.dropna(inplace=True)

# 定义一个函数来验证电话号码
def is_valid_phone(phone):
    # 这里我们假设有效的电话号码是11位数字，你可以根据实际需求调整这个正则表达式
    phone_pattern = re.compile(r'^\d{11}$')
    return bool(phone_pattern.match(str(phone)))

# 定义一个函数来验证日期
def is_valid_date(date_str):
    try:
        # 假设日期格式为 YYYY-MM-DD，如果不同，请调整此部分
        datetime.strptime(date_str, '%Y-%m-%d')
        return True
    except ValueError:
        return False

# 应用有效性检查
data['电话号码有效'] = data['电话号码'].apply(is_valid_phone)
data['注册日期有效'] = data['注册日期'].apply(is_valid_date)

# 筛选出有效的记录
valid_data = data[data['电话号码有效'] & data['注册日期有效']]

# 打印无效的数据行
invalid_data = data[~data['电话号码有效'] | ~data['注册日期有效']]
print("Invalid Data Rows:")
print(invalid_data[['用户id', '电话号码', '注册日期', '电话号码有效', '注册日期有效']])

# 保存有效数据到新的CSV文件
valid_data.to_csv('cleaned_data.csv', sep='\t', index=False, encoding='utf-8')

# 数据预览
print("\nCleaned Data Preview:")
print(valid_data.head())
```

解释：

- **删除空行**：通过 dropna() 方法删除任何含有缺失值的行。

- **电话号码验证**：使用正则表达式匹配电话号码，确保它们只包含11位数字。

- **日期验证**：尝试将字符串转换为日期对象，如果成功则认为日期格式正确。

- **筛选有效记录**：创建一个新的DataFrame valid_data，仅包含电话号码和日期都有效的记录。

- **输出无效数据**：打印出那些电话号码或日期无效的记录，以便进行审查。

- **保存清理后的数据**：将有效数据保存到一个新的CSV文件中。

请确保根据你的具体要求调整正则表达式和日期格式。如果你有其他特殊规则来定义电话号码或日期的有效性，请告知我，我可以进一步调整代码。

`>_ 代码模式`

图 2-3　数据处理程序提问 3

（4）约束条件与限制。

通过限定字数、语气风格或语法规则，控制输出的结构和内容，示例如下：

字数限制：

>用 50 字以内解释"云计算"的核心概念。

风格限制：

>用幽默的方式解释"云计算"的意义。

2．标准化问题常用模板

（1）解释型问题。

模板：

>用［具体字数］解释［某主题］，并提供［具体细节］。

示例：

>用至少 1 000 字解释 AIGC 的基本概念，并说明其在艺术创作的至少三个应用。

（2）对比型问题。

模板：

>对比［A 和 B］的区别，按［条列式/表格］展示，包含［数量］点。

示例：

>对比"机器学习"和"深度学习"的区别，列出三点，按条列式回答。

（3）生成型问题。

模板：

>生成一段关于［主题］的内容，包含［具体要求］。

示例：

>写一段 200 字的演讲稿，主题是"AI 技术的未来"，需引用一个具体科技案例。

（4）分析型问题。

模板：

>分析［问题］的［原因/影响/解决方案］，提供［具体数量］个观点。

示例：

>分析 AI 技术难以落地应用的原因，并提供至少三个不同的最重要观点。

3．案例：研究物理学中的单摆运动

（1）选择模型，并提出明确问题，如图 2-4 和图 2-5 所示。此处选择 DeepSeek R1 模型，以支持推理过程。

我想研究物理学中的单摆运动。请列举一些该领域的重要问题。

🐉 已深度思考（用时 26 秒）︿

嗯，用户想研究物理学中的单摆运动，让我列举一些该领域的重要问题。首先，我需要确定用户的需求是什么。可能是一个刚开始学习物理的学生，或者是对单摆有一定了解但想深入研究的爱好者。他们可能希望了解单摆的基本问题以及更高级的研究方向，以便确定自己的研究课题或加深理解。

首先，我应该从基础开始，比如单摆的基本运动方程。然后考虑非线性效应，比如小角度近似失效的情况，这时候可能需要涉及椭圆积分或摄动理论。接下来是阻尼和受迫振动，这是实际应用中常见的因素，比如能量耗散和共振现象。

然后，可能需要提到混沌现象，虽然单摆本身在受迫情况下可能表现出混沌，但需要明确这是非线性驱动的结果。还有耦合摆的问题，比如多个摆的连接或同步，这在复杂系统中很重要。

应用方面，单摆在地球物理学中的应用，如测量重力加速度的变化，或者工程中的振动控制。数值模拟也是一个重要点，特别是对于非线性系统的仿真，可能需要使用欧拉法、龙格-库塔等方法，以及精度和稳定性的问题。

实验设计方面，用户可能需要知道如何测量周期、角度，考虑空气阻力和支撑点摩擦的影响。能量转换和守恒也是一个基础但关键的问题，特别是存在阻尼时的能量损失。

然后，相对论或量子效应，虽然单摆通常属于经典力学，但极端条件下可能需要考虑这些因素。与其他物理系统的类比，比如电路中的振荡，可能帮助跨学科理解。

最后，历史角度，伽利略和惠更斯的贡献，以及现代发展如混沌理论中的角色。可能用户对这些历史背景感兴趣，或者想了解单摆在不同时期的研究意义。

需要确保覆盖理论和实验，基础与前沿，应用与扩展。同时，避免遗漏重要问题，比如非线性动力学和混沌，这在单摆的高级研究中很重要。用户可能没有提到这些，但作为重要问题应该包含。另外，可能要考虑用户的实际应用场景，比如是否涉及工程问题或教育用途，因此需要包括实验设计和数值模拟等内容。

总结一下，我需要列出大约15个关键问题，涵盖基础理论、非线性效应、阻尼、混沌、耦合系统、应用、数值方法、实验设计、能量分析、极端条件、跨学科类比、历史发展等。确保每个问题都有足够的深度，但不过于专业，适合不同层次的研究者参考。

研究单摆运动涉及物理学中经典力学、非线性动力学和实验设计等多个领域。以下是一些重要问题和研究方向：

---

1. 单摆的基本运动方程

- 如何推导小角度近似下的简谐运动方程？
- 大角度情况下，为何必须使用非线性微分方程 $\ddot{\theta} + \frac{g}{L}\sin\theta = 0$？其精确解（椭圆积分）的物理意义是什么？

---

2. 非线性效应与摄动理论

- 当摆角超过 $5°$ 时，小角度近似的误差如何量化？
- 如何用摄动方法（如Lindstedt-Poincaré法）求解非线性单摆的周期和运动轨迹？

---

3. 阻尼振动与能量耗散

- 空气阻力（线性或二次阻尼模型）对单摆运动的影响如何建模？
- 阻尼单摆的相图（相空间轨迹）与能量衰减规律有何特征？

---

4. 受迫振动与共振

- 如何分析周期性外力驱动下的单摆运动（如 $\ddot{\theta} + \gamma\dot{\theta} + \omega_0^2\sin\theta = F\cos\omega t$）？ ⌄
- 非线性系统中共振现象与线性系统有何不同（如倍频响应、跳跃现象）？

---

5. 混沌与非线性动力学

- 在何种参数条件下（如大驱动力、特定频率），受驱阻尼单摆会表现出混沌行为？
- 如何通过庞加莱截面或李雅普诺夫指数识别单摆的混沌特性？ ⌄

图 2-4　单摆运动提问 1

6. 耦合摆系统

- 双摆或多摆耦合时的运动模式（同步、反同步）如何分析？
- 耦合摆系统中的能量传递与非线性模式相互作用（如内共振）有何规律？

7. 地球物理学应用

- 如何利用单摆测量局部重力加速度 g，并修正地球自转（科里奥利力）的影响？
- 历史上的傅科摆如何验证地球自转？

8. 工程与振动控制

- 单摆原理在减振器（如调谐质量阻尼器）中的应用如何优化？
- 倒立摆的稳定性控制与反馈机制设计（经典控制理论案例）。

9. 数值模拟与算法

- 非线性单摆方程的数值解法（如龙格-库塔法）中，步长选择对精度和稳定性的影响？
- 如何通过分岔图研究参数变化对系统行为的影响？

10. 实验设计与误差分析

- 高精度测量单摆周期时，如何减少空气阻力、支撑点摩擦和测量仪器的系统误差？
- 使用光电门或高速摄像技术测量摆角与角速度的优缺点比较。

11. 能量转换与守恒

- 无阻尼单摆的动能与势能转换规律，以及机械能守恒的验证实验设计。
- 阻尼存在时，能量耗散率与阻尼系数的关系如何实验测定？

12. 极端条件下的单摆

- 超长摆（如千米级）或超短摆（微机械系统）的特殊行为。
- 强相对论效应（如高速运动）或量子力学对单摆的修正是否可观测？

13. 类比与跨学科扩展

- 单摆与LC电路、光学孤子等系统的动力学类比。
- 单摆模型在生物学（如步态分析）、经济学振荡现象中的应用可能。

14. 历史与哲学视角

- 伽利略和惠更斯对单摆研究的贡献如何推动钟表技术与经典力学发展？
- 单摆如何成为理解确定性与随机性、可积系统与混沌的桥梁？

15. 教学与认知研究

- 单摆作为经典教学案例，如何帮助学生理解线性与非线性、近似与精确解的差异？
- 学生对单摆运动常见误解（如"周期与质量有关"）的认知根源与纠正策略。

研究工具建议

- **理论工具**：拉格朗日力学、摄动理论、分岔分析、混沌理论。
- **实验工具**：光电传感器、加速度计、数据采集系统。
- **仿真工具**：MATLAB、Python（SciPy）、COMSOL多物理场模拟。

这些方向涵盖从基础到前沿的研究问题，适合不同深度的探索。是否需要进一步展开某个具体领域？

给 DeepSeek 发送消息

深度思考 (R1)　联网搜索

图 2-5　单摆运动提问 1（续）

（2）使用"对比"模板，如图 2-6～图 2-8 所示（为节省篇幅，后续的推理步骤已简化）。

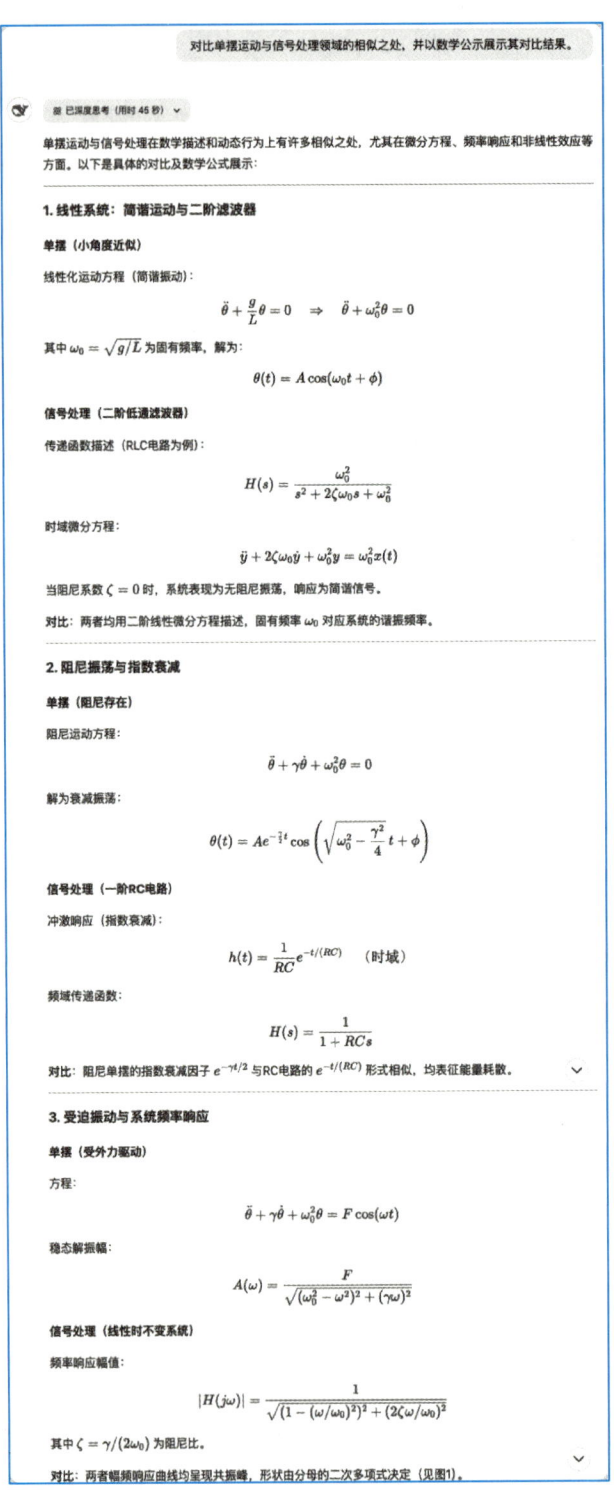

图 2-6　单摆运动提问 2

4. 非线性效应与谱波生成

单摆（大角度运动）

非线性方程：

$$\ddot{\theta} + \omega_0^2 \sin\theta = 0$$

泰勒展开 $\sin\theta \approx \theta - \theta^3/6$ 后：

$$\ddot{\theta} + \omega_0^2\theta - \frac{\omega_0^2}{6}\theta^3 = 0$$

导致高阶谐波（如 $3\omega_0$ 成分）。

信号处理（非线性电路）

平方律检波器输出：

$$y(t) = x(t)^2 \quad (\text{输入为 } x(t) = A\cos(\omega t))$$

输出含 2ω 成分：

$$y(t) = \frac{A^2}{2}\left(1 + \cos(2\omega t)\right)$$

对比：非线性项（如 θ^3 或 x^2）均导致新频率成分生成。

---

5. 频域分析工具：傅里叶变换

单摆运动频谱

周期运动 $\theta(t)$ 的傅里叶级数：

$$\theta(t) = \sum_{n=-\infty}^{\infty} c_n e^{jn\omega_0 t}$$

非线性单摆可能包含高次谐波（如 $3\omega_0, 5\omega_0$）。

信号处理（频谱分析）

信号 $x(t)$ 的傅里叶变换：

$$X(\omega) = \int_{-\infty}^{\infty} x(t)e^{-j\omega t}dt$$

用于提取频率成分（如滤波器设计）。

对比：两者均通过频域分解理解系统特性。

---

6. 混沌与宽带频谱

单摆（受驱阻尼混沌）

方程：

$$\ddot{\theta} + \gamma\dot{\theta} + \omega_0^2\sin\theta = F\cos(\omega t)$$

混沌状态下，频谱连续且宽（类似噪声）。

信号处理（随机过程）

白噪声功率谱：

$$S_{xx}(\omega) = \text{常数}$$

混沌信号与随机信号均具有宽带特性。

对比：混沌单摆的频谱与随机信号的功率谱在形式上相似。

图 2-7　单摆运动提问 2（续 1）

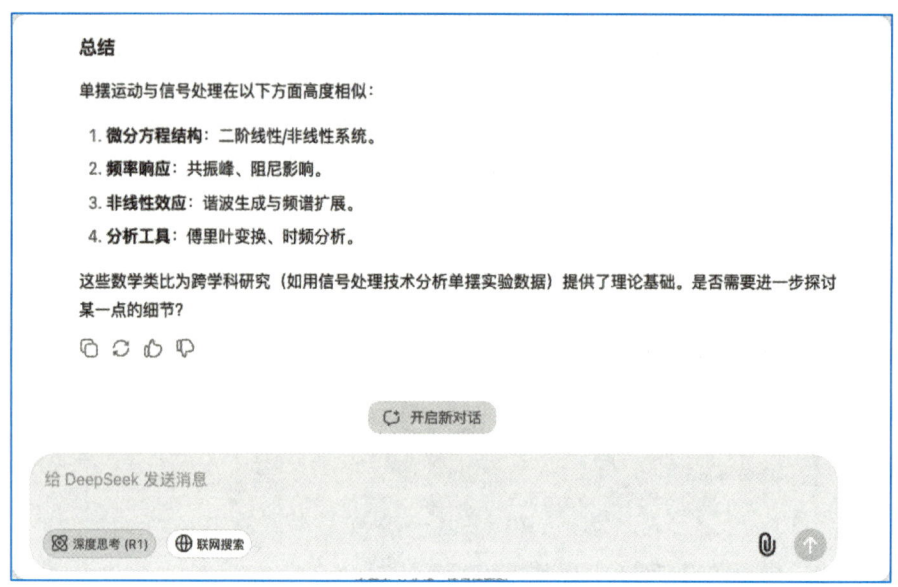

图 2-8　单摆运动提问 2（续 2）

（3）联系实际应用，如图 2-9 ～图 2-11 所示。

2.1.4　概括总结追问

1.　概括总结追问概述

AIGC 常常会生成详细的长篇回答，这虽然信息丰富，但可能会让提问者不知所措。概括总结追问是一种高效引导 AIGC 的方法，特别是在信息过多、内容复杂时，能够帮助提问者迅速提炼核心内容。用户通过引导 AIGC 对内容进行简化、提炼，可以获得更精炼和针对性的信息。

概括总结追问适用于以下场景：

（1）阅读时间有限：需要快速了解长文或复杂回答的精华部分。

（2）内容过于专业：需要将复杂的术语和理论转化为简单的表述。

（3）后续操作需求：提炼核心信息以用于整理、分享或二次加工。

构建概括总结追问需要遵循以下原则。

明确要求的总结层级：定义总结的范围（段落、全文）和概括程度（核心概念、一句话总结、多点提炼）。

指定风格或目标受众：根据需要要求总结的风格（如简洁、通俗、专业）。

结合特定的用途：让 AIGC 知道总结的目的，例如写报告、做演讲或快速阅读。

2.　常见的概括总结追问方式

（1）简化复杂内容。

将专业或复杂内容转化为通俗易懂的语言，示例如下：

帮我编写一段python代码，用动画的形式描述单摆的物理过程。

⊠ 已深度思考（用时 37 秒） ⌄

以下是用 Python 编写的单摆运动动画代码，结合了微分方程数值解和 `matplotlib` 的动画模块：

```python
import numpy as np
import matplotlib.pyplot as plt
from matplotlib.animation import FuncAnimation

# 定义单摆参数
L = 1.0          # 摆长（m）
g = 9.81         # 重力加速度（m/s²）
theta0 = np.radians(60)  # 初始角度（60度）
omega0 = 0.0             # 初始角速度（rad/s）
t_max = 10               # 模拟总时间（s）
dt = 0.03               # 时间步长（s）

# 定义微分方程（无阻尼）
def pendulum_eq(y, t):
    theta, omega = y
    dydt = [omega, -g/L * np.sin(theta)]
    return dydt

# 数值求解（使用四阶龙格-库塔法）
def runge_kutta_step(y, t, dt):
    k1 = pendulum_eq(y, t)
    k2 = pendulum_eq([y[0] + 0.5*dt*k1[0], y[1] + 0.5*dt*k1[1]], t + 0.5*dt)
    k3 = pendulum_eq([y[0] + 0.5*dt*k2[0], y[1] + 0.5*dt*k2[1]], t + 0.5*dt)
    k4 = pendulum_eq([y[0] + dt*k3[0], y[1] + dt*k3[1]], t + dt)
    theta_new = y[0] + (dt/6)*(k1[0] + 2*k2[0] + 2*k3[0] + k4[0])
    omega_new = y[1] + (dt/6)*(k1[1] + 2*k2[1] + 2*k3[1] + k4[1])
    return [theta_new, omega_new]

# 初始化状态和时间
t_values = np.arange(0, t_max, dt)
theta_values = []
omega_values = []
y = [theta0, omega0]

# 预计算所有状态
for t in t_values:
    theta_values.append(y[0])
    omega_values.append(y[1])
    y = runge_kutta_step(y, t, dt)
```

图 2-9　单摆运动提问 3

```python
python                                                                重新

# 转换为笛卡尔坐标
x = L * np.sin(theta_values)
y = -L * np.cos(theta_values)   # y轴向下为正

# 设置画布
fig = plt.figure(figsize=(8, 6))
ax = fig.add_subplot(111, aspect='equal', autoscale_on=False,
                     xlim=(-L*1.2, L*1.2), ylim=(-L*1.2, L*0.2))
ax.grid()

line, = ax.plot([], [], 'o-', lw=2, color='blue')
trace, = ax.plot([], [], '—', lw=1, color='red')
time_text = ax.text(0.02, 0.95, '', transform=ax.transAxes)

# 初始化函数
def init():
    line.set_data([], [])
    trace.set_data([], [])
    time_text.set_text('')
    return line, trace, time_text

# 动画更新函数
def update(frame):
    # 更新摆线和摆球
    line_x = [0, x[frame]]
    line_y = [0, y[frame]]
    line.set_data(line_x, line_y)

    # 更新轨迹（最近50帧）
    trace_x = x[max(0, frame-50):frame+1]
    trace_y = y[max(0, frame-50):frame+1]
    trace.set_data(trace_x, trace_y)

    # 更新时间显示
    time_text.set_text(f'Time = {t_values[frame]:.2f}s')
    return line, trace, time_text

# 创建动画
ani = FuncAnimation(fig, update, frames=len(t_values),
                    init_func=init, blit=True, interval=dt*1000)

plt.show()
```

代码说明：

图 2-10　单摆运动提问 3（续 1）

代码说明：

1. **物理模型：**
   - 使用四阶龙格-库塔法求解非线性微分方程 $\ddot{\theta} + \frac{g}{L}\sin\theta = 0$
   - 初始条件可调（角度 `theta0`、角速度 `omega0`）

2. **可视化特性：**
   - 蓝色线条表示当前摆的位置
   - 红色虚线显示最近50帧的运动轨迹
   - 实时显示模拟时间
   - 坐标系设定为y轴向下，符合常规物理坐标系

3. **参数调节：**
   - 修改 `L`、`g`、`theta0` 可改变摆长、重力加速度和初始角度
   - 调整 `t_max` 和 `dt` 可控制模拟总时间和时间步长

运行效果：

运行后会显示一个摆长为1米的单摆，从60度初始位置开始摆动，红色虚线轨迹显示最近的运动路径，时间实时更新。

如果需要添加阻尼或受迫振动，可以修改微分方程并在动画中体现。例如，添加阻尼项：

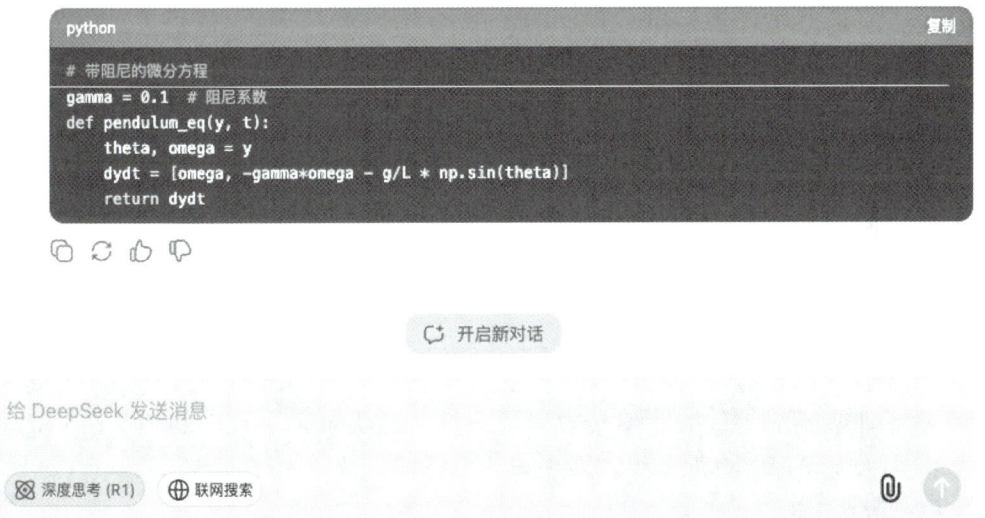

```python
# 带阻尼的微分方程
gamma = 0.1  # 阻尼系数
def pendulum_eq(y, t):
    theta, omega = y
    dydt = [omega, -gamma*omega - g/L * np.sin(theta)]
    return dydt
```

开启新对话

给 DeepSeek 发送消息

深度思考 (R1)　　联网搜索

图 2-11　单摆运动提问 3（续 2）

　　－初始回答：

　　　　＞人工智能是一门通过模拟人类思维和学习模式来解决复杂问题的技术分支，它涵盖了许多领域，如自然语言处理、计算机视觉、机器学习和强化学习。这些技术在现实生活中的应用广泛，包括自动驾驶汽车、智能语音助手、精准医疗等。

　　－概括追问：

　　　　＞用一句话概括人工智能的定义和应用。

　　（2）提炼要点。

　　将长篇内容分解为几个核心要点，方便进一步理解和操作。示例如下：

　　－阅读文献并提炼要点：在 AIGC 平台上上传文献原文或者粘贴文献网址，并提问：

　　　　＞根据提供的材料，撰写一个简短的全文总结，概述作者的主要观点和发现。并提取以下关键内容：研究目的、方法学、主要发现、结论与影响；对文献中的图表进行解读；最后列举引用与参考。

　　（3）针对不同对象简化内容。

　　根据目标对象（如儿童、非专业人士、企业高管等）调整内容的复杂度。示例如下：

　　－初始回答：

　　　　＞人工神经网络（ANN）是一种基于大规模并行处理的计算模型，模仿生物神经元的工作方式。其关键组成部分包括输入层、隐藏层和输出层。通过权重调整，ANN 可以进行模式识别、预测和分类，广泛用于语音识别、图像识别和自然语言处理。

　　－概括追问：

　　　　＞用通俗易懂的语言向小学生解释人工神经网络是什么。

　　（4）一段式总结。

　　让 AIGC 对整篇文章或长段落进行一段话的精炼总结。常用于文献阅读和视频总结。示例如下：

　　－初始回答：

　　　　＞电动车行业近年来快速发展，这得益于电池技术的不断进步和政府的政策支持。电池技术的突破使得电动车续航能力显著提升，而政府通过补贴、减税等措施刺激了市场需求。此外，消费者对环保的关注也推动了这一趋势。然而，电动车行业仍面临挑战，例如充电设施不足和电池回收技术不完善。

　　－概括追问：

　　　　＞用一段话总结这段内容。

　　（5）表格或列表化。

　　　　示例如下：

　　－初始回答：

　　　　＞数据分析分为描述性分析、诊断性分析、预测性分析和规范性分析。描述性分析主要关注数据的历史趋势；诊断性分析解释数据变化的原因；预测性分析用于预测未来趋势；规范性分析则通过模型建议最佳行动方案。

　　－概括追问：

　　　　＞将数据分析的类型及其功能总结成表格。

3. 标准化概括追问模板

（1）一句话总结。

>用一句话概括［主题］的核心内容。

示例：用一句话概括《高效能人士的七个习惯》的核心理念。

（2）多点提炼。

>提炼［主题］的［数量］个关键点，要求简洁明了。

示例：提炼数字化转型的三大优势。

（3）调整风格。

>用［目标风格］的方式总结［内容］。

示例：用幽默的方式总结 AI 技术的优缺点。

（4）列表或表格总结。

>将［内容］转换为［列表/表格］，并按［分类维度］列出要点。

示例：将 AI 在医疗、教育、金融领域的应用总结为表格。

（5）明确用途。

>请将这段总结调整为适合在 PPT 上展示的汇报内容。

4. 案例：研究酶的作用机制

（1）提出明确问题，如图 2-12 所示。

图 2-12　酶的作用机制提问 1

（2）调整风格，使用非专业术语进行简化概括，如图 2-13 所示。

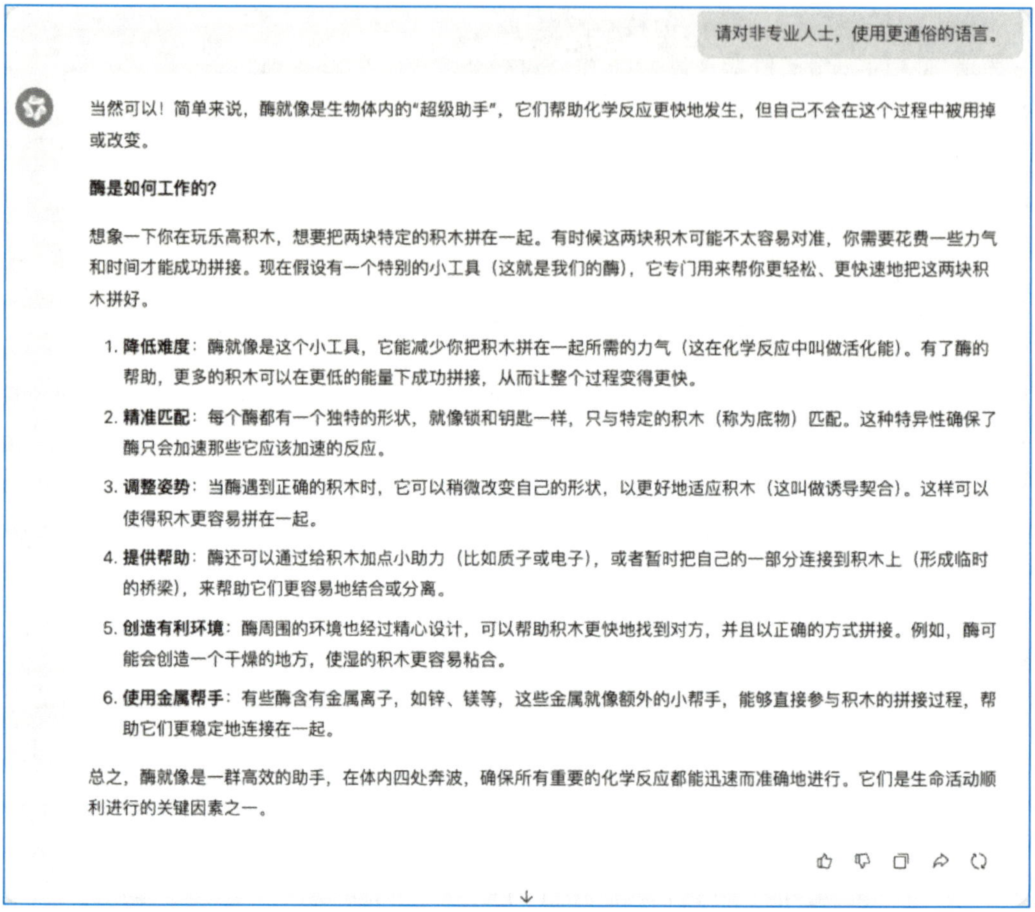

图 2-13　酶的作用机制提问 2

（3）使用其他输出形式进行总结，如图 2-14 所示。
（4）提炼要点，并制作 PPT，如图 2-15 所示。

2.1.5　延伸扩展追问

延伸扩展追问是一种引导 AIGC 提供更深入、更广泛信息的方法，旨在从初始回答的基础上进一步探索新的视角、可能性或相关内容。通过延伸扩展追问，用户可以从单一问题衍生出多个相关话题，从而更全面地了解某一主题领域。

延伸扩展追问可以让用户深入探讨初始回答中的关键点，从回答中找到潜在关联点，扩大知识范围；通过发散性思维，探索更具创意或前瞻性的方向；延续对话深度，建立连续性。

请用思维导图的形式帮我总结。

好的，下面是一个以文本形式呈现的思维导图，用来总结酶的作用和它们如何加速化学反应。你可以根据这个结构在纸上或使用思维导图软件（如MindMeister、XMind等）绘制出图形化的版本。

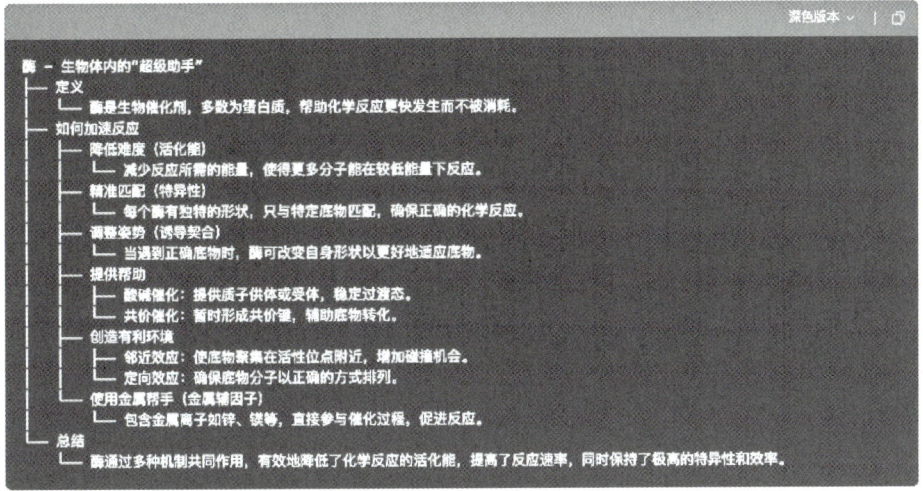

绘制建议

- **中心主题**：将"酶 - 生物体内的'超级助手'"放在思维导图的中心。

- **主要分支**：

  ○ 第一个分支可以是"定义"，解释什么是酶。

  ○ 第二个分支是"如何加速反应"，这是最大的一部分，包含了所有具体的机制。

  ○ 最后一个分支可以是"总结"，概括酶的重要性。

- **次级分支**：对于每个主要分支下的内容，可以用次级分支详细展开。例如，在"如何加速反应"下，列出各个具体的方法，如"降低难度"、"精准匹配"等，并进一步细分每个方法的具体细节。

希望这个结构能帮助你更清晰地理解和展示酶的功能！如果你需要更加详细的指导或者有其他问题，请随时告诉我。

图 2-14　酶的作用机制提问 3

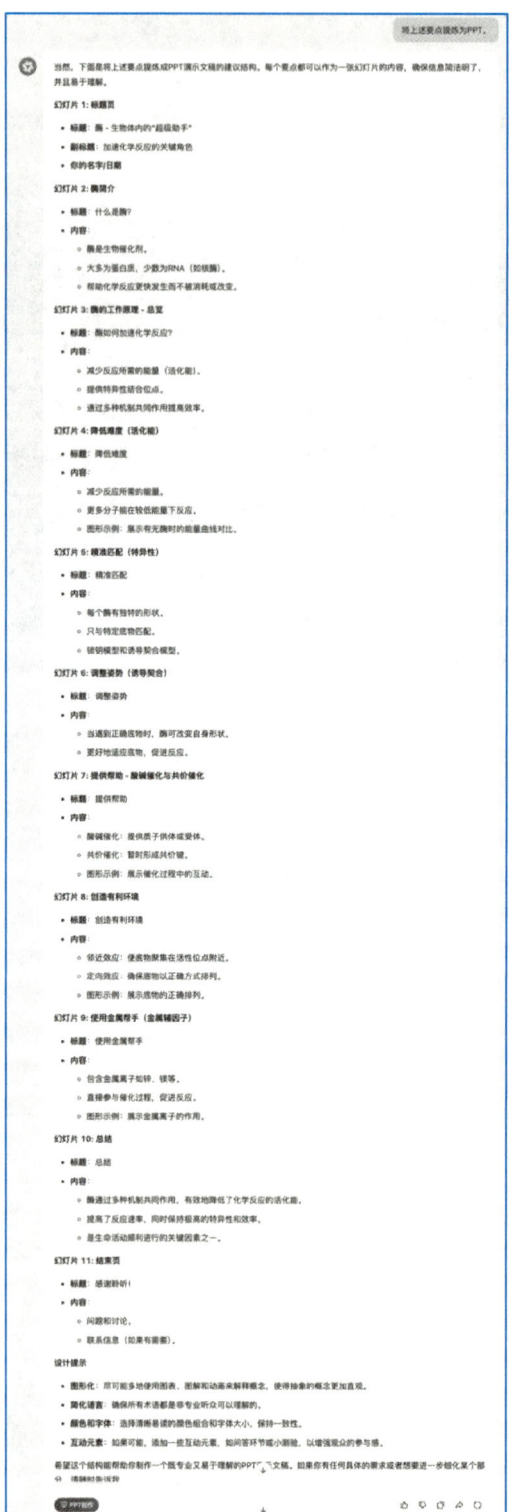

图 2-15　酶的作用机制提问 4

1. 常见的延伸扩展追问方式

（1）针对特定细节深入探讨。

在初始回答中发现一个有趣或重要的点，然后深入追问，示例如下：

－初始问题：

>什么是量子计算？

－延伸追问：

>请详细解释量子叠加态的概念以及它如何在计算中发挥作用。

（2）探索实际应用场景。

将理论知识与实践结合，探讨其在特定领域的应用。示例如下：

－初始问题：

>快速傅立叶变换是什么？

－延伸追问：

>在深度学习领域，快速傅立叶变换可以有哪些具体应用？

（3）跨领域延伸。

将某一主题与其他领域联系起来，挖掘更多的可能性。示例如下：

－初始问题：

>决策树算法是什么？

－延伸追问：

>决策树算法在社会学科中的应用有哪些？

（4）探讨未来趋势。

基于回答中的现状，追问技术、概念或现象的未来发展方向。示例如下：

－初始问题：

>什么是无人驾驶技术？

－延伸追问：

>无人驾驶技术未来可能面临哪些挑战？

（5）对比分析扩展。

通过对比相关主题，深入分析它们之间的差异或联系。示例如下：

－初始问题：

>云计算有哪些优点？

－延伸追问：

>云计算与边缘计算相比，它们在性能和适用场景上有哪些不同？

延伸扩展追问的核心在于引导 AIGC 深入某一主题或探索新领域，从而帮助用户更全面地理解复杂问题。无论是针对细节挖掘、实际应用探讨还是跨领域联系，都能通过延伸追问挖掘更多价值。

2．案例：阅读论文并提炼要点

（1）选择通义千问平台，提交论文地址或者直接上传论文原文，如图2-16所示。

帮我阅读 ▓▓▓▓ ▓▓▓▓ 这篇论文，并提炼要点。

文档阅读完成 ∨

论文 ▓▓▓▓▓▓▓▓▓▓▓▓▓▓▓▓▓▓▓▓▓▓▓▓▓▓▓▓▓▓▓▓▓▓ 聚焦于大型语言模型（LLMs）中系统2推理能力的发展。以下是这篇论文的主要要点提炼：

1. **研究背景与动机：**
   - 论文探讨了如何增强LLMs的推理能力，特别是通过模仿人类认知心理学中的"系统2"思维过程，即缓慢、逻辑严谨且消耗更多资源的思考方式。
   - 强调了当前大多数LLMs更偏向于快速直觉性的"系统1"思维模式，而在复杂问题解决方面存在不足。

2. **方法论：**
   - 提出了一个名为Meta Chain-of-Thought的方法框架，旨在让LLMs学习并应用多步骤推理策略来解决问题。
   - 利用强化学习技术训练模型生成和评估可能的解题路径，并从中选择最优方案。
   - 探索了将AlphaZero等基于树搜索算法应用于LLM解码过程中，以指导其在决策时考虑长期影响。

3. **实验设置与结果：**
   - 在多个涉及数学计算、逻辑推理的任务上进行了测试，验证了所提出方法的有效性。
   - 实验表明，采用Meta Chain-of-Thought方法可以显著提升LLMs在需要深入分析的问题上的表现。
   - 模型不仅能够更好地处理已知类型的问题，而且对于未曾见过的新颖挑战也展现出了更强的泛化能力。

4. **讨论与未来工作：**
   - 分析了现有方法存在的局限性，比如计算成本较高以及对特定领域知识的需求。
   - 建议未来的研究方向包括进一步优化算法效率、探索更多样化的应用场景以及加强跨学科合作，促进AI系统更加接近真正的人类智能水平。

5. **结论：**
   - 总结指出，通过引入类似于人类"系统2"的深度人 ↓ 机制，可以使LLMs变得更加鲁棒且具有更高的适应性，从而为构建更加通用的人工智能铺平道路。

该研究为提高LLMs的理解力和推理能力提供了新的视角和技术手段，对于推动自然语言处理领域向更高层次发展具有重要意义。请注意，上述内容是基于提供的摘要信息进行的总结，具体细节还需参考原文献。

图2-16　论文阅读提问1

（2）针对论文细节深入探讨，如图 2–17 所示。

该论文核心数学推导细节？

文档阅读完成 ⌄

论文 ▨▨▨▨▨▨▨▨▨▨▨▨▨▨▨▨▨▨▨▨▨▨▨▨ 中涉及的核心数学推导细节主要围绕如何改进大型语言模型（LLMs）的推理能力，特别是通过Meta Chain-of-Thought（Meta-CoT）方法实现更深层次的系统2思考。以下是这些核心数学推导的关键点：

1. 验证器差距与复杂性：
- 研究指出存在一个"验证器差距"，即使在最佳N选一策略下，基于验证器的方法仍未能达到理论上的最优性能。
- 验证被认为是一个计算复杂度问题，允许使用Chain-of-Thought (CoT) 来提升性能。额外的CoT结合多数投票机制可以显著提高奖励准确性，特别是在推理问题上。

2. Meta-CoT 行为模式：
- 对于不同难度级别的问题，o1系列模型展示出不同的token生成行为。对于低难度问题，o1模型生成的tokens数量与人类编写的解决方案相似；而对于高难度问题，则生成更多的tokens，并且表现出更大的性能优势。
- 这表明，在处理复杂问题时，o1系列模型可能更接近真实的生成过程，即采用更为扩展的Meta-CoT进行推理。

3. 上下文探索和自校正：
- 模型展示了学习上下文探索和自我纠正的能力。随着更多上下文探索次数的增加，pass@1指标有了明显的改善，从零样本到饱和水平大约提升了6-7%。
- 自回归生成（in-context sampling）比独立并行采样具有更好的缩放特性，这表明模型学会了某种程度上的上下文探索和自我纠正。

4. 可变计算资源利用：
- 实验显示，模型能够根据问题的难度调整使用的计算资源量。例如，对于第5级难度的问题，平均尝试了5.84个解决方案，而对第1级难度的问题则只需2.45个。↓

5. 优化目标函数：
- 使用了一个优化公式来鼓励模型持续修订其解决方案直到达到高置信度为止：

$$\min_{\theta} \mathbb{E}_{S_i \sim \pi_{\text{ref}}(\cdot|q), q \sim D_{\text{train}}} \left[-\log \pi_{\theta}(S^*, \text{EOS}|S_{j-1}, ..., S_1, q) \right], \quad j \sim \text{Unif}(1, 8)$$

- 其中，S^*代表正确答案序列，EOS表示结束符号，S_j是第j次尝试的解，π_{θ}是模型参数化后的概率分布，π_{ref}是指定参考策略。

以上就是该论文中关于Meta-CoT方法及其数学推导的一些关键细节。值得注意的是，这些推导是为了说明如何让LLMs更好地模仿人类的系统2思维过程，从而在面对复杂任务时展现出更强的推理能力和更高的准确性。具体的技术细节和公式推导需要查阅原文献以获得完整理解。

👍 👎 ▢ ↗ ↻

图 2–17　论文阅读提问 2

（3）探索实际应用场景，如图 2-18 所示。

论文中的方法可以应用到哪些实际场景？

文档阅读完成 ∨

论文 ██████████████████████████████ 中提出的方法，特别是Meta Chain-of-Thought (Meta-CoT) 和相关的强化学习技术，可以应用于多个实际场景，以增强大型语言模型（LLMs）在复杂推理任务中的表现。以下是这些方法的一些潜在应用场景：

1. **数学与逻辑问题求解：**
   - **自动定理证明：** 利用Meta-CoT方法改进的LLMs可以在自动化定理证明系统中发挥作用，帮助识别和验证数学命题的有效性。
   - **编程竞赛支持：** 对于像ACM-ICPC这样的编程比赛，参赛者可以使用基于Meta-CoT的工具来辅助解决算法设计、数据结构优化等问题。

2. **教育领域：**
   - **智能辅导系统：** 开发能够理解学生提问并提供逐步指导的教学助手，不仅限于给出最终答案，还能解释每一步骤背后的原理。
   - **自适应学习平台：** 根据学生的回答模式动态调整课程内容难度，确保教学进度适配个体差异。

3. **科学研究助理：**
   - **文献综述生成：** 协助科研人员快速筛选海量文献，提炼关键信息，并构建连贯的论述框架。
   - **实验设计建议：** 为科学家们提供建议，帮助他们规划更有效的实验方案，预测可能的结果及其影响因素。

4. **法律咨询与合同审查：**
   - **法规查询与解析：** 创建专门针对法律法规条文解读的服务，使用户更容易获取准确的信息。
   - **合同条款分析：** 通过深入分析合同文本，指出潜在风险点或不合理的条款，保障各方权益。

5. **金融风险评估：**
   - **投资策略优化：** 结合历史市场数据和经济指标，为投资者提供更加科学的投资决策参考。
   - **信贷审批流程改进：** 提高信用评分系统的准确性，减少误判率，从而降低金融机构面临的违约风险。

6. **医疗诊断助手：**
   - **症状匹配与疾病预测：** 辅助医生进行初步诊断，基于患者症状快速定位可能的病因，并提出进一步检查的方向。
   - **个性化治疗方案推荐：** 根据不同患者的病情特点，定制最适合的治疗计划，促进精准医疗的发展。

7. **客户服务与技术支持：**
   - **故障排查向导：** 为用户提供易于跟随的问题解决指南，帮助他们自行排除常见设备故障或软件问题。
   - **多轮对话机器人：** 实现更为流畅的人机交互体验，特别是在需要连续追问才能解决问题的情况下。

8. **游戏AI开发：**
   - **NPC行为建模：** 提升非玩家角色的行为真实性，使其能够展现出类似于人类玩家的战略思考过程。
   - **关卡设计与平衡调整：** 利用强化学习算法自动测试新设计的游戏关卡，确保挑战性和趣味性的均衡。

总之，Meta-CoT方法的应用范围广泛，几乎涵盖了所有需要深度理解和逻辑推理的任务类型。随着技术的进步，我们可以期待看到更多创新性的应用出现，进一步推动各行业的智能化转型。

图 2-18　论文阅读提问 3

（4）对比扩展分析，如图 2-19 所示。

> 论文中阐述的方法与多模态学习有联系吗?

文档阅读完成 ⌄

论文 ██████████████████████████████████████ 主要聚焦于增强大型语言模型（LLMs）的推理能力，特别是通过引入Meta Chain-of-Thought (Meta-CoT) 方法来模拟人类的系统2思维过程。虽然该研究的核心并不直接涉及多模态学习，但两者之间存在一些间接联系和潜在的交集领域：

间接联系

1. **跨模态推理：**
   - **结合文本与其他形式的数据**：尽管论文的重点是基于文本的任务，如数学问题求解或逻辑推理，但Meta-CoT 的概念可以扩展到处理包含图像、音频等非文本信息的任务中。例如，在医疗诊断场景下，除了病历记录外，还可以考虑X光片、心电图等视觉数据。
   - **融合不同来源的知识**：当涉及到需要整合来自多种感官输入的信息时，类似于Meta-CoT的方法可以帮助构建一个更加全面的理解框架，从而做出更准确的决策。

2. **强化学习与多模态感知：**
   - **智能体在复杂环境中的表现**：正如论文中提到的使用AlphaZero风格的树搜索算法来指导解码过程，这类方法同样适用于训练能够在多模态环境中运作的智能体。比如自动驾驶汽车不仅依赖摄像头捕捉的道路状况，还需结合雷达、激光雷达等多种传感器的数据来进行导航。
   - **自适应学习机制**：无论是单模态还是多模态任务，都强调了模型应该具备根据上下文动态调整自身行为的能力。Meta-CoT所体现出来的这种灵活性对于设计能够应对变化环境的多模态系统尤为重要。

3. **工具集成推理（TIR）：**
   - 论文中讨论了Tool Integrated Reasoning (TIR)，即利用外部计算工具来辅助解决问题。这一思想很容易联想到多模态设置中，其中不同类型的"工具"可能对应于处理不同类型数据的专业模块（如视觉识别引擎、语音分析器）。因此，TIR为多模态学习提供了一个有效的接口，使得各专业组件可以协同工作，共同完成复杂的推理任务。

4. **泛化能力和迁移学习：**
   - **从特定领域到广义应用**：Meta-CoT旨在提高模型对未见过问题的泛化能力，这与多模态学习中追求跨域迁移的目标是一致的。即希望模型在一个领域学到的知识和技能能够顺利迁移到另一个完全不同的领域，而无需重新训练整个网络。

潜在交集领域

- **联合优化策略**：未来的研究可能会探索如何将Meta-CoT的思想应用于多模态架构的设计中，开发出既能高效处理单一类型数据又能灵活响应多源信息的新型模型。

- **统一表示学习**：考虑到多模态数据本质上反映了同一事物的不同侧面，研究者们或许会寻找一种方式，让LLMs通过Meta-CoT式的迭代改进来学习这些不同表征之间的内在联系，进而实现更深层次的理解。

- **交互式学习平台**：创建支持多模态输入的学习环境，允许用户以自然的方式提出问题，并借助Meta-CoT引导下的逐步解析，帮助他们更好地掌握知识要点。

综上所述，虽然论文本身并未直接探讨多模态学习，但它所提供的理论和技术基础确实为这个方向上的进一步探索提供了有价值的参考。随着研究的深入，我们有理由相信，Meta-CoT相关的理念将在多模态学习以及其他相关领域发挥重要作用。

↓　　　　　　　　　　　　👍 👎 ▢ ↗ ↻

图 2-19　论文阅读提问 4

2.1.6 强化自洽追问

1. 强化自洽追问概述

AIGC 的回答在某些情况下可能存在问题。逻辑不严谨：内部表述前后矛盾或遗漏了关键环节；内容不完整：某些观点缺乏支撑，难以自圆其说；假设不合理：基于错误前提得出结论，导致整体答案失效。

强化自洽追问的核心目的是确保 AIGC 给出的回答内部逻辑一致、前后衔接清晰且符合实际情况。这种追问方式帮助用户从逻辑上验证回答的合理性，确保信息的准确性和可靠性，同时引导 AIGC 对可能存在矛盾或含糊的回答进行修正和完善。

构建强化自洽追问可以遵循下列步骤：

（1）识别潜在矛盾点：检查回答中的逻辑是否连贯，信息是否有自相矛盾之处。

（2）聚焦不明确的部分：挑出含糊或未解释清楚的细节，要求进一步澄清。

（3）验证假设或前提：对关键观点的基础假设进行验证，确认其合理性。

（4）测试边界条件：通过极端情境或反例挑战回答的普适性。

值得注意的是，对于某些问题，不管用户如何强化自洽追问，现有的 AIGC 工具可能根本无法得到正确结论。对这些问题，AIGC 生成的结果只能作为一个参考。

2. 常见的强化自洽追问方式

（1）对逻辑链条进行校验。

检查回答是否存在逻辑跳跃或因果关系错误，示例如下：

－初始问题：

>为什么电动车被认为是环保的？

－强化自洽追问：

>电动车的生产过程和电池制造是否也具有环保性？请详细解释。

（2）提出问题。

针对前提假设提出问题，质疑回答中的基础假设是否成立，示例如下：

－初始问题：

>什么是宇宙大爆炸理论？

－强化自洽追问：

>这个理论的关键证据有哪些？如果宇宙不是从奇点开始，会有哪些替代理论？

（3）补充细节。

要求补充遗漏的细节，对回答中明显遗漏或过于简略的部分要求补充说明，示例如下：

－初始问题：

>什么是机器学习？

－强化自洽追问：

>机器学习和传统编程的最大区别是什么？请具体举例说明。

（4）检验普适性。

通过边界条件检验普适性。针对回答中的结论，提出极端或反例情境以测试其适用性，示例如下：

－初始问题：

>可再生能源是未来能源的最佳选择吗？

－强化自洽追问：

>在能源需求极高或气候极端恶劣的情况下，可再生能源能否满足需求？如果不能，有哪些替代方案？

3．强化自洽追问的提问模板

（1）逻辑验证。

>回答中提到［观点 A］，但如何得出［结论 B］？请详细解释其逻辑关系。

示例：你提到"区块链能提高透明度"，具体是通过什么机制实现的？

（2）假设质疑。

>如果［假设 A］不成立，是否会影响［结论 B］？

示例：如果太阳能电池板的成本无法显著降低，太阳能的普及速度会受到多大影响？

（3）边界测试。

>如果［特殊情境］发生，这一结论是否仍然适用？

示例：如果按照现有的 AI 技术发展，未来全球电力价格是否会飙升？

（4）细节补充。

>回答中提到［概念 C］，但缺乏具体说明，请补充相关细节。

示例：你提到"强化学习适用于量化交易"，能否具体描述一个实际案例？

强化自洽追问帮助用户验证回答的合理性和完整性，确保 AIGC 输出的内容经得起推敲。通过逻辑验证、假设质疑、边界测试和细节补充，用户可以提高回答的可信度和实用性。这种追问方式在科学研究、项目规划和知识梳理等领域尤为重要。

4．案例：研究金属材料的导电性质

（1）提出明确问题，如图 2-20 所示。

（2）对回答中的部分内容进行局部逻辑验证，如图 2-21 所示。

（3）对回答中的部分内容质疑或进一步提问，如图 2-22 所示。

2.1.7　联系上下文追问

1．联系上下文追问概述

AIGC 在回答问题时，如果没有上下文可能会给出偏离用户实际需求的泛化答案。联系上下文追问是指通过将问题与更广泛的背景、具体场景或用户的实际需求结合起来，帮助 AIGC 提供更相关、更有针对性的回答。这种方法可以让回答更加贴合实际应用场景，同时提升对话的连贯性和深度。

构建联系上下文追问需要做到以下几点：

金属材料的导电性能由哪些因素决定？

金属材料的导电性能主要由以下几个因素决定：

1. **自由电子浓度**：金属的导电性很大程度上取决于其内部自由电子的数量。金属原子之间的键合方式使得它们能够共享电子，这些电子能够在晶格中自由移动，形成电流。一般来说，自由电子越多，导电性越好。

2. **温度**：温度对导电性有重要影响。随着温度升高，金属中的原子振动加剧，这会增加自由电子与原子碰撞的机会，从而增加电阻，降低导电性。不过，对于一些特殊的超导材料，在极低温度下反而可以实现零电阻。

3. **杂质和合金成分**：金属中的杂质或添加的合金元素会影响其导电性能。杂质原子可能会散射自由电子，增加材料的电阻。不同的合金成分也可以改变金属的导电性，有时是通过改变自由电子的数量，有时是通过改变电子的迁移率。

4. **晶体结构和缺陷**：金属的晶体结构（如面心立方、体心立方等）以及其中存在的缺陷（如位错、空位、晶界等）也会影响导电性。完美的晶体结构通常提供更好的导电路径，而缺陷则可能成为电子运动的障碍，增加电阻。

5. **加工历史和应力状态**：金属在加工过程中经历的冷热处理、形变等都会影响其微观结构，进而影响导电性能。例如，冷加工可使金属硬化并增加电阻；而退火处理可以恢复部分导电性。

6. **外加磁场**：在强磁场作用下，载流子（电子或空穴）的运动轨迹会发生偏转，这种现象称为霍尔效应，它同样会对金属的导电性产生影响。

7. **湿度和腐蚀**：环境因素如湿度可能导致金属表面氧化或腐蚀，形成一层不导电的氧化物或化合物，这会显著降低金属的导电性。

了解上述因素如何影响特定金属的导电性能，可以帮助选择最适合特定应用的金属材料。

Q 深度搜索

图 2-20 金属导电性质提问 1

冷加工为什么会增加电阻？

冷加工会增加金属的电阻，主要原因是它改变了金属的微观结构。以下是冷加工导致电阻增加的具体机制：

1. **位错密度增加**：冷加工过程中，金属受到外力作用发生塑性变形，这会导致金属内部晶格缺陷（如位错）数量显著增加。这些位错是原子排列不规则的地方，它们可以散射自由电子，阻碍电流通过，从而增加了材料的电阻。

2. **晶粒细化**：冷加工可以使原始的大晶粒破碎成更小的晶粒，即所谓的"晶粒细化"。晶界处的原子排列不如晶粒内部有序，因此晶界对自由电子来说是一个散射源。随着晶界的增多，电子在穿越材料时遭遇更多的散射机会，这也会导致电阻增加。

3. **应力和应变硬化**：冷加工过程中产生的内应力和应变会使金属材料变得更硬、更脆，这种现象称为加工硬化或应变硬化。硬化后的材料其内部存在较高的残余应力，这些应力也会影响电子的运动路径，增加电阻。

4. **亚结构形成**：冷加工还可以促使亚结构（例如胞状体或纳米级的微区）的形成。这些亚结构同样会对电子产生散射效应，进一步提升材料的电阻率。

5. **织构变化**：对于某些多晶体材料，冷加工可能会引起织构的变化，即优选的晶体取向。不同的晶体取向可能具有不同的导电性能，当冷加工改变了整体材料中各晶粒的取向分布时，也可能影响到材料的整体导电特性。

综上所述，冷加工通过改变金属材料的微观组织结构，引入更多散射中心，使得自由电子在传导过程中受到更大的阻力，从而提高了材料的电阻。为了恢复材料的导电性，通常需要进行热处理，比如退火，以减少内部缺陷和应力，使材料回到较低电阻的状态。

Q 深度搜索

图 2-21 金属导电性质提问 2

如果温度升高导致原子热振动加剧，这是否会掩盖杂质对导电性能的影响？

温度升高导致原子热振动加剧确实会增加金属材料的电阻，这是因为热振动增强了自由电子与晶格之间的散射。然而，这并不意味着杂质对导电性能的影响会被"掩盖"。相反，两种效应是独立存在的，并且在大多数情况下都是叠加的。具体来说：

1. **热振动引起的电阻增加**：随着温度上升，金属中的原子开始更加剧烈地振动，这些振动干扰了自由电子的平滑运动，增加了它们被散射的机会，从而提高了电阻。

2. **杂质引起的电阻增加**：杂质原子的存在本身就是一个散射源，无论温度如何，都会增加电子的散射概率，进而提高电阻。即使在低温下，杂质也会对导电性产生负面影响。

3. **叠加效应**：当温度升高时，由于热振动和杂质共同作用，总的电阻将高于仅由其中任何一个因素单独造成的电阻。因此，虽然温度升高确实会使电阻显著增加，但这不会消除或掩盖杂质对电阻的影响；实际上，两者是同时起作用的。

4. **相对贡献**：在某些情况下，特别是在高温条件下，热振动可能成为主导因素，使得由杂质引起的电阻变化显得不那么明显。但是，从绝对值来看，杂质仍然会对电阻有贡献。如果进行精确测量和分析，仍然可以检测到杂质对电阻的具体影响。

总之，尽管温度升高可能会使由杂质引起的电阻变化变得不太明显，但这并不是说杂质的影响被掩盖了。对于需要高精度测量的应用，可以通过控制实验条件（如保持恒定温度）来更准确地评估杂质对导电性能的影响。

深度搜索

图 2-22　金属导电性质提问 3

（1）明确上下文信息：根据对话的前提，提供关键背景信息，例如，目的、场景或限制条件。

（2）追问关联性：在回答的基础上，进一步探索如何应用到特定情境中。

（3）建立跨领域联系：将当前主题与其他相关领域或问题结合，挖掘更多可能性。

2. 常见联系上下文追问的方式

（1）结合用户目标或需求。

结合用户目标或需求，引导 AIGC 将回答应用到用户的实际需求或任务中，示例如下：

−初始问题：

　＞如何学习编程？

−联系上下文追问：

　＞如果我想快速开发一个 Android 应用程序，学习编程应该从哪里入手？

（2）场景或背景结合。

结合具体场景或问题背景，将回答与具体场景挂钩，要求提供针对性建议，示例如下：

−初始问题：

　＞什么是团队管理中的敏捷方法？

−联系上下文追问：

　＞如果我的团队是一个初创公司，刚开始开发第一款产品，敏捷方法应该如何实施？

（3）提取特定元素。

从回答中提取特定元素深入探讨，结合回答中的某些细节，与上下文建立联系，示例如下：

－初始问题：

> 什么是深度学习？

－联系上下文追问：

> 我正在研究图像分类，深度学习中的哪些技术可以用于提升分类精度？

（4）跨主题联系。

将问题与相关领域结合，帮助用户更全面理解或应用知识，示例如下：

－初始问题：

> 什么是区块链技术？

－联系上下文追问：

> 区块链技术如何与人工智能结合应用？

3. 联系上下文追问的提问模板

（1）目标相关。

> 回答中提到［方法 A］，如果用于［场景 B］是否合适？需要做哪些调整？

示例：回答中提到"学习编程从 Python 开始"，但我需要处理大规模数据分析，是否还合适？

（2）情境结合。

> 如何将［答案 C］应用于［场景 D］中？有哪些具体步骤？

示例：如何将深度学习技术用于语言学研究？

（3）跨领域联系。

> 回答中提到［概念 E］，它是否与［主题 F］有关联？如何结合？

示例：人工智能的神经网络技术能否帮助解决物理学研究的若干问题？

（4）衔接前后文。

> 回答中提到［观点 G］，但之前讨论的［问题 H］是否矛盾？如何解决？

示例：之前提到"敏捷方法适合小团队"，但大型企业实施敏捷方法是否也可行？

联系上下文追问通过将问题和回答与实际场景、目标需求或跨领域联系结合，让回答更加切合实际。它适用于知识学习、技术应用和问题解决等多种场景，是一种提升对话价值的有效方法。

2.1.8 分步骤追问

1. 分步骤追问概述

分步骤追问是指将一个复杂的问题拆解为多个较小的、彼此关联的步骤，通过逐步探索各个环节，从而获得更清晰、更全面的答案。这种方式能够帮助用户引导 AIGC 逐步完善复杂任务的解决方案，或更深入地理解问题的关键点。

构建分步骤追问的技巧如下：

（1）拆解问题：将一个问题拆分为多个步骤或子问题，确保每一步相对独立且指向最终目标。

（2）从基础到高级：先解决简单或基础部分，再引导回答深入到更复杂的层次。

（3）确保连贯性：每一步的问题应与前一步答案有逻辑关联，形成一个连贯的对话链条。

（4）设定明确目标：在追问中逐步引导 AIGC 接近用户的核心需求。

2. 常见的分步骤追问方式

（1）剖析复杂问题。

逐层剖析复杂问题，通过将复杂问题分解为多个子问题，逐步深入理解每个部分，示例如下：

－初始问题：
　　>如何设计一个有效的在线学习平台？
－分步骤追问：
　　基础框架：
　　>在线学习平台的基本组成部分有哪些？
　　课程内容设计：
　　>如何设计吸引用户的课程内容？
　　编程框架：
　　>这个领域应该采用哪种前端开发语言和后端开发语言？
　　数据库设计：
　　>应该使用哪一种数据库进行数据存储？
　　用户体验优化：
　　>如何提升用户在平台上的学习体验？

（2）逐步探索。

逐步探索原因或影响，分步骤追问原因、过程和后果，理清问题的来龙去脉，示例如下：

－初始问题：
　　>为什么气候变化对全球经济有重大影响？
－分步骤追问：
　　原因分析：
　　>气候变化的主要原因是什么？
　　直接影响：
　　>气候变化对自然环境的直接影响有哪些？
　　经济影响：
　　>这些环境变化如何具体影响全球经济？

（3）逐步引导。

逐步引导解决问题。通过分步骤问题设计，引导 AIGC 提供完整的解决方案，示例如下：

－初始问题：

　　＞如何使用 JavaScript 编写一个前端网页实现用户注册功能？

－分步骤追问：

　　需求分析：

　　＞用户注册功能需要包含哪些关键要素？

　　代码设计：

　　＞用户名和密码的输入部分应该如何实现？

　　存储逻辑：

　　＞如何保存用户信息以便后续使用？

　　安全性增强：

　　＞如何增强密码存储的安全性？

（4）推进优化。

从实践到优化逐步推进。从基本实践出发，逐步扩展到高级优化或新功能的探索，示例如下：

－初始问题：

　　＞如何优化网站的 SEO 排名？

－分步骤追问：

　　基础实践：

　　＞优化 SEO 排名有哪些基本步骤？

　　技术优化：

　　＞在技术层面，SEO 优化需要注意哪些方面？

　　内容策略：

　　＞高质量内容如何影响 SEO 排名？具体应该怎么做？

　　长期维护：

　　＞如何监测 SEO 效果并持续改进？

3．分步骤追问的提问模板

（1）逐层剖析。

＞回答中提到［概念 A］，可以具体分解为哪些步骤？

示例：如何实现一个自动化邮件发送脚本？分解为详细步骤指导我操作。

（2）递进探索。

＞针对［子问题 B］，下一步需要解决哪些问题？

示例：用户界面设计完成后，如何优化交互体验？

（3）结果追踪。

＞如果完成［步骤 C］，如何验证结果是否符合预期？

示例：SEO 优化后如何评估搜索排名的提升？

（4）逐步优化。

＞当前［解决方案 D］存在哪些不足，如何进一步改进？

示例：［粘贴代码］以上是关于贝叶斯分类的机器学习代码，如何进一步优化？

分步骤追问是一种高效且逻辑严密的对话引导方式，适用于解决复杂问题或实现多步骤任务。通过层层递进、逐步深入的提问方式，用户可以让 AIGC 输出更清晰、系统和实用的解决方案。

4. 案例：为初创公司编写商业策划

（1）提出明确问题，如图 2-23 所示。

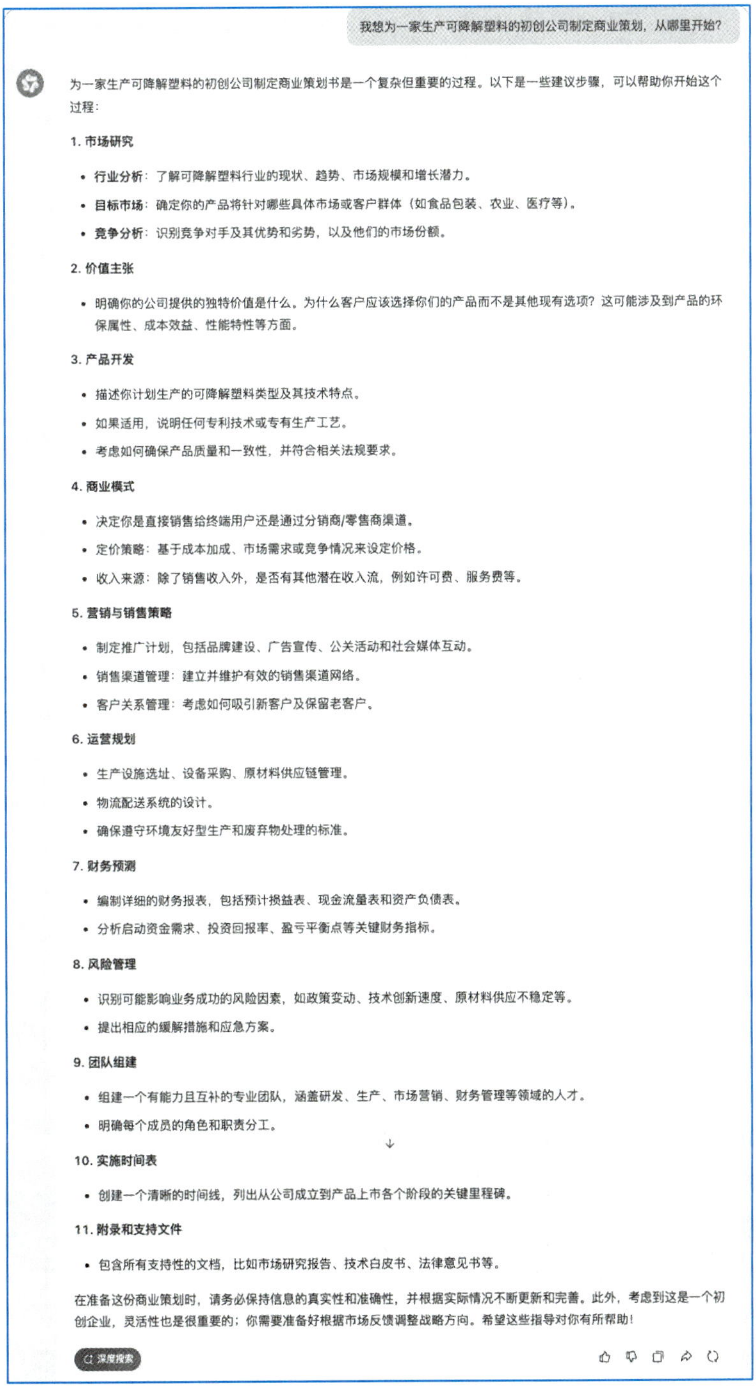

我想为一家生产可降解塑料的初创公司制定商业策划，从哪里开始？

为一家生产可降解塑料的初创公司制定商业策划书是一个复杂但重要的过程。以下是一些建议步骤，可以帮助你开始这个过程：

1. 市场研究

- **行业分析**：了解可降解塑料行业的现状、趋势、市场规模和增长潜力。
- **目标市场**：确定你的产品将针对哪些具体市场或客户群体（如食品包装、农业、医疗等）。
- **竞争分析**：识别竞争对手及其优势和劣势，以及他们的市场份额。

2. 价值主张

- 明确你的公司提供的独特价值是什么。为什么客户应该选择你们的产品而不是其他现有选项？这可能涉及到产品的环保属性、成本效益、性能特性等方面。

3. 产品开发

- 描述你计划生产的可降解塑料类型及其技术特点。
- 如果适用，说明任何专利技术或专有生产工艺。
- 考虑如何确保产品质量和一致性，并符合相关法规要求。

4. 商业模式

- 决定你是直接销售给终端用户还是通过分销商/零售商渠道。
- 定价策略：基于成本加成、市场需求或竞争情况来设定价格。
- 收入来源：除了销售收入外，是否有其他潜在收入流，例如许可费、服务费等。

5. 营销与销售策略

- 制定推广计划，包括品牌建设、广告宣传、公关活动和社会媒体互动。
- 销售渠道管理：建立并维护有效的销售渠道网络。
- 客户关系管理：考虑如何吸引新客户及保留老客户。

6. 运营规划

- 生产设施选址、设备采购、原材料供应链管理。
- 物流配送系统的设计。
- 确保遵守环境友好型生产和废弃物处理的标准。

7. 财务预测

- 编制详细的财务报表，包括预计损益表、现金流量表和资产负债表。
- 分析启动资金需求、投资回报率、盈亏平衡点等关键财务指标。

8. 风险管理

- 识别可能影响业务成功的风险因素，如政策变动、技术创新速度、原材料供应不稳定等。
- 提出相应的缓解措施和应急方案。

9. 团队组建

- 组建一个有能力且互补的专业团队，涵盖研发、生产、市场营销、财务管理等领域的人才。
- 明确每个成员的角色和职责分工。

10. 实施时间表

- 创建一个清晰的时间线，列出从公司成立到产品上市各个阶段的关键里程碑。

11. 附录和支持文件

- 包含所有支持性的文档，比如市场研究报告、技术白皮书、法律意见书等。

在准备这份商业策划时，请务必保持信息的真实性和准确性，并根据实际情况不断更新和完善。此外，考虑到这是一个初创企业，灵活性也是很重要的；你需要准备好根据市场反馈调整战略方向。希望这些指导对你有所帮助！

深度搜索

图 2-23　商业策划提问 1

（2）聚焦具体环节逐步完善。

① 明确产品定位和目标市场，如图 2-24 所示。

图 2-24 商业策划提问 2

② 进行市场调研，如图 2-25 所示。

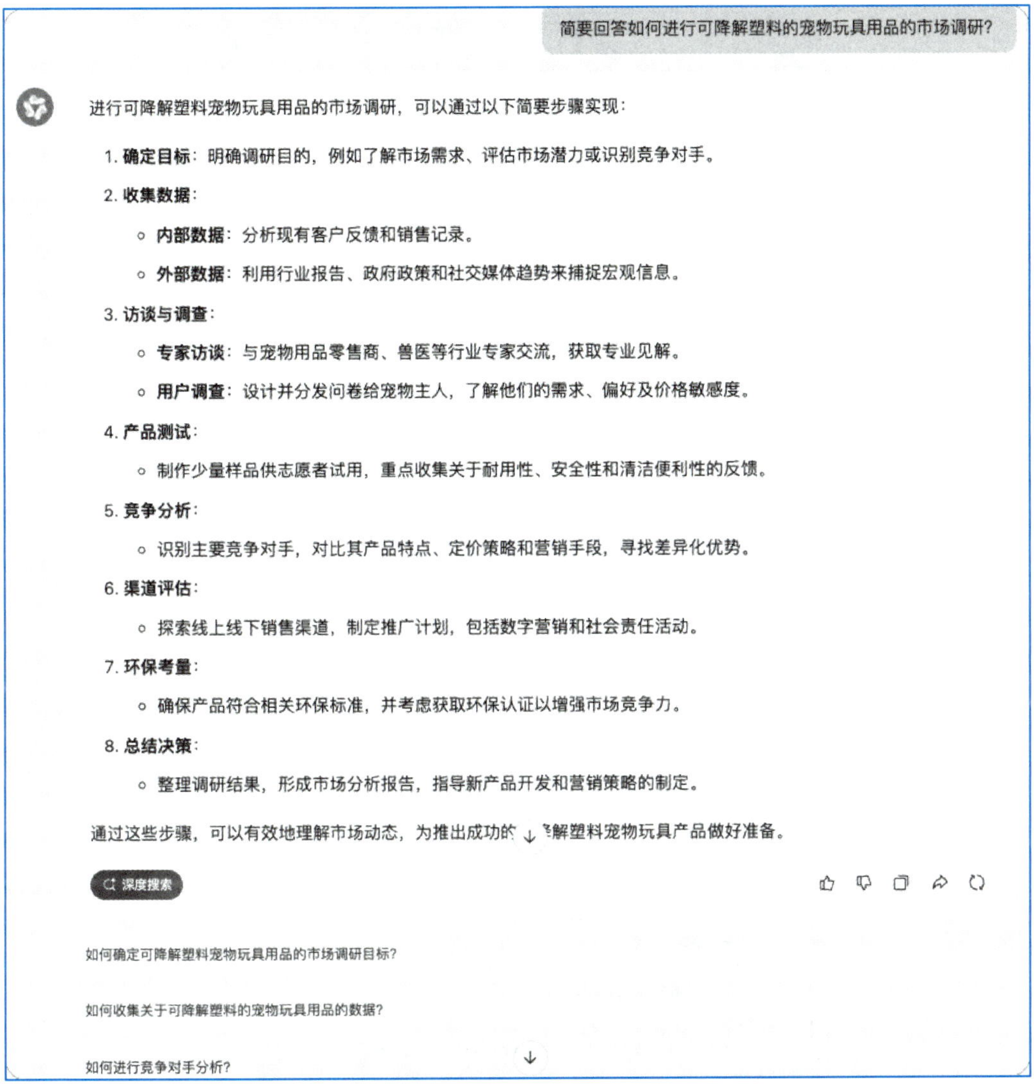

简要回答如何进行可降解塑料的宠物玩具用品的市场调研？

进行可降解塑料宠物玩具用品的市场调研，可以通过以下简要步骤实现：

1. **确定目标**：明确调研目的，例如了解市场需求、评估市场潜力或识别竞争对手。

2. **收集数据**：

   ○ **内部数据**：分析现有客户反馈和销售记录。

   ○ **外部数据**：利用行业报告、政府政策和社交媒体趋势来捕捉宏观信息。

3. **访谈与调查**：

   ○ **专家访谈**：与宠物用品零售商、兽医等行业专家交流，获取专业见解。

   ○ **用户调查**：设计并分发问卷给宠物主人，了解他们的需求、偏好及价格敏感度。

4. **产品测试**：

   ○ 制作少量样品供志愿者试用，重点收集关于耐用性、安全性和清洁便利性的反馈。

5. **竞争分析**：

   ○ 识别主要竞争对手，对比其产品特点、定价策略和营销手段，寻找差异化优势。

6. **渠道评估**：

   ○ 探索线上线下销售渠道，制定推广计划，包括数字营销和社会责任活动。

7. **环保考量**：

   ○ 确保产品符合相关环保标准，并考虑获取环保认证以增强市场竞争力。

8. **总结决策**：

   ○ 整理调研结果，形成市场分析报告，指导新产品开发和营销策略的制定。

通过这些步骤，可以有效地理解市场动态，为推出成功的可降解塑料宠物玩具产品做好准备。

深度搜索

如何确定可降解塑料宠物玩具用品的市场调研目标？

如何收集关于可降解塑料的宠物玩具用品的数据？

如何进行竞争对手分析？

图 2-25　商业策划提问 3

③ 营销策划，如图 2-26 所示。

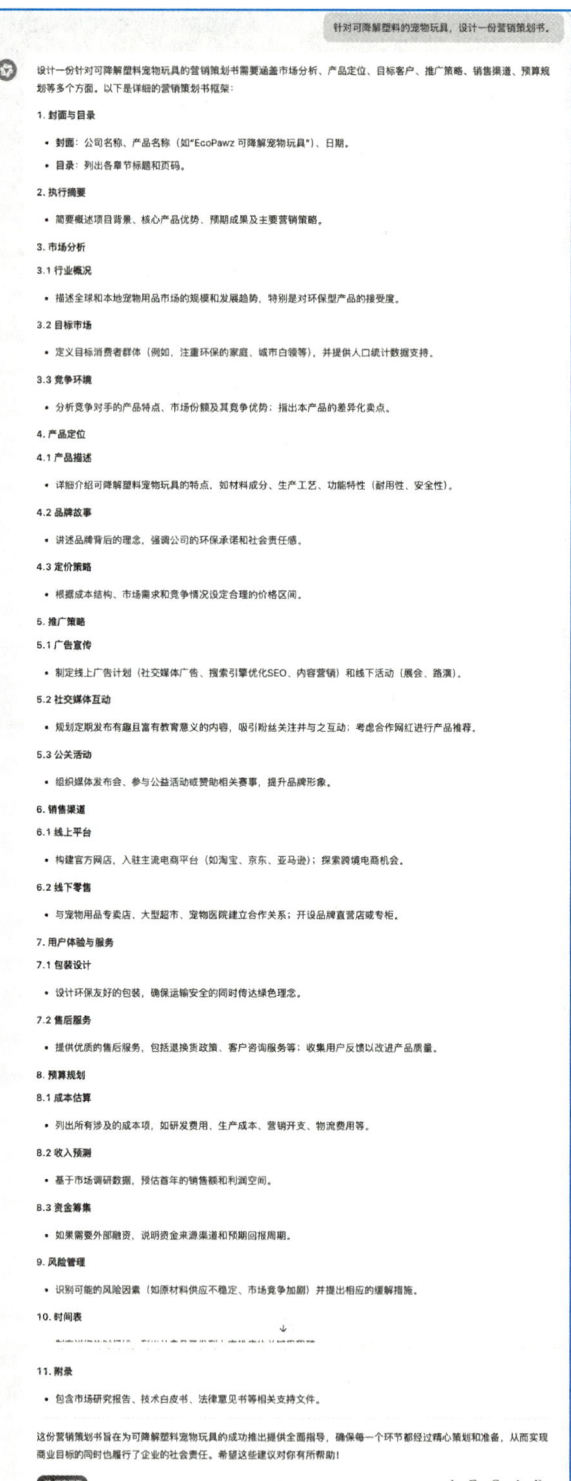

图 2-26　商业策划提问 4

④ 制订生产计划，如图 2-27 所示。

> 如果采用 B2B 模式，生产计划应该如何设计以满足大客户需求？

采用B2B（Business-to-Business）模式为大客户提供可降解塑料宠物玩具时，生产计划的设计需要特别注重灵活性、效率和客户导向。以下是设计生产计划的关键步骤和建议：

1. 需求预测与订单管理

- **客户需求分析**：深入了解每个大客户的业务模式、季节性需求波动以及长期发展规划，以便更准确地预测订单量。
- **合同条款细化**：确保与客户签订的合同中明确交货时间、数量、质量标准等关键要素，减少不确定性。

2. 供应链优化

- **原材料采购**：建立稳定的原材料供应商网络，优先选择那些能够提供高质量且价格合理的合作伙伴；考虑库存策略如安全库存或JIT（Just-In-Time）以降低成本并提高响应速度。
- **物流合作**：选择可靠的物流公司，确保产品能按时按质送达客户手中；探索多式联运等方式降低运输成本。

3. 生产能力规划

- **生产线布局**：根据产品种类和产量要求合理配置生产设备，保证高效运作的同时留有扩展余地。
- **产能弹性调整**：预留一定的柔性生产能力，以应对突发的大批量订单或者市场需求变化。

4. 质量控制体系

- **严格的质量检验**：从原材料入库到成品出库，实施全过程的质量监控，确保每一批次的产品都符合既定标准。
- **持续改进机制**：定期评估生产工艺和技术水平，寻找可以优化的地方，不断提高产品质量和服务满意度。

5. 定制化服务

- **个性化定制**：对于有特殊需求的大客户，提供定制化 ↓ 品设计和服务方案，增强客户粘性。
- **快速响应机制**：设立专门团队负责处理客户的紧急需求或变更请求，确保及时有效地解决问题。

6. 信息系统支持

- **ERP系统集成**：引入先进的企业资源规划（ERP）系统，实现销售、采购、生产和财务数据的一体化管理，提升运营透明度和决策效率。
- **客户关系管理系统（CRM）**：利用CRM工具跟踪客户需求变化，维护良好的沟通渠道，并基于数据分析为客户提供更加个性化的服务。

7. 风险管理

- **应急预案准备**：针对可能影响生产的各种风险因素（如自然灾害、供应链中断），制定详细的应急预案，确保即使在不利条件下也能维持正常供货。
- **多元化市场布局**：避免过度依赖单一客户或市场，积极开拓新客户群体和地区，分散经营风险。

8. 环境与社会责任

- **可持续发展实践**：作为一家致力于环保事业的企业，继续贯彻绿色生产理念，遵守相关法规，并积极参与社会公益活动，树立良好品牌形象。

通过上述措施，你可以更好地满足B2B模式下大客户的需求，不仅提高了生产效率和产品质量，还能建立起稳固的合作关系，促进企业的长期健康发展。

🔍 深度搜索　　　　　　　　　　　　　　　　　👍 👎 🗐 ↗ ↺

图 2-27　商业策划提问 5

2.2　编程工具的 AIGC 使用技巧

通过 AIGC 平台的 API 函数调用接口，可以在其他文本工具中直接向 AIGC 平台提问，并获取结果。由于推理模型在记忆上下文、生成长文本的准确性上具有很大的优势，因此目前推理模型已大量运用在编程工具、知识图谱生成等专业领域。这一节简单介绍如何通过配置，在编程工具中使用推理模型。

2.2.1　通过 API 函数直接访问

在部署了大模型的平台上，可以看到 API 的调用方法。这里以 DeepSeek 为例。

如图 2-28 所示，单击"API 开发平台"按钮。后可看到账户余额，可以进行充值（调用 API 接口会消耗账户余额，而 DeepSeek 在同类模型中价格最低，但效果是最佳之一）。

图 2-28　DeepSeek 主页

DeepSeek 主页如图 2-28 所示，单击"API 开发平台"按钮后，单击"接口文档"按钮跳转到调用方法页面，在"调用对话 API"区域中选择 python 选项，如图 2-29 所示。

当通过 API 接口访问大模型时，需要填充三个关键信息：平台网址、模型名称以及 API key。DeepSeek 的模型名称目前有两个（未来可能增加）：deepseek-chat 代表 deepseek-v3 通用模型；deepseek-reasoner 代表 deepseek-r1 推理模型。可以根据自己的需要进行选择，API key 页面如图 2-30 所示。

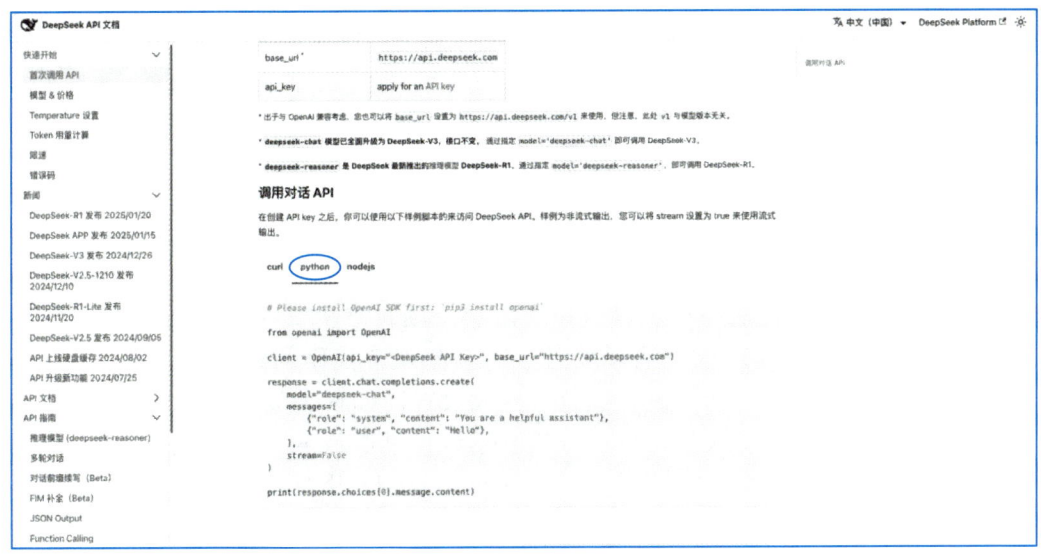

图 2-29　DeepSeek 文档页面

图 2-30　DeepSeek API key 页面

第一次使用时，需要单击"创建 API key"按钮，输入 API key 的名称后创建 key，将该 key 复制后备用。注意 API key 的名称不影响调用，仅提示该 key 的用途。可以创建多个 key 以用于不同的用途。

最后，将刚才复制的 API key 粘贴到代码的"api-key="后面，然后执行测试。

如果希望在更复杂的产品级代码中调用大模型功能，可以将这段调用代码嵌入到其他代码内部。如果在编写代码时遇到困难，可以通过与 AIGC 的对话，给出相应的代码示例。这里不再赘述。

如果 DeepSeek 官网 API 访问遇到网络问题，可能是访问量太大引起的，可以使用硅基流动或者火山引擎部署的 DeepSeek R1 模型。

2.2.2 在编程工具中使用 AIGC

目前有多种搭配大模型使用的编程工具，随着大模型的高速进化，这些编程工具的使用方式也从基本的智能提示、智能完成、自动完成局部代码，升级到自动完成整个项目。当前的智能编程工具可以理解整个项目结构，并自动创建代码文件、自动执行命令构建编程环境、编译项目，甚至能理解代码的编译错误或者执行错误，然后自动修改，再重新调试、执行。这大大提高编程人员的开发效率，对于非计算机专业的理工科研究人员，可以快速利用计算机进行本专业领域的程序仿真和测试，降低程序编写门槛。本节以 Visual Studio Code 开发工具为例，介绍在编程工具中使用 AIGC 的方法。

启动 Visual Studio Code（以下简称 VS Code）工具后，打开一个项目文件夹，然后单击"扩展"按钮以安装插件，如图 2-31 所示。

图 2-31　VS Code 界面

搜索"cline"并安装，如图 2-32 所示。

安装成功后，单击侧边栏的 cline 插件图标，如图 2-33 所示。

单击"设置"按钮，如图 2-34 所示。

在下拉列表中选择 deepseek，模型选择 deepseek-chat 对话模型或者 deepseek-reasoner 推理模型，再粘贴前面获取的 API key。这样完成了模型的 API 接口设置。

图 2-32　在 VS Code 中安装 cline 插件

图 2-33　cline 设置

在 Custom Instructions 编辑框中，可以输入长期生效的规则指令。例如，所有的对话响应使用中文；代码应该规范、整洁、具备完善的错误处理并覆盖完整的测试；有完整的注释等。

在完成后的界面中单击 auto-approve 按钮进行设置，如图 2-35 所示。

可以看到界面如图 2-36 所示。

这几个选项是开启插件修改文件、执行命令等权限，可以都选上。但 auto-approve 选项可以不用选，这样每次修改文件或执行命令时，需要用户确认。

图 2-34　cline 设置详情

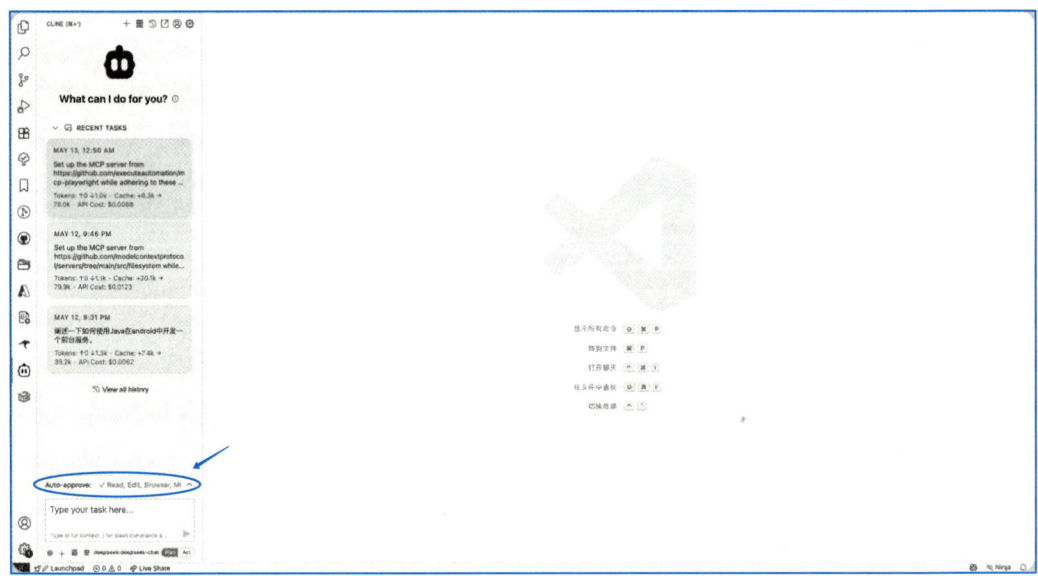

图 2-35　cline 高级设置

在当前页面中，可以在左下角输入用户的项目需求，并要求它完成。如果软件需求文本较长，可以将软件的功能需求、界面设计等按照编号，整理到一个 readme 文件中，放置到项目根目录下，并通过对话，要求 AI 读取该文件，然后完成软件的编码。

图 2-36　cline 高级设置详情

2.3　DeepSeek 部署及使用

　　DeepSeek 通过开源社区公布了多种规模的模型参数，许多使用者在本地部署这些模型并使用。相比网页端使用或通过 API 调用，本地部署在数据隐私保障、服务可靠性和长远成本控制三个方面具有显著的优势。本地部署有效避免敏感数据通过网络传输至第三方，从而降低了泄露风险，满足了敏感行业的数据安全需求。此外，本地部署的模型在断网环境仍可稳定运行，避免服务提供商因服务调整或网络故障引起的业务中断。对于高频使用场景，如客服系统每天调用次数可达数百次，本地部署相比于 API 调用方式，长期来看具有更高的性价比。个人用户的业务并不复杂，本地部署的参数量较小的模型也能处理大多数需求，但其成本几乎可忽略不计。因此，本节将介绍通过开源软件 Ollama 部署本地模型（图 2-37），并通过 Chery Studio 创建知识库，助力大学学习生活。

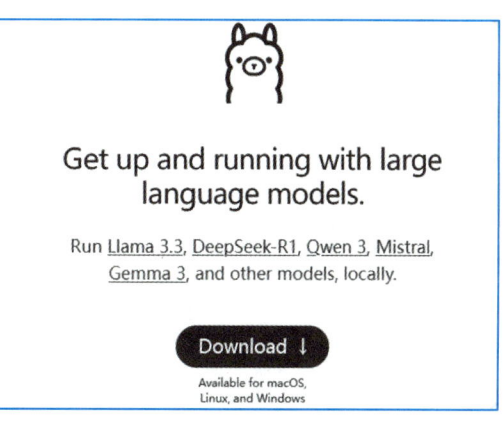

图 2-37　Ollama 主页

2.3.1　本地部署 DeepSeek 模型

DeepSeek 的原生模型（满血版）参数规模非常庞大，具有 6 710 亿个可学习参数，部署这样的模型对硬件需求极大，据估计成本超过 200 万元。但 DeepSeek 还有许多不同参数规模的蒸馏模型，对硬件需求各不相同，可根据实际硬件条件选择合适的模型。一般 15 亿个参数的蒸馏模型需要 4 GB 的显存或内存，且存储需求和参数规模呈线性增长。

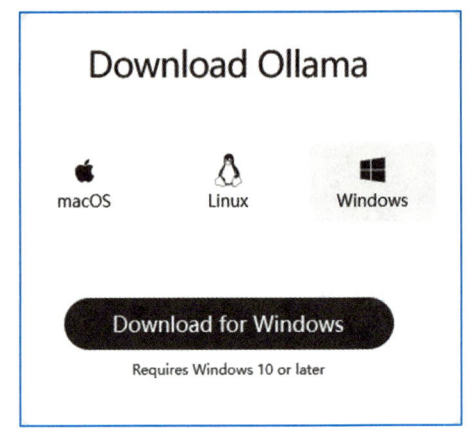

本地部署 DeepSeek 模型需完成以下步骤：

1. 环境准备及工具安装

为了在本地运行开源模型，通常使用 Ollama、vLLM 或 LM Studio 等本地部署工具，这里以 Ollama 为例介绍。打开 Ollama 的官网，单击下载按钮，下载对应系统版本的安装文件（图 2-38）。

安装文件下载完成后，双击进行安装，在安装界面中单击 Install 进行安装（图 2-39）。

图 2-38　根据操作系统下载 Ollama 版本

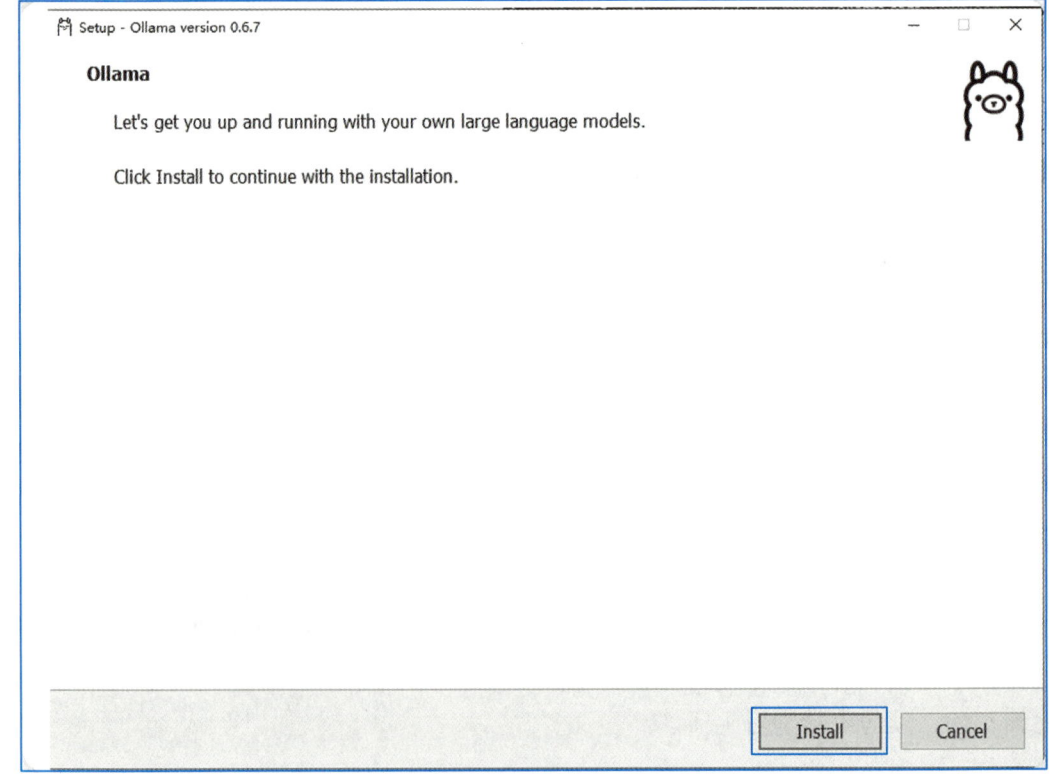

图 2-39　Ollama 安装界面（Windows 版本）

安装完成后，单击系统右下角弹窗进入 PowerShell，如出现图 2–40 的界面即安装成功。

图 2–40　Ollama 安装成功（Windows 版本）

2. 模型下载与配置

Ollama 社区除了提供了运行工具，还提供了一些模型镜像，同学们可自行查阅支持的模型。对 Ollama 提供的模型，如 DeepSeek-R1∶1.5B 模型，可以在 PowerShell 或 CMD 中首次使用命令"ollama run deepseek-r1∶1.5"配置模型并运行，再次运行时不再执行配置过程。

Ollama 社区并没有提供所有的开源模型，同学们可以将这些开源模型的权重文件下载到本地，然后手动配置模型。下面以魔搭社区（modelscope）中下载的"bge-reranker-v2-m3"模型为例展示如何配置本地权重文件。

首先前往模型文件库下载模型权重文件"bge-reranker-v2-m3-FP16.gguf"到本地文件夹，在同一文件夹中创建文件"config.txt"，填充内容"FROM bge-reranker-v2-m3-FP16.gguf"并保存（图 2–41）。

```
PS F:\localmodel> ollama create reranker -f ./config.txt
gathering model components
copying file sha256:5df93be121c09c43432102ad2b9569d369ccb85c209ca7583e8ccd28f0e41b88 100%
parsing GGUF
using existing layer sha256:5df93be121c09c43432102ad2b9569d369ccb85c209ca7583e8ccd28f0e41b88
writing manifest
success
```

图 2–41　Ollama 配置本地模型权重文件

打开 PowerShell 并进入模型权重文件所在的文件夹，使用命令"ollama create <模型名称>–f./config.txt"，其中<模型名称>是配置后在 ollama 中调用模型的标识，无须与文件名保持一致。

3. 测试与使用

模型在本地配置之后，在 PowerShell 或 CMD 中运行命令"ollama run<模型名称>"即可运行对应的模型文件，在命令行模式下与大语言模型进行交互，如图 2–42 所示。

尽管命令行交互的方式快速便捷，但无法准确渲染大语言模型的格式化输出内容，如数学公式、表格和强调黑体等，也无法使用联网搜索或链接附件强化模型的输出。因此，这里推荐使用可视化工具与本地大模型进行交互。这里以 Cherry Studio 为例（图 2–43）。

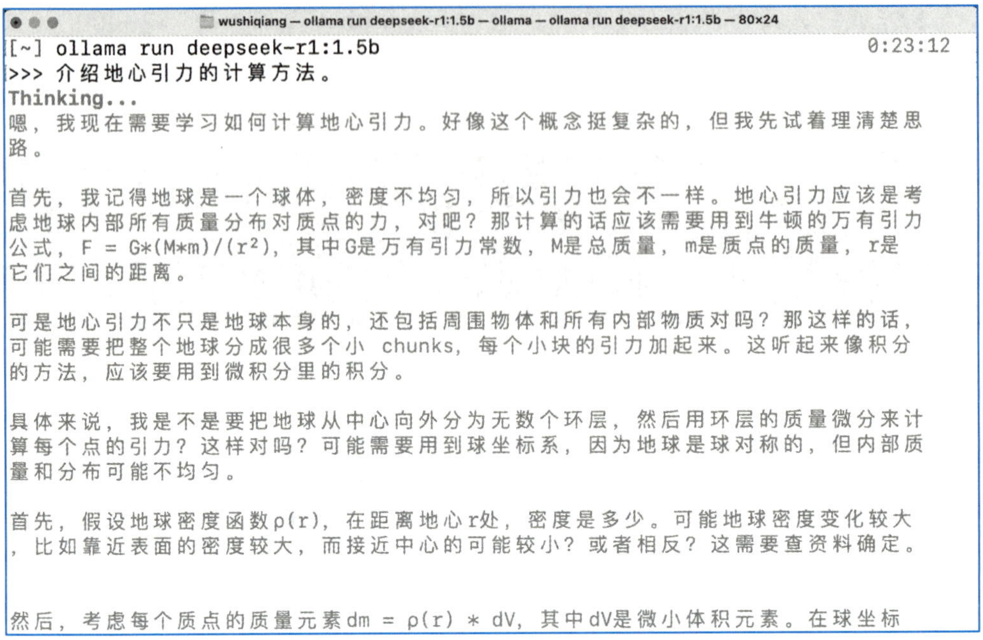

图 2-42 Ollama 运行本地模型示例

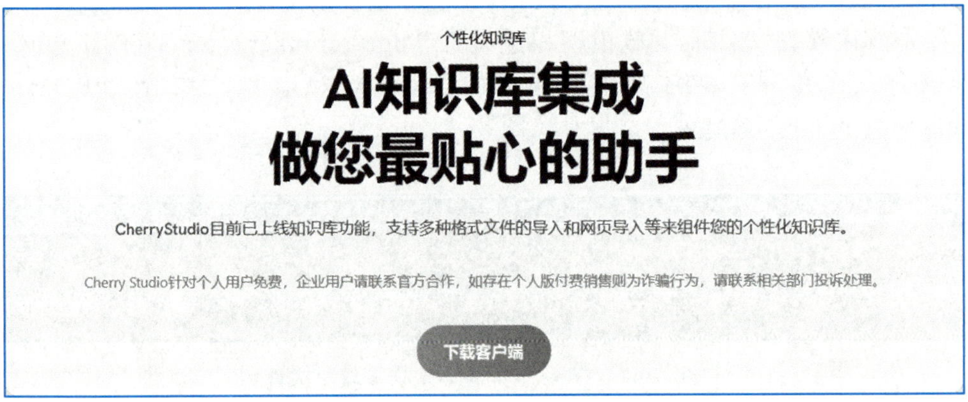

图 2-43 Cherry Studio 主页

    首先，在 Cherry Studio 官方网站根据操作系统下载对应版本的软件安装文件并安装。注意安装路径不含中文和空格等字符，安装完成后的界面如图 2-44 所示。

    单击左下角"设置"按钮，并在"模型服务"选项中选择"Ollama"，API 密钥留空，单击页面下侧"管理"，将本地配置的模型通过"+"按钮添加到模型服务中，如图 2-45 所示。在软件主界面最上方选择本地部署的模型，即可完成交互，如图 2-46 所示，在 Cherry Studio 中，与模型交互时可以传递附件，通过合理配置还可以使用联网搜索功能，显著提升了大语言模型的使用体验。

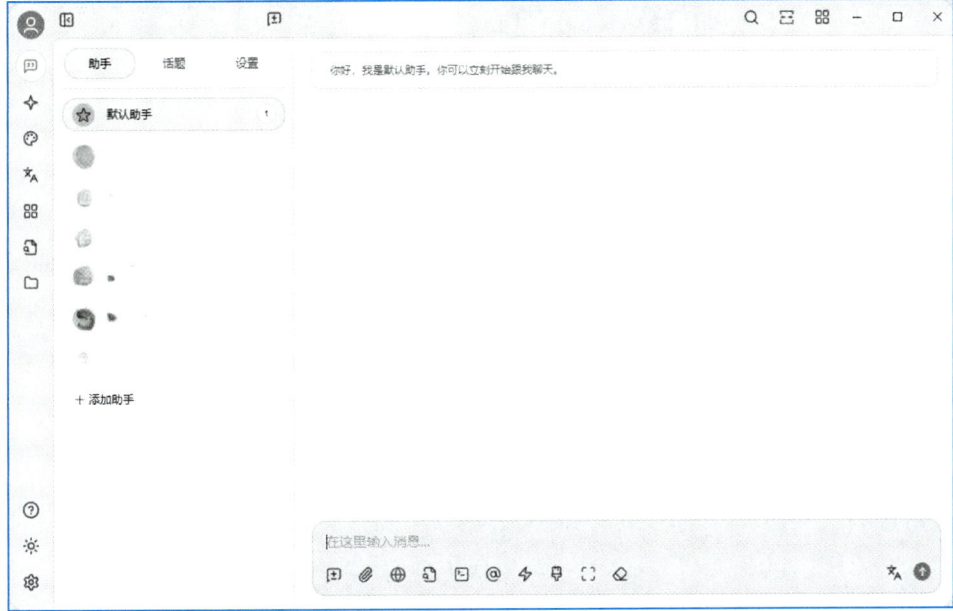

图 2-44　Cherry Studio 软件界面

图 2-45　模型服务设置

图 2-46　选择模型并交互

2.3.2　DeepSeek 知识库创建

本节介绍在 Cherry Studio 中创建用于增强 DeepSeek 本地模型性能的知识库，首先介绍知识库的相关原理，再介绍知识库创建的步骤。

1. 知识库工作原理

大语言模型是基于庞大数据集进行预训练的，这些训练数据都有一个明确的截止日期，因此大语言模型无法获取或理解在训练数据之后发生的事件或信息。而知识库可以为大语言模型提供外部数据，提升模型的可靠性。此外，知识库还可为大语言模型提供特定领域知识、提高模型输出的事实准确性、增强模型输出的上下文相关性和细节。

知识库的工作原理是基于检索增强生成技术（retrieval-augmented generation，RAG）。在 RAG 的工作流程中，涉及 3 个预训练模型，分别是嵌入模型、重排模型和大语言模型。其工作流程如图 2-47 所示。

知识库中的文献或其他资料首先被传输到嵌入模型中，这些资料被切分成若干个段，并使用嵌入模型将每个段都转换成固定维度的数字向量，这些向量和对应的原文被保存起来，称为资料向量数据库。

用户与大语言模型交互时，用户的输入内容也被传输到嵌入模型中被转换成数字向量。由于用户的输入内容一般较短，因此不用分段。检索器则在资料向量数据库中粗略筛选出若干条（通常较多）与用户的输入内容相关的段。这些段和用户的输入内容将被传输到重排模型中。

重排模型将接收到的内容和粗略筛选的资料段重新计算相似度，从中精挑细选几段最为相关的材料，最后将用户的输入内容和精选材料的原文一起传输到大语言模型。

大语言模型则根据知识库中的材料和用户的输入内容生成对应的输出内容。

2. 知识库创建步骤

前面我们介绍了知识库的工作原理，本小节将介绍在 Cherry Studio 中设置知识库。

首先，需要在 Ollama 中安装嵌入模型和重排模型。嵌入模型可采用智源研究院提出的 bge-m3 模型，在 PowerShell 或 CMD 中之间输入命令"ollama pull bge-m3"即可在本地部署。重排模型也采用智源研究院的 bge-reranker-v2-m3 模型，其部署方法在 2.3.1 节中部署本地权重文件中已经介绍，此处不再赘述。

在 Cherry Studio 中按"设置"→"模型服务"→"Ollama"→"管理"的顺序将嵌入模型和重排模型添加到 Cherry Studio 的服务中。然后在左侧边栏中选择知识库进行知识库创建，如图 2-48 所示。

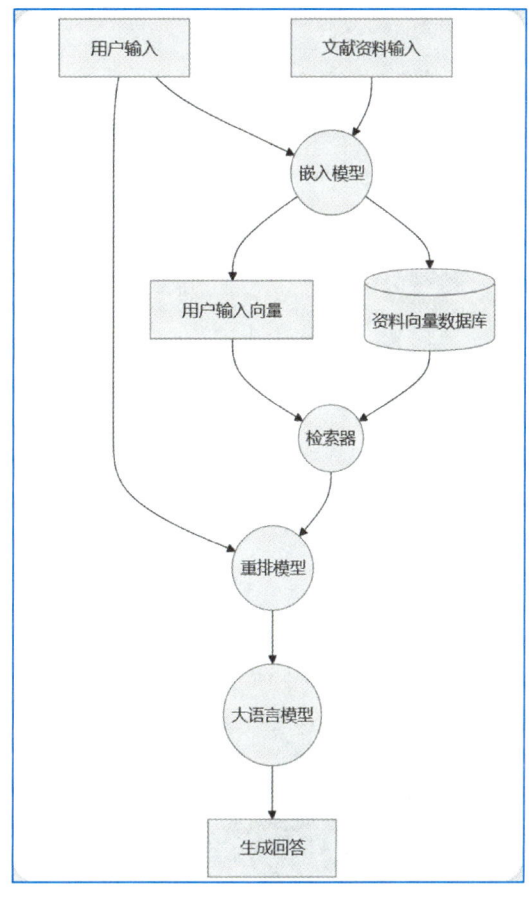

图 2-47　RAG 工作流程

然后，在知识库管理界面中选择"+添加"，知识库的"名称"可以任意填写，"嵌入模型"中选择"bge-m3"，重排模型选择"bge-reranker"，并将"请求文档片段数量"选择为最大（30），然后单击"确定"按钮。如图 2-49 所示。

在新创建的知识库界面中，单击知识库设置按钮，如图 2-50 所示。进入高级设置，将"匹配度阈值"设置为 0.6，"返回结果数量"为 5，如图 2-51 所示。然后将知识库的材料拖拽到文件区，等待量化完成即完成知识库的设置与资料添加，如图 2-52 所示。

图 2-48　知识库创建步骤 1

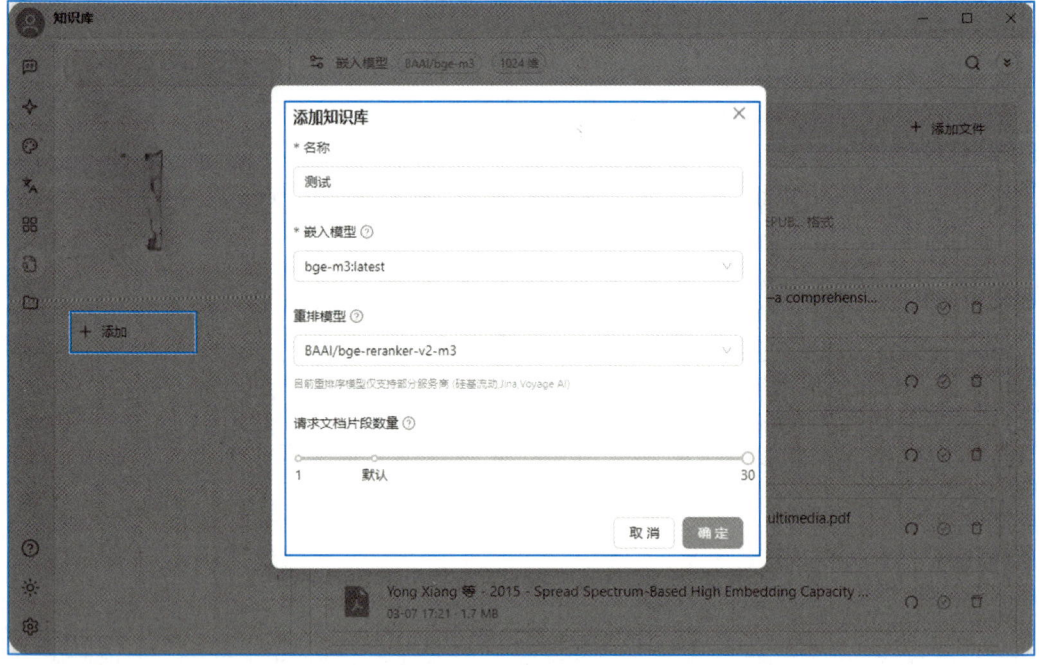

图 2-49　知识库创建步骤 2

图 2-50 知识库界面与设置按钮

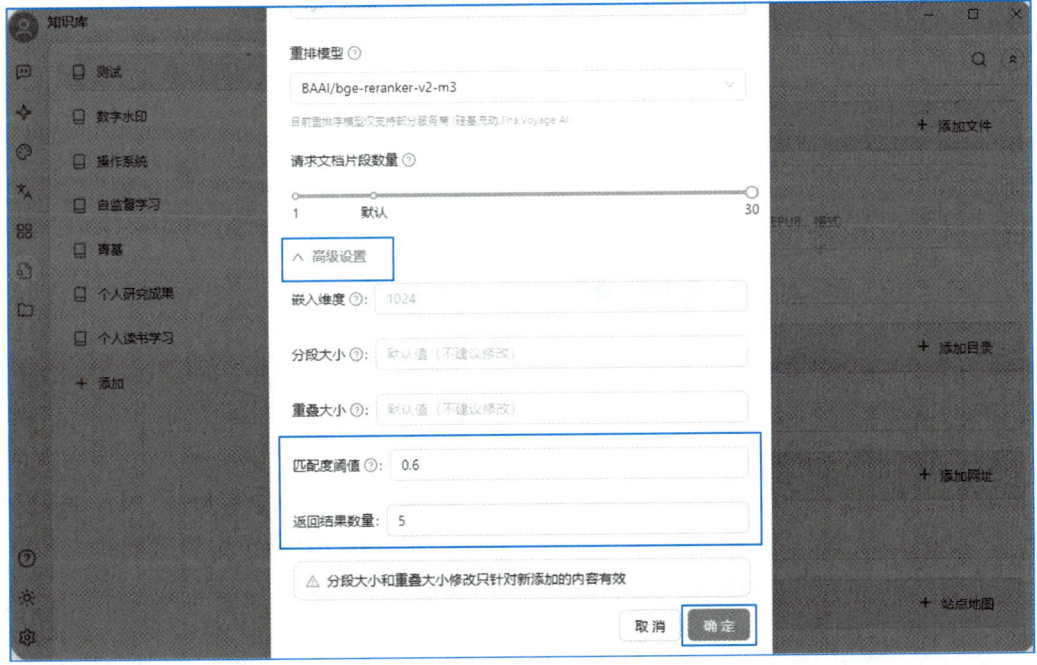

图 2-51 知识库高级设置

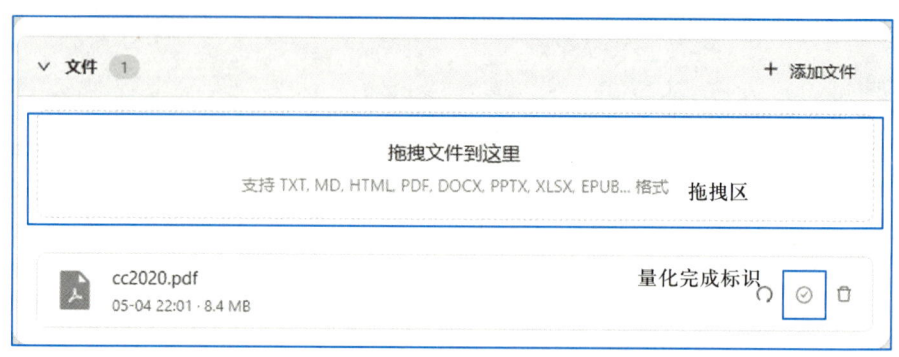

图 2-52　文件添加与量化完成标识

2.4　本 章 小 结

在与 AIGC（人工智能生成内容工具）互动时，提问的质量和方式决定了答案的深度与实用性。本章通过多个维度详细阐述了如何提出高效问题，引导 AIGC 生成清晰、准确和满足需求的内容，显著提升与 AIGC 的互动效率。熟练运用这些技巧，将帮助用户更好地挖掘 AIGC 的潜力，成为高效的"AI 协作者"。除了直接与 AIGC 对话，也可以使用其他编程工具调用 AIGC 平台提供的 API 接口，扩展其能力，打造属于自己的 AI 工具。本章主要内容如下：

1．如何与 AIGC 进行聊天

通过清晰、简洁的语言提出问题，并明确目的，可以让 AIGC 提供更加精准的回答。同时，友好的语气和自然的互动，能够建立高效对话氛围。例如，直接表达问题的背景和期望结果，将避免因歧义导致回答偏离主题。

2．使用标准化问题与 AIGC 交流

标准化问题能够通过明确的结构和规则引导 AIGC 提供一致的回答。通过模板化的语言、清晰的框架和关键条件（如目标、限制、应用场景），可以将 AIGC 的答案优化为更符合用户需求的内容。

3．概括总结追问

在对 AIGC 的初步回答进行概括总结后，可以进一步提问，以确保对信息的正确理解，并从多角度挖掘新的价值。例如，通过要求总结要点、提炼关键信息或修正不准确内容，推动对话逐步深入。

4．延伸扩展追问

通过对回答内容进行拓展或提出相关性较强的后续问题，可以挖掘更多的信息维度。延伸扩展追问适用于深入探索某一主题，或将讨论从一个领域拓展到相关领域，从而获得更加全面的洞察力。

5．强化自洽追问

针对回答中的矛盾、不一致或逻辑缺失提出追问，通过逐步校正和补充让内

容更加自洽。这一方式可以提升 AIGC 回答的连贯性和逻辑性，避免信息误导或漏洞。

6. 联系上下文追问

提供背景信息或上下文能够让 AIGC 的回答更贴近用户的实际需求。联系上下文追问能有效提升答案的针对性和实用性，尤其是在需要与实际场景结合时格外重要。

7. 分步骤追问

面对复杂问题时，通过将问题拆解为多个小步骤逐步展开，可以让 AIGC 的回答更具条理性和逻辑性。这种方式有助于系统性解决多步骤任务，同时方便用户追踪进展和验证结果。

8. 通过 API 调用扩展 AIGC 工具的能力

当使用 API 调用大模型时，有三个关键信息：平台网址、在该平台上的模型名称、API key。

9. 自动化编程

使用智能编程工具（例如 Visual Studio Code 工具和 cline 插件）完成自动化编程。

2.5　习题与思考

1. 通过 AI 对话了解以下概念：对话管理（dialogue management）、提示工程（prompt engineering）、上下文感知（context awareness）、多轮对话（multi-turn conversation）以及它们在 AI 对话中的作用。

2. 多模态交互设计：设计一个自己学习或者工作专业方向的 AI 辅助教学场景的交互案例，需包含用户输入的自然语言请求、AI 的响应类型（包含文本与流程图），通过反复追问，将最终内容扩充到两千字以上。

3. 文学创作：尝试使用 AIGC 工具创作一篇不少于一千字的小说。可能需要反复修正 AI 回答。

4. 专业学习：使用 AIGC 工具探索本专业领域过去三年最重要的变化，并完成一篇一万字以上的报告。

5. 文献阅读：使用 AIGC 工具寻找并阅读 10 篇本专业的最新的重要论文，并利用 AI 帮助总结论文重点，提取创新点和关键实验数据。

6. 编写代码：利用 Visual Studio Code 工具和 cline 插件，制作一个简单的手机聊天 App，要求通过它可以与 DeepSeek 进行实时交互。

第 3 章　智能化办公

随着人工智能技术的快速发展，智能化办公已不仅仅是一种趋势，而是成为提升工作效率与创造力的关键驱动力，是推动职场效率与个人能力提升的关键力量。本章将聚焦于智能化办公在个人管理与办公实践中的具体应用，特别是结合豆包、DeepSeek 与 WPS AI 三大平台的一系列智能化工具与方法，来优化个人及团队的办公体验，让繁琐的办公任务变得轻松，步入一个更加智能、高效、协同的工作新时代。

3.1　AI 写作入门

AI 写作是指利用人工智能技术，尤其是自然语言处理（natural language processing，NLP）和机器学习算法，实现文本的自动生成或辅助创作。它大幅提升了内容产出效率，能在短时间内完成海量文本创作。有时，AI 写作还能激发创作灵感，助力打破思维定势。此外，它还有助于跨越语言障碍，实现即时翻译与不同语言文本的转换，促进全球文化交流。AI 写作正凭借这些优势，深刻影响着新闻媒体、广告营销、文学创作等众多行业，逐渐改变人们的学习、工作和娱乐方式，为人们的生活带来前所未有的便利与无限可能。

3.1.1　AI 写作的关键

利用 AI 写作工具高效地完成写作任务，已经成为现代工作和学习的常态。要想用好 AI 工具、提升效率，还须注意以下环节。

1. 选择合适的 AI 写作工具

市场上有多种 AI 写作工具，常见的包括 OpenAI 的 GPT、豆包、DeepSeek、文心一言、通义千问、智谱清言等。选择工具时，要考虑其功能是否全面，尤其是理解能力、生成能力、逻辑能力和记忆能力，还有语法检查、拼写修正、风格调整等，确保工具能够满足你写作过程中的各项需求。

2. 明确主题与目标

写作前，明确文章的主题、受众、风格、目的和预期效果等，这将有助于 AI 工具更准确地生成符合需求的内容。

3．信息搜集

利用 AI 技术快速检索相关数据和资料，对搜集到的信息进行细致筛选、整理和分析，提炼出有价值的内容。

4．输入关键信息或提示词

让 AI 根据提示词，如角色、文档类型、主题内容、具体要求等生成文档初稿。

5．完善优化内容

积极接受 AI 提供的创意建议，为文章增加新颖观点和独特视角，添加个性化内容、深化内容，检查语法错误、逻辑漏洞等，确保内容连贯、准确，并优化句子结构和格式问题等。

6．保持批判性思维

虽然 AI 工具能够提供有价值的建议和生成内容，但并不意味着可以完全依赖它。应保持批判性思维，对生成的内容进行筛选和修改。

7．保护原创性

在使用 AI 工具生成内容时，注意避免抄袭和剽窃。确保生成的内容符合学术和行业的规范。

3.1.2 用 AI 写工作报告

工作报告是个人或团队在完成某项工作后，向上级或相关方汇报工作情况、成果与问题的书面材料。工作报告按照时间周期进行分类，主要有日报、周报、月报、季报和年报这几种类型。它具有汇报性、客观性和条理性，能让接收者迅速了解工作全貌，是沟通工作进展、评估工作成效的重要工具。撰写工作报告是日常办公中不可或缺的重要环节，本节以酒店客房部的年度工作总结报告为例，介绍使用豆包网页版辅助撰写的过程。

1．总体步骤

（1）明确主题与目标。

撰写一份酒店客房部年度工作总结报告，其目的是向领导汇报客房部一年的工作业绩，内容要全面完整，风格要正式严谨。

（2）输入提示词。

提示词是 AIGC 应用中至关重要的概念，它指的是用户向 AI 工具输入的指令，用于指导其生成特定内容。这些指令蕴含了用户的意图和期望，是 AI 写作中的关键，它决定了生成内容的方向和风格。根据使用场景，提示词可以是指令式提示词、描述式提示词、问答式提示词、联想式提示词以及组合式提示词。

（3）完善优化。

AI 生成的文档不一定完全符合要求，可通过多次向 AI 输入提示词来逐步进行完善优化。

2．案例：酒店客房部总结报告（方法一）

步骤 1　进入豆包官网，登录后单击页面中部或左侧栏的"帮我写作"按钮，如图 3−1 所示。

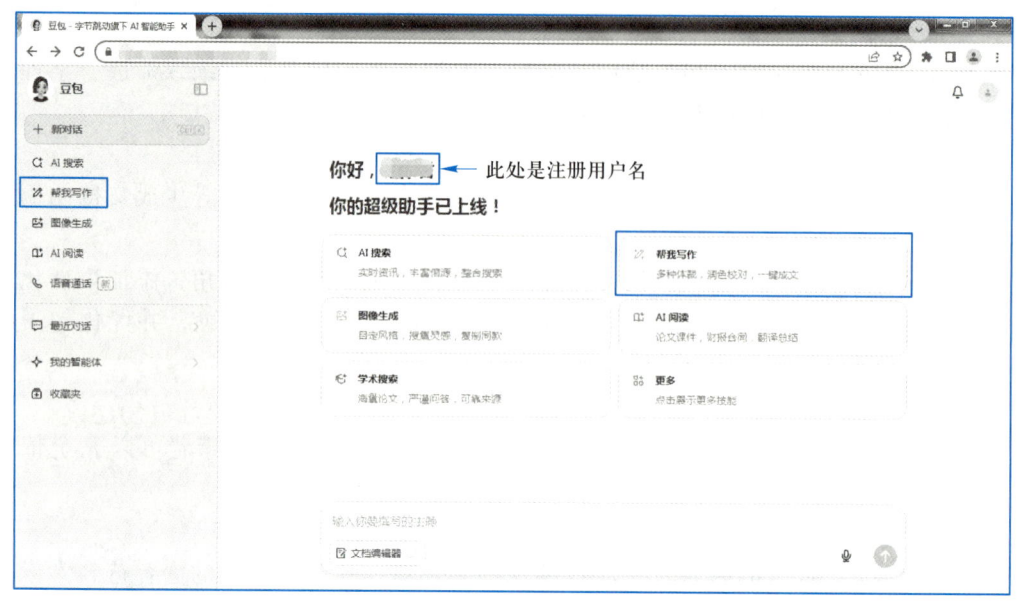

图 3-1　豆包网页版界面

　　豆包的"帮我写作"划分为工作、商业营销、学习/教育、社媒文章、文学艺术、回复和改写 6 大类，包括论文、宣传文案、总结汇报、教案、邮件、会议纪要等多种类型文档，涵盖了人们工作、学习、生活交流及创意表达的方方面面，可为用户提供全方位、一站式的写作支持与解决方案。

　　步骤 2　单击"总结汇报"按钮，下方即出现一个输入框，用于输入提示词，如图 3-2 所示。

　　步骤 3　输入提示词。这是描述式提示词，根据提示，在相应位置输入："酒店客房部主管，2024 年度客房部，工作概况、成绩亮点、问题与不足、改进策略、未来展望"，单击"发送"按钮或直接在键盘上按 Enter 键即可，还可单击话筒图标，实现语音输入，如图 3-3 所示。

　　发送指令之后，AI 会快速生成一份文档，如图 3-4 所示。此时，左下角的"文档编辑器"按钮处于关闭状态，单击可打开。开启后，生成的结果会展示在编辑器中，并支持自由编辑和 AI 改写。

　　步骤 4　输入提示词进行完善优化。在左下角输入框中输入："将工作概况分成客房运营与服务质量、团队建设与培训、成本控制与效率提升、安全与卫生管理几个方面来写，以数字形式。每部分都要结合具体数据、案例分析来写"。如图 3-5 所示。

　　发送指令之后，AI 会再生成一份文档，如图 3-6 所示。但所有数据均以［X］显示，需要自己替换成真实的数据。

　　步骤 5　继续优化完善。在左下角输入框中输入："在工作概况之前加入一段文字，简要介绍过去一年的总体背景，如酒店业的市场趋势、酒店的经营策略调整、客房部的主要目标及关键绩效指标（KPIs）等"。结果如图 3-7 所示。

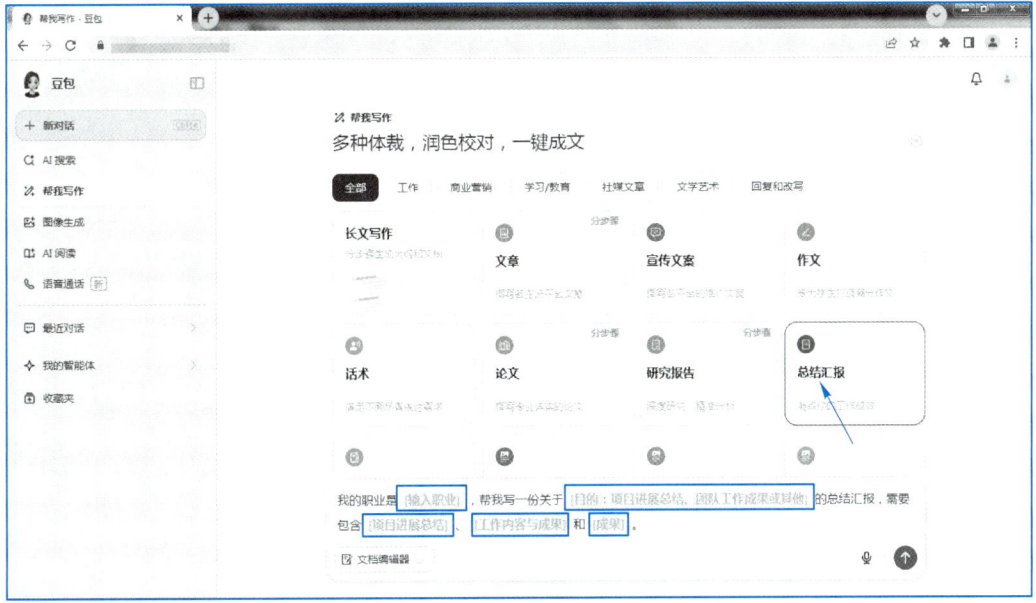

图 3-2　单击"总结汇报"按钮

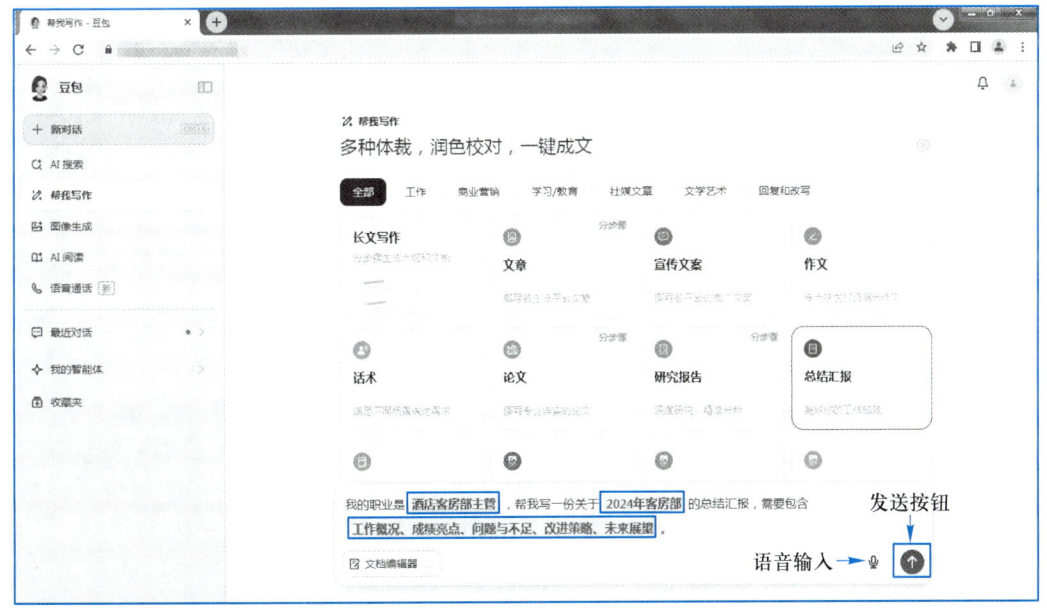

图 3-3　输入提示词

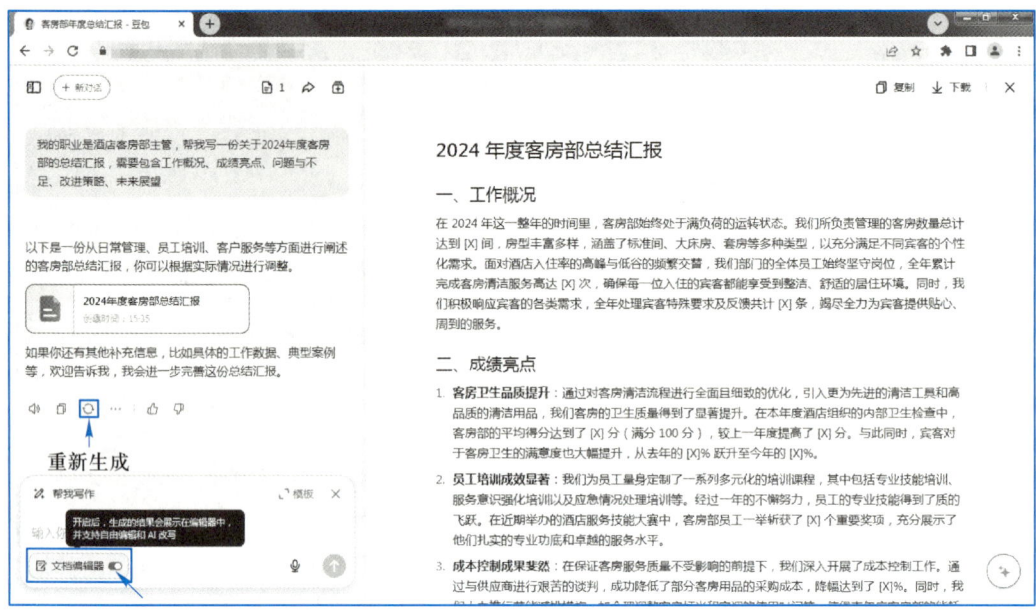

图 3-4　生成文档

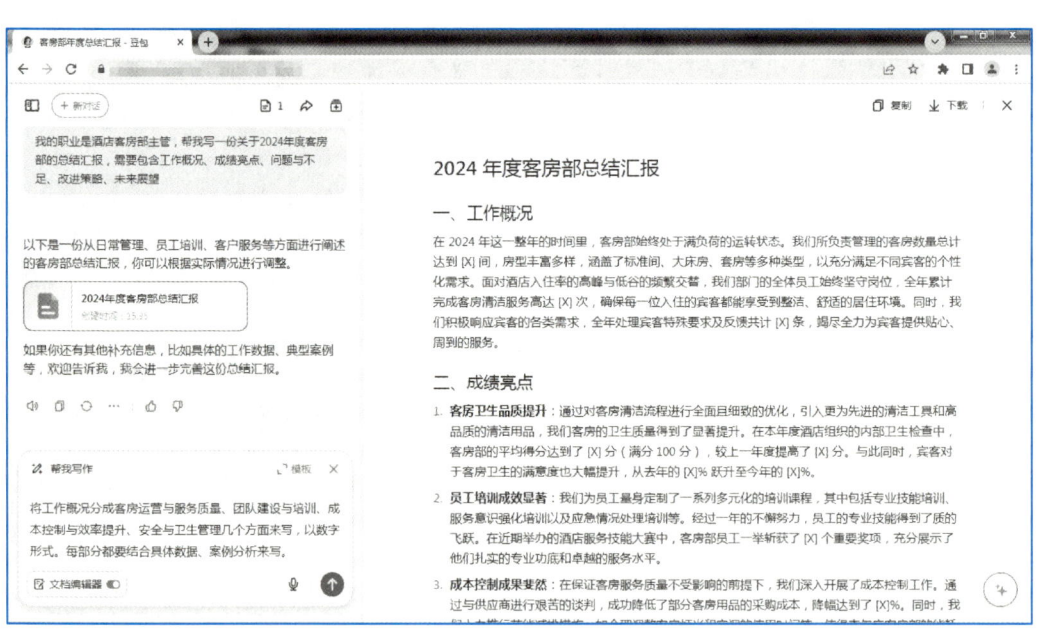

图 3-5　输入提示词完善优化内容

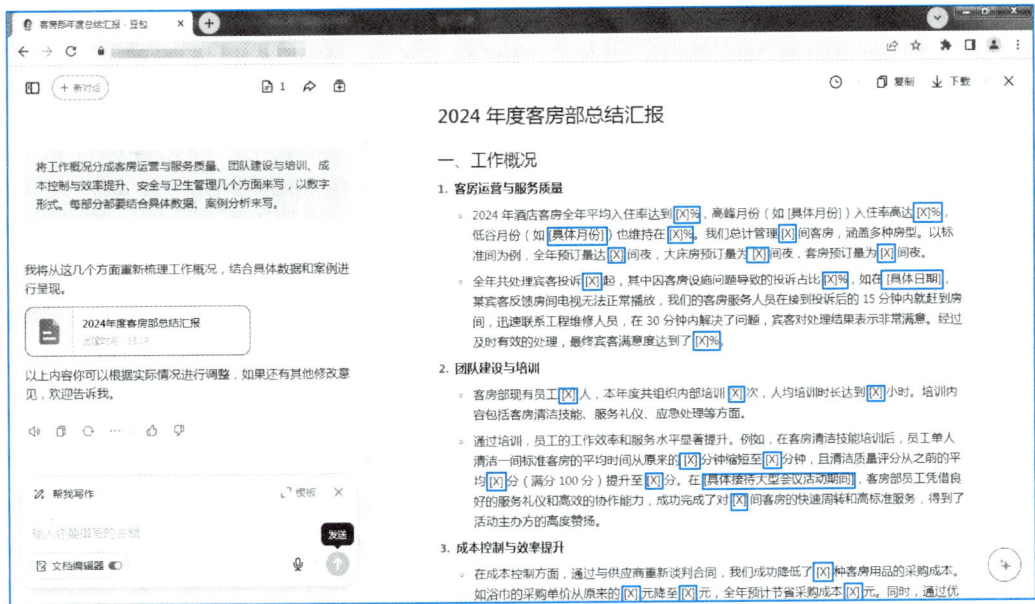

图 3-6　完善后的文档

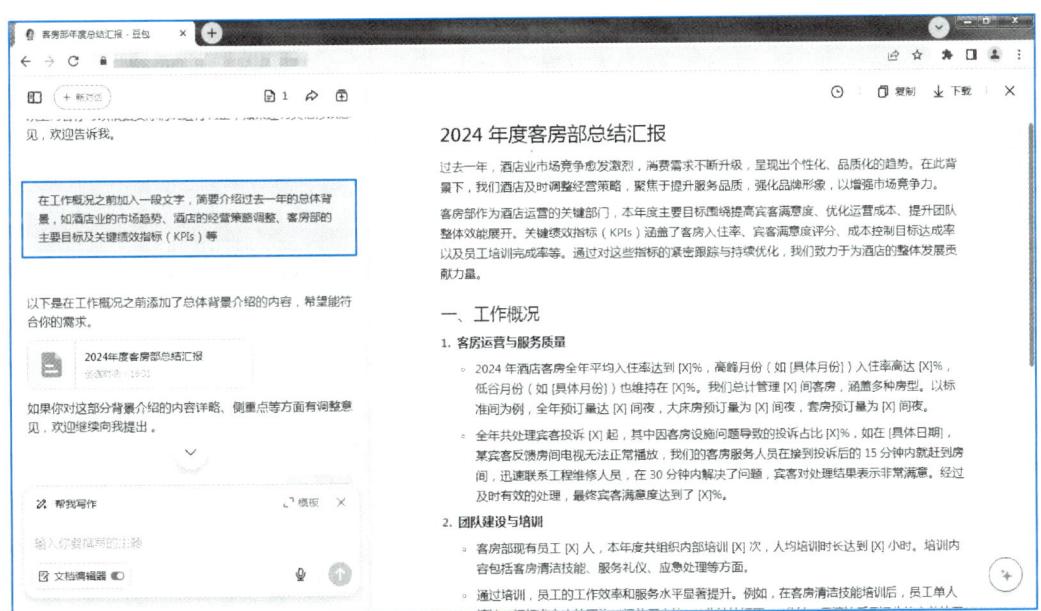

图 3-7　继续完善后的文档

步骤 6 用 AI 改写选定内容。拖选第一段文字，下方立即出现一排按钮，可进行 AI 改写，还可对文字进行格式设置，如图 3-8 所示。然后单击"AI 改写"按钮，会出现润色、扩写、缩写、调整语气和输入优化指令的矩形框，如图 3-9 所示。输入优化指令："明确背景与策略调整、突出服务品质和品牌形象、细化客房部目标、列举并解释关键绩效指标、强调持续跟踪与优化、整合并提升语言流畅性"，如图 3-10 所示。

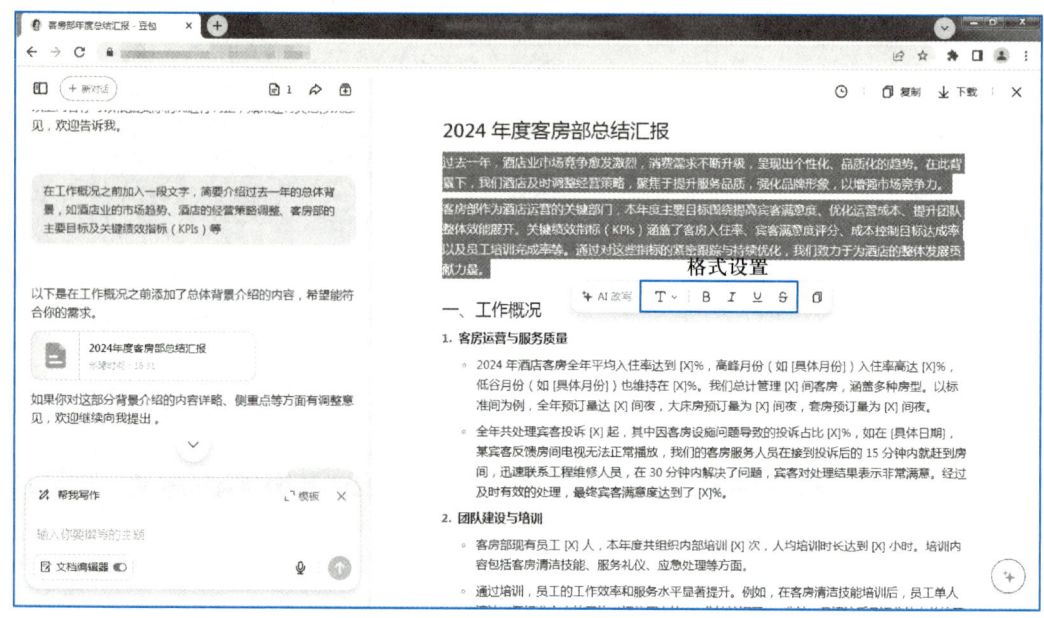

图 3-8 启动 AI 改写

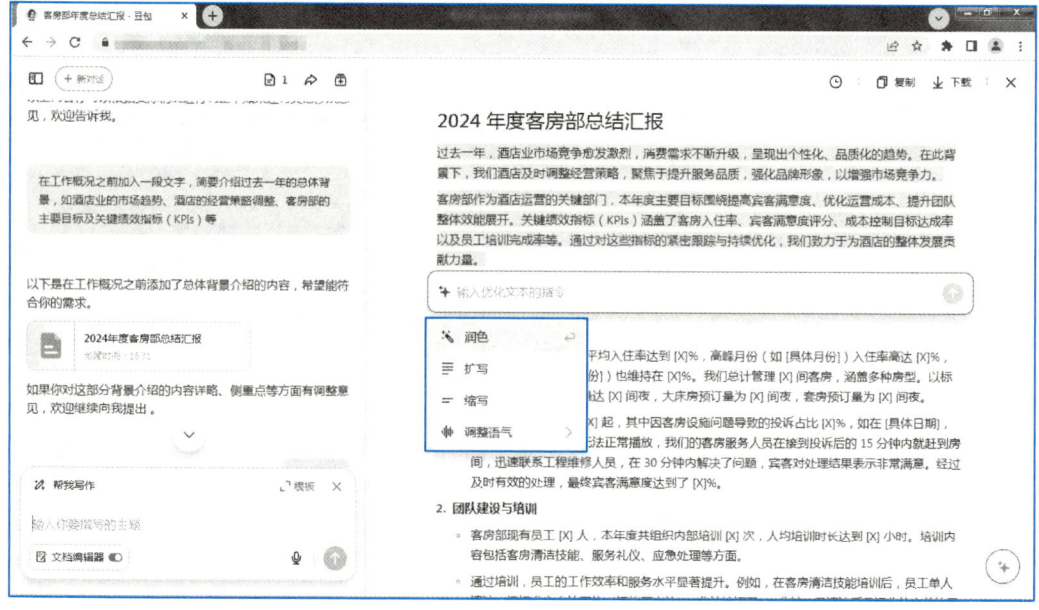

图 3-9 用 AI 改写

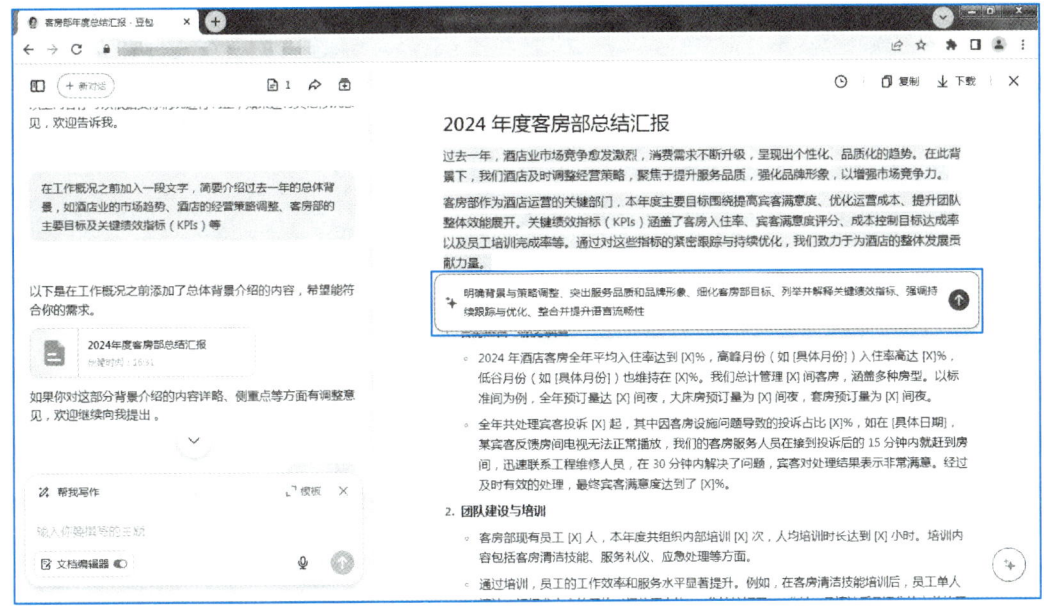

图 3-10　输入优化指令

对其他部分内容可按照同样的方法，进行多次优化、改写，以达到最满意的结果。最后，将 AI 生成的这份工作报告下载保存到本地计算机中。AI 生成的这份总结报告，如不满意，可单击"重新生成"按钮，AI 则会快速重新生成另一份总结报告。

通过这种方式生成的工作报告，文中的具体数据还需要自己再逐一填入，以确保工作报告的真实性。

3. 案例：酒店客房部总结报告（方法二）

如果已经有客房部的各种数据，还可以用另外一种方式写工作报告。

步骤 1　进入豆包官网登录后，在下方的输入框中单击"上传文件"按钮，可将本地的文件上传，让 AI 进行解读，生成相应文档。这里支持最多 50 个文件（图片文件最多 10 个）上传，包括 pdf、txt、csv、docx、xlsx、pptx、mobi、epub、png 等多种文件格式，如图 3-11 所示。

步骤 2　上传酒店数据文件（以 Excel 文件为例），输入提示词："每一张工作表的数据都要分析，绘制图表"，如图 3-12 所示。发送指令后，AI 会生成图表，显示结果如图 3-13 所示。此步骤是为以后的报告中插入图表做准备。这些图表需要手动下载保存，在后续下载工作报告后，再自行手动插入图表。AI 不能在生成的文档中自动插入这些图表。

步骤 3　此时，前面上传的文件仍然有效，可结合这个文件继续输入提示词，如图 3-14 所示。发送指令之后，AI 能解读上传文件，并根据要求生成文档，如图 3-15 所示。可以看到，文档中已经出现了各种数据，这是 AI 解读上传的 Excel 文件，将解读的数据自动匹配到文档中，非常方便。但这种将数据上传再生成文档的方式，有泄露数据的安全隐患，须慎重考虑。

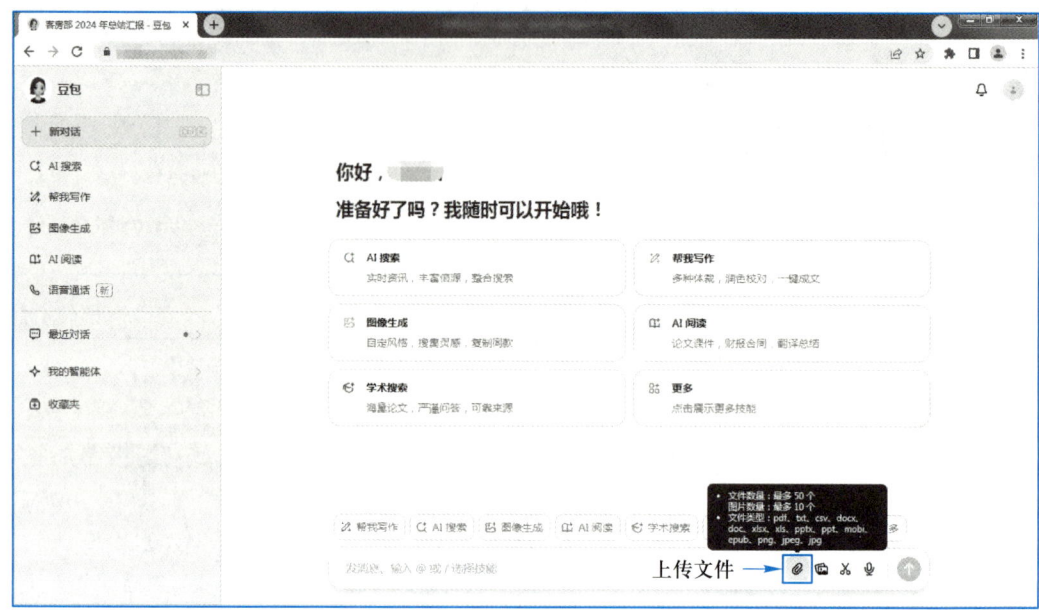

图 3-11 上传文件

图 3-12 输入分析数据的提示词

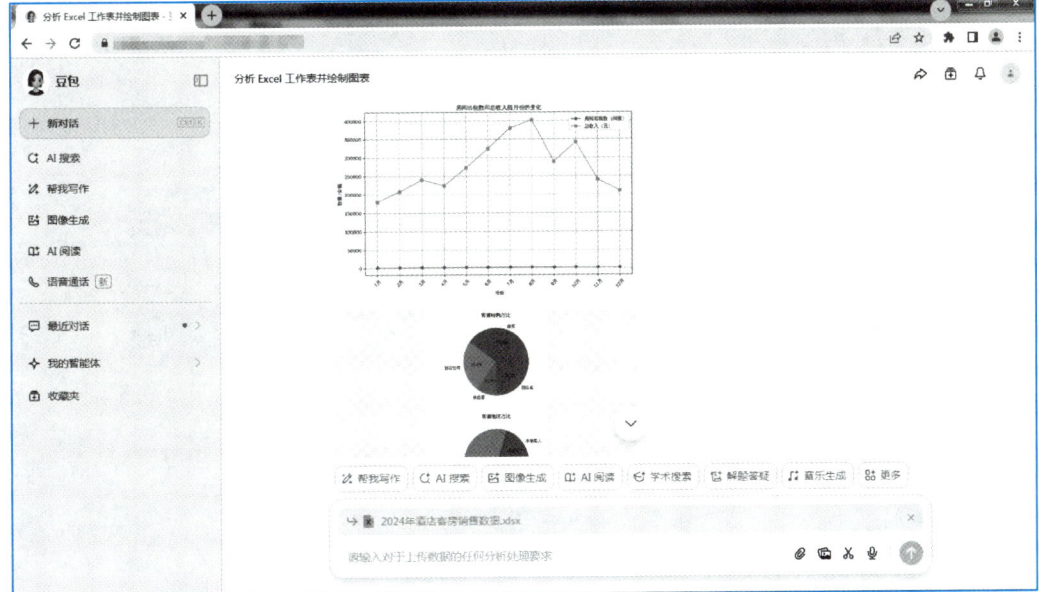

图 3-13　生成图表

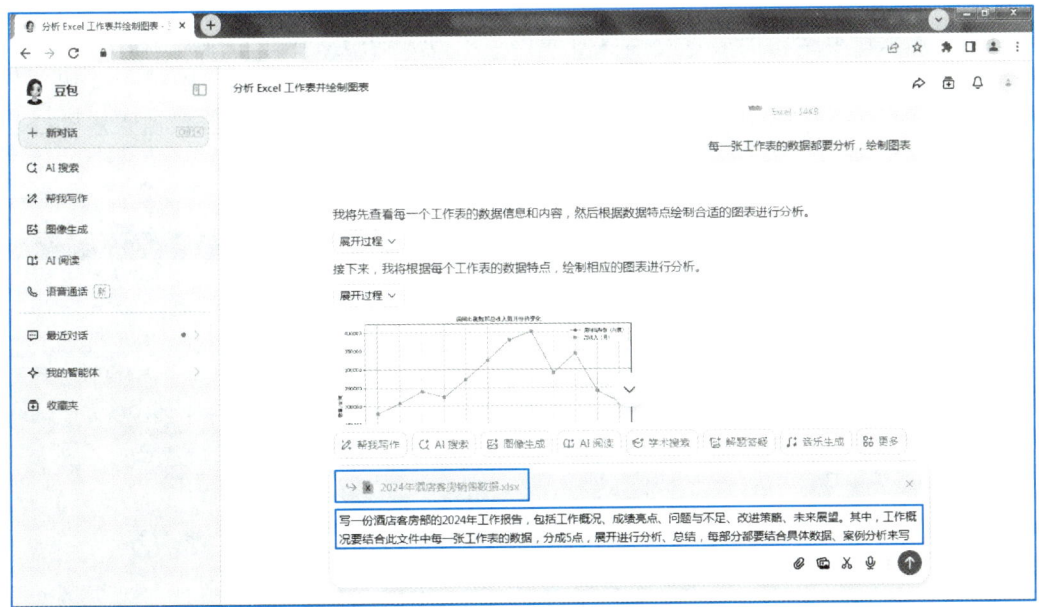

图 3-14　输入提示词

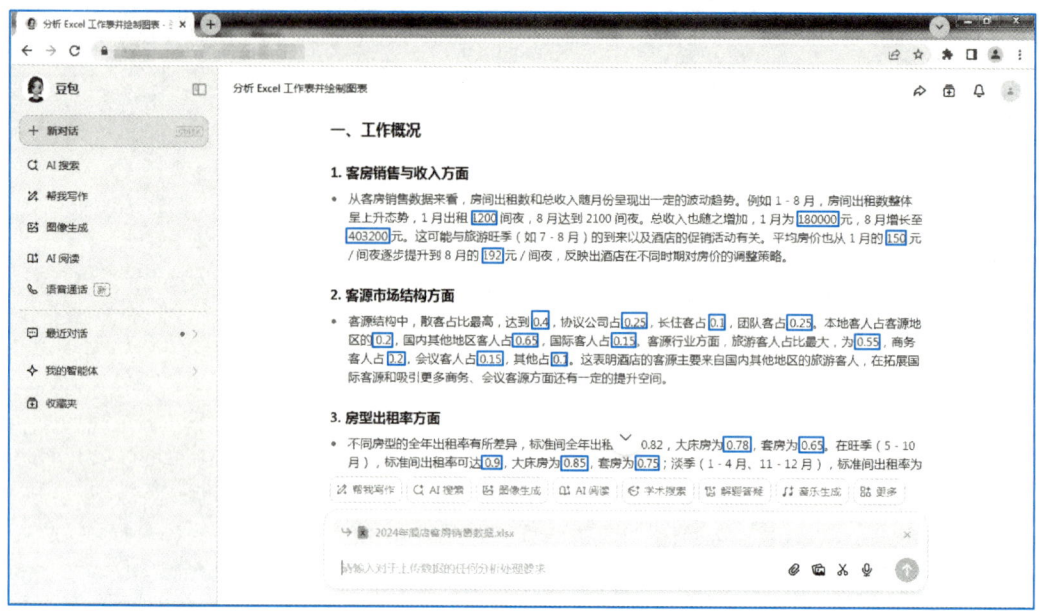

图 3-15 生成工作报告

步骤4 输入指令进行优化完善："将所有比例改成百分比形式，删掉'例如'之类的词语"，如图 3-16 所示。如果还需要对此报告其他部分进行优化完善，操作与前面类似，不再赘述。但这种方法没有润色、扩写、缩写、调整语气等 AI 改写功能。

步骤5 经过多次优化完善，得到一个满意的文档后，单击"复制"按钮，如图 3-17 所示，将生成的文字内容复制到如 Word 文档中，在相应位置插入步骤 2 生成并已下载的图表，进行排版设置后保存。

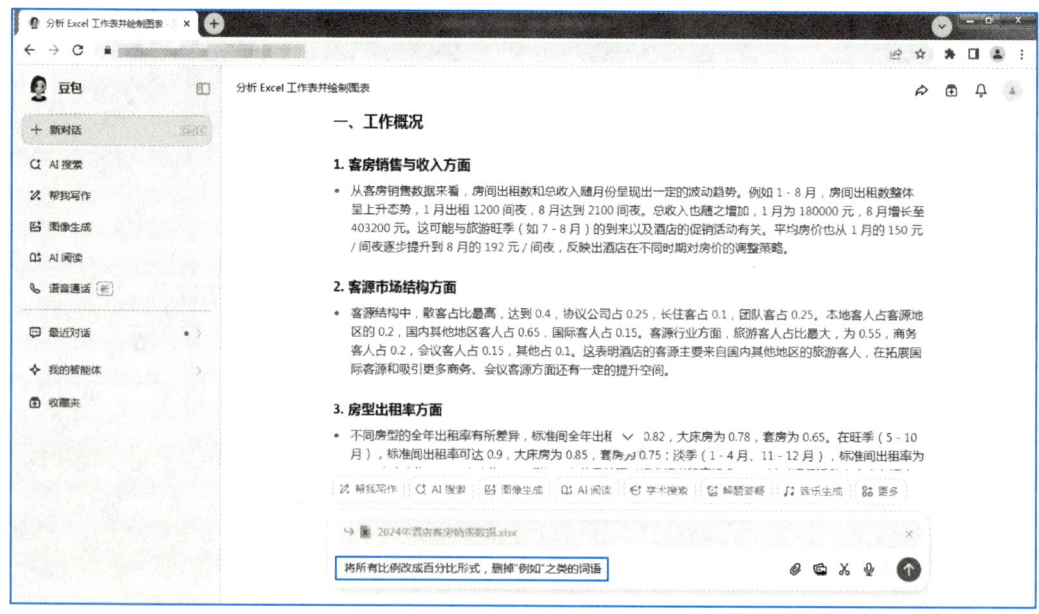

图 3-16 优化完善

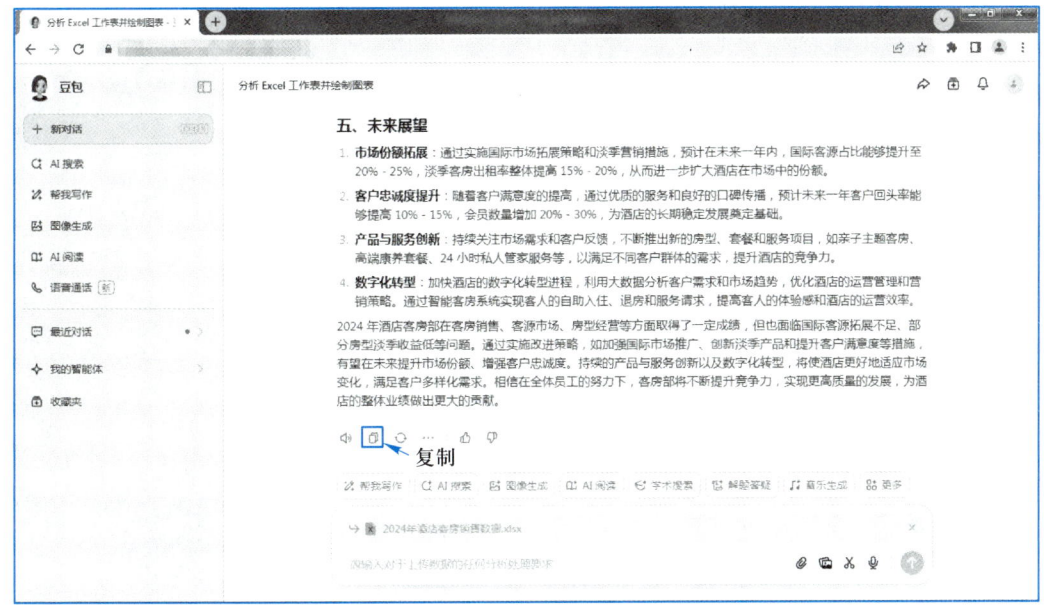

图 3-17　复制文档

豆包的 AI 写作，依托先进的自然语言处理技术，拥有强大的语言理解与生成能力。不仅能结合不同应用场景，创作出新闻稿、商务文案、小说、论文等各类体裁，还能帮助用户提炼文章观点，对文本进行深度剖析与优化。其语言生成精准且灵活，文字自然流畅，能全方位契合正式、诙谐、学术等多样化的语言风格要求，将繁琐的文字创作过程简化，实现高效、个性化的内容产出。

3.1.3　用 DeepSeek 制作策划方案

DeepSeek 是一款基于 Transformer 架构的国产人工智能工具，具备强大的多场景应用能力。它不仅能高效完成文案撰写、代码生成、数据分析与可视化等任务，还支持逻辑推理、复杂问题解答及跨领域知识检索。通过自然语言交互，用户可快速生成会议纪要、营销方案、脚本等内容，并利用其数据分析功能优化决策流程。此外，DeepSeek 支持持续对话与上下文记忆，可结合用户需求定制个性化输出，适用于职场办公、科研探索等多个领域，显著提升效率与创造力。本节以巫山"红叶节"的活动策划为例，介绍使用 DeepSeek 制作策划方案的过程。

步骤 1　进入 DeepSeek 官网，单击"开始对话"按钮，如图 3-18 所示。或者直接登录对话页面。

步骤 2　输入提示词："你是资深策划师，现在要为 2025 年巫山红叶节制订一个策划方案，请先拟定三个不同的主题，要与往年不一样，有创新。"与其他 AI 工具相比，DeepSeek 能通过深度思考拆解复杂问题，模拟多步骤逻辑推演，结合联网搜索实时调取行业报告、市场趋势等最新数据，动态优化方案细节。因此，向 DeepSeek 提问时，可以选中"深度思考"和"联网搜索"选项，如图 3-19 所示。

图 3-18　登录 DeepSeek 官网

图 3-19　输入提示词

　　发送指令之后，DeepSeek 联网搜索了 18 个网页，进行深度思考，过程如图 3-20 所示。DeepSeek 拟出了三个主题，而且在最后，对这三个主题进行了比较，并给出了建议，如图 3-21 所示。

　　步骤 3　输入提示词："2025 年巫山文旅的战略重点是科技转型结合文化输出（假定的），请根据这个战略重点，分阶段融合两个主题，以"元宇宙"引流、以"经纬"提升品牌高度，制订一份详细的红叶节活动方案，要有活动流程设计、宣

巫山红叶节2025主题策划方案

已搜索到 18 个网页 ＞

已深度思考（用时 32 秒）

嗯，用户让我为2025年的巫山红叶节制定策划方案，先要拟定三个不同的主题，要求与往年不同且有创新。首先，我需要仔细看看用户提供的搜索结果，了解往年的主题和活动，这样才能确保新主题不重复且有新意。

首先，网页1提到巫山红叶节已经举办了十八届，并且已经成为重庆十大影响力节庆品牌之一，主题可能围绕"红叶资源转化为经济资源"和生态旅游。例如，2024年的主题可能涉及文旅融合和生态优势转化。网页4和网页5都提到2023年的红叶节有VR体验、文化夜游及越野赛等活动，主题可能偏向科技与传统文化的结合。网页6和网页9则强调红叶节对经济的带动，比如烤鱼消费季和村歌大赛，显示当地在尝试结合农业和文化活动。

接下来，我需要找到往年的主题关键词。比如，网页6提到"神女恋城·红叶巫山"和"壮美长江·诗画三峡"，网页9则提到"红叶为媒、文化搭台、旅游唱戏"。所以往年的主题多集中在自然景观、文化展示和旅游品牌上。要创新，可能需要引入科技、国际元素或更深层次的生态理念。

然后，考虑如何结合最新的趋势。比如，网页3提到巫山在集体林改和绿色发展方面的努力，可以融入生态保护或的主题。网页9提到龙骨坡遗址和大溪文化，可以考虑历史文化与红叶的结合。另外，网页4和5提到的VR全景和"三峡

给 DeepSeek 发送消息

深度思考 (R1)　　联网搜索

内容由 AI 生成，请仔细甄别

图 3-20　DeepSeek 的深度思考过程

巫山红叶节2025主题策划方案

主题	差异化优势	适用客群
红叶元宇宙	科技赋能，吸引年轻数字原住民，提升国际传播力	Z世代、科技爱好者、亲子家庭
红叶碳踪	响应国家双碳战略，塑造绿色品牌形象，吸引环保社群与企业合作	环保主义者、研学团队、企业CSR
红叶经纬	文化深度与国际化并重，强化巫山世界遗产地定位，吸引高端文旅与学术群体	文化学者、国际游客、艺术从业者

建议根据2025年巫山文旅战略重点（如科技转型、生态优先或文化输出）选择主题，亦可分阶段融合多个主题，例如以"元宇宙"引流、以"碳踪"深化价值、以"经纬"提升品牌高度。

给 DeepSeek 发送消息

深度思考 (R1)　　联网搜索

内容由 AI 生成，请仔细甄别

图 3-21　DeepSeek 对三个主题的比较

传推广计划、人员分工与预算、执行保障、风险评估以及应对预案，方案要注意细节把控，确保活动符合消防、治安、版权等法规要求，注重环保，活动策划方案将兼具战略性与落地性，确保每个环节可控，最大化活动价值，如图3-22所示。

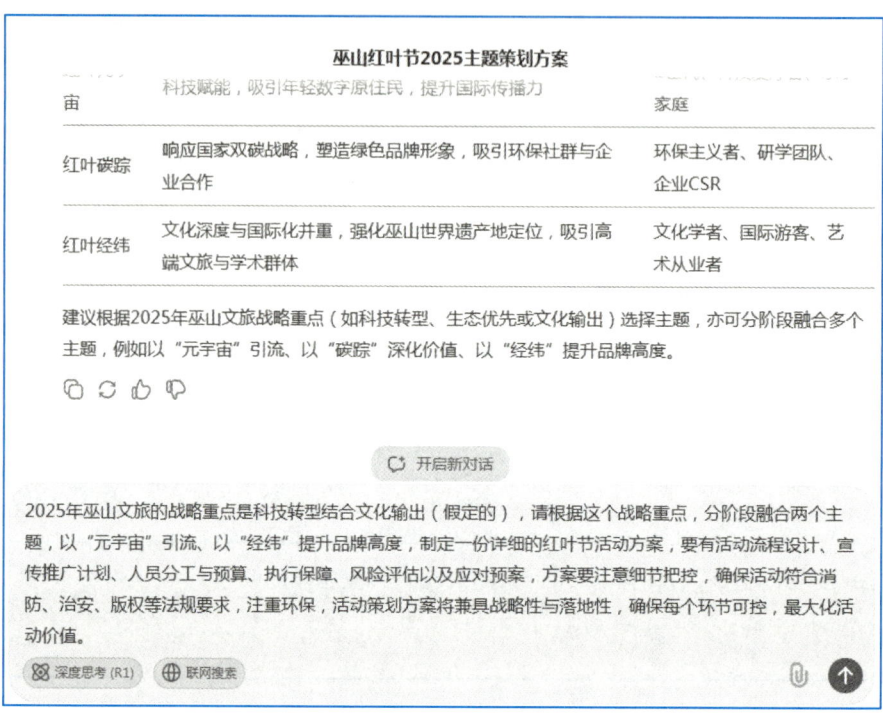

图3-22　输入提示词

步骤4　DeepSeek搜索了49个网页，深度思考过程如图3-23所示；制定的策划方案如图3-24所示。

DeepSeek生成的文档，为活动策划提供了一些思路、创意，可以作为参考，但不能直接使用。在实际的工作场景中，不能盲目依赖、相信AI，还需要结合具体情况，如时间、预算、风险评估等，进行人工调整优化，得到可执行方案。这体现了用AI写作时必须要保持批判性思维的重要性与必要性。

3.1.4　AI写作总结

尽管AI写作工具功能非常强大，但也有一些局限性和潜在的误区需要注意。

（1）随机性：相同主题的文档或者同一个问题，AI每次回答、生成的内容都有可能是不一样的。

（2）偏向性：由于AI是从大量的已有文本中学习的，它的生成内容可能带有某些固有的偏向性或特定风格，使用时需要小心，避免偏颇。

（3）创造性不足：AI写作工具更多依赖于已有的数据进行训练，因此它们在创造性和原创性上可能存在局限。如果需要创新性强或有独特见解的内容，AI可能需要人工辅助。

图 3-23　DeepSeek 制定策划方案的深度思考过程

图 3-24　使用 DeepSeek 制订的策划方案

（4）内容的准确性：AI 写作工具的知识库通常是基于公开的数据源，可能存在信息过时或不准确的情况，尤其在涉及复杂的技术或最新事件时。用户在使用 AI 写作时，需要谨慎判断并验证生成内容的准确性和可靠性。

（5）数据安全性：AI 是基于用户数据进行学习的，它可能会涉及用户隐私和安全问题。因此，在使用 AI 时，需要注意保护自己的隐私和数据安全。

3.2　高　效　办　公

智能办公是指利用人工智能、物联网、大数据、云计算等先进技术，提升办公效率、优化工作流程、改善员工体验的现代化办公方式。它通过智能化工具和系统，帮助企业实现自动化、数据化和协同化，从而提高生产力并降低成本。

智能办公具有以下优势：自动化工具减少人工操作，加快任务完成速度；减少人力成本、资源浪费和错误率；支持远程办公和跨部门协作，打破地理限制；通过数据分析提供科学依据，优化决策；提供更智能、便捷的工作环境，提升员工满意度。

本节将从高效日程管理、WPS AI 文字、WPS AI 演示文稿、WPS AI 表格四个方面详细介绍如何应用 AI 处理日常工作。

3.2.1　高效日程管理

日程管理对于提升个人生活和工作效率至关重要。通过合理安排和规划时间，人们能够优先处理重要任务，避免拖延和时间浪费。良好的日程管理可以帮助我们设定明确的目标，使每一天的活动都朝着实现这些目标进发，从而提高整体生产力。同时，通过制订详细的计划，可以有效减少工作中的混乱与不确定性，降低压力水平，使人们在面对日常工作和生活时更为从容和自信。

此外，日程管理还可以促进工作和生活的平衡。合理安排工作与休息时间，使我们有更多机会享受生活，关注情感和健康。对于团队和家庭而言，清晰的日程安排有助于增强沟通与协调，使每个人都能在同一时间线上协作，确保共同目标的达成。总之，日程管理不仅优化了时间的使用，提升了效率，也增强了责任感和自律性，为实现个人和团队的成功打下了坚实的基础。例如，在 DeepSeek 中，可以在对话框中提供用户自身的岗位和工作任务要求，快速地制订个人日程计划表。

3.2.2　WPS AI 文字

通过集成人工智能技术，WPS Office 软件包中的文字、演示文稿和表格应用程序能够显著提高工作效率。用户可以利用 AI 写作助手快速生成文本内容，减少打字和编辑时间。在制作演示文稿时，AI 设计工具能够提供多种模板和设计建议，帮助用户快速创建专业级别的演示文稿。而在处理电子表格时，AI 分析工具可以自动完成数据整理和图表生成，简化复杂的数据处理工作。这些功能的加入，使得办公自动化程度大幅提升，用户能够更加专注于内容的创造和决策过程。

WPS 文字与 AI 的结合，为文档编辑带来了巨大的变化。AI 写作助手不仅能够根据用户的需求生成文本，还能提供语法检查、风格建议和内容优化等服务。例如，当用户在撰写商业报告时，AI 写作助手能够根据行业标准和用户以往的写作习惯，提供定制化的写作建议，确保文档的专业性和一致性。此外，AI 还能协助用户进行文档翻译，支持多种语言，极大地提高了跨语言交流的效率。

本节演示用 WPS 文字的 AI 功能快速制作一份文字文档。

步骤 1　打开 WPS Office 办公软件，单击左侧的"新建"按钮，选择"文字"选项，如图 3-25 所示。

图 3-25　新建 WPS 文字

步骤 2　单击"AI 帮我写"按钮，如图 3-26 所示。

图 3-26　"AI 帮我写"按钮

步骤3　如需写一份讲话稿，单击输入框会自动弹出选项框，选择"讲话稿"选项，然后补充完整讲话稿的要求，系统就会自动帮你写出一份完整的讲话稿，如图3-27所示。

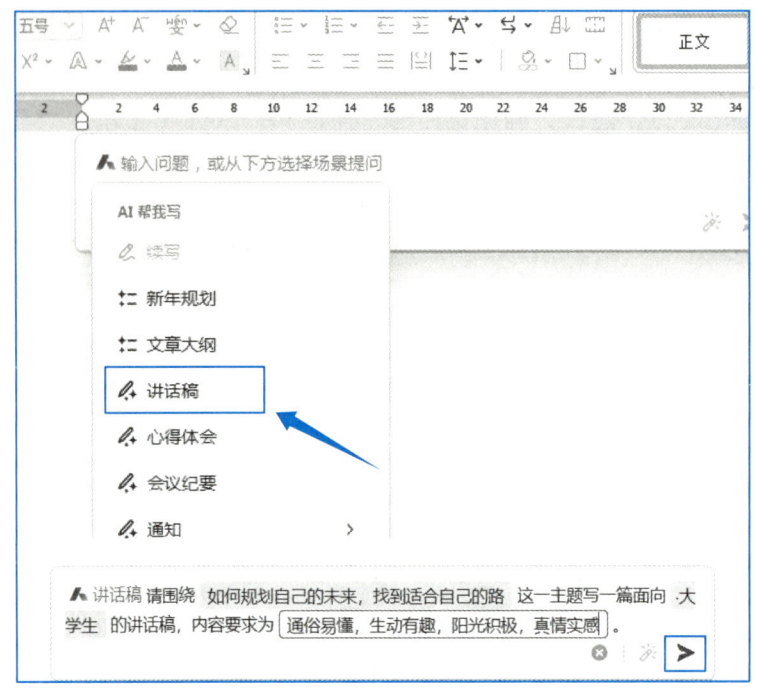

图 3-27　AI 写讲话稿

步骤4　在AI完成生成之后，框选需要修改的文字内容进行润色、扩写、缩写等，如图3-28所示。

步骤5　修改完成之后单击"保留"按钮，在文档内就会完整地出现所有修改完之后的内容。当然，除了利用上述步骤对文档进行编辑修改，还可以直接新建并直接打开文档，单击右上角 WPS AI 按钮进行对文章的创作和修改（例如，续写、修改、润色、问答、总结、排版等），如图3-29所示。

需要注意的是，除了实现上述这个比较简单的案例，WPS 的 AI 功能还有其他更多的功能，大家可以通过自主学习和看 WPS AI 的官方使用说明，进行更多的实践操作，探索更多的高效办公功能。例如，WPS AI 使用说明中还为用户提供了很多功能的快捷键，方便用户使用。

查看 WPS AI 使用说明的操作如下（此方法对后文内容仍然适用），单击右上角 WPS AI 按钮，选择最下方的"设置"选项，如图3-30所示。

此时系统会自动弹出"WPS AI 设置"对话框，单击"WPS AI 使用指南"选项，如图3-31所示。

如此便找到了 WPS AI 的使用说明，单击"进一步了解"按钮，就能了解到更加详细生动的功能说明了，如图3-32所示。

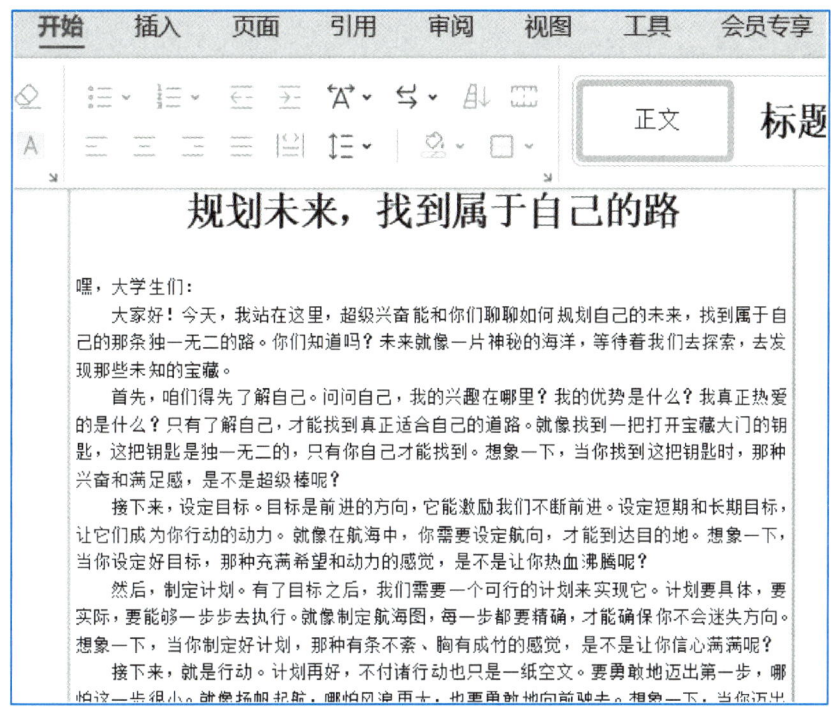

图 3-28　AI 润色

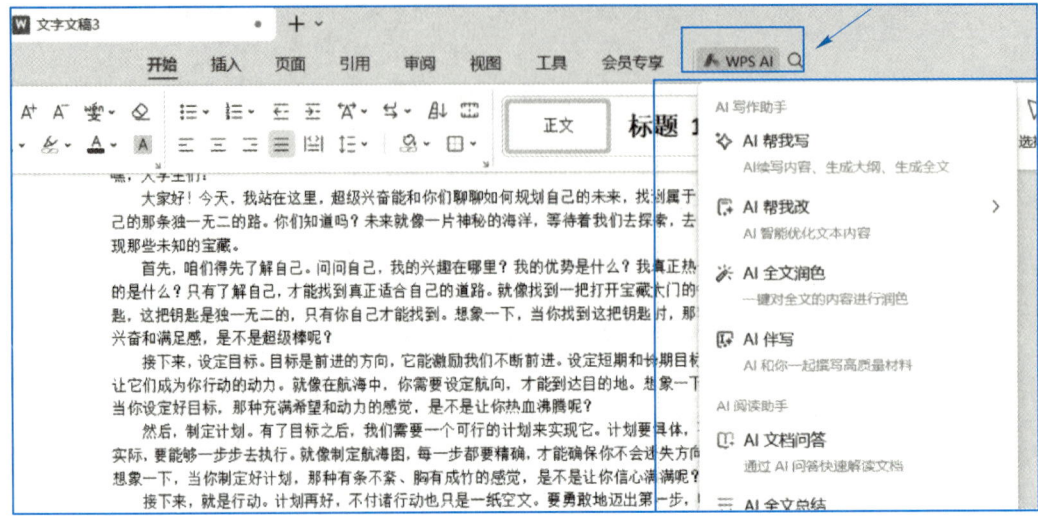

图 3-29　WPS AI 功能

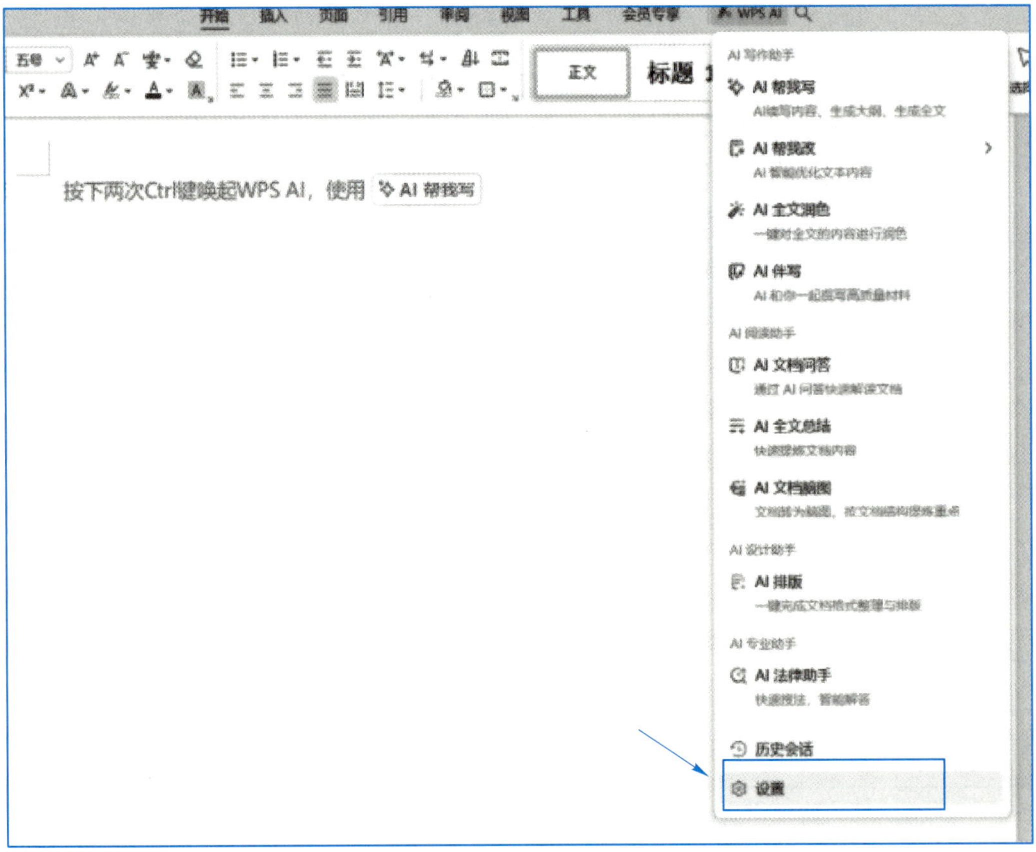

图 3-30　WPS AI"设置"选项

图 3-31　WPS AI 使用指南

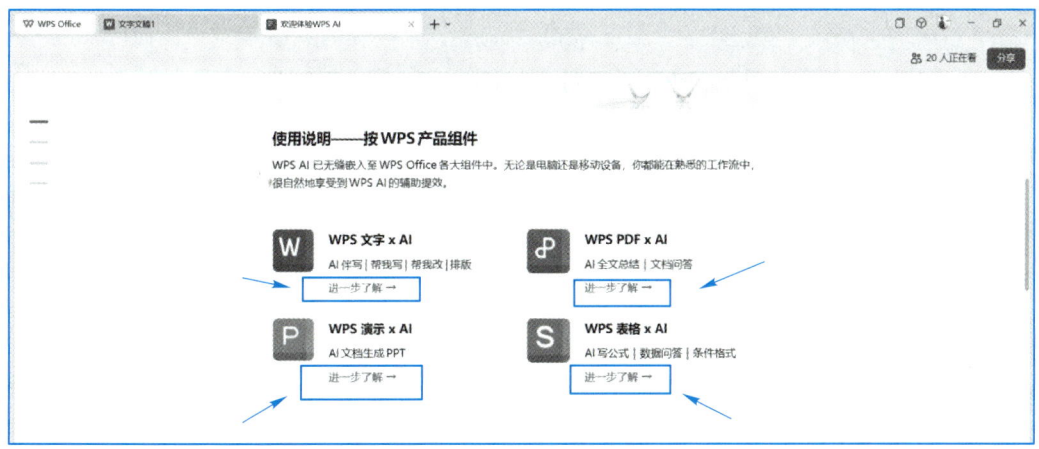

图 3-32　详细功能说明

3.2.3 WPS AI 演示文稿

在制作演示文稿（Powerpoint，PPT）方面，AI 的应用使得设计过程更加智能化。AI 设计工具能够分析演示文稿的内容和风格，自动推荐合适的布局和配色方案。用户还可以通过语音指令来控制演示文稿的创建和编辑，实现更加直观和便捷的操作。AI 还可以帮助用户预测演示文稿中可能存在的问题，并提供改进建议，例如，调整幻灯片的顺序或内容，以确保信息传达的清晰和有效等。

步骤 1　与 3.2.2 小节文档的 AI 办公操作类似，打开 WPS Office 办公软件，单击左侧的"新建"按钮，选择"演示"选项，如图 3-33 所示。

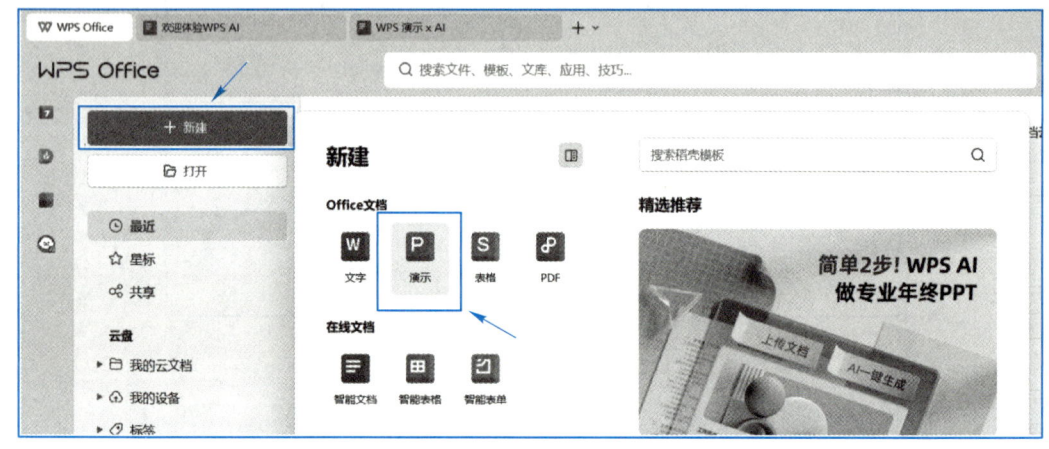

图 3-33　新建 WPS 演示文稿

步骤 2　单击"AI 生成 PPT"按钮，如图 3-34 所示。

图 3-34　AI 生成 PPT

步骤 3　输入需要生成 PPT 的内容，还可以上传文档以及大纲。但同时需要注意上传时的文字内容字数限制以及支持的上传的文档的格式限制（支持 doc 文档、思维导图、在线智能文档），如图 3-35 所示。

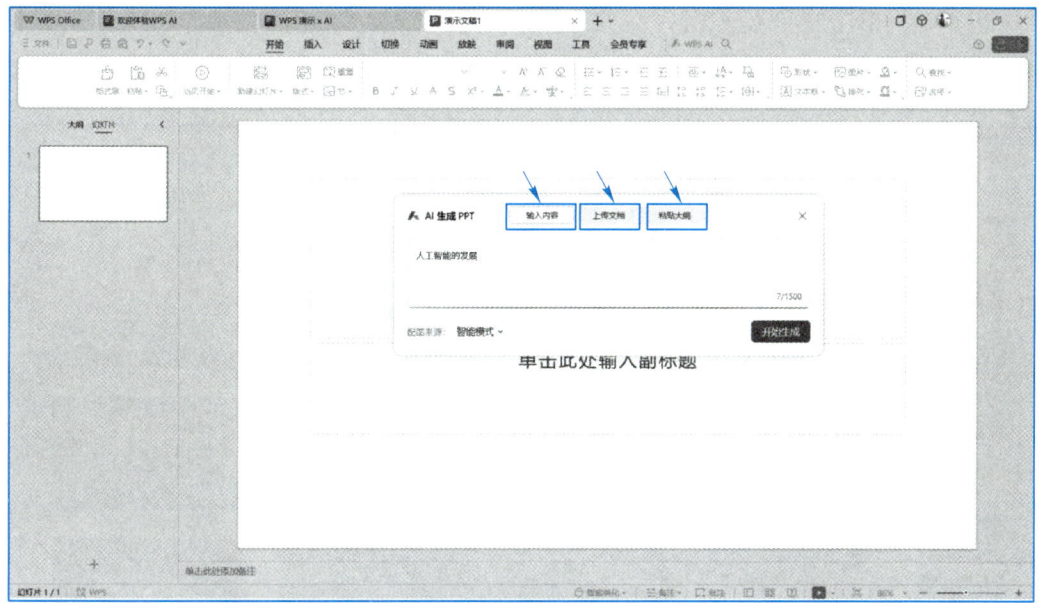

图 3-35 生成 PPT 内容

步骤 4 完成大纲生成之后，就可以挑选 PPT 模板了，如图 3-36 所示。

图 3-36 大纲生成与模板挑选

步骤 5　单击"创建幻灯片"按钮后，一份"人工智能的发展"PPT 就制作完成了，如图 3-37 所示。

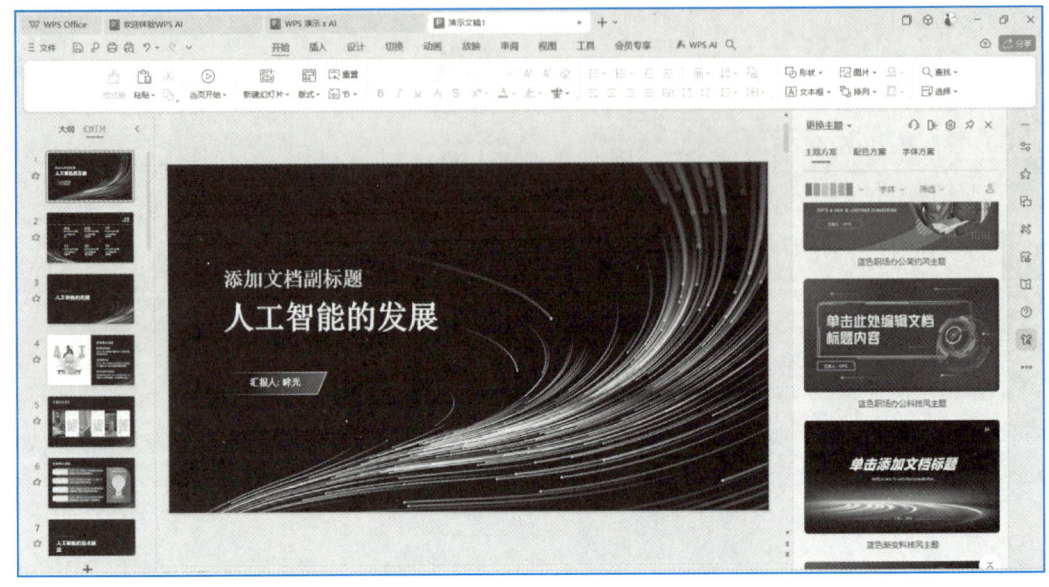

图 3-37　PPT 制作完成

如果 PPT 需要进行相关修改，可以直接新建并打开 PPT 文档，单击右上角 WPS AI 按钮进行创作，可以按照自己喜爱的风格，对 PPT 的文本内容、图片、页面数量等进行修改，如图 3-38 所示。

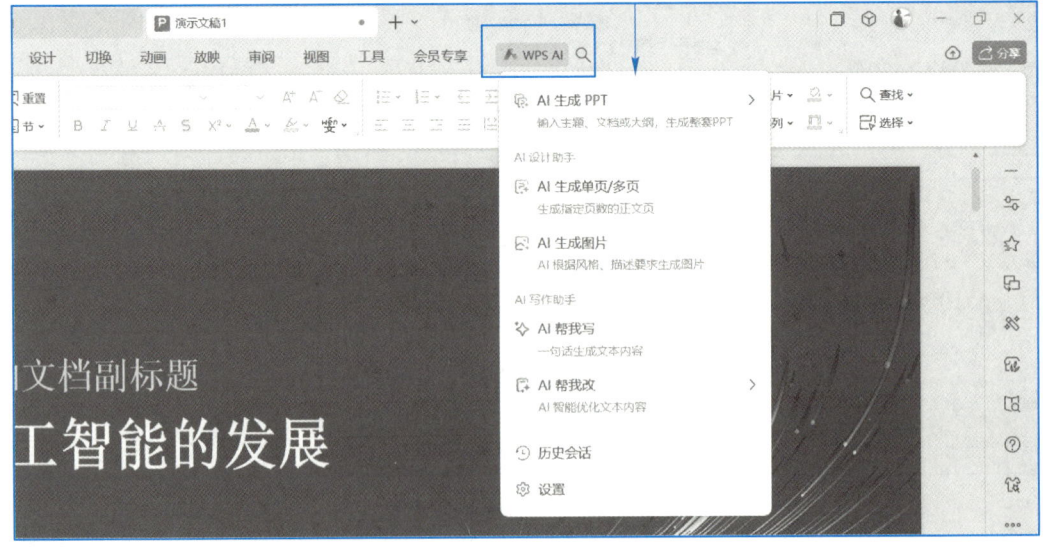

图 3-38　选取 WPS AI 功能

3.2.4　WPS AI 表格

WPS 表格与 AI 的融合，让数据处理变得更加高效和智能。AI 分析工具能够自动识别数据模式，提供数据预测和趋势分析，帮助用户做出更加精准的商业决策。例如，在处理销售数据时，AI 可以预测未来的销售趋势，并给出相应的策略建议。此外，AI 还能够自动完成数据的分类、排序和筛选工作，极大地减少了手动操作的时间和错误率。通过这些智能功能，WPS 表格不仅提高了工作效率，还增强了数据处理的准确性和可靠性。

步骤 1　与前两节操作内容类似，新建表格，如图 3-39 和图 3-40 所示。

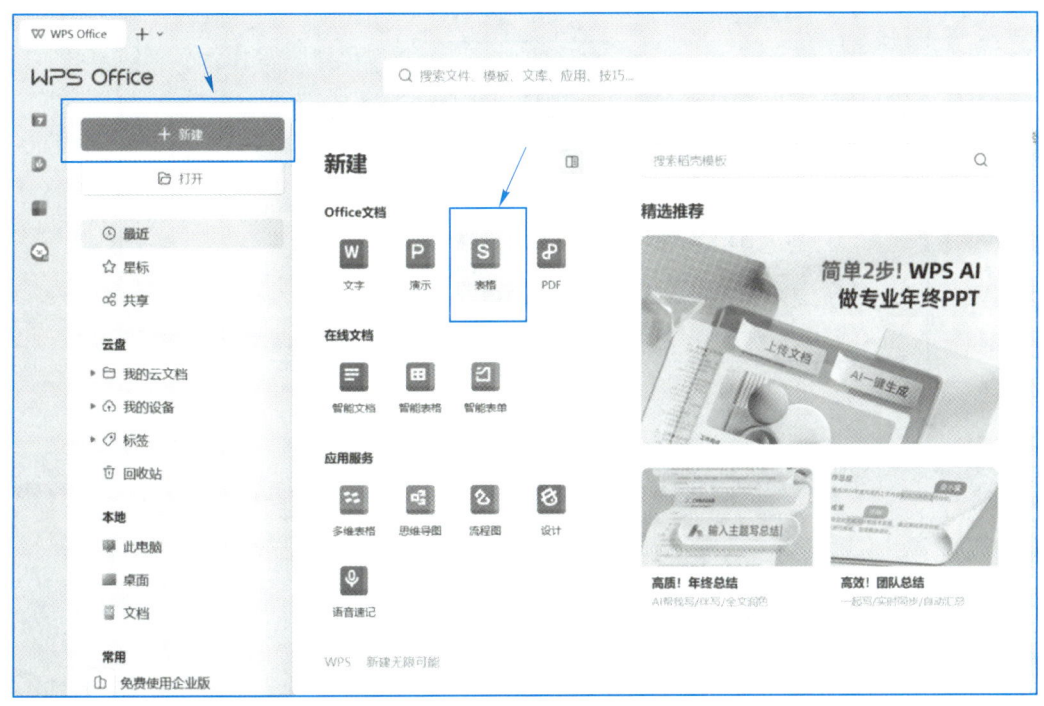

图 3-39　新建表格

图 3-40　AI 快速建表

步骤2　输入需要制作的表格的大致内容要求（这里以学生期末各科成绩统计表为例），如图3-41和图3-42所示。

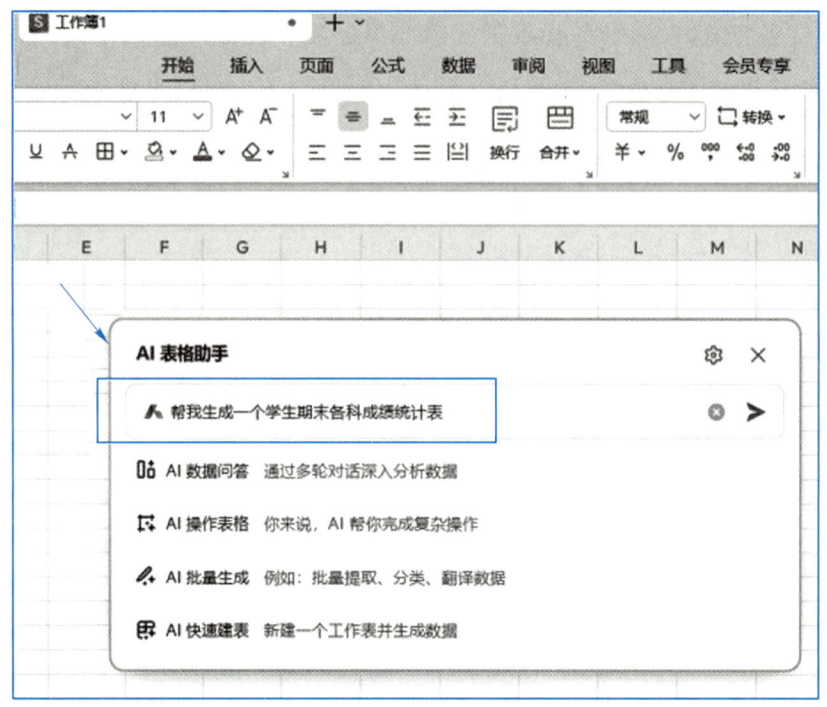

图3-41　打开AI表格助手

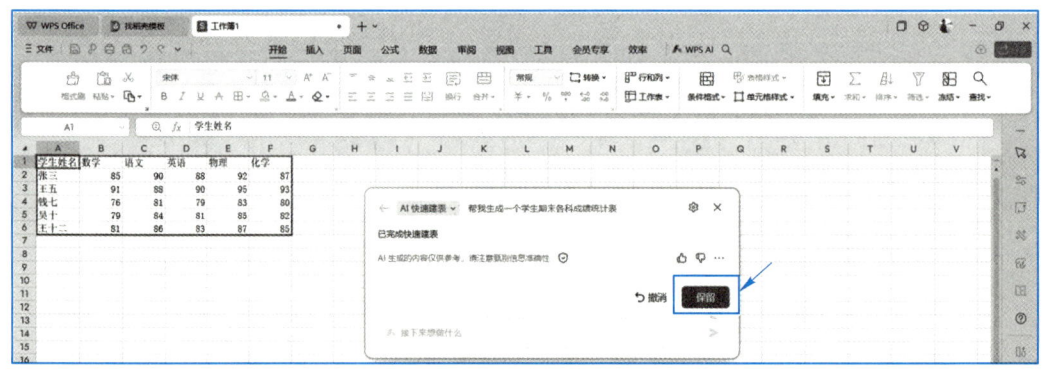

图3-42　输入表格内容

步骤3　若仍然需要修改补充，如统计学生数学成绩是否及格，可以输入其他要求并进行下一步（注意，这里提供的数据是虚拟数据），如图3-43所示。

如需要对应用范围进行修改，可单击右上方的小图标（选择数据范围），就可以用鼠标直接在表格内框选所需要修改的范围。框选结束后单击原来位置的"√"（系统默认情况下及格是60分及以上）。系统会显示生成的前三条数据，预览检查是否存在问题之后，单击"执行"按钮，待表格生成完成后，单击"保留"按钮，如图3-44和图3-45所示。

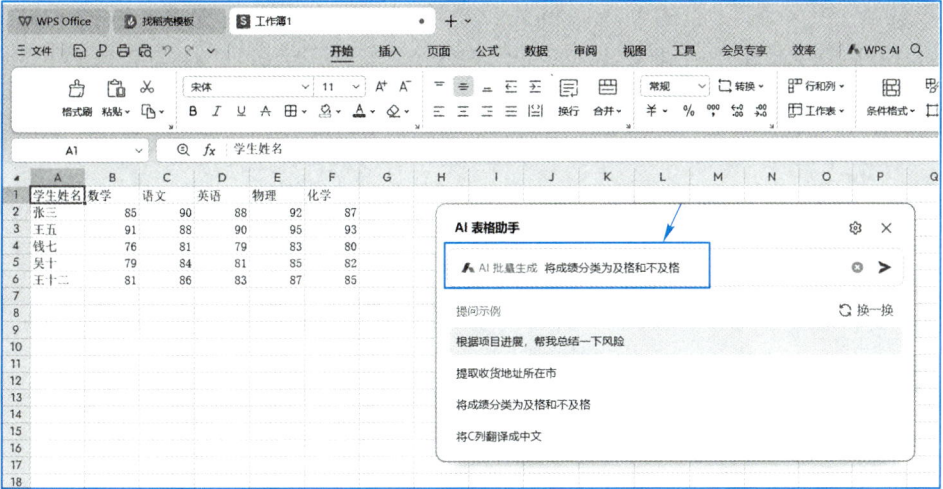

图 3-43　修改补充

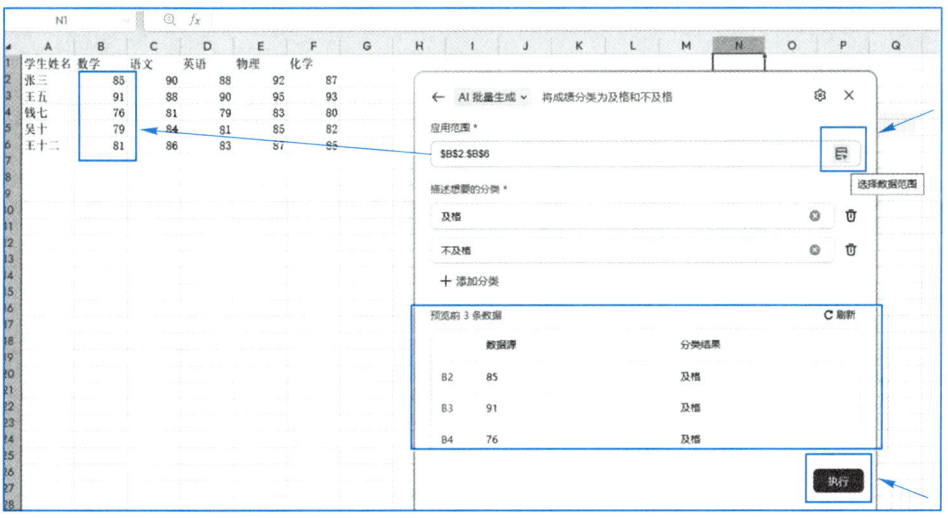

图 3-44　应用范围修改

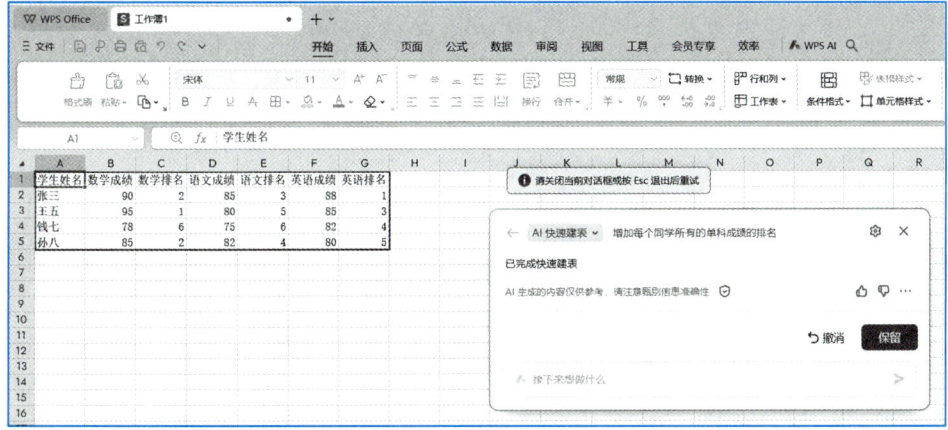

图 3-45　完成修改

步骤4　更多AI功能的实现。例如，想要知道每个人的总成绩，就需要对B列、D列和F列进行求和。直接单击右上角WPS AI按钮，选择"AI写公式"选项。选中H2列，输入要求，如图3-46所示。

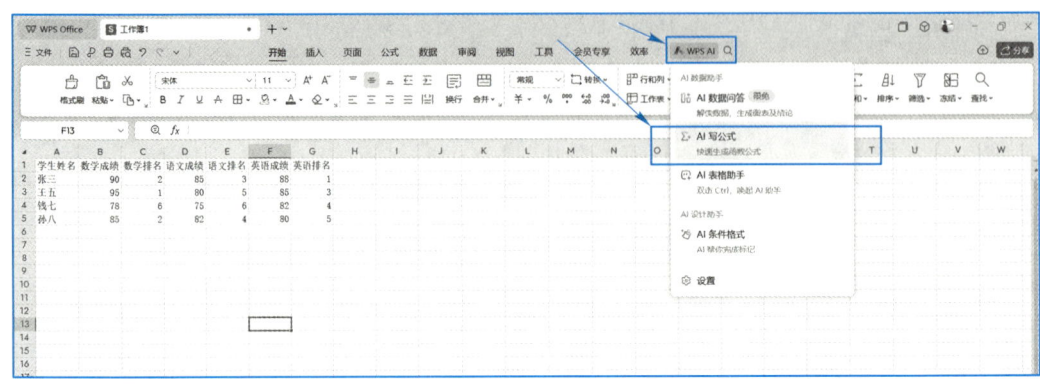

图 3-46　更多 AI 功能

此时AI自动生成求和公式，如图3-47和图3-48所示，如果仍需修改，可以在下方的输入框内对其进行相应修改。最后，检查结果是否正确，如果正确，就单击左上角的"完成"按钮。

手动调整最后一列的小标题，如此便初步实现了表格的AI功能，如果还需要增加或者修改相应数据，可以重复上述的步骤。

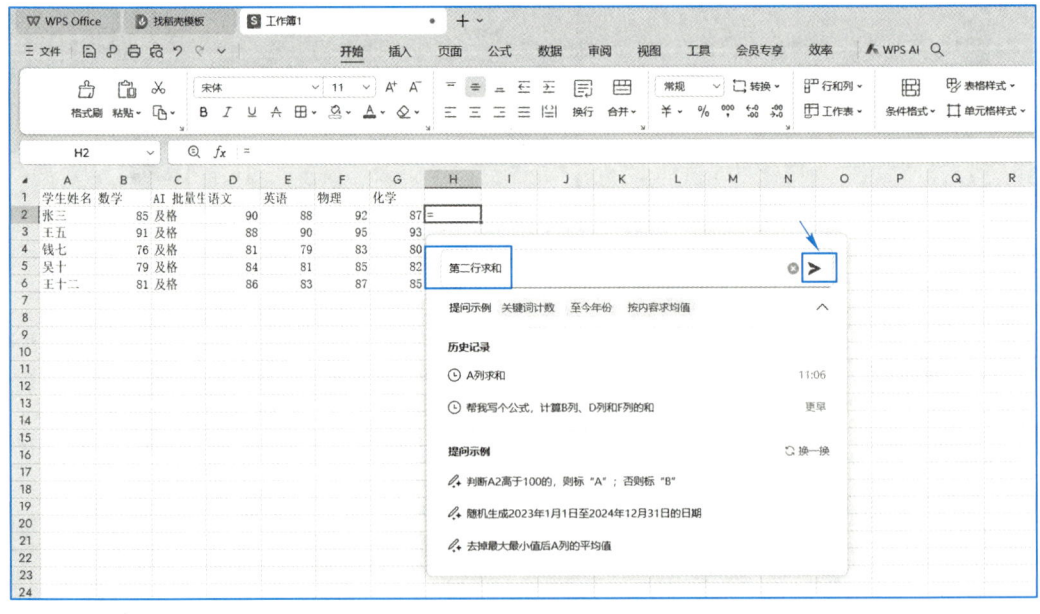

图 3-47　生成求和公式

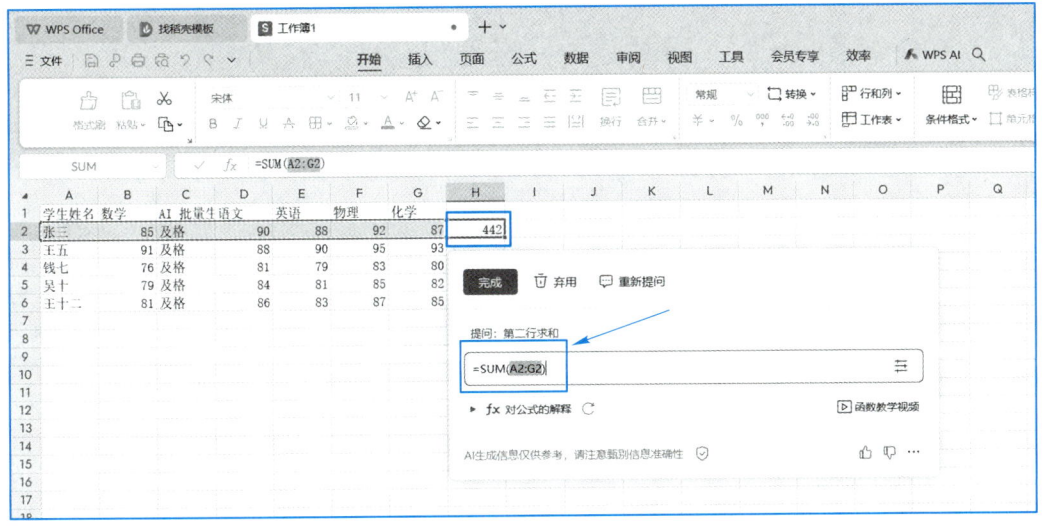

图 3-48 修改公式

步骤 5 AI 数据问答功能的应用。原始数据表如图 3-49 所示,操作如图 3-50 所示。

按提示在下方输入框输入具体要求,如图 3-51 所示。

单击"查看表格"按钮就会出现表格详情,可检查内容是否有误。如无误则单击下方"在新工作表中查看"按钮即可,如图 3-52 和图 3-53 所示。

除此之外,还可以使用 AI 绘制相应的图像并进行数据分析,例如直方图、散点图等。

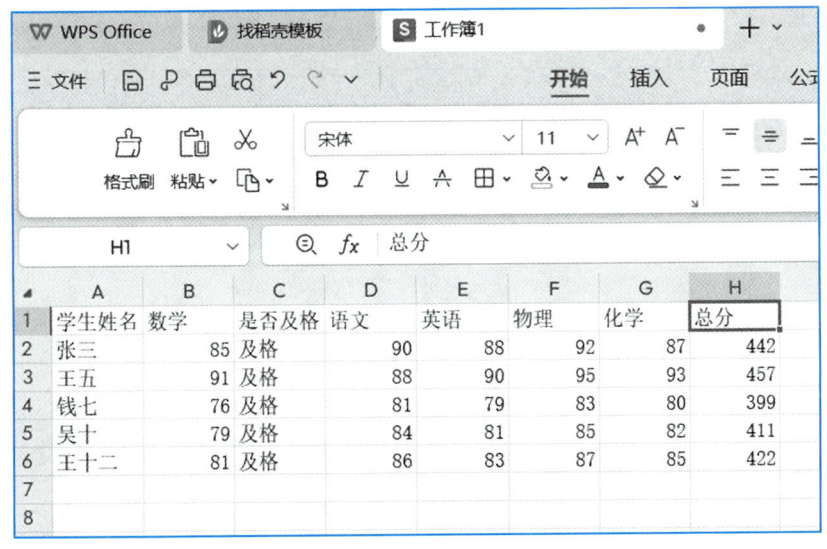

图 3-49 原始数据表

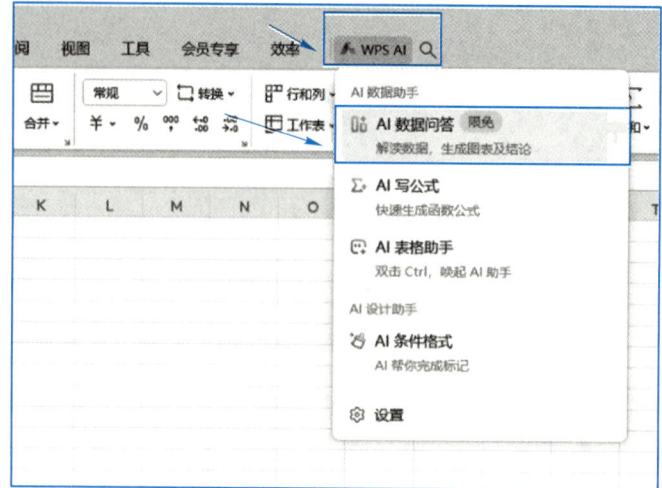

图 3-50　AI 数据问答

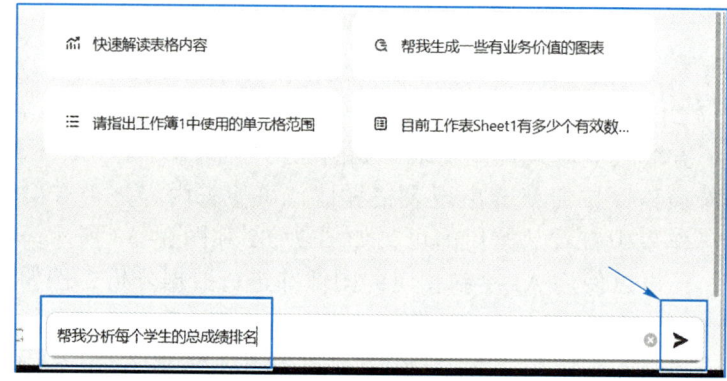

图 3-51　具体要求

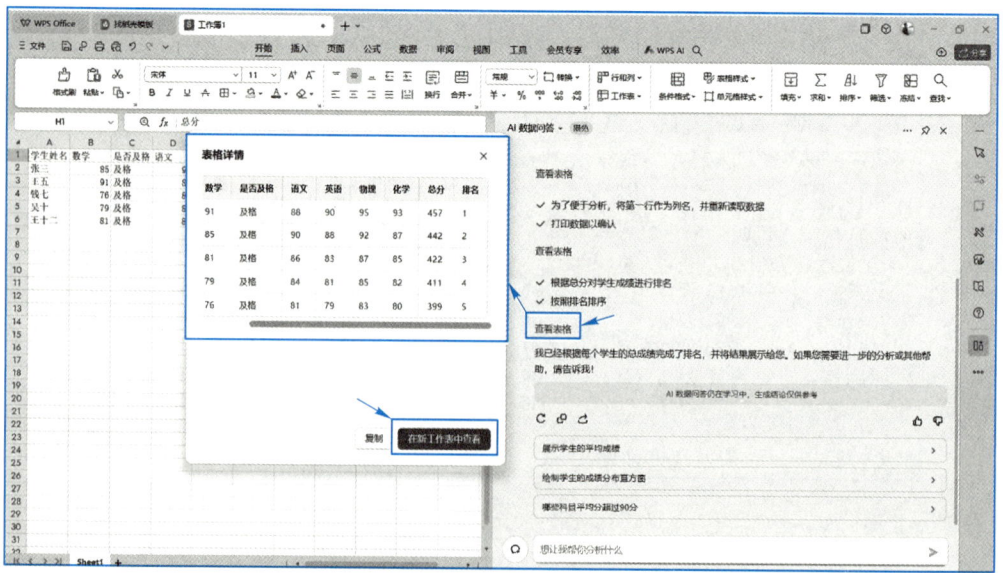

图 3-52　表格详情

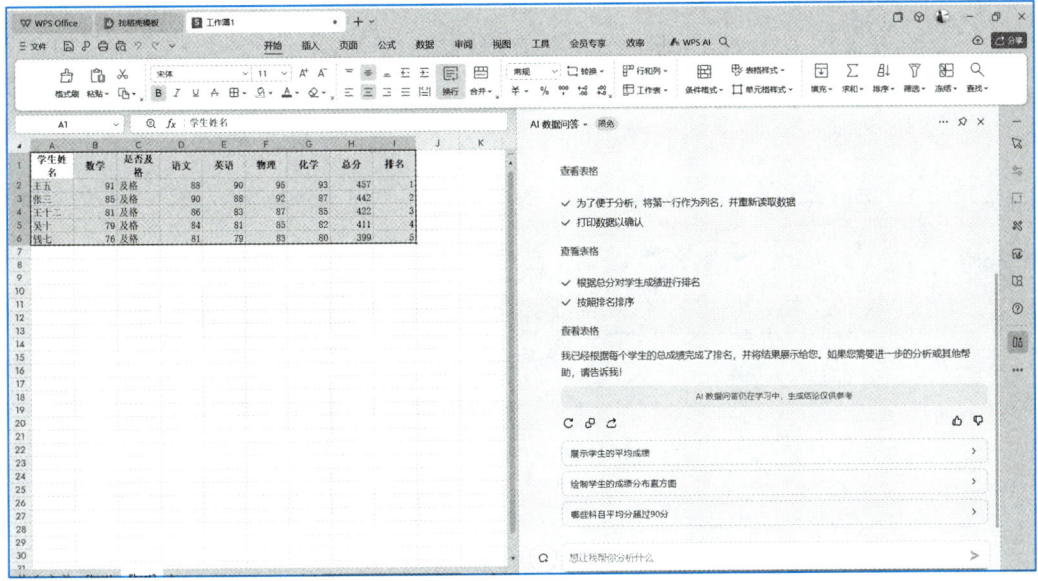

图 3-53　完成生成

步骤 6　AI 条件格式编辑（图 3-54）。

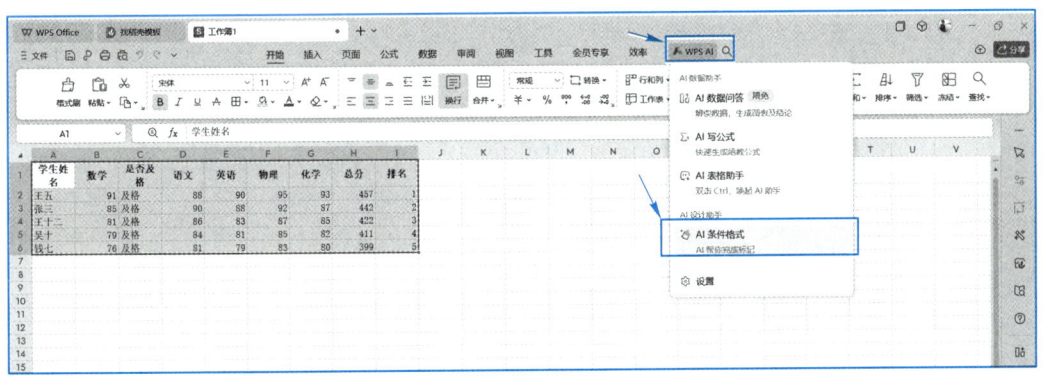

图 3-54　AI 条件格式

在输入框内输入格式要求，单击"完成"按钮，如图 3-55、图 3-56 和图 3-57 所示。

以上便是利用 WPS AI 高效办公的部分功能实践操作介绍。

3.2.5　WPS+AI 问题探讨

通过上述案例，我们不难发现，WPS+AI 的高效办公方式，是为了更快速、更便捷、更高效地解决实际工作学习中的问题，用户应学会灵活应用 AI 来提高工作效率。但是 AI 不是万能的，也可能出现一些问题，还需要用户对 AI 生成的答案进行仔细甄别并加以修改完善。例如，WPS 的 AI 功能存在以下一些潜在的问题。

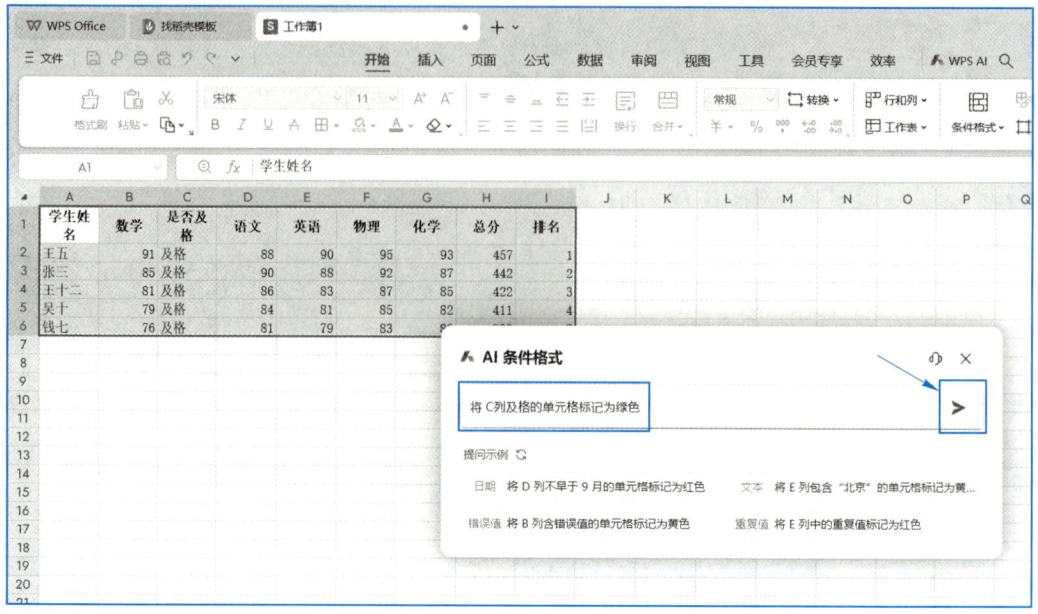

图 3-55　选择数据

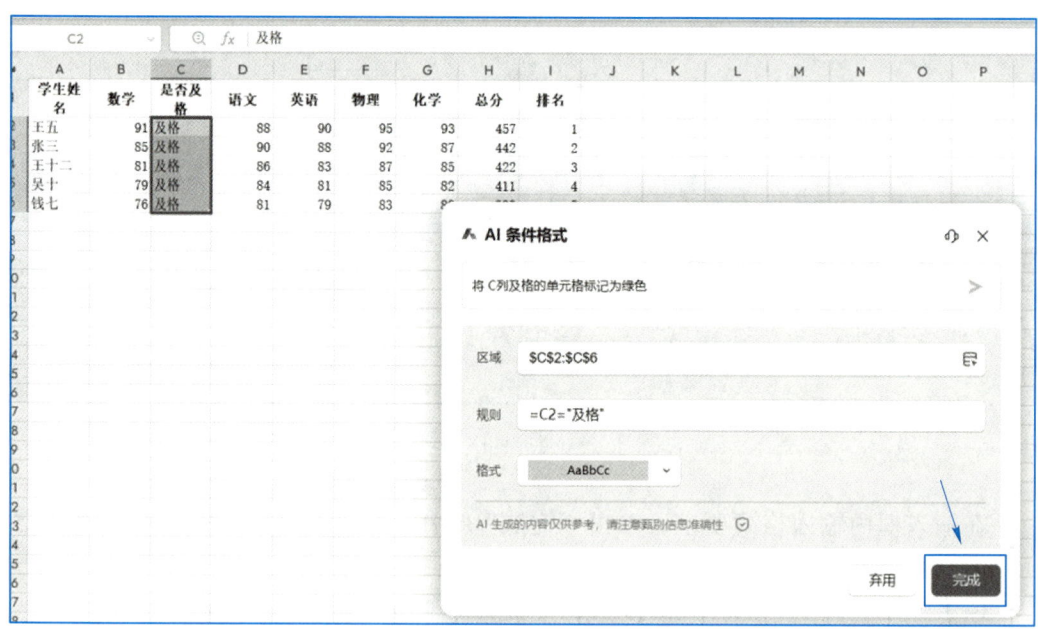

图 3-56　选择列

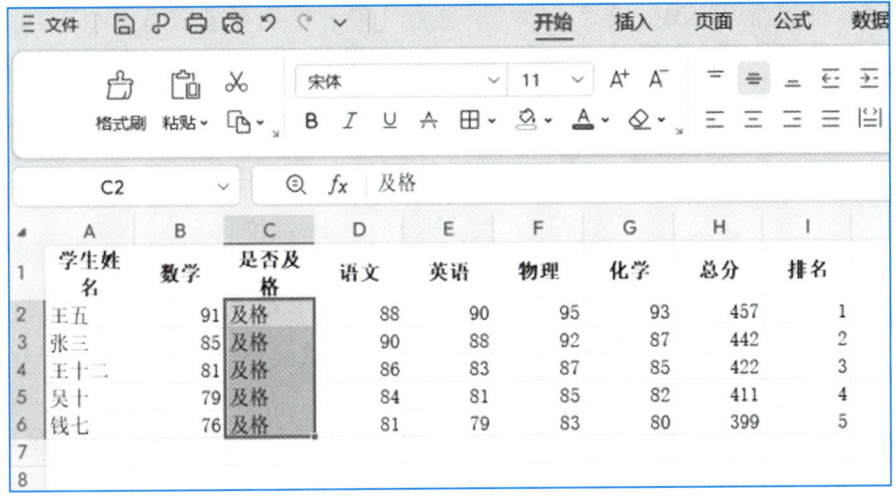

图 3-57　完成条件格式设置

1. 写作方面

理解深度有限：虽然 WPS AI 能生成连贯文本，但对复杂语境和语言的深层次含义的理解不足，在处理需要深入分析、逻辑推理的内容时，可能无法准确把握核心要点和关键逻辑。

创意与个性化欠缺：WPS AI 生成的内容往往比较机械化和标准化，缺乏人类作者独特的创意和个性化表达，难以满足对内容创新性、独特性要求较高的写作任务。

专业知识局限：WPS AI 在特定领域的专业知识上存在不足，对于高度专业性的写作，如学术论文、专业技术报告等，可能无法提供准确、深入的内容。

文本准确性问题：WPS AI 生成的文本有时会包含不准确或不恰当的信息，需要用户仔细审核和校对。

2. 数据分析方面

洞察分析能力弱：WPS AI 在从数据中提取深层次的洞察和分析结论方面表现欠佳，无法满足对数据分析有较高要求的用户。

功能相对简单：与专业的数据分析软件相比，WPS AI 的数据分析功能较为基础，缺乏高级的数据分析算法和模型。

3. 扫描识别方面

内容提取不准确：扫描文档功能无法正确提取完整的内容信息，扫描大纲时只能获取一到两句话，导致关键信息丢失。

4. 多语言处理方面

翻译功能受限：在表格中进行翻译时，WPS AI 无法直接对指定列进行翻译并填写到对应列，操作不够便捷高效，与专业的翻译软件相比，翻译的准确性和灵活性也有所不足。

5. 功能稳定性方面

运行崩溃：WPS AI 在使用过程中，尤其是在处理复杂任务或大量数据时，可能会出现软件崩溃的情况，这会导致工作进程中断，给用户带来不便和损失。

出现无结果情况：偶尔会出现暂无更多结果的情况，即使文本中未包含敏感词语，也需要关闭后正常打开才能重新使用。

3.3 本 章 小 结

本章聚焦人工智能技术在现代办公场景中的高效应用，系统阐释了 AI 工具如何重构数字化办公流程。研究内容涵盖四大核心模块：智能日程管理、AI 驱动的文档自动化处理（文字、演示文稿、表格）、智能化处理日常工作，详细解析了豆包、DeepSeek 和 WPS 三大主流办公平台的核心功能矩阵及实践应用方案。

1. 智能化办公的核心价值

AI 技术（如豆包、WPS AI、DeepSeek 等工具）通过自动化文本生成、数据分析与优化，展示了 AI 工具在结构化写作、多维度方案设计中的灵活性和实用性，显著提升了工作效率与创造力，成为现代职场不可或缺的助手。但也需要人工介入以确保真实性与细节把控。

2. AI 写作的关键实践

需注重工具选择、明确目标、优化提示词、完善内容及保持批判性思维，同时注意数据安全与原创性，了解 AI 的局限性（如随机性、创造性不足等），避免过度依赖。

3.4 习题与思考

1. 对比豆包和 DeepSeek 的功能差异，分析在撰写"技术报告"和"创意营销方案"时，分别更适合选择哪款工具，理由是什么？

2. 若需用 AI 生成一份"新能源汽车市场分析报告"，请设计一组组合式提示词（包含指令、描述、数据要求等），并说明如何通过迭代优化提升输出质量。

3. 结合文中提到的"数据安全隐患"和"内容准确性"问题，讨论企业应如何制定政策，规范员工使用 AI 工具时的数据管理与内容审核流程。

第 4 章　AI 提升学习效率

4.1　AI 助力数学学习

在数字化时代，数学不仅是科学和工程的基础，也是我们日常生活中不可或缺的一部分。然而，许多学生在数学学习中面临着诸多挑战，例如，抽象的概念难以把握，公式和定理的记忆负担沉重以及解决复杂问题时的困难。这些挑战可能导致初学者对数学产生畏惧。

AI 在数学教育中的应用，不仅能够提供个性化的学习体验，还能够通过智能辅导和实时反馈来增强学习效率。AI 能够分析学生的学习习惯、识别知识盲点，并根据学生的进度和理解能力调整教学内容和难度，实现真正的因材施教。AI 还能够通过互动式教学学习激发学生的兴趣，使数学学习变得更加有趣。通过模拟现实世界的数学问题，AI 可以帮助学生更好地理解数学概念的应用，从而培养他们的解决问题的能力。在数学研究领域，AI 甚至能够辅助研究，通过模式识别和数据分析揭示新的数学原理。

本节将探讨 AI 如何在数学教育中发挥其独特的作用，帮助从基础教育阶段到高等教育阶段的学生克服学习障碍，激发学习潜能。通过实际案例介绍 AI 如何为不同背景和能力水平的学生提供支持，以及如何模拟人类的学习方式。

4.1.1　智能解题助手

在数字化时代，智能解题助手已经成为数学教育中不可或缺的一部分，它们通过先进的 AI 技术，为学生提供了一个全新的学习途径。智能解题助手，如 Kimi、MathGPTPro、GeoGebra 等通过集成多种 AI 模型，提供了一个全方位的学习平台，这些智能解题助手具有各自的特点。

Kimi（图 4-1）作为一款先进的数学辅导工具，可以帮助学生和专业人士轻松解决数学问题，它具有强大的计算能力，能够解决复杂的数学方程式，包括代数、微积分和三角学等。它能够提供详细的分步说明，确保用户完全掌握每个解决方案。

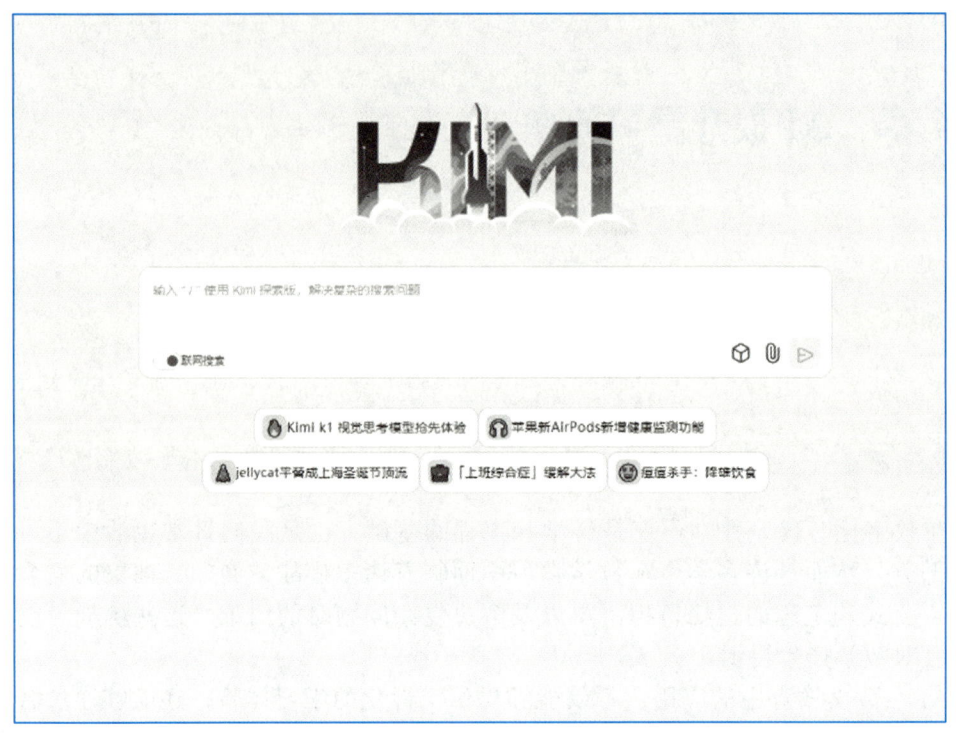

图 4-1　Kimi 开始界面

　　MathGPTPro 是一个专注于高级数学问题的 AI 工具，支持复杂的数学理论推导和证明。它的优势在于能够处理高等数学、线性代数、概率论等领域的复杂问题，并提供详细的推导过程和理论解释。MathGPTPro 还支持符号计算和数值计算，适合需要深入理解数学理论的学生和研究者。应用场景包括理论研究、学术论文写作、复杂问题求解等。

　　GeoGebra 是一个强大的数学可视化工具，支持几何、代数、微积分等多个数学领域的动态演示。它的优势在于能够将抽象的数学概念转化为直观的图形和动画，帮助学生更好地理解数学原理。GeoGebra 还支持互动学习，用户可以通过调整参数观察数学现象的变化。应用场景包括几何学习、函数图像绘制、微积分演示等。

　　表 4-1 对以上常用的数学学习工具进行了总结，比较了各自的优势以及一些实际的应用场景。

表 4-1　常见的数学学习 AI 工具

工具名称	优势	应用场景
Kimi	多题型支持，详细步骤解析，自然语言交互	作业辅导，考试复习，概念理解
MathGPTPro	自然语言交互，多功能性，实时反馈	学习语法，调试代码，生成代码片段
GeoGebra	动态演示，直观图形，互动学习	几何学习，函数图像绘制，微积分演示

这些模型不仅能够解决数学问题，还能够解释概念、创建记忆卡片和进行模拟测试。AI 将自己定位为"家教"（tutor），意味着它不仅仅是一个简单的答案提供者，而是一个能够提供深入辅导和学习支持的智能系统。利用自然语言处理技术，理解问题并提供相应的答案和解释。这种技术可以让学习者更加自在地与 AI 进行互动，通过理解答案追问问题实现更高效的学习。通过 AI 工具，可以获得个性化的学习体验，它不仅能够解答疑问，还能帮助学习者构建知识体系，提高学习效率。智能解题助手的应用，不仅改变了解决数学问题的方式，也为专业人士提供了新的教学辅助工具。它们通过个性化辅导帮助学生提高数学成绩，建立坚实的数学基础。这些工具正在逐步改变传统教育的面貌，提升学生的学习效果与体验，实现了个性化和自主学习。

4.1.2　互动式数学学习

在教育领域，AI 技术的融入为传统学习方式带来了巨大的变化，在数学学习的过程中，拍照传题、AI 讲题等功能可帮助学生迅速解决学习难题，这使得数学学习变得更加直观、互动性更强。AI 拍照搜题功能允许学生通过手机拍照上传数学题目，系统会迅速识别题目并提供详细的解题步骤和答案。这种即时反馈机制极大地提高了学生的学习效率，同时也增强了他们解决问题的能力。下面是使用 AI 工具 Kimi 解题的过程，用户只需上传一张包含数学问题的图片，很快就可以得到详细的解答，如图 4-2 和图 4-3 所示。

从图 4-2 和图 4-3 可以看到，AI 会快速识别图片中的信息，并根据要求，对问题 1 和问题 2 进行求解。如果对于级数求和的解题过程的理解不是很清楚，或者想要更为详细的解释，可以继续进行互动，对 AI 追加提问，如图 4-4 所示。

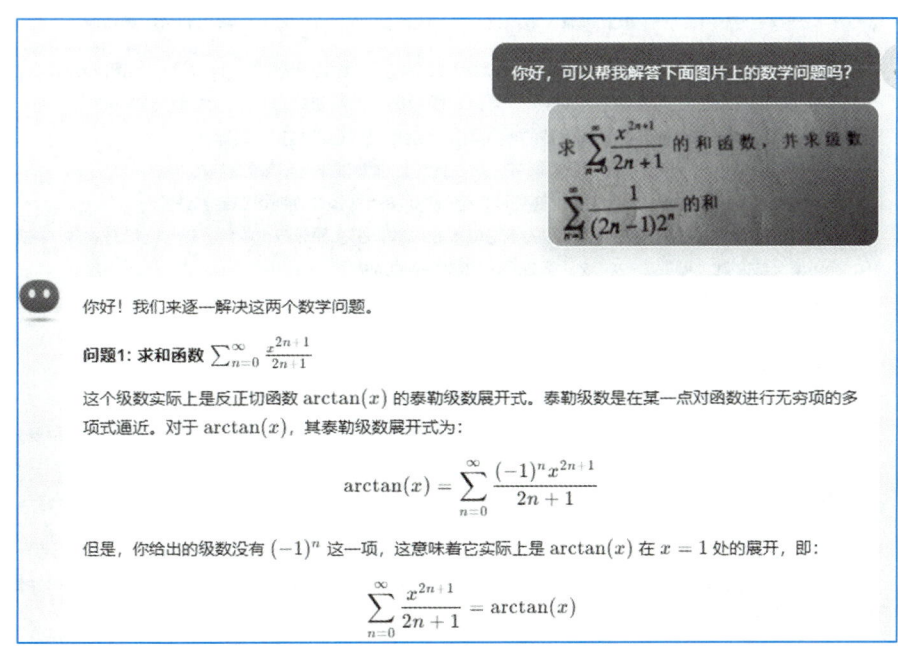

图 4-2　AI 解答问题 1

问题2：求级数 $\sum_{n=1}^{\infty} \frac{1}{(2n-1)2^n}$ 的和

这个级数可以通过一些技巧来求和。首先，我们可以将每一项分解为两个部分：

$$\frac{1}{(2n-1)2^n} = \frac{1}{2^n} - \frac{1}{2^n(2n-1)(2n+1)}$$

然后，我们可以进一步分解第二项：

$$\frac{1}{2^n(2n-1)(2n+1)} = \frac{1}{2}\left(\frac{1}{(2n-1)2^n} - \frac{1}{(2n+1)2^{n+1}}\right)$$

这样，原级数可以写成：

$$\sum_{n=1}^{\infty}\left(\frac{1}{2^n} - \frac{1}{2}\left(\frac{1}{(2n-1)2^n} - \frac{1}{(2n+1)2^{n+1}}\right)\right)$$

这是一个部分和式，大部分项会相互抵消，留下：

$$\frac{1}{2} + \frac{1}{2}\sum_{n=1}^{\infty}\left(\frac{1}{(2n+1)2^{n+1}}\right)$$

这个级数的和可以通过一些高级技巧来计算，或者通过查表得知，其和为 $\frac{1}{2}\ln(2)$。

因此，原级数的和为：

$$\frac{1}{2} + \frac{1}{2}\ln(2)$$

图 4-3　AI 解答问题 2

> **能否解释一下级数求和的技巧？**

级数求和是数学分析中的一个重要领域，涉及到许多技巧和方法。以下是一些常见的级数求和技巧：

1. **识别已知级数**：首先，检查级数是否与已知的级数相匹配，比如几何级数、p-级数、调和级数等。
2. **使用级数的性质**：利用级数的线性性质，可以将级数拆分为更简单的部分，然后分别求和。
3. **部分和（Partial Sums）**：计算级数的前几项和，观察是否存在模式或趋势。
4. **比值测试（Ratio Test）**：对于正项级数，可以通过比值测试来判断级数的收敛性。
5. **根值测试（Root Test）**：类似于比值测试，但使用项的n次根来判断级数的收敛性。
6. **绝对收敛和条件收敛**：如果一个级数的绝对值级数收敛，那么原级数也收敛，这称为绝对收敛。如果绝对值级数发散，但原级数收敛，那么原级数是条件收敛的。
7. **重排级数**：对于某些级数，可以重新排列项的顺序以改变级数的和，但这只适用于条件收敛级数。
8. **使用积分测试**：对于非负、单调递减的函数，其级数和可以通过积分来估计。
9. **泰勒级数和麦克劳林级数**：利用函数的泰勒级数或麦克劳林级数展开来求和。
10. **生成函数**：在组合数学中，生成函数可以用来表示序列的和，通过操作生成函数来求和。
11. **特殊技巧**：对于某些特殊级数，可能需要使用特定的技巧，比如级数的分解、级数的变换、使用复分析中的留数定理等。
12. **数值方法**：当解析方法难以应用时，可以使用数值方法来近似级数的和。

在你提供的第二个级数 $\sum_{n=1}^{\infty} \frac{1}{(2n-1)2^n}$ 中，我们使用了部分和式的方法，通过将每一项分解为两个部分，然后利用级数的线性性质和部分和式的性质来简化求和过程。这种方法在处理某些类型的级数时非常有用，尤其是当级数的项可以被分解为可以相互抵消的形式时。

图 4-4　AI 给出级数求和的技巧

可以看到 AI 工具给出多种级数求和的方法，同时针对提出的问题，给出了一些分析和建议。

AI 互动式学习能够提供即时的反馈和奖励，增强学生的学习动力和信心。通过模拟测试和即时反馈，增强了学习的趣味性，帮助学生深入理解数学概念。通过多轮交互，允许学生与 AI 进行深入对话，追问问题，获得更全面的理解，显著提升学习效率。

4.1.3　描述性数学问题求解

AI 工具除了能够对数学公式问题求解，还能够对描述性的数学问题进行解答。例如，对于一个代数几何中常见的切线求解的问题，在 AI 工具对话框中输入"给定一个圆的方程为 $x^2+y^2=25$，以及一条直线的方程为 $y=2x+c$。求 c 的值，使得这条直线与圆相切。"，如图 4-5 所示。

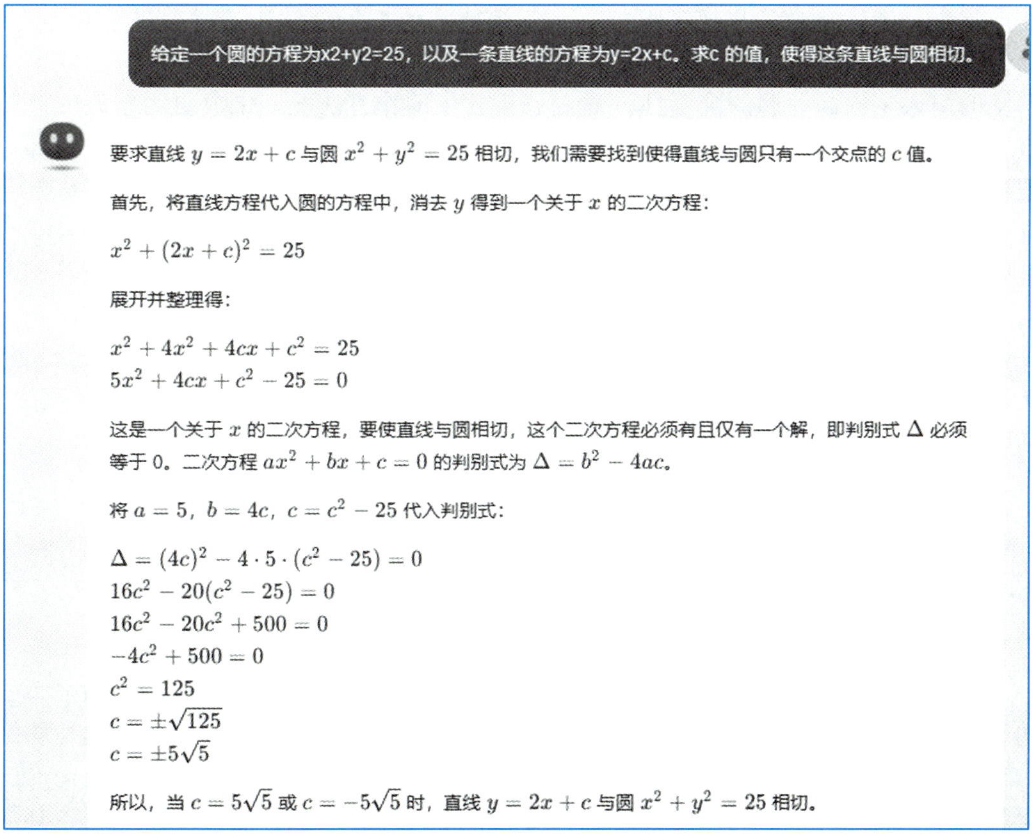

给定一个圆的方程为x2+y2=25，以及一条直线的方程为y=2x+c。求c 的值，使得这条直线与圆相切。

要求直线 $y = 2x + c$ 与圆 $x^2 + y^2 = 25$ 相切，我们需要找到使得直线与圆只有一个交点的 c 值。

首先，将直线方程代入圆的方程中，消去 y 得到一个关于 x 的二次方程：

$$x^2 + (2x + c)^2 = 25$$

展开并整理得：

$$x^2 + 4x^2 + 4cx + c^2 = 25$$
$$5x^2 + 4cx + c^2 - 25 = 0$$

这是一个关于 x 的二次方程，要使直线与圆相切，这个二次方程必须有且仅有一个解，即判别式 Δ 必须等于 0。二次方程 $ax^2 + bx + c = 0$ 的判别式为 $\Delta = b^2 - 4ac$。

将 $a = 5$，$b = 4c$，$c = c^2 - 25$ 代入判别式：

$$\Delta = (4c)^2 - 4 \cdot 5 \cdot (c^2 - 25) = 0$$
$$16c^2 - 20(c^2 - 25) = 0$$
$$16c^2 - 20c^2 + 500 = 0$$
$$-4c^2 + 500 = 0$$
$$c^2 = 125$$
$$c = \pm\sqrt{125}$$
$$c = \pm 5\sqrt{5}$$

所以，当 $c = 5\sqrt{5}$ 或 $c = -5\sqrt{5}$ 时，直线 $y = 2x + c$ 与圆 $x^2 + y^2 = 25$ 相切。

图 4-5　描述性数学问题解答图

从解题过程可以发现，AI 能够给出详细的解题步骤，方便学习者理解问题求解一般思路。例如，在这个问题中，AI 提示需要找到使得直线 $y=2x+c$ 与圆 $x^2+y^2=25$ 只有一个交点相切的 c 值。首先，将直线方程代入圆的方程，消除 y 得到一个关于

x 的二次方程。然后，相切意味着只有一个交点，二次方程的判别式等于零。最后，解这个判别式等于零的方程，得到 c 的两个可能值。这就是求解描述性数学问题的一个简单流程。

AI 技术在数学教育中的应用正引领一场革命性变革。通过互动式数学教学，学生得以迅速解决数学难题，享受即时反馈带来的学习效率提升。AI 不仅能识别并解答数学公式问题，还能处理描述性数学问题，提供详尽的解题步骤和思路，助力学生深入理解数学概念。

4.1.4   AI 在数学学习中的发展趋势

在教学方法上，AI 的应用也带来了创新。传统的教学模式往往难以满足所有学生的需求，而 AI 技术能够提供更加灵活和多样化的教学资源。通过大数据分析，教师可以更准确地了解学生的学习状况，从而调整教学策略，实现更有效的教学。

人工智能在数学教育领域的发展趋势有着巨大的潜力，主要体现在以下几个方面。首先，个性化教学将成为可能。人工智能将依据每个学生的学习进度和能力，提供量身定制的教学内容和方法，使数学教育更加贴合学生需求。其次，智能评测系统的引入将提高评测的准确性，通过分析学生的作答情况，生成更为精确的评测报告。再者，智能推荐功能将依据学生的学习兴趣和需求，推荐合适的教学资源，使数学学习更加智能化。最后，人工智能作为教师助手，将助力教师高效完成教学准备与执行工作，有效减轻教师的工作压力。

这些发展趋势虽前景广阔，但也伴随着数据处理、模型优化、隐私保护等方面的挑战，需要长期的研究与实践。此外，AI 的逻辑推理能力与人类仍存在差距，特别是在触及人类核心体验与深层理解方面，AI 仍有较大困难。因此，未来的研究和实践需要在这些领域进行深入探索，以确保 AI 能够在数学教育中发挥最大的潜力，同时避免潜在的风险。

4.2   AI 助力 Python 学习

在信息技术迅猛发展的今天，Python 编程语言以其无与伦比的简洁性和强大的功能，成为全球开发者的首选工具之一。Python 的设计哲学强调代码的可读性和简洁性，这使得即使是编程新手也能快速上手并理解复杂的程序逻辑。Python 的广泛应用覆盖了从网站开发、自动化脚本编写到科学计算和人工智能等多个领域，其强大的库支持如 NumPy、Pandas、TensorFlow 和 Django 等，为开发者提供了强大的工具，以应对各种技术挑战。随着大数据和人工智能的兴起，Python 在数据科学和机器学习领域的应用尤为突出。它不仅能够处理和分析海量数据，还能构建和训练复杂的机器学习模型，从而推动了人工智能技术的发展。此外，Python 在 Web 开发领域也占据了重要地位，许多流行的网站和网络应用都是基于 Python 框架构建的, 如 Instagram、Reddit 和 Spotify 等。

在编程教育领域, 人工智能的应用正在改变传统的学习模式。AI 不仅能够根据学生的学习习惯和进度提供个性化的学习路径, 还能通过智能分析学生的学习行为, 提供即时的反馈和指导。这种个性化的学习体验极大地提高了学习效率, 可帮助学生更快地掌握编程技能。AI 在编程教育中的优势不仅体现在个性化学习上, 还包括互动式学习环境的构建。通过模拟真实的编程场景和挑战, AI 能够激发学生的学习兴趣, 使他们能够在解决实际问题的过程中学习和成长。这种学习方式不仅提高了学生的编程能力, 还培养了他们的问题解决能力和创新思维。

本节将详细介绍 AI 如何在编程教育中发挥作用并通过实际案例分析展示 AI 如何帮助学生理解和掌握 Python 编程的核心概念和技能。

4.2.1 AI 编程工具的作用与优势

AI 编程工具通过其强大的自然语言处理能力, 能够理解学生的编程问题, 并提供即时的反馈和个性化的指导。这种 AI 编程工具能够实时响应学生的提问, 提供即时的代码反馈和优化建议, 无论是语法错误还是逻辑问题, 都能迅速指出并提供解决方案。此外, AI 编程工具可以根据学生的学习进度和理解能力, 提供个性化的学习资源和指导, 帮助学生更高效地掌握编程知识。

AI 编程工具的核心功能之一是提供代码反馈, 它能够分析学生提交的代码, 并指出潜在的错误和改进的空间。例如, 能够生成针对用户代码的反馈, 帮助用户发现并修正错误。这种反馈不仅限于指出错误, 还包括解释错误的原因和提供修正建议, 从而帮助使用者理解代码背后的逻辑。国内外主流的 AIGC 编程工具如下。

Copilot 是由 GitHub 和 OpenAI 联合开发的 AI 编程助手, 集成在 VS Code 等 IDE 中。它通过分析代码上下文, 自动生成代码片段或补全代码。Copilot 的优势在于其强大的代码生成能力和对多种编程语言的支持, 这些功能能够显著提高编码效率。它特别适合需要快速开发项目的场景, 同时也能帮助学习者了解最佳功能实现路径和代码风格。例如, 当用户输入函数名或注释时, Copilot 会自动生成相应的代码实现。此外, 它还能根据上下文提供代码优化建议, 帮助用户编写更高效的代码。

ChatGPT 是一个基于 GPT 模型的对话式 AI, 能够回答编程问题、解释概念、生成代码等。它支持自然语言交互, 用户可以用简单的语言描述需求, ChatGPT 会生成相应的 Python 代码或提供详细的解释。它的优势在于多功能性, 不仅可以生成代码, 还能帮助调试、优化算法, 并提供学习建议。适合初学者快速入门 Python, 也适合有经验的开发者解决复杂问题。例如, 用户可以询问"如何用 Python 实现快速排序?"或"为什么我的代码报错了?", ChatGPT 会提供详细的解答和代码示例。

DeepSeek-V3 是深度求索公司开发的智能助手, 专注于代码生成、问题解答和数据分析。它支持高质量的代码生成和优化, 特别适合中文用户。DeepSeek-V3 的优势在于其对中文语境的支持和多领域能力, 不仅限于编程, 还能解决数据分析、机器学习等问题。适合需要中文支持的学习者和开发者。例如，用户可以用中文描述需求，DeepSeek-V3 会生成相应的 Python 代码，并提供优化建议。

Kimi 是一个 AI 驱动的学习助手，支持通过拍照或提问获取答案。它的优势在于视觉搜索和多学科支持，不仅限于编程，还支持数学、科学等学科。Kimi 适合初学者快速解决简单问题，并获取概念解释和代码示例。例如，用户可以拍照上传代码错误，Kimi 会分析错误并提供解决方案。此外，用户还可以通过提问获取 Python 语法和概念的详细解释。

DataCamp 是一个在线学习平台，其 Workspace 功能支持 Python 编程，并提供 AI 辅助。它的优势在于结合课程和实践，提供实时反馈和高质量的代码示例。DataCamp 特别适合学习数据科学和机器学习的相关知识，能够帮助用户快速掌握相关技能。例如，用户可以在 Workspace 中完成交互式编程练习，学习如何使用 Pandas 进行数据分析或如何使用 Scikit-learn 构建机器学习模型。

表 4-2 对以上常用的 Python 编程工具进行了总结，比较了各自的优势以及一些实际的应用场景。

表 4-2　常见的 Python 编程 AI 工具

工具名称	优势	应用场景
Copilot	代码自动补全，多语言支持，学习模式	快速生成代码，学习最佳实践
ChatGPT	自然语言交互，多功能性，实时反馈	学习语法，调试代码，生成代码片段
DeepSeek-V3	高质量生成，中文友好，多领域支持	学习基础与高级特性，解决数据分析问题
Kimi	视觉搜索，多学科支持，简单易用	解决简单问题，获取概念解释
DataCamp	交互式学习，AI 辅助，数据分析支持	数据科学，机器学习，交互式练习

4.2.2　Python 编程学习规划

在实际应用中，AI 编程工具通过提供分步解决方案和多种编程语言的专业解释，帮助学生理解和应用 Python 基础。例如，当学生在实现冒泡排序算法时遇到问题，AI 编程工具不仅会提供冒泡排序的代码片段，还会附带解释每一步的目的和逻辑，确保学生不仅复制代码，还能理解代码背后的原理。此外，AI 编程工具还能够根据学生的反馈和理解程度，提供多种解释和方法，这样学生就可以选择最适合自己的学习路径。下面是使用 AI 编程工具 DeepSeek-V3 学习编程的一个演示过程。

步骤 1　首先请 AI 工具制订一个 Python 学习计划，如图 4-6 所示。

步骤 2　基于学习计划，我们开始 Python 基础语法的学习，在工具对话框中输入关键词"Python 基础语法"，会输出你想要的答案，如图 4-7 所示。

Python语言的学习规划

学习 Python 语言需要一个系统的规划, 以下是一个逐步深入的学习路径, 适合初学者到中级开发者:

1. 基础阶段

- **目标**: 掌握 Python 的基本语法和编程概念。
- **内容**:
  - **Python安装与环境配置**: 安装 Python, 设置开发环境 (如 VS Code、PyCharm、Jupyter Notebook 等) 。
  - **基础语法**: 变量、数据类型、运算符、条件语句 (if-else) 、循环 (for、while) 。
  - **数据结构**: 列表、元组、字典、集合。
  - **函数**: 定义函数、参数传递、返回值、作用域。
  - **文件操作**: 读写文件、处理 CSV、JSON 等格式。
  - **错误处理**: try-except 语句, 异常处理。
- **资源**:
  - 书籍:《Python编程: 从入门到实践》
  - 在线课程: Coursera、edX、Udemy 上的 Python 入门课程。
  - 网站: Python 官方文档、W3Schools、Real Python。

图 4-6　AI 生成 Python 学习规划

Python 基础语法

常见类型: 整数 `int` (`10`) | 浮点数 `float` (`3.14`) | 字符串 `str` (`"hello"`) | 布尔值 `bool` (`True`, `False`) | 列表 `list` (`[1, 2, 3]`) | 元组 `tuple` (`(1, 2, 3)`) | 字典 `dict` (`{"key": "value"}`)

运算符: 算术 `+ - * / // % **` | 比较 `== != > < >= <=` | 逻辑 `and or not`

控制流: `if-elif-else` | `for` 循环 | `while` 循环

函数: `def 函数名(参数):`

文件操作: `open()` | `read()` | `write()`

异常处理: `try-except`

模块导入: `import 模块` | `from 模块 import 函数`

图 4-7　Python 的基础语法

步骤 3　如果对 Python 的某个语法理解不是很清楚, AI 工具可以帮忙答疑解惑。例如, 学习过程中对"控制流"中的关键词 for 不理解, 在 AI 工具中输入一个 for 循环示例语句, AI 可以帮助用户答疑解惑, 如图 4-8 所示。

```python
my_list = [1, 2, 3, 4, 5]
for num in my_list:
    print(num)
```

图 4-8　AI 帮助用户答疑

步骤4 当在实现冒泡排序算法时遇到问题，DeepSeek会提供冒泡排序的步骤，提供详细的解释，如图4-9所示。

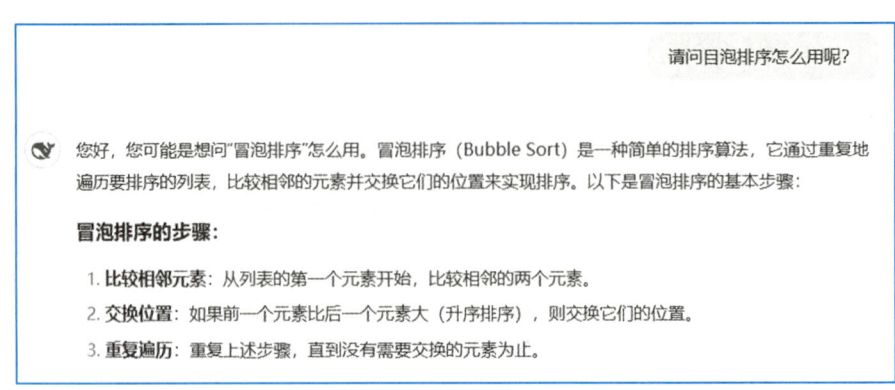

图4-9 冒泡排序步骤

同时，AI编程导师不仅会提供冒泡排序的代码片段，还会附带解释每一步的目的和逻辑，确保学员不仅能掌握代码，并且理解代码背后的原理，如图4-10所示。

这里有一个冒泡排序的Python实现示例：

```python
def bubble_sort(arr):
    n = len(arr)
    # 外层循环控制遍历次数
    for i in range(n):
        # 内层循环控制每轮的比较和交换
        for j in range(0, n-i-1):
            # 如果当前元素大于下一个元素，交换它们
            if arr[j] > arr[j+1]:
                arr[j], arr[j+1] = arr[j+1], arr[j]

# 测试冒泡排序函数
arr = [64, 34, 25, 12, 22, 11, 90]
bubble_sort(arr)

print("排序后的数组:")
for i in range(len(arr)):
    print("%d" % arr[i], end=" ")
```

当你运行这段代码时，它会输出排序后的数组。冒泡排序的平均时间复杂度和最差时间复杂度都是O(n^2)，因此在数据规模较大的情况下，不推荐使用冒泡排序。它主要用于教学目的，以展示排序算法的基本概念。

图4-10 冒泡排序代码

运行输出答案为
排序后的数组：

$$[11，12，22，25，34，64，90]$$

通过这些功能和应用，AI编程工具不仅提高了编程学习的效率，还增强了学

生的学习体验，使他们能够在实践中深化对 Python 编程的理解。AI 在自动化编程练习生成器中的应用，通过理解和分析学生的学习数据，能够生成符合个人技能水平和学习需求的定制化编程练习以及通过分析学生的历史练习数据、提交的代码质量和解决问题的能力，可以准确评估学生的编程技能水平。例如，Kimi 提供个性化技能评估和定制学习路径，帮助用户识别与 AI 行业需求之间的技能差距。这种评估机制使得 AI 能够生成与学生能力相匹配的练习，从而提高学习效率和效果。

4.2.3　使用 Python 开发经典的贪吃蛇游戏

通过之前制订的学习计划，我们将通过开发经典的贪吃蛇游戏来深入学习 Python 编程。这个游戏不仅能够锻炼学生的编程技能，还能提高他们对面向对象编程和游戏开发的理解。本节将从游戏环境的初始化开始，逐步引导学生完成整个游戏的开发过程，如图 4-11 所示。

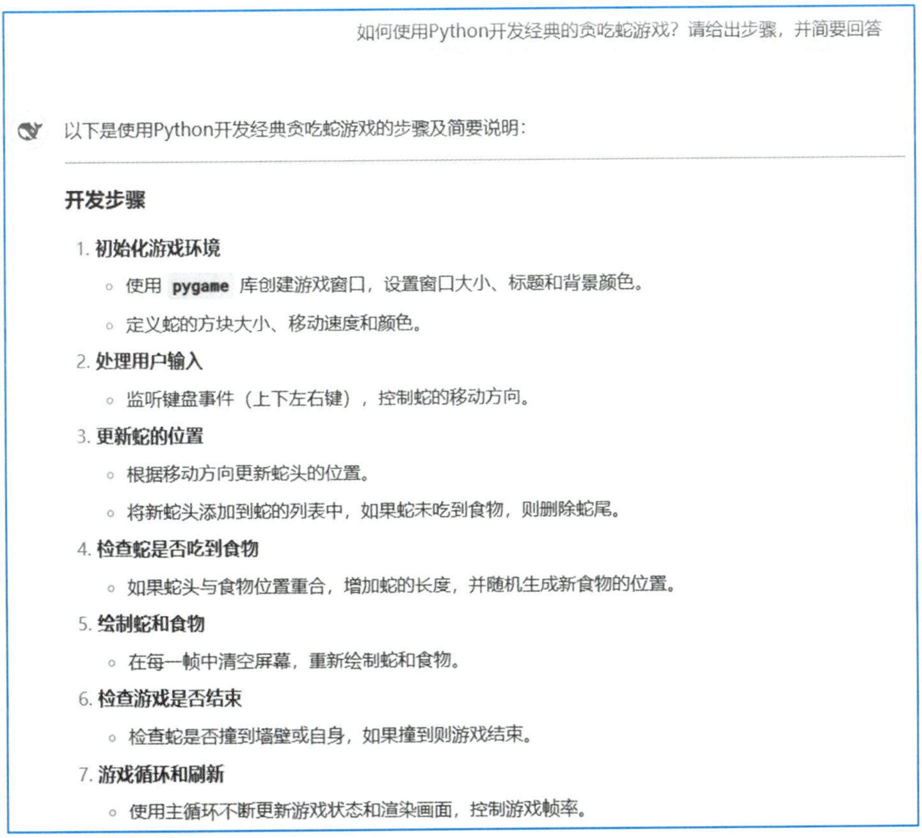

如何使用Python开发经典的贪吃蛇游戏？请给出步骤，并简要回答

以下是使用Python开发经典贪吃蛇游戏的步骤及简要说明：

开发步骤

1. **初始化游戏环境**
   - 使用 **pygame** 库创建游戏窗口，设置窗口大小、标题和背景颜色。
   - 定义蛇的方块大小、移动速度和颜色。

2. **处理用户输入**
   - 监听键盘事件（上下左右键），控制蛇的移动方向。

3. **更新蛇的位置**
   - 根据移动方向更新蛇头的位置。
   - 将新蛇头添加到蛇的列表中，如果蛇未吃到食物，则删除蛇尾。

4. **检查蛇是否吃到食物**
   - 如果蛇头与食物位置重合，增加蛇的长度，并随机生成新食物的位置。

5. **绘制蛇和食物**
   - 在每一帧中清空屏幕，重新绘制蛇和食物。

6. **检查游戏是否结束**
   - 检查蛇是否撞到墙壁或自身，如果撞到则游戏结束。

7. **游戏循环和刷新**
   - 使用主循环不断更新游戏状态和渲染画面，控制游戏帧率。

图 4-11　贪吃蛇游戏开发步骤

步骤 1　初始化游戏环境。在这一步中，需要设置游戏的基本参数，如游戏窗口的大小、蛇的初始位置和食物的随机生成位置，如图 4-12 所示。

```python
                                                              复制
import random
import curses

# 游戏窗口大小
s = curses.initscr()
curses.curs_set(0)
sh, sw = s.getmaxyx()

# 蛇的初始位置
snake = [
    [sw//4, sh//2],
    [sw//4, sh//2 - 1],
    [sw//4, sh//2 - 2]
]

# 食物的随机生成位置
food = [sw//2, sh//2]
s.addch(int(food[1]), int(food[0]), curses.ACS_PI)

# 初始方向
dir = 'RIGHT'
```

图 4-12　贪吃蛇代码：初始化游戏环境

步骤 2　处理用户输入。在这一步中，我们需要处理用户的输入，以便控制蛇的移动方向，如图 4-13 所示。

```python
                                                              复制
key = curses.KEY_RIGHT

while True:
    key = s.getch()
    if key == 27:  # 按ESC退出游戏
        break
    elif key == curses.KEY_DOWN:
        dir = 'DOWN'
    elif key == curses.KEY_UP:
        dir = 'UP'
    elif key == curses.KEY_LEFT:
        dir = 'LEFT'
    elif key == curses.KEY_RIGHT:
        dir = 'RIGHT'
```

图 4-13　贪吃蛇代码：处理用户输入

步骤 3　更新蛇的位置。在这一步中，我们需要根据用户输入的方向来更新蛇的位置，如图 4-14 所示。

步骤 4　检查蛇是否吃到食物。在这一步中，我们需要检查蛇的新头部是否与食物的位置重合，如果是，则增加蛇的长度，如图 4-15 所示。

```python
# 蛇的移动方向
if dir == 'DOWN':
    snake.insert(0, [snake[0][0], snake[0][1] + 1])
elif dir == 'UP':
    snake.insert(0, [snake[0][0], snake[0][1] - 1])
elif dir == 'LEFT':
    snake.insert(0, [snake[0][0] - 1, snake[0][1]])
elif dir == 'RIGHT':
    snake.insert(0, [snake[0][0] + 1, snake[0][1]])
```

图 4-14　贪吃蛇代码：更新蛇的位置

```python
# 检查蛇是否吃到食物
if snake[0] == food:
    food = None
    while food is None:
        x = random.randint(1, sw-1)
        y = random.randint(1, sh-1)
        food = [x, y]
        if food in snake:
            food = None
else:
    tail = snake.pop()
    s.addch(int(tail[1]), int(tail[0]), ' ')
```

图 4-15　贪吃蛇代码：检查蛇是否吃到食物

步骤 5　绘制蛇和食物。在这一步中，我们需要在屏幕上绘制蛇和食物，如图 4-16 所示。

```python
# 绘制蛇和食物
for pos in snake:
    s.addch(int(pos[1]), int(pos[0]), curses.ACS_CKBOARD)
s.addch(int(food[1]), int(food[0]), curses.ACS_PI)
s.refresh()
```

图 4-16　贪吃蛇代码：绘制蛇和食物

步骤 6　检查游戏是否结束。在这一步中，我们需要检查蛇是否撞墙或者咬到自己，如果是，则游戏结束，如图 4-17 所示。

python 复制

```python
# 检查游戏是否结束
if snake[0][0] < 0 or snake[0][0] >= sw or snake[0][1] < 0 or snake[0][1]
>= sh:
    break
for block in snake[1:]:
    if snake[0] == block:
        break
else:
    continue
break
```

图 4-17 贪吃蛇代码：检查游戏是否结束

步骤 7 游戏循环和刷新。将以上步骤放入一个循环中，并在每次循环结束时刷新屏幕，如图 4-18 所示。

python

```python
curses.napms(100)  # 控制蛇的速度
```

以上是贪吃蛇游戏开发的主要步骤和代码。在实际开发中，你可能还需要添加更多的功能，比如计分板、游戏难度调整等。希望这能帮助你入门Python游戏开发！

图 4-18 贪吃蛇代码：游戏循环和刷新

学习 AI 提供的文字讲解和代码后，运行代码会得到如图 4-19 所示的界面框。图 4-19 显示了一个简单的贪吃蛇游戏界面，游戏窗口的标题是“贪吃蛇”。游戏背

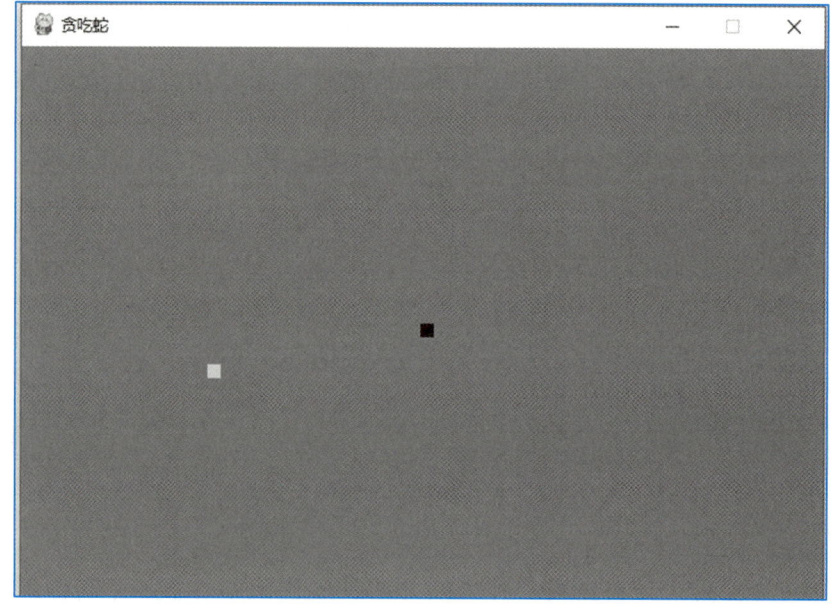

图 4-19 开始界面

景是灰色的，代表游戏区域。在游戏区域中，有一个黑色的小方块，代表贪吃蛇的头部，还有一个白色的小方块，代表食物。目前，蛇的长度只有一格。游戏界面简洁，没有显示得分或其他游戏信息。这是游戏的初始状态，蛇准备开始移动并吃掉白色的食物方块以增加长度。

图 4-20 显示的是贪吃蛇游戏结束的界面。背景颜色依然是灰色，游戏窗口的标题仍然是"贪吃蛇"。在屏幕中央，用深灰色字体显示了游戏结束的消息："You lost! Press C-Play Again or Q-Quit"，意思是"你输了！按 C 键重新开始游戏或按 Q 键退出游戏"。这提示玩家他们已经达到了游戏的结束条件，可能是因为蛇撞到了墙壁或者自己的身体。玩家现在有两个选择：按 C 键可以重新开始游戏，或者按 Q 键可以退出游戏。这个界面是游戏循环中的一个部分，用于在游戏结束后给玩家提供进一步的指令。

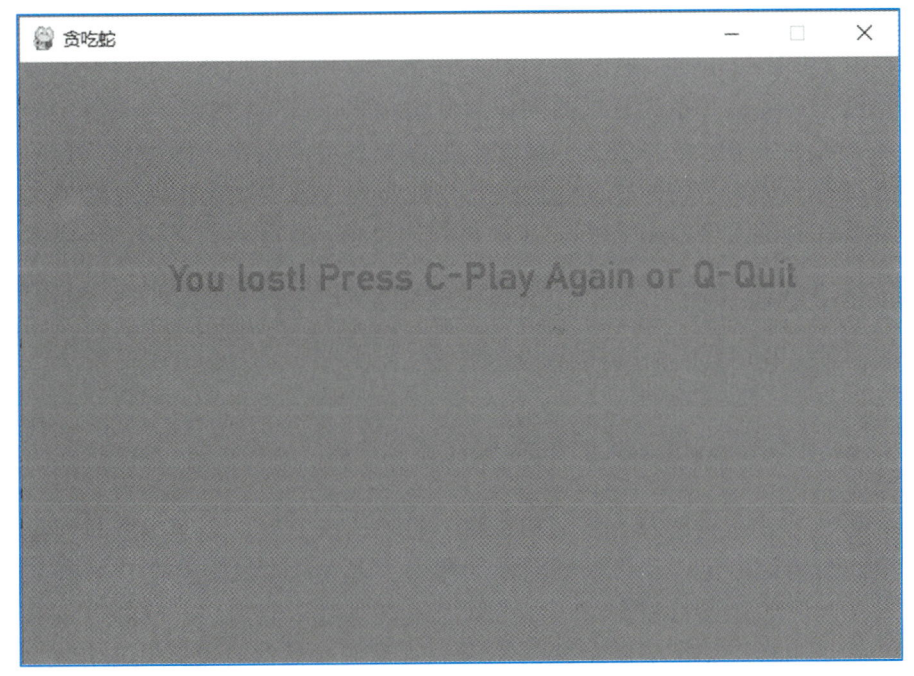

图 4-20　结束或继续界面

开发游戏的过程让学习者能够将理论知识应用于实际项目中，加深对 Python 编程的理解。学习者能够学习到如何使用 pygame 等第三方库，这对于未来开发更复杂的项目非常有帮助。在开发过程中，会遇到各种问题，如逻辑错误、性能问题等，因此需要思考如何优化代码，提高游戏的性能和用户体验。贪吃蛇游戏的开发涉及许多编程概念，如循环、条件语句、列表操作等，这些都是编程思维的重要组成部分，需要设计游戏的逻辑和规则，这有助于培养逻辑思维和抽象思维能力。

通过这个案例，不仅能够学习 Python 编程，还能够体验到编程带来的乐趣，同时培养了解决问题和创新思维的能力。这种学习方式比传统的教学方法更加生动和有效，能够更好地掌握编程技能。

4.3 AI 助力诗歌写作

诗歌是人类情感与思想的高度凝练表达，具有深远的意义和丰富的文化内涵。它通过富有节奏感的语言、意象和意境，抒发个人情感，传达哲理思考，反映社会生活，塑造艺术美感。同时，诗歌承载着历史记忆和民族文化，展现各个时代与地域的精神风貌，跨越时空激发情感共鸣，体现人类对美、自然与生命的深刻理解与追求。诗歌可以根据内容、形式、流派和地域进行分类。从内容上看，有抒情诗、叙事诗、议论诗等；从形式上看，有格律严谨的古典诗、十四行诗，自由灵动的现代诗与散文诗；从流派上看，包括浪漫主义、现实主义、象征主义等。不同的分类展现了诗歌多样的艺术风格和深厚的文化底蕴。

随着人工智能技术的飞速发展，AI 写作诗歌这一功能应运而生，它不仅挑战了传统诗歌创作的边界，也为诗歌的创作和欣赏带来了革命性的变化。创作诗歌的困难主要在于灵感匮乏、语言表达的凝练、意象与意境的构建、韵律与节奏的掌握以及情感表达的真挚和主题的深度等挑战，往往需要丰富的文化积累与技巧支持。AI 创作诗歌具有明显优势，AI 能够快速提供创作灵感、优化语言表达、生成多样化的诗歌示例，并帮助掌握诗歌结构与韵律规则，突破创作瓶颈，使创作更加高效、自由且富有表现力，从而助力创作者提升诗歌的艺术性和创新性。通过本节的学习，读者将能够掌握利用 AI 创作诗歌的基本技能。

4.3.1 AI 诗歌创作工具的特点和优势

AI 诗歌创作工具通常具有多风格支持、自然语言交互、主题生成与优化、风格模仿、押韵与韵律优化以及跨媒介创作等特点。首先，多风格支持是这些工具的核心功能之一，例如，豆包和文心一言能够生成古体诗、现代诗、自由诗等多种风格的诗歌，满足用户对不同表达形式的需求。其次，自然语言交互让创作更加便捷，用户只需用简单的语言描述需求，如 ChatGPT 和豆包这样的工具就能生成相应的诗歌或提供优化建议，降低创作门槛。此外，主题生成与优化功能可以根据用户输入的主题生成相关诗歌，并提供语言优化建议，帮助提升诗歌质量。风格模仿功能则允许用户模仿经典诗人的风格，适合学习和创作特定风格的诗歌。对于注重韵律的用户，押韵与韵律优化工具能够快速找到押韵词汇，优化诗歌的音乐性。最后，跨媒介创作工具结合视觉艺术与文本生成，通过图像激发创作灵感，适合创作与图像结合的诗歌。这些功能使 AI 诗歌创作工具成为从初学者到专业创作者的得力助手，极大地丰富了诗歌创作的可能性。以下为一些主流的 AIGC 诗歌创作工具。

豆包是一个多功能的 AI 创作工具，支持生成多种类型的文本内容，包括诗歌。用户可以输入主题或关键词，豆包会根据上下文生成符合要求的诗歌。它的优势在于支持多种诗歌风格（如古体诗、现代诗、自由诗等），并且能够根据用户需求调整语言风格和情感表达。豆包还支持中文诗歌创作，特别适合中文用户。应用场景包括快速生成诗歌初稿、提供创作灵感、优化诗歌语言和结构等。

Verse by Verse 是由谷歌公司开发的 AI 诗歌创作工具，它的优势在于能够模仿经典诗人的风格生成诗歌。用户可以选择喜欢的诗人风格，Verse by Verse 会根据输入的主题生成相应的诗句。它的应用场景包括模仿经典诗人风格创作、获取诗歌创作灵感、学习经典诗歌的表达方式等。

Poet Assistant 是一个基于 AI 的诗歌创作助手，支持生成主题相关的诗歌。它的优势在于能够根据用户输入的主题生成相关诗歌，并提供语言优化建议。Poet Assistant 还支持多语言创作，适合需要快速生成主题诗歌的用户。应用场景包括生成主题诗歌、优化诗歌语言、获取创作灵感等。

文心一言是百度推出的 AI 创作工具，专注于中文文本生成，特别适合中文诗歌创作。它的优势在于对中文语境的理解和生成能力，能够创作出符合中文语言习惯的诗歌。文心一言支持多种诗歌风格，包括古体诗、现代诗等，并且能够根据用户输入的主题生成高质量的诗歌。应用场景包括中文诗歌创作、学习中文诗歌表达、获取创作灵感等。

RhymeZone 是一个在线的押韵词典工具，适合诗歌创作中的押韵需求。它的优势在于能够快速找到与某个词押韵的词汇，并提供相关例句。RhymeZone 支持多语言押韵查询，适合需要优化诗歌韵律的用户。应用场景包括寻找押韵词汇、优化诗歌韵律、提升诗歌的音乐性等。

表 4-3 对以上常用的诗歌创作工具进行了总结，比较了各自的优势以及一些实际的应用场景。

表 4-3　常见的诗歌创作的 AI 工具

工具名称	优势	应用场景
豆包	支持多种风格，中文友好，多功能性	生成初稿，提供灵感，优化语言
Verse by Verse	模仿经典诗人风格，高质量输出	模仿经典风格，获取灵感
Poet Assistant	主题生成，语言优化，多语言支持	生成主题诗歌，优化语言
文心一言	中文语境理解，高质量生成，多风格支持	中文诗歌创作，学习表达，获取灵感
RhymeZone	快速押韵查询，多语言支持	优化韵律，提升音乐性

4.3.2　AI 如何激发诗歌创作灵感

常用的诗歌创作类 AI 工具包括豆包、文心一言、AI 创作云等。豆包（图 4-21）是一款全面的 AI 创作工具，它提供智能写作、写诗、对话等功能。其写诗功能可根据输入的关键词、主题或灵感想法，快速生成押韵、富有诗意的诗句，支持五言绝句、七言绝句等多种诗歌类型。

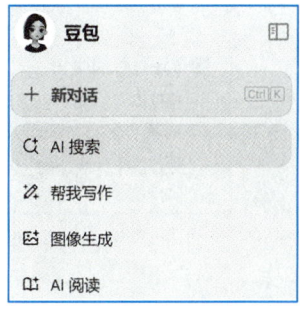

图 4-21　豆包工具箱

创作诗歌的第一步往往是寻找灵感，而这恰恰是许多人的难点。AI 可以通过以下方式帮助创作者突破这一瓶颈。

关键词联想：输入一个关键词或情感主题，如“春天”“离别”或“希望”，AI 可以迅速生成与之相关的意象、短句或主题，帮助创作者捕捉灵感。

提供诗歌示例：AI 可以基于不同风格，如古典诗、现代诗、十四行诗等，生成诗歌范例，供创作者参考，找到适合自己的表达方向。

分析经典诗作：通过对海量诗歌作品的学习和分析，AI 能够总结不同诗人的写作风格与技巧，帮助创作者理解如何运用意象、比喻和韵律等技巧。

AI 在诗歌创作过程中作为辅助工具，为创作过程提供有力支持。对于一个没有具备扎实文学基础的人来说，创作诗歌具体需要做什么、怎么做是无从下手的，可以利用 AI 工具，了解创作诗歌的思路和具体步骤。例如，在 AI 工具的提问输入框内输入“创作诗歌的具体步骤是什么”，并发送所输入的内容，得到结果如图 4–22 所示。

创作诗歌的具体步骤是什么

创作诗歌一般可按以下步骤进行：

确定主题与情感

- **明确主题**：从生活、自然、情感等方面获取灵感，确定诗歌要表达的核心内容，如写爱情、友情、对人生的感悟、对自然美景的赞美等。
- **定位情感基调**：根据主题确定情感氛围，是欢快、悲伤、激昂、宁静等，为诗歌奠定整体情感走向，如写思乡主题，情感基调可定位为惆怅、眷恋。

选取意象与素材

- **挑选意象**：围绕主题和情感，选择具有象征意义和表现力的意象，像表达孤独可用“月亮”“影子”等，写希望可用“朝阳”“新芽”等。
- **收集素材**：从个人经历、阅读、观察中收集与主题相关的具体事例、场景等，如写母爱，可回忆母亲在雨中送伞、深夜陪伴学习等场景。

构建诗歌结构

- **规划形式**：依据表达需要选择诗歌形式，如现代诗形式自由，可根据情感节奏分段；格律诗则需遵循严格的格律规则，如字数、平仄、押韵等。
- **安排层次**：设计诗歌的起承转合，开头可直接点明主题或设置悬念吸引读者，中间展开描述、抒情或议论，结尾升华情感或留下思考空间，如写一首赞美春天的诗，开头描绘春天到来的景象，中间具体描写春花、春水等，结尾表达对春天的喜爱与赞美。

雕琢语言与韵律

- **锤炼语言**：运用生动、形象、富有表现力的词汇，通过比喻、拟人、夸张等修辞手法增强诗歌感染力和艺术效果，如“月亮像银色的小船，在夜的海洋里飘荡”。
- **处理韵律**：若创作押韵诗，需选择合适的韵脚，使诗歌读来朗朗上口，韵律和谐，也可通过节奏的变化，如长短句结合、停顿等，营造诗歌的音乐美。

图 4–22　AI 给出创作诗歌的具体步骤

在整个创作过程中，重要的是保持开放的心态，勇于尝试新的表达方式。诗歌创作没有固定的模式，每个诗人都有自己独特的创作方法。重要的是找到适合自己的创作节奏，并享受创作的过程。通过不断的实践和反思，可以逐渐发展出自己的诗歌风格。利用 AI 了解到创作诗歌的步骤后，再动手从零开始创作一首诗歌，可以提高写作效率和质量，同时拓宽创作视野，激发创新思维。

4.3.3 AI 诗歌创作之旅

现在以利用 AI 写出一首具体的诗歌为例，根据上一小节得到的创作诗歌的步骤，利用 AI 从第一步确定主题与情感基调开始到第六步检测韵律与节奏为止，这首诗歌的创作过程如下。

步骤 1 确定主题与情感基调。给出提示词，让 AI 辅助构思内容，如图 4–23 所示。

我正在创作一首诗歌，请问可以考虑哪些主题与情感基调？简要回答

以下是一些常见的诗歌主题与情感基调：

- **自然与生命**
  - **主题**：赞美大自然的壮丽景色、四季变化，探索生命在自然中的奥秘与意义。
  - **情感基调**：敬畏、赞美、宁静。
- **爱情与亲情**
  - **主题**：表达爱情的甜蜜、思念、遗憾，或亲情的温暖、深沉、依赖。
  - **情感基调**：浪漫、深情、眷恋。
- **成长与梦想**
  - **主题**：讲述成长过程中的挫折、感悟，追求梦想的执着、迷茫。
  - **情感基调**：励志、感慨、坚定。
- **社会与现实**
  - **主题**：反映社会现象、时代问题，对公平、正义、人性的思考。
  - **情感基调**：批判、忧虑、反思。
- **历史与文化**
  - **主题**：缅怀历史人物、事件，传承文化传统，感悟历史的沧桑变迁。
  - **情感基调**：凝重、崇敬、沧桑。

图 4–23 AI 辅助确定主题与情感基调

步骤 2 构思意象和画面。在 AI 的帮助下，确定所要创作诗歌的主题与情感基调为乡愁与回忆，根据关键词，在 AI 中输入一段描述性语言，让 AI 进一步丰富需要创作的内容，如图 4–24 所示。

通过 AI 辅助，确定了初步的画面和意向，秋风萧瑟，江水苍凉，独坐小船的漂泊者在孤寂的环境中回忆故乡的温暖与童年的美好。作者的思绪犹如水面泛起的涟漪，缓缓向四周扩散开来，眼前的景色与记忆中的故乡形成强烈的对比。他望着远方，渴望着归途，仿佛要将这份浓烈的乡愁托付给风与水。

请简要构思接下的的意象和画面：秋风萧瑟的纸境中，独坐在小船上的一个在外漂泊的人，望着渡口，对故的风景和对撞年时光的怀念，对归途的无限渴望。

秋风瑟瑟，如轻纱般笼罩着江面，天地间一片清冷，仿佛一张泛黄的旧纸。江面上，一只小船晃晃悠悠，像是被遗忘在此处的孤叶。

船上那漂泊之人，身形略显佝偻，裹着一件旧披风，静静地坐在船头，目光始终落在不远处的渡口。渡口旁，几株枯瘦的老树，枝桠向着天空伸展，残留的几片叶子在风中瑟瑟发抖，好似在诉说着离别的愁绪。

他的脑海中，故乡的画面一帧帧浮现：春日里漫山遍野的野花，微风拂过时，花香四溢；夏日夜晚，坐在院子里听长辈讲着古老的故事，萤火虫在身边飞舞；那些曾经再寻常不过的场景，如今成了最珍贵的回忆。此刻，他满心都是对故乡的思念，对归途的渴望如燃烧的火焰，在心底熊熊燃烧，只盼能早日顺着江水，回到那魂牵梦萦的故乡啊。

图 4-24　AI 辅助构思意象和画面

步骤 3　选择诗歌形式。根据 AI 辅助创作者构思的画面，需要进一步确定诗歌创作的形式，如图 4-25 所示。

适合写思乡之情相关诗歌的诗歌形式有哪些？

以下是一些适合写思乡之情的诗歌形式：

古代诗歌形式

- **五言绝句**：短小精悍，能以简洁的语言表达深刻的情感，如王维《杂诗三首·其二》"君自故乡来，应知故乡事。来日绮窗前，寒梅著花未"，通过简单的问答，把对故乡的思念表现得自然而真挚。
- **七言绝句**：节奏明快，韵味悠长，如李白《静夜思》"床前明月光，疑是地上霜。举头望明月，低头思故乡"，用简洁生动的语言，描绘出客居他乡的游子在静夜中思乡的情景。
- **五言律诗**：格律严谨，对仗工整，内容容易相对较大，可更细致地描写景物、抒发情感，如王湾《次北固山下》"客路青山外，行舟绿水前。潮平两岸阔，风正一帆悬。海日生残夜，江春入旧年。乡书何处达？归雁洛阳边"，既写了旅途所见之景，又借景抒发了思乡之情。
- **七言律诗**：篇幅较长，格律要求严格，可充分展现诗人的才情和情感的复杂性，如崔颢《黄鹤楼》"昔人已乘黄鹤去，此地空余黄鹤楼。黄鹤一去不复返，白云千载空悠悠。晴川历历汉阳树，芳草萋萋鹦鹉洲。日暮乡关何处是？烟波江上使人愁"，前两联写黄鹤楼的历史和眼前景象，后两联由景生情，抒发了浓浓的乡愁。
- **古体诗**：形式较为自由，可长可短，押韵较宽松，便于诗人自由地抒发情感，如李白《渡荆门送别》"渡远荆门外，来从楚国游。山随平野尽，江入大荒流。月下飞天镜，云生结海楼。仍怜故乡水，万里送行舟"，用流畅的语言，表达了对故乡山水的眷恋之情。

图 4-25　AI 辅助选择诗歌形式

步骤 4　创作诗歌初稿。在以上 AI 所给出的诗歌形式中，根据个人喜好和所想表达的感情选择合适的诗歌形式。以七言律诗为例，输入"渡口、夕阳、江水、归雁、老槐树"等关键词，AI 便可完成了一篇七言律诗的初稿，如图 4-26 所示。

步骤 5　修改与润色。阅读初稿，发现情感上还不够丰富细腻，并且题目也比较普通，因此利用 AI 进一步辅助进行细节的修改和润色，如图 4-27 所示。

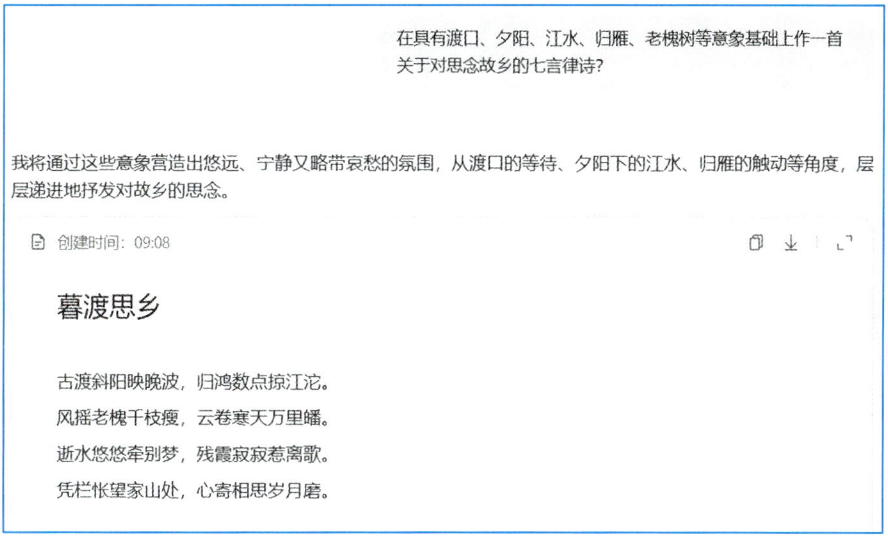

在具有渡口、夕阳、江水、归雁、老槐树等意象基础上作一首
关于对思念故乡的七言律诗?

我将通过这些意象营造出悠远、宁静又略带哀愁的氛围,从渡口的等待、夕阳下的江水、归雁的触动等角度,层层递进地抒发对故乡的思念。

创建时间: 09:08

暮渡思乡

古渡斜阳映晚波, 归鸿数点掠江沱。
风摇老槐千枝瘦, 云卷寒天万里皤。
逝水悠悠牵别梦, 残霞寂寂惹离歌。
凭栏怅望家山处, 心寄相思岁月磨。

图 4-26　AI 辅助写出诗歌初稿

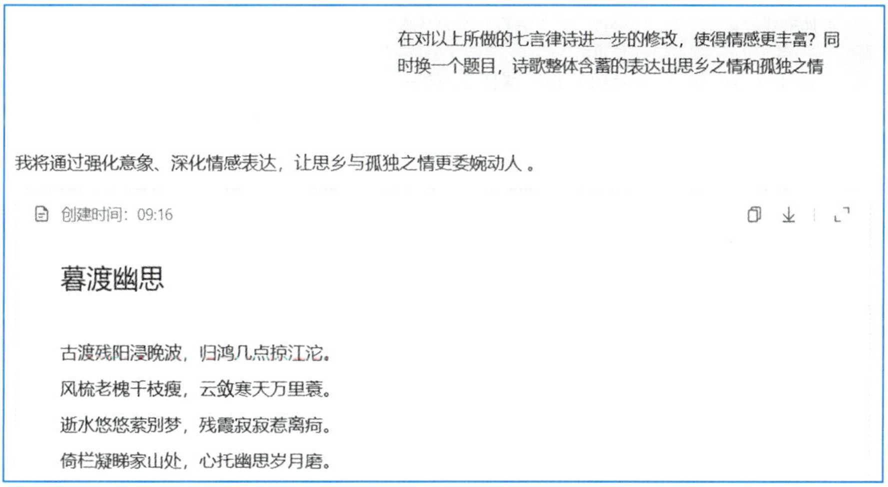

在对以上所做的七言律诗进一步的修改,使得情感更丰富? 同
时换一个题目,诗歌整体含蓄的表达出思乡之情和孤独之情

我将通过强化意象、深化情感表达,让思乡与孤独之情更委婉动人。

创建时间: 09:16

暮渡幽思

古渡残阳浸晚波, 归鸿几点掠江沱。
风梳老槐千枝瘦, 云敛寒天万里衰。
逝水悠悠萦别梦, 残霞寂寂惹离疴。
倚栏凝睇家山处, 心托幽思岁月磨。

图 4-27　AI 辅助对初稿进行修改和润色

步骤 6　检测韵律与节奏。为了让创作的诗歌更加符合七言律诗的规范,使用 AI 分析韵律和节奏,如图 4-28 所示。

AI 在对初稿分别进行押韵分析和平仄节奏分析后,为了使所创作的诗歌更符合七言律诗的押韵和平仄要求,AI 会给出相应的修改说明,并修改得到符合创作者要求的诗歌,最终创作结果如图 4-29 所示。

修改后的诗,不仅在韵律上更符合七言律诗的规范,吟诵起来朗朗上口,还通过字词的替换,在表意和意境营造上更胜一筹。

以上在创作诗歌的过程中,从灵感的激发,到初稿的生成,再到最终的修改润色和节奏检测,AI 提供了创作灵感与优化建议,辅助使用者高效完成了一首既具有艺术美感又符合律诗规范的作品。

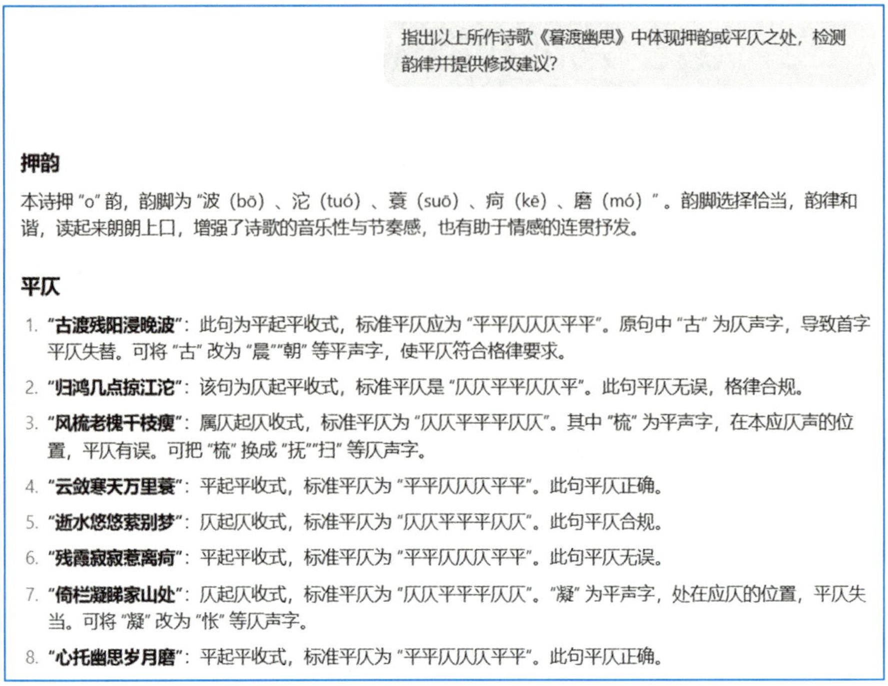

指出以上所作诗歌《暮渡幽思》中体现押韵或平仄之处，检测韵律并提供修改建议？

押韵

本诗押 "o" 韵，韵脚为 "波（bō）、沱（tuó）、蓑（suō）、疴（kē）、磨（mó）"。韵脚选择恰当，韵律和谐，读起来朗朗上口，增强了诗歌的音乐性与节奏感，也有助于情感的连贯抒发。

平仄

1. **"古渡残阳浸晚波"**：此句为平起平收式，标准平仄应为 "平平仄仄仄平平"。原句中 "古" 为仄声字，导致首字平仄失替。可将 "古" 改为 "晨""朝" 等平声字，使平仄符合格律要求。

2. **"归鸿几点掠江沱"**：该句为仄起平收式，标准平仄是 "仄仄平平仄仄平"。此句平仄无误，格律合规。

3. **"风梳老槐千枝瘦"**：属仄起仄收式，标准平仄为 "仄仄平平平仄仄"。其中 "梳" 为平声字，在本应仄声的位置，平仄有误。可把 "梳" 换成 "抚""扫" 等仄声字。

4. **"云敛寒天万里蓑"**：平起平收式，标准平仄为 "平平仄仄仄平平"。此句平仄正确。

5. **"逝水悠悠萦别梦"**：仄起仄收式，标准平仄为 "仄仄平平平仄仄"。此句平仄合规。

6. **"残霞寂寂惹离疴"**：平起平收式，标准平仄为 "平平仄仄仄平平"。此句平仄无误。

7. **"倚栏凝睇家山处"**：仄起仄收式，标准平仄为 "仄仄平平平仄仄"。"凝" 为平声字，处在应仄的位置，平仄失当。可将 "凝" 改为 "怅" 等仄声字。

8. **"心托幽思岁月磨"**：平起平收式，标准平仄为 "平平仄仄仄平平"。此句平仄正确。

图 4-28　AI 辅助检测韵律与节奏

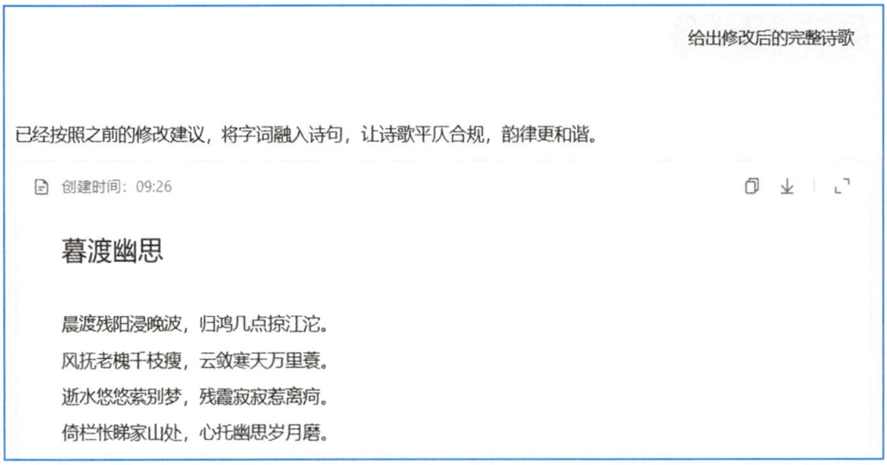

给出修改后的完整诗歌

已经按照之前的修改建议，将字词融入诗句，让诗歌平仄合规，韵律更和谐。

创建时间：09:26

暮渡幽思

晨渡残阳浸晚波，归鸿几点掠江沱。
风抚老槐千枝瘦，云敛寒天万里蓑。
逝水悠悠萦别梦，残霞寂寂惹离疴。
倚栏怅睇家山处，心托幽思岁月磨。

图 4-29　AI 辅助诗歌节奏和韵律修改

　　值得强调的是，AI 并非取代人类的诗歌创作，而是作为一种辅助工具，帮助创作者释放更大的创造力。诗歌创作的灵魂仍源自人类的情感与思想，而 AI 只是将技术与艺术结合，提供更广阔的空间。AI 赋予了更多人进入诗歌世界的可能性，既帮助初学者快速入门，也为经验丰富的诗人提供新的灵感来源与艺术创新的工具。

　　AI 为诗歌创作提供了前所未有的便利，能够快速生成灵感、优化语言、检测韵律和节奏，极大地提升创作效率。然而，创作者在使用 AI 时仍需注意以下几点：保持创作的个性和情感深度，避免过度依赖 AI，合理使用结构和格式，确保诗歌的原创性，平衡情感与语言，并进行多次修改与反思。遵守这些注意事项，创作者可以更好地利用 AI，创作出既富有艺术性又具个人特色的诗歌作品。未来，随着 AI 的不断进步，其在诗歌创作中的角色将进一步丰富，不仅可以帮助创作者突破创作瓶颈，还能激发更多人的创作热情，推动诗歌创作进一步发展。

4.4　AI 助力语言学习

在全球化的今天，英语作为国际通用语言，其重要性不言而喻。无论是在商务、科技、教育还是文化交流领域，掌握英语都被视为一项基本技能。熟练掌握英语可以为个人带来诸多好处。首先，英语作为全球通用语言，能帮助使用者与来自不同国家的人沟通，拓宽人际关系和视野。其次，使用英语阅读可以更方便地获取全球信息和知识，提升学习和工作效率，便于更好地理解和欣赏世界各地的文化作品。最后，掌握英语还能为职业发展带来更多机会，尤其在跨国公司或国际项目中更具优势。然而，在学习英语的过程中，许多学习者常常面临着时间不足、学习方法不当、语言环境缺乏等困难。如何有效提升英语水平，成为许多学习者亟待解决的问题。

随着人工智能技术的发展，AI 在语言学习领域的应用越来越广泛，为学习者提供了更高效、更个性化的学习方式。人工智能技术在语言学习领域的应用为学习者带来了革命性的变化，特别是在英语学习方面，利用 AI 可以带来诸多益处。AI 能够根据学习者的进度和偏好提供个性化的英语学习计划，从而提高学习效率；同时，通过即时反馈机制，AI 能迅速纠正学习者的发音和语法错误，助力其快速进步。此外，AI 还提供了模拟对话、角色扮演等互动学习方式，使学习过程更加有趣且实用。更重要的是，相较于传统的语言课程，AI 学习平台不受时间和地点限制，学习者可以灵活安排自己的学习时间。

本节将介绍如何利用 AI 技术来辅助英语学习，帮助学习者认识到 AI 在提高英语听、说、读、写等能力中的巨大潜力，以及在翻译领域的辅助功能。无论是英语初学者，还是有一定基础的学习者，AI 都能提供量身定制的学习路径，使学习更高效。

4.4.1　确定学习目标和学习计划

助力语言学习的 AI 为学习者带来了诸多便利。Kimi 在语言学习方面优势显著，它的智能语音评测能精准识别发音细节；口语陪练功能模拟真实交流，适配多场景话题；知识问答可深度讲解语法词汇，还能用多语种互译助力阅读写作，一站式满足多样学习需求。讯飞星火有精准的文本翻译功能，利用神经网络机器翻译技术可实现多语种互译，满足不同学习需求；另有拍照翻译功能，外文标识、图书段落，一拍即得译文；还有可实时翻译语音的同传功能，在跨国交流场景下非常实用。

利用 AI 制订学习英语的目标和学习计划不仅能够提高学习效率和效果，还能够使学习者获得更加灵活、经济和有趣的学习体验，帮助学习者更好地实现他们的语言学习目标，以下是一个应用实例：

小云是计算机专业的一名学生，她计划在三个月后与家人去新加坡旅行，她想要提升自己的英语能力以解决旅行途中可能遇到的各种困难，接下来展示使用 AI 学习英语的具体实践过程。

使用 Kimi 制订英语学习计划和学习目标，提问"我计划去新加坡旅游，有三个月时间学习英语，请帮助我制订一个简单的相应的学习目标和学习计划。"，生成内容如图 4-30 所示。

学习目标：

1. **基础会话**：能够进行基本的日常英语对话。
2. **旅游英语**：掌握旅游相关的词汇和短语。
3. **基础语法**：理解和使用基本的英语语法结构。
4. **词汇积累**：学习并记忆至少500个常用词汇。
5. **简单写作**：能够写简单的邮件或信息，如预订酒店、询问旅行信息等。

学习计划：

- **第1个月：基础建设**

  ○ 每天学习并复习20个新单词。
  ○ 每周学习一个基本语法点，并做相关练习。
  ○ 每天至少15分钟的听力练习，如听英语儿歌或简单的对话。
  ○ 每天至少15分钟的口语练习，可以通过跟读或语言交换伙伴。

- **第2个月：技能提升**

  ○ 每天学习25个新单词，重点关注旅游和日常用语。
  ○ 每天30分钟的英语听力练习，如听英语播客或新闻。
  ○ 每天30分钟的英语口语练习，模拟旅游场景对话。
  ○ 每周写一篇简短的英文邮件或信息。

- **第3个月：实战演练**

  ○ 每天复习旧词汇，不再学习新词汇。
  ○ 每天45分钟的英语听力练习，如听更复杂的播客或新闻。
  ○ 每天45分钟的英语口语练习，重点在流利度和自然度。
  ○ 每周写一篇与旅行相关的英文短文，如游记或攻略。

通过这个计划，您可以在三个月内有效地提升您的英语水平，为即将到来的新加坡之旅做好准备。

图 4-30　通过 AI 制订英语学习目标和学习计划

学习目标和学习计划不仅可以帮助学习者更清晰地了解自己的进步方向和薄弱环节，还能提供个性化、数据驱动的支持，确保学习过程更加高效、系统和有针对性。AI 不仅能够实时调整学习计划，提供即时反馈，还能够通过长期数据分析帮助学习者优化学习路径和策略，从而达到理想的学习目标。

4.4.2　练习英语的听力和口语

在英语学习过程中，听力和口语是两项至关重要的技能，它们相辅相成，共同促进语言能力的提高。听力是语言学习的第一个重要环节，它为语言输出即口语和写作提供了基础。通过听力练习，学习者不断接触到真实的语言材料，从中积累词汇、短语、句型和语法结构。口语是学习英语的最终目标之一，能够流利、准确地用英语进行表达是语言学习的一个重要目标。

AI 通过语音识别和自然语言处理技术，为学习者提供个性化的听力和口语练习。在听力方面，AI 能够生成不同语速、口音和场景的音频材料，帮助学习者逐步适应真实语境，同时通过智能字幕和关键词提示提高听力理解能力。在口语方面，AI 语音识别技术能够实时分析发音、语调和流利度，提供准确的纠正和反馈，帮助学习者改善口音并增强表达的自信心，以下是一个应用实例。

小云为了有一次体验良好的旅行，想具备用英语口语流利交流的能力，这要求小云能听懂并理解当地居民所表达的意思，同时可以给出直接的回应。小云借助 AI 的语音助手或者它所推荐的学习工具及学习材料来提升自己的英语听力和表达能力。接下来展示利用 Kimi 提升英语听力和口语水平的具体实践过程。

步骤 1　利用 Kimi 得到一些提升英语听力和口语水平的途径，如图 4–31 所示。

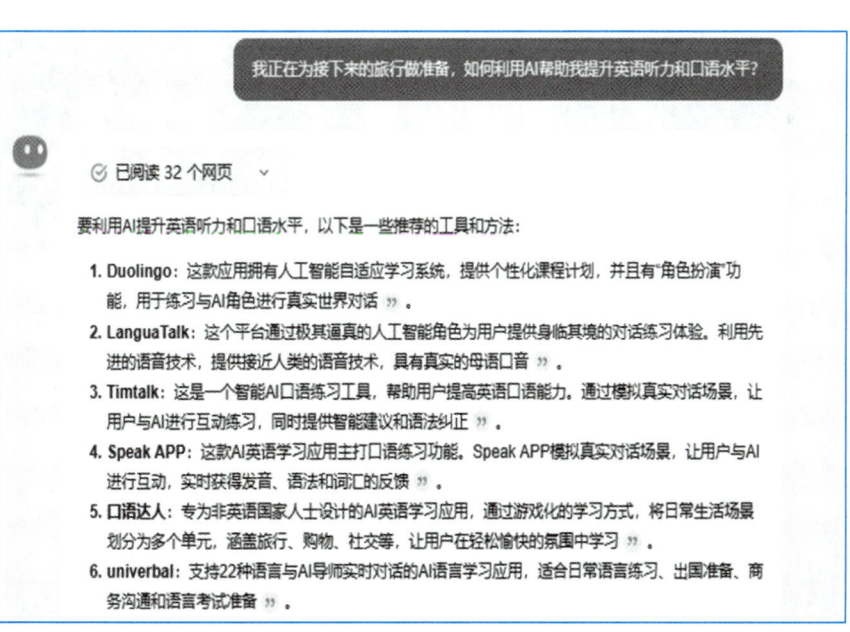

图 4–31　AI 提供的途径与方法

英语学习者可以使用图 4–31 中 Kimi 所给出的这些 AI 工具和方法，与 Kimi 结合学习，更能够有效地提升英语听力和口语水平，为接下来的旅行做好准备。

步骤 2　使用 Kimi 手机 App，与 Kimi 的英语陪练对话，从而练习英语听力与口语，内容如图 4–32 所示。

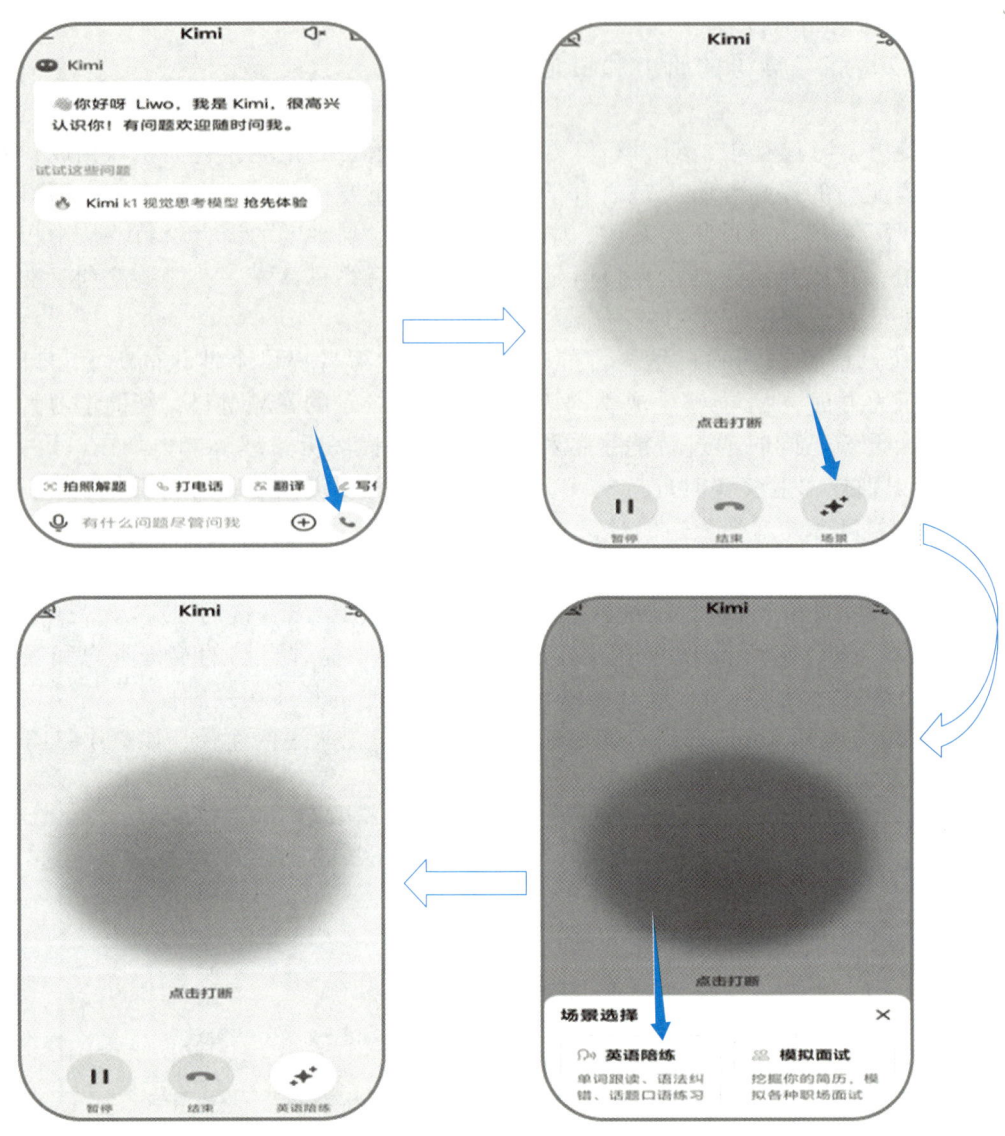

图 4-32　Kimi 帮助练习听力和口语

4.4.3　练习英语的阅读和写作

利用 AI 学习并提升英语的阅读和写作具有显著的好处，AI 通过自然语言处理和机器学习技术，帮助学习者快速提升阅读理解和写作表达能力。在阅读方面，AI 可以智能分析文章内容，提供生词释义、段落总结和实时翻译，帮助学习者逐步提高词汇量和理解力；在写作方面，AI 写作辅助工具能够提供语法检查、句式优化和风格建议，帮助学习者发现并纠正错误，同时通过自动生成范文，学习不同题材和风格的写作方法。通过个性化学习路径和即时反馈，AI 能够使学习者通过不断练习和提升，最终实现高效且精准的语言能力发展。接下来展示利用 Kimi 提升英语阅读和写作能力的具体实践过程。

步骤 1 利用 Kimi 进行英文相关材料的阅读和写作，内容如图 4-33 所示。

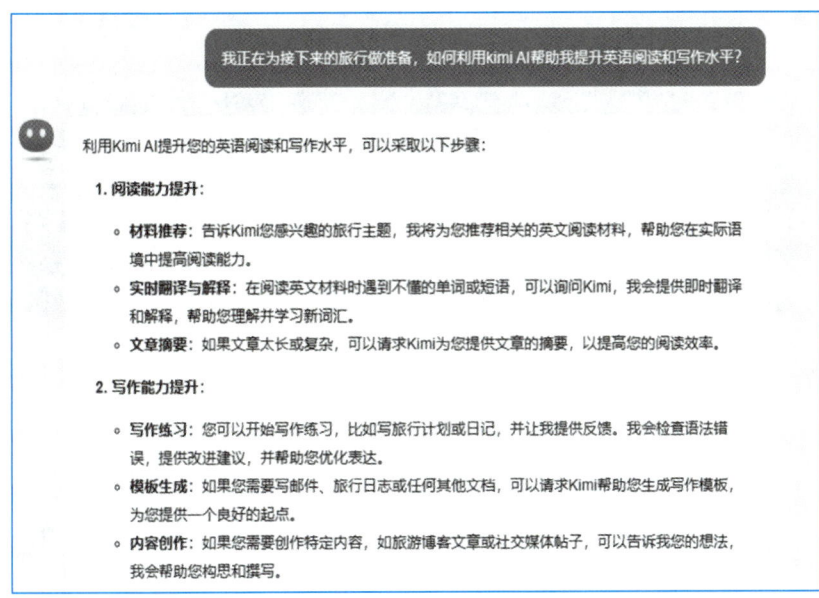

图 4-33 Kimi 提供的提升英语阅读和写作能力的建议

步骤 2 基于以上建议，利用 Kimi 辅助英文写作，如酒店预订邮件的写作，内容如图 4-34 所示。

图 4-34 酒店预订邮件写作

步骤 3 利用 Kimi 提升英语写作能力，如旅游日记的写作，内容如图 4–35 所示。

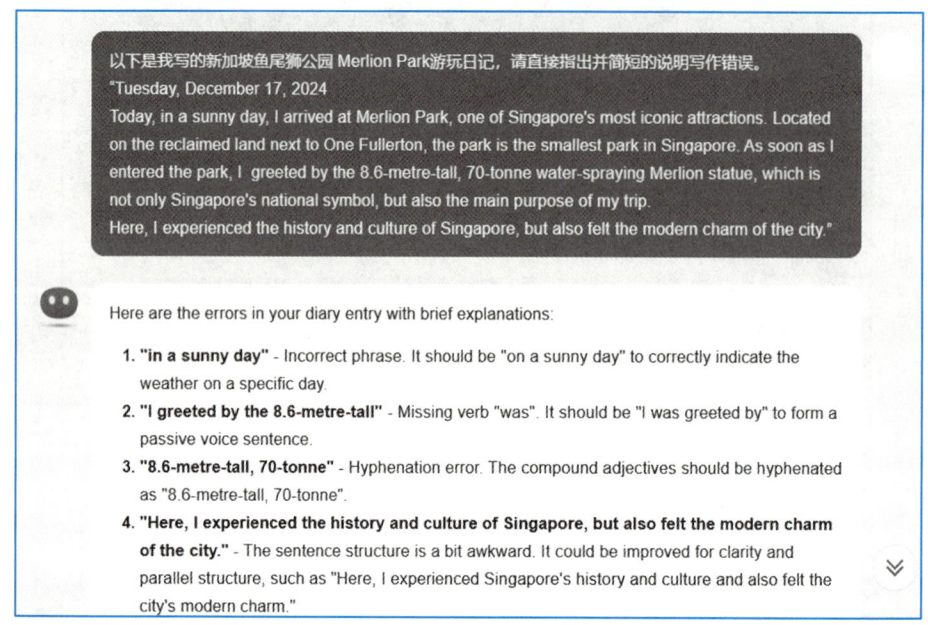

图 4–35 旅游日记写作

本节介绍如何利用 AI 来辅助英语学习，特别是针对听、说、读、写四个方面的能力提升，为英语学习者提供了个性化、灵活和高效的学习体验。除了提升英语学习的听、说、读、写能力，AI 在翻译领域也具有辅助功能。

4.4.4 AI 在翻译领域的辅助功能

随着人工智能技术的飞速发展，AI 在翻译领域的辅助功能日渐强大，应用日益广泛。AI 翻译系统通过深度学习海量的语言数据，能够快速识别语言模式、语法规则以及词汇用法等，从而实现对文本的自动翻译。相较于传统的人工翻译，AI 翻译具有诸多优势，它能够在极短的时间内处理大量文本，大大提高了翻译效率。对于一些需要快速翻译的场合，如实时会议等，AI 翻译能够及时提供翻译结果，满足人们对于信息时效性的需求。更重要的是，AI 翻译系统可以不断学习和优化，随着数据量的增加和算法的改进，其翻译质量也在逐步提升。

讯飞星火的翻译机 4.0 星火版支持 85 种语言在线翻译、17 种语言离线翻译以及 32 种语言拍照翻译，全面覆盖用户沟通场景（图 4–36）。它新增了 AI 读图问答功能，用户拍摄图片后可进行多轮对话，深入了解图像信息。此外，还提供通用翻译、商务正式、轻松友好、优雅古韵四种翻译风格，满足不同场景需求。其搭载的星火大模型 4.0 Turbo 在多项能力上超越了 GPT–4 Turbo，尤其在翻译能力上展现了优势。

图 4-36　讯飞智能翻译平台界面

　　AI 翻译工具要确保翻译质量达到专业标准，需要在多个关键环节进行优化。提高翻译质量不仅仅依赖于 AI 工具的性能，还需要翻译者具备一定的语言技巧和对上下文的深刻理解。AI 翻译工具在处理基础文本时具有优势，但在面对复杂的句子结构、文化差异和语境理解时，翻译者仍然需要运用一定的技巧进行优化。因此，本节将探讨提升翻译质量的关键技巧，帮助读者在 AI 辅助下进一步精炼翻译成果。

　　步骤 1　使用 AI 翻译工具翻译一段长难句，评估 AI 翻译是否符合目标语言的语法结构，如图 4-37 所示。

> 英文原文："The increasing use of artificial intelligence in various fields,such as healthcare, education,and business,has prompted a significant shift in the way these industries operate and deliver services to their customers."
>
> ♨讯飞星火
>
> 了解，以下是您提供句子的中文翻译：
>
> "人工智能在各个领域（如医疗保健、教育和商业）中的日益使用，促使这些行业在运营和服务客户方面发生了显著的转变。"

图 4-37　英文的长难句翻译

　　步骤 2　为了使翻译结果更加符合中文的结构和表达习惯，重新调整句子结构，确保译文更加简洁、自然，如图 4-38 所示。

> 请将上述翻译结果用正式的结构和中文表达习惯进行表达
>
> ♨讯飞星火
>
> "人工智能在诸如医疗保健、教育及商业等不同领域的日益广泛运用，已促使上述行业在运作模式与服务顾客方面发生重大变革。"

图 4-38　调整后的翻译

步骤 3　选择一段具有多义词的文本，使用 AI 翻译工具进行翻译，并根据上下文判断最合适的翻译，如图 4-39 所示。特别注意多义词的翻译，确保翻译结果与原文意思一致。

如何翻译这段英文原文："The bank can help you when you are in trouble. But be careful, because it can also break you if you are not careful."

🔥讯飞星火

这段英文原文可以翻译为：

"在你遇到困难时，它能帮助你。但要小心，因为如果你不小心，它也能毁了你。"

这里，"bank" 根据上下文被理解为"银行"，是一个提供金融服务、帮助人们管理资金和解决经济困难的机构。同时，"break you" 在这里是一个比较抽象的表达，可以理解为"使你破产"或"给你带来严重的财务/经济后果"。

图 4-39　多义词文本翻译

通过精准理解上下文、优化句子结构、结合文化背景差异和提高翻译流畅性，翻译者可以显著提升 AI 翻译的质量。虽然 AI 翻译工具可以为翻译者提供初步的帮助，但最终的翻译质量仍然依赖于翻译者对语言、文化和语境的深刻理解。通过掌握这些关键技巧，翻译者不仅能够提升翻译准确性，还能在翻译实践中逐步提高自己的翻译能力。

步骤 4　选择一段医学领域的文本，使用 AI 翻译工具进行翻译；检查 AI 翻译的医学术语是否准确，并与专业词典进行核对，如图 4-40 所示。

🔥讯飞星火

"The patient is diagnosed with acute myocardial infarction, and the recommended treatment is thrombolysis therapy."

翻译

"患者被诊断为急性心肌梗死，并且推荐的治疗是溶栓疗法。"

图 4-40　AI 辅助医学专业文本翻译

校对是否为正确的医学术语，如"溶栓治疗"是否符合当前治疗标准，必要时调整为更精确的术语。

步骤 5　使用 AI 翻译工具翻译一段法律文书，特别注意法律术语和表达的准确性，如图 4-41 所示。在翻译后，结合法律专业知识调整译文，使得译文符合法律文书的严谨性。

🔥讯飞星火

英文原文："The party of the first part shall be liable for any damages arising from the breach of contract."

翻译

"合同第一方应对违约产生的任何损害负责。"

图 4-41　AI 辅助法律文书翻译

确保"违约"一词的使用正确，调整为"合同违约"以更准确表达法律含义。

步骤 6　选择一段技术文档，使用 AI 翻译工具进行翻译后，检查技术术语的翻译是否准确，特别是与最新技术标准是否一致，如图 4-42 所示。

讯飞星火

英文原文："The new algorithm significantly improves data processing speed by optimizing parallel computing capabilities."

翻译

"新算法通过优化并行计算能力显著提高了数据处理速度。"

图 4-42　AI 辅助技术文档翻译

确保"并行计算"与计算机技术领域中常用术语一致，确保翻译流畅且符合技术文档标准。

AI 翻译工具在专业翻译中发挥了巨大的作用，能够帮助翻译者快速处理技术、医学、法律等领域的文本。然而，由于这些领域的翻译要求有极高的准确性，AI 工具的翻译结果需要翻译者结合专业知识进行校对和优化。通过掌握专业领域术语的精准翻译、领域特定表达的本地化处理、上下文分析和法律技术文本的精准翻译，翻译者能够有效提高翻译质量，确保专业翻译的权威性和精确度。

4.4.5　翻译内容的后期编辑与优化

尽管 AI 翻译工具在翻译过程中能够提高效率并提供初步的翻译结果，但后期的编辑和优化依然至关重要。在专业翻译和高质量文本翻译中，后期编辑能够帮助翻译者修正语法错误、优化句子结构、确保术语一致性并调整译文的语言风格，以达到目标语言的高标准。翻译后期编辑的目标是将 AI 提供的初步翻译转化为最终的高质量译文，确保译文不仅准确传达原文的意义，还能够符合目标语言的表达习惯和文化背景。

1. 任务一：检查并修正语法错误

使用 AI 翻译工具翻译一段文本后，首先进行语法和拼写检查，检查是否存在拼写错误、主谓不一致、词语用法不当或语法错误，如图 4-43 所示。通过手动或工具辅助进行修正。

校对翻译："She have a good experience in teaching languages."

讯飞星火

原句 "She have a good experience in teaching languages." 中存在语法错误。正确的表达应该是：

"She has good experience in teaching languages."

以下是对原句的详细分析和修改建议：

1. **动词形式错误**：原句中的 "have" 应该改为 "has"，因为主语 "She" 是第三人称单数，需要使用动词的第三人称单数形式。
2. **冠词使用**：在英语中，当描述经验或能力时，通常不需要加冠词 "a"。因此，"a good experience" 应简化为 "good experience"。

图 4-43　AI 检查并修正语法错误

2. 任务二：术语一致性检查

选择一段技术或法律文本，检查 AI 翻译中术语的准确性和一致性，确保术语翻译符合行业标准，如图 4-44 所示。

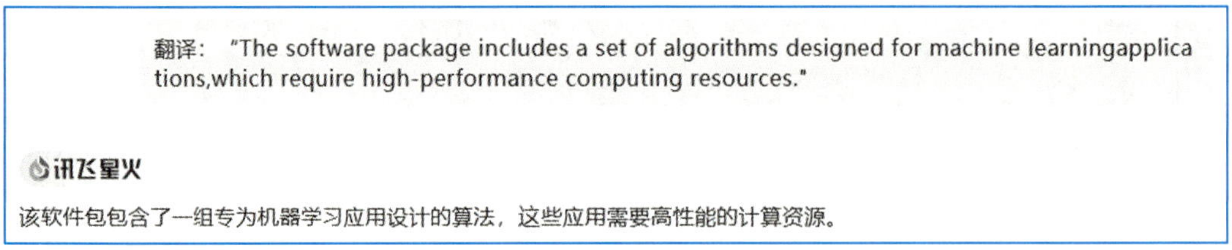

图 4-44　AI 检查术语一致性

对于上述翻译，还需要检查"机器学习""高性能的计算资源"等词语是否符合术语规范，如图 4-45 所示。

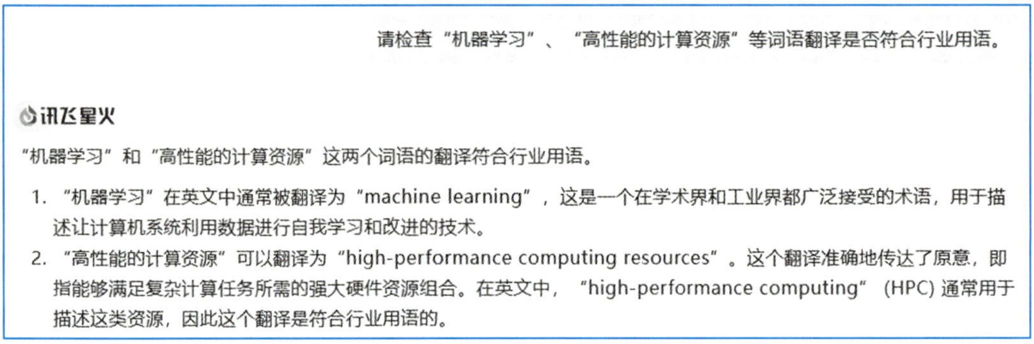

图 4-45　AI 检查术语是否符合术语规范

3. 任务三：语言风格调整

使用 AI 翻译工具翻译一段包含文化特定元素的文本，调整翻译结果，确保译文符合目标语言的文化和语言习惯，如图 4-46 所示。

翻译后期编辑与优化是保证翻译质量的关键步骤。通过语法检查、句子结构优化、术语一致性检查、文化差异结合和连贯性保障，翻译者能够提升译文的准确性、流畅性和专业性。尽管 AI 翻译工具能够提供初步翻译，但后期的人工编辑和优化仍然是确保翻译达到高标准的必要环节。通过这一过程，翻译者不仅能够提升翻译质量，还能够在翻译实践中不断提高自己的技能和专业水平。

在当今数字化时代，AI 已成为语言学习领域的一股强大助力。从确定学习目标和制订学习计划，到练习听力、口语、阅读和写作，再到专业翻译及后期编辑优化，AI 贯穿语言学习的全过程，为学习者带来了前所未有的便利。AI 在语言学习的各个阶段都展现出了巨大的潜力和价值。它不仅为学习者提供了个性化的学习体验，还通过智能化的练习和反馈机制，加速了语言学习的进程。随着技术的不断进步，AI 将在语言学习领域发挥更加重要的作用，帮助更多人跨越语言障碍，实现语言能力的提升。展望未来，AI 技术将提供更加个性化的学习体验，结合 VR 和 AR

如何正确翻译这个英文原文，为什么不能直接根据字面直接翻译："He is the life of the party."

讯飞星火

一、正确翻译

"He is the life of the party." 这句话正确的翻译应该是 "他是派对的灵魂人物。" 或者 "他是聚会的活跃分子。"

二、不能直接字面翻译的原因

1. **词汇的隐含意义**

- "the life of the party" 这个短语有其特定的引申义。如果直接从字面翻译，"life" 有 "生命" "生活" 等意思，"party" 是 "派对" "政党" 等意思，直接组合翻译会让人费解，无法准确传达其在英文中的真实含义。
- 在这个短语中，"life" 表示的是充满活力、乐趣和激情的部分。它用来形容一个人在派对中起到活跃气氛、让派对更加有趣和充满活力的关键作用。

2. **文化背景差异**

- 在英语文化中，"the life of the party" 是一种比较形象的表达方式，用来赞美一个人在社交场合（尤其是派对）中的表现。这种表达是基于西方社交文化中对于派对氛围营造的重视。
- 直接字面翻译忽略了这种文化背景下的生动比喻，会使译文生硬且不符合中文的表达习惯。

图 4-46 AI 调整语言风格

技术提供沉浸式学习环境，并促进跨文化交流，有望进一步打破语言障碍，使全球沟通更加便捷。

4.5 AI 助力学术论文写作

学术论文写作是科学研究过程中不可或缺的一环，它不仅是对研究成果的系统总结和呈现，更是学术交流与知识传播的重要途径。一篇高质量的学术论文，要求作者具备深厚的专业知识、严谨的逻辑思维和精确的语言表达能力，以确保研究内容的真实性、可靠性和可读性。通过学术论文，研究者能够向同行展示自己的研究成果，促进学术进步，同时也有助于建立个人学术声誉，为未来的研究合作奠定基础。

在学术论文写作中，AI 为研究者提供了强大的支持，极大地提升了写作效率和质量。AI 工具能够利用自然语言处理和机器学习技术，帮助研究者进行文献检索、数据分析和引用管理，以减轻工作负担。在撰写过程中，AI 还能根据上下文提供智能化的写作建议，如语法检查、句式优化和逻辑连贯性提升，确保论文语言精准流畅。此外，AI 还能根据学术规范自动生成规范的论文格式和引用格式，避免人为错误，使研究者能够更加专注于研究内容的创新和完善。更重要的是，AI 还能激发研究者的创造力和深度思考。通过与 AI 的互动，研究者可以获得新的视角和灵感，对研究问题进行更深入的分析和探讨。AI 还能根据研究者的初步想法，生成多种可能的论述框架和论点，帮助研究者拓宽思路，完善论文结构。这种智能化的辅助方式，不仅提升了写作效率，更促进了研究者的学术成长和创新能力的提升，为学术研究的未来发展开辟了更广阔的空间。

4.5.1 用于辅助学术论文写作的 AI 工具

学术论文写作的核心要点包括文献检索与整理、论文结构与逻辑优化、数据分析与可视化、语言润色与语法检查以及参考文献管理。文献检索是论文的基础，AI工具如 Kimi 能够快速定位相关文献并自动生成文献综述，显著提升研究效率。在数据分析方面，Tableau 提供强大的可视化功能，将复杂数据转化为直观图表，便于结果展示。语言质量直接影响论文的学术价值，Grammarly 提供语法检查和语言润色功能，确保论文语言准确流畅。Zotero 帮助高效管理参考文献，自动生成符合期刊要求的参考文献列表，避免格式错误。这些 AI 工具在学术论文写作的各个环节中发挥了重要的辅助作用，不仅提高了写作效率，还提升了论文的整体质量，为研究者提供了全方位的支持。

Kimi 是一个专注于学术研究的 AI 工具，能够快速检索和整理文献。它的优势在于通过自然语言处理技术，精准定位相关文献，并自动生成文献综述。Kimi 还支持多语言文献检索，特别适合需要跨语言研究的学者。应用场景包括文献检索、文献综述撰写、研究背景梳理等。

Grammarly 是一个广受欢迎的写作辅助工具，专注于语法检查和语言优化。它的优势在于能够实时检测语法错误、拼写错误和标点符号问题，并提供改进建议。Grammarly 还支持学术写作风格检查，帮助用户提升论文的语言质量。应用场景包括论文初稿撰写、语言优化、语法检查等。

Tableau 是一个强大的数据可视化工具，能够将复杂的数据转化为直观的图表和图形。它的优势在于支持多种数据源，并提供丰富的可视化选项。Tableau 还支持交互式数据分析，帮助用户更好地理解和展示研究数据。应用场景包括数据分析、结果可视化、研究报告撰写等。

Zotero 是一个免费的参考文献管理工具，能够帮助用户高效管理文献和生成参考文献列表。它的优势在于支持多种文献格式，并能够自动生成符合期刊要求的参考文献列表。Zotero 还支持文献分类和标签管理，方便用户快速查找和整理文献。应用场景包括文献管理、参考文献生成、文献分类整理等。

表 4-4 对以上常用的学术论文写作工具进行了总结，比较了各自的优势以及一些实际的应用场景。

表 4-4　常见的用于辅助学术论文写作的 AI 工具

工具名称	优势	应用场景
Kimi	精准检索，自动生成文献综述，多语言支持	文献检索，文献综述撰写，研究背景梳理
Grammarly	实时语法检查，语言优化，学术写作风格检查	论文初稿撰写，语言优化，语法检查

续表

工具名称	优势	应用场景
Tableau	多种数据源支持，丰富可视化选项，交互式数据分析	数据分析，结果可视化，研究报告撰写
Zotero	多种文献格式支持，自动生成参考文献列表，文献分类管理	文献管理，参考文献生成，文献分类整理

4.5.2　AI 助力写作核心要素和文献综述

在选题和研究问题的明确阶段，AI 工具可以快速进行"头脑风暴"，生成一系列与研究者兴趣相关的选题方向。同时，结合文献搜索工具（如 Semantic Scholar 和 Connected Papers），研究者能迅速定位当前领域的研究空白，并生成创新的研究问题。AI 不仅能为初步思考提供助力，还能帮助梳理研究背景，形成更加清晰和具体的学术框架。

（1）使用 Kimi 生成与研究者兴趣领域相关的研究选题建议，如图 4-47 所示。

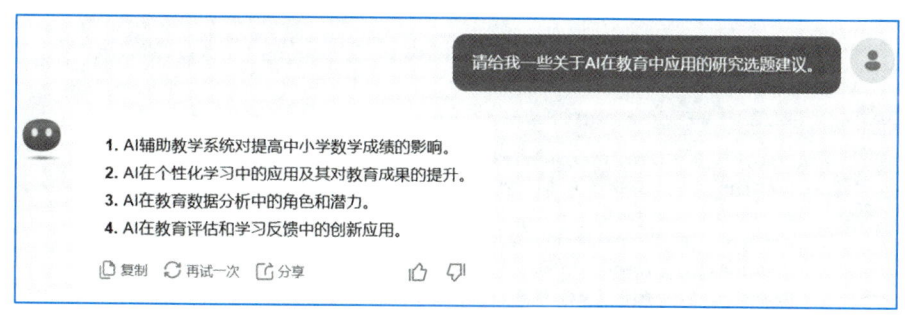

图 4-47　AI 工具给出选题建议

通过上述生成的选题建议，研究者可以初步筛选出与自己研究兴趣和领域相关的主题，并结合研究背景和实际需求进一步聚焦具体问题。接下来，明确具体的选题后，可以利用 AI 生成与之相关的研究问题，为后续研究打下基础。

（2）确定一个具体选题后，利用 AI 生成相关的研究问题，如图 4-48 所示。

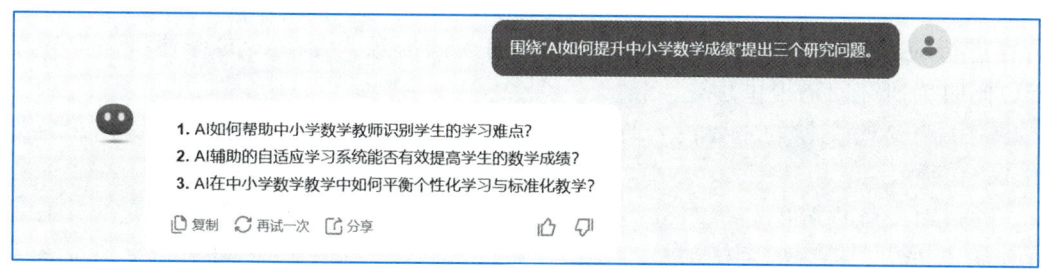

图 4-48　AI 工具生成相关的研究问题

　　基于这些研究问题，研究者可以逐步明确论文的研究目标和方向，同时结合已有文献，验证问题的学术价值和实际意义。随后，通过文献搜索工具查找并总结相关文献内容，进一步夯实研究背景与理论支持。这包括对 AI 在教育领域应用的广泛性、有效性以及潜在的挑战进行深入分析以及探讨 AI 如何与数学教学相结合，以提高教学效率和学生成绩。研究者还需要评估现有研究的局限性，并在此基础上提出新的研究假设或模型，以填补知识空白。此外，研究者应考虑如何通过实证研究来测试这些假设，包括设计实验、收集数据以及运用统计方法来分析结果，从而为中小学数学教育提供切实可行的改进策略参考。

　　文献综述是学术写作的重要组成部分，目的是梳理现有研究成果，揭示研究空白，并为自己的研究提供理论基础。然而，阅读和整理大量文献往往需要花费大量时间和精力。AI 的应用极大地简化了这一过程，从快速搜索相关文献，到分类整理，再到生成简要综述，AI 可以提供全流程的支持，帮助研究者快速筛选高相关性文献、提取核心信息并生成条理清晰的综述段落。

　　（3）使用文献搜索工具查找与所研究问题相关的 5 篇高引用文献，如图 4-49 所示。

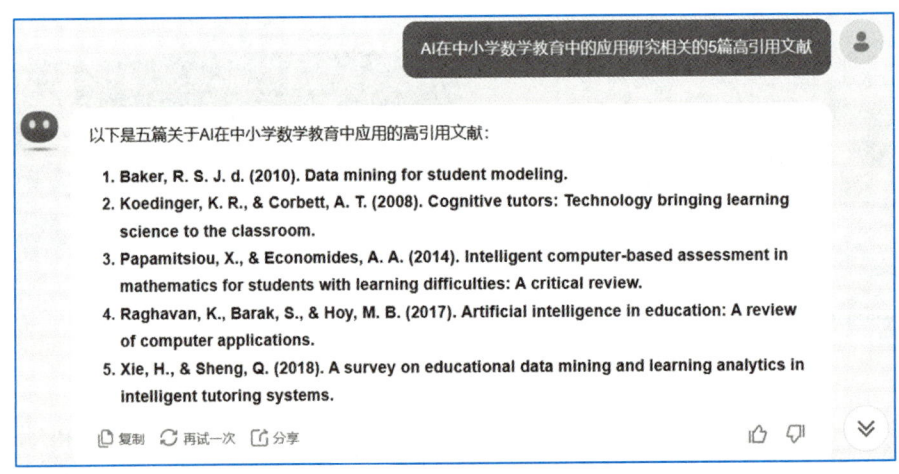

图 4-49　AI 工具辅助查找相关的高引用文献

　　研究者可以通过使用文献搜索工具查找到高引用文献，迅速获取领域内的关键研究成果，为构建论文的学术背景和研究框架提供参考。接下来，通过 AI 对文献内容进行梳理和分类，可以提取出文献中的关键信息，为后续的综述撰写奠定基础，同时为研究问题提供理论支持。

　　（4）将这些文献的主要内容导入 AI 工具进行梳理和分类，提取关键信息，如图 4-50 所示。

　　通过对文献内容的梳理与分类，研究者能够更加系统地了解相关研究的核心观点和研究方法。提取的关键信息不仅为文献综述提供了素材，还可以帮助研究者明确现有研究的趋势与不足。接下来，利用 AI 生成文献综述段落，为论文引言中的背景和现状分析提供凝练的表述。

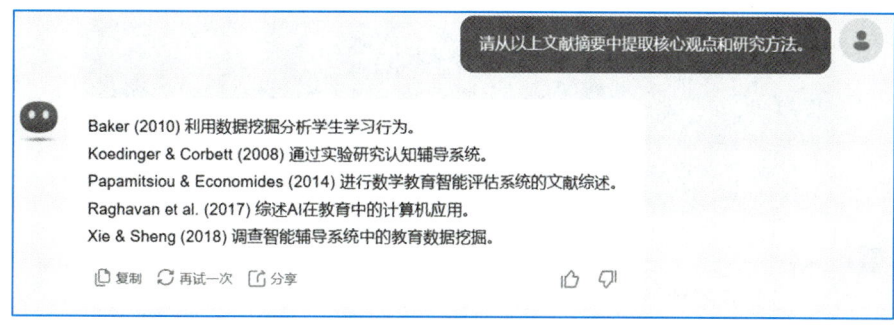

图 4−50　AI 工具提取核心观点和方法

（5）利用 AI 生成一个简要的文献综述段落，如图 4−51 所示。

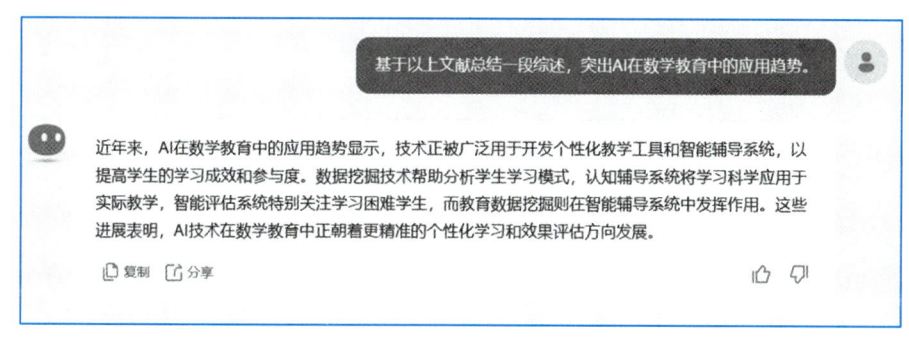

图 4−51　AI 生成简要文献综述

生成的文献综述段落不仅能够帮助研究者梳理 AI 在中小学数学教育中应用的研究背景，还可以得出当前研究的不足与挑战，如个性化学习系统的实施难点、数据隐私和安全性问题以及 AI 在不同教育环境下的适应性等。这些挑战的识别为未来的研究方向提供了指导。研究者可以进一步利用 AI 优化语言表达、完善论文结构，如通过自然语言处理技术来精炼论点和增强论证的逻辑性。

4.5.3　AI 辅助构建论文结构

以下是以"AI 在中小学数学教育中的应用研究"为例，展示使用 AI 辅助构建论文结构的功能。

（1）利用 AI 辅助引言部分写作，引言部分为论文的核心研究问题和背景提供了清晰的框架，如图 4−52 所示。

（2）接下来可以通过方法部分详细说明研究设计和数据收集方式和评估学生数学成绩和理解力的具体指标以及如何处理和解释研究结果，为后续的讨论和结论提供坚实的基础，如图 4−53 所示。

（3）方法部分清晰地描述了研究设计和数据分析方式，为结果部分的呈现和讨论提供了坚实基础。接下来，研究者可以在结果部分展示数据分析的具体结果，如图 4−54 所示。

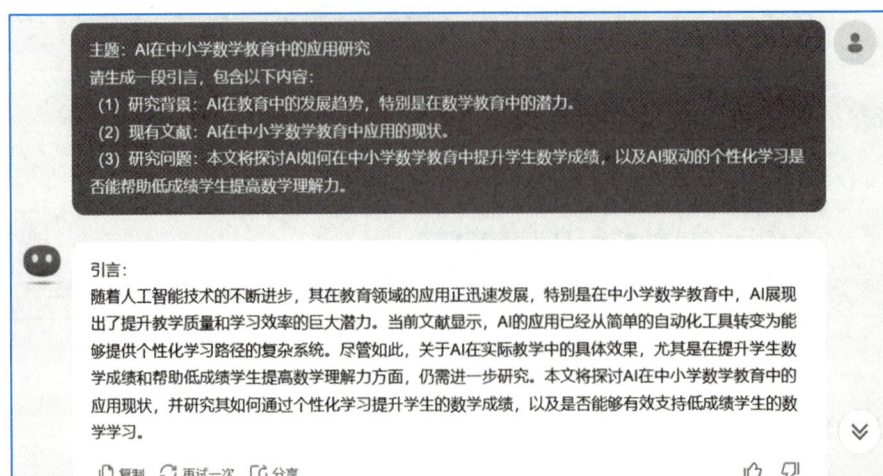

图 4-52　利用 AI 辅助引言部分写作

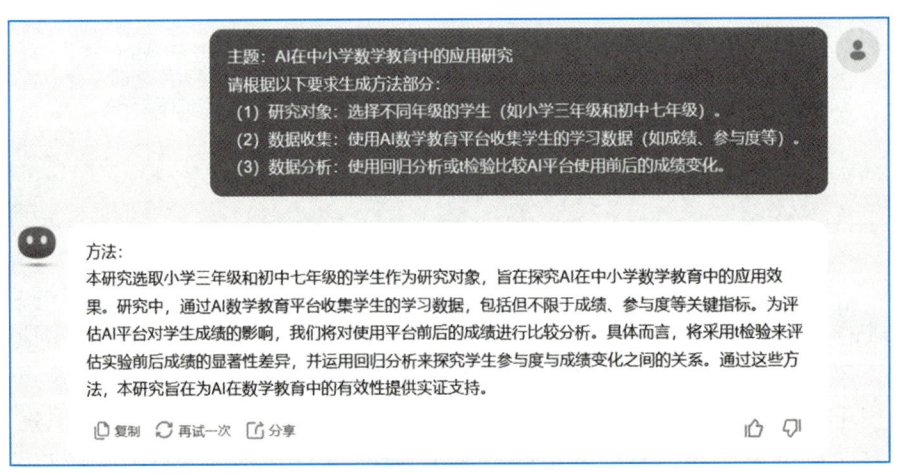

图 4-53　利用 AI 辅助方法部分写作

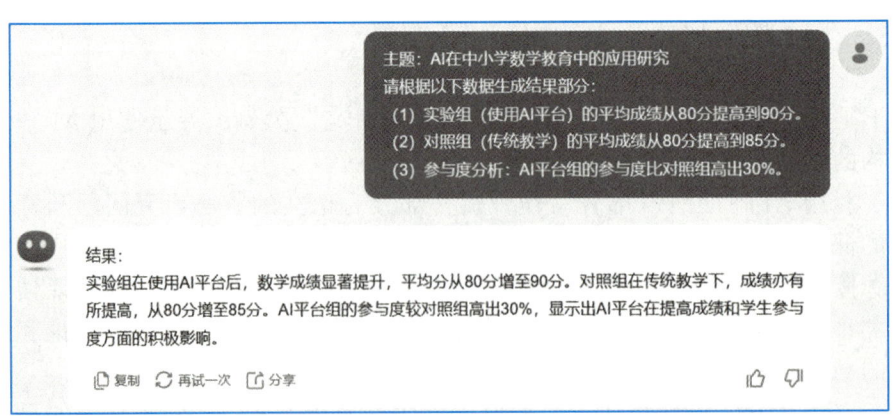

图 4-54　利用 AI 辅助结果部分写作

（4）结果部分提供了定量数据的支持，显示 AI 平台的效果。接下来，讨论部分将对这些结果进行更深入的分析，结合现有文献对比，探讨 AI 在教育中的优势与局限，如图 4-55 所示。

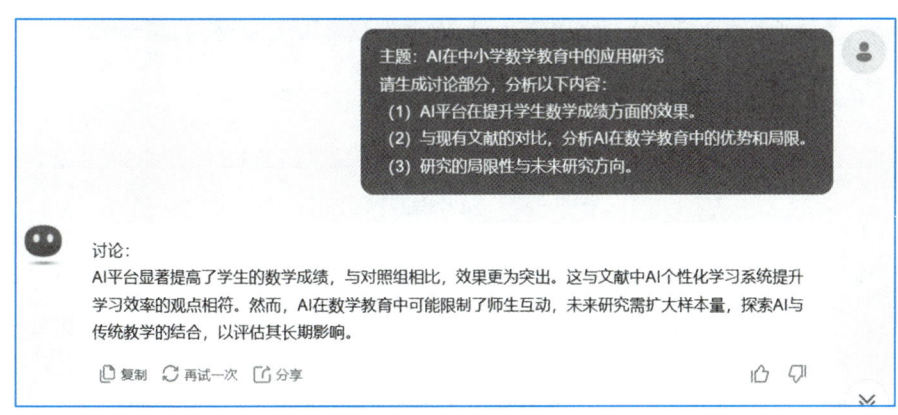

图 4-55　利用 AI 辅助讨论部分写作

讨论部分总结了研究成果与现有文献的对比，分析了 AI 的潜力与局限，为未来研究提供了方向。随着 AI 技术的发展，未来可能出现更多的应用场景，可以进一步探讨其在不同学科和教学模式中的效果。通过以上示例，可以看出 AI 如何高效地辅助构建论文结构，帮助研究者快速构建论文框架并优化语言表达。

4.5.4　AI 辅助提升学术表达的语言与风格

在学术写作中，语言的准确性、流畅度和正式性是非常重要的。以下是使用 AI 辅助提升学术写作语言与风格的示例，可帮助研究者改善其学术表达。

（1）语法和拼写的检查使得论文表达更为清晰和准确，如图 4-56 所示。

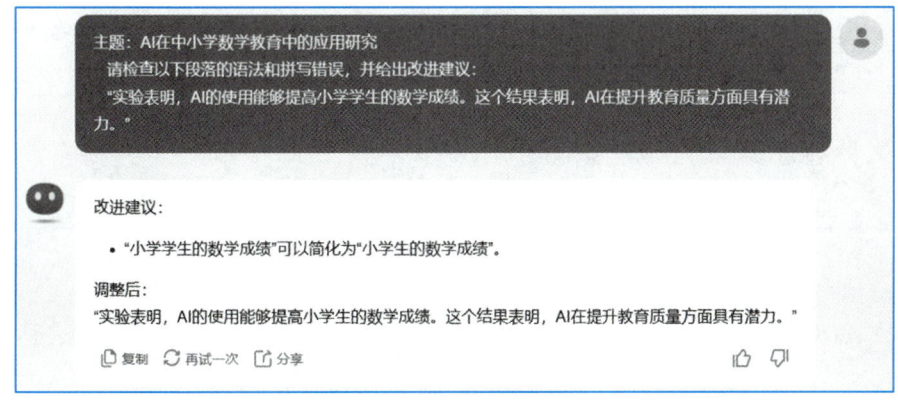

图 4-56　语法与拼写检查

（2）语言流畅性方面的提升使句子更加简洁易懂，如图 4-57 所示。

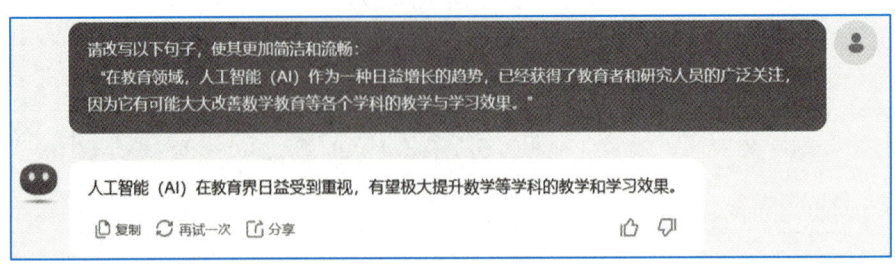

图 4-57　提升语言流畅性

（3）调整语气使语句更加正式，使文章更符合学术写作的要求，如图 4-58 所示。

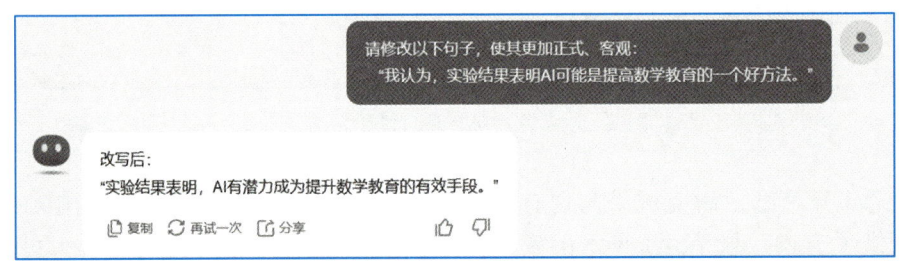

图 4-58　调整语气与表达方式

（4）在调整语气和表达方式后，句子的句式变得更加正式，表达内容更加客观。进一步优化学术写作中常见的重复与冗余，可以确保每个观点都简洁明确，如图 4-59 所示。

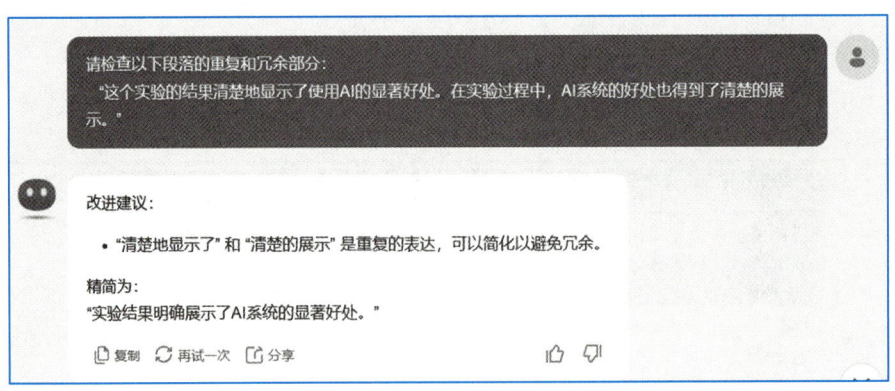

图 4-59　优化学术写作中的重复与冗余

（5）AI 可以帮助推荐更符合学术规范的词汇，避免口语化和非正式表达，如图 4-60 所示。

学术写作要求严格，不仅语法和语言要准确无误，还需保持正式的和学术的风格。AI 在这方面发挥着重要作用，它不仅能提供精准和正式的词汇替换建议，提升文本的语言质量，还能优化论文的逻辑结构，增强论证的连贯性和说服力。通过分

图 4-60　AI 推荐规范词汇

析文本内容，AI 能够识别并建议改进段落间的过渡，确保论文的整体流畅性和一致性。此外，AI 还能辅助遵守特定的引用规范，自动格式化引用和参考文献，从而减轻研究者的负担，让他们能够更专注于研究内容的深度和创新性。

4.5.5　AI 辅助论文排版与引用规范

在学术写作中，论文的排版和引用规范是确保论文符合学术标准的关键因素。良好的排版和规范化的引用不仅提升论文的专业性，还能确保研究成果的准确传达。通过 AI 的帮助，论文的排版和引用将符合期刊或学术会议的标准，使研究者集中于内容的精细打磨，确保研究呈现的专业度和可读性。

（1）AI 能够自动识别文本中的引用，并将其格式化为用户指定的学术风格，如 APA、MLA 或 Chicago，如图 4-61 所示。它还能检测并提醒用户补充缺失的引用信息，确保文献列表的完整性和准确性。通过这种方式，AI 工具帮助维护学术诚信，同时提高研究和写作的效率。

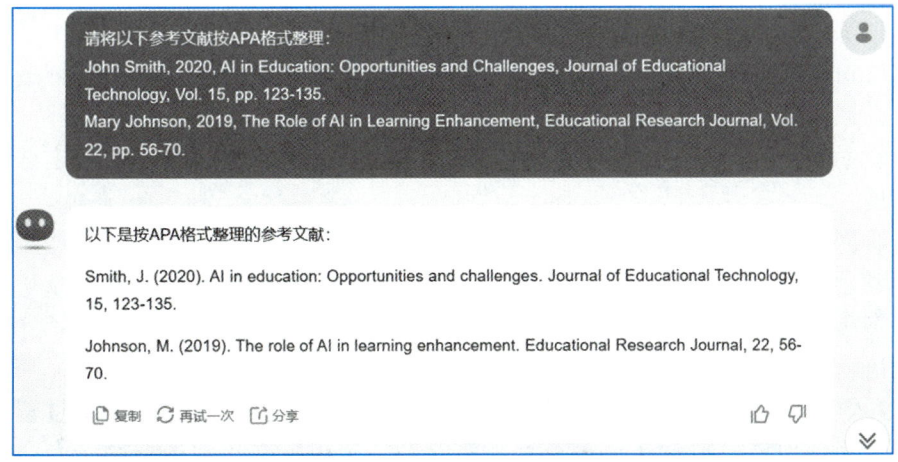

图 4-61　AI 辅助参考文献格式管理

（2）AI 工具可以自动插入正确格式的文献引用（如 APA 格式），确保文中引用的统一性和准确性，如图 4-62 所示。

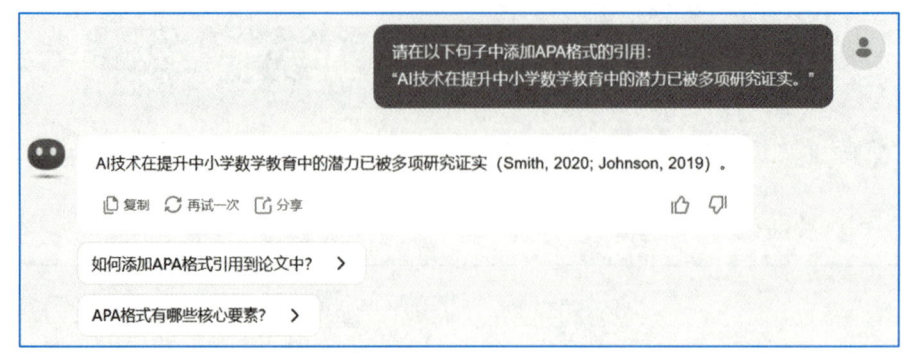

图 4-62 AI 辅助参考文献引用

AI 在论文排版与引用规范方面的应用，显著提升了学术写作的效率和准确性。通过自动化的排版调整、引用格式化和参考文献管理，AI 帮助学术写作者确保论文符合出版标准，避免手动处理中的错误。无论是排版、引用格式化还是文献管理，AI 的应用都能提升论文的专业度，确保学术论文能够顺利通过审稿和排版审查。

4.6　本 章 小 结

本章聚焦 AI 对教育的影响，以数学、编程、诗歌、语言、学术写作五大场景为锚点，揭示智能工具如何通过个性化服务与效率革命重塑学习生态。

数学学习突破传统抽象困境，AI 形成多维解决方案：Kimi 通过自然语言交互解构复杂方程，MathGPTPro 强化高等数学理论推导，GeoGebra 以动态可视化赋能几何/微积分认知。互动式功能（拍照搜题、即时反馈）推动数学教育从知识灌输转向思维训练，构建"问题发现-解决-验证"的闭环学习系统。

Python 编程依托 DeepSeek 等工具实现降维学习，其自然语言交互打破编程语法壁垒。以贪吃蛇开发为例，AI 通过需求拆解、代码生成、错误调试三阶段引导，将编程教学升级为"理论-实践-创新"三维模型，培育计算思维与工程实践能力的协同发展。

诗歌创作领域，豆包、文心一言等工具开创人机协作新模式。通过主题联想、风格迁移、平仄优化等功能，AI 既提供七言律诗等传统体裁的技术支撑，又激发创作者突破表达惯性。需明确 AI 作为"灵感催化剂"而非"情感替代品"的定位，在文化语境适配与个性表达间保持平衡。

语言学习方面，Kimi、讯飞星火构建智能沉浸环境：语音评测技术重塑发音训练，情景对话引擎模拟真实语言交互，实时翻译突破跨文化沟通壁垒。专业翻译场景中，AI 实现多语种快速转换，但文化负载词处理仍需"机器预翻译+人工精校"的运行模式。

学术写作全流程智能化趋势显著，AI 工具已渗透文献检索（Kimi）、结构设计、语言润色等环节。案例显示 AI 可辅助完成"选题—文献综述—框架搭建"的学术生产链，但需警惕文本同质化风险。研究者应保持批判性思维，将 AI 定位为效率工具而非思想替代，确保学术创新的本质属性。

技术启示：AI 教育应用呈现"工具智能化—场景垂直化—生态平台化"演进路径。现阶段需破解三大难题：技术赋能与人文价值的平衡、效率提升与思维深化的协同、普适服务与个性需求的适配。未来随着多模态技术融合，VR/AR 支持的沉浸式学习、跨学科知识图谱构建将推动教育形态向"智能增强型"跃迁。教育者与学习者须建立人机协同新素养，在技术应用中保持主体性，方能在智能时代实现认知能力的质变提升。

4.7　习题与思考

1. AI 辅助学习虽然高效，但若过度依赖工具自动生成答案（如编程代码、数学解题步骤），是否会导致学习者失去独立思考和试错的机会？

2. AI 解题助手提供详细步骤解析可能使学生减少自主思考。你认为应如何设计 AI 的功能，既能使其辅助学习，又能避免学生过度依赖？

3. 利用 AI 工具辅助完成打砖块（Breakout）游戏的开发。游戏机制：玩家控制一个挡板在屏幕底部左右移动，通过反弹小球来击碎屏幕上方排列的砖块。当所有砖块被击碎时，玩家获胜；若小球掉落到屏幕底部，玩家失败。

4. 通过 AI 完成一首关于中秋节主题的诗歌创作，要求在韵律上符合诗歌创作的规范

5. AI 模仿经典诗人风格生成的诗歌是否具有艺术价值？结合具体案例，分析 AI 诗歌在文化传承与创新中的双重角色。

6. AI 口语陪练的发音纠正功能可能忽略非语言交流（如肢体语言）。如何结合 AI 与传统课堂，弥补纯技术学习的不足？

7. AI 生成的文献综述可能存在错误或缺乏深度。研究者应如何筛选和优化 AI 输出，以确保论文的原创性与学术价值？

第 5 章　AI "百事通"

随着 AI 的不断发展，人类生活正经历着前所未有的变革。在这个过程中，AIGC 应运而生，它对很多领域产生了深远的影响。AIGC 强大的能力能帮助人们获取和掌握各种各样的知识，在很多方面起到类似 "百事通" 的作用。

AIGC 可以凭借学习海量的数据以及先进的语言处理技术，对不同领域的问题给出较为准确的解答。无论是科学知识、历史文化、艺术审美，还是生活常识、技术应用等领域，AIGC 都能提供详细且有价值的内容，让使用者仿佛拥有了一个随时可以问询的 "百事通" 伙伴。不过这些内容偶尔也可能存在一些偏差和局限性，但总体来说对在知识拓展、答疑解惑等方面有较好的效果。

5.1　AI 助力解读法律文书

在数字化与智能化浪潮席卷全球的今天，法律领域正经历着深刻的变革。法律文书作为法律活动的核心载体与沟通桥梁，其复杂性、专业性和精细性日益凸显。无论是法律从业者处理繁杂案件，司法机关进行公正裁判，还是普通民众试图理解关乎自身权益的法律文件，准确、高效地解读法律文书都是其中的关键。

然而，法律语言的晦涩难懂、法律条款的错综复杂，往往使得非专业人士在面对法律文书时感到力不从心。传统上，对法律文书的解读依赖于专业法律人士的知识储备与经验积累，但这种方式不仅耗时耗力，还可能受到人为因素的干扰，如知识局限、主观偏见等。在此背景下，AIGC 技术的兴起为法律文书解读带来了新的途径。AIGC 凭借其强大的自然语言处理能力，能够高效地对大规模文本数据进行学习与分析，深入挖掘法律文书中的语义、语法、逻辑结构以及法律知识体系。这不仅有望突破传统解读方式的瓶颈，更能够为不同需求主体提供更为精准、高效且客观的法律文书解读服务。

本节正是基于这一背景，通过结合 AIGC 工具，如文心一言，帮助读者更好地理解和分析法律文书。通过案例导入的方式，读者可在实际操作中逐步掌握法律文书的解读技巧，从而更加自信地面对各种法律文书。同时，本节也将探讨 AIGC 在法律文书解读方面的原理、应用现状、挑战及未来发展趋势，为法律与人工智能交叉领域的研究与实践提供有价值的参考与启示。我们相信，随着 AIGC 技术的不断进步和应用场景的拓展，法律文书解读将变得更加简单、高效和智能化。

法律文书解读具有高度专业性，本节案例内容均为 AI 生成示例，仅作为 AIGC 工具的使用流程参考，不具备法律效力，具体案件及法律依据请咨询专业律师。

5.1.1   法律文书的基础知识

1. 法律文书的定义与分类

首先可以请 AI 解释一下法律文书的概念以及它的分类情况，如图 5-1 所示。

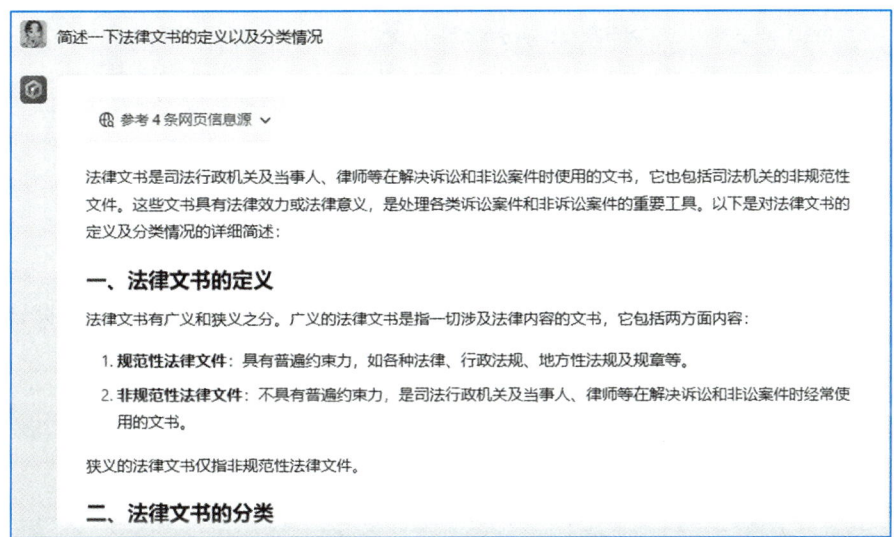

图 5-1   AI 解释法律文书

借助分类状况，下达生成表格的指令，使其以表格形式清晰呈现，如图 5-2 所示。

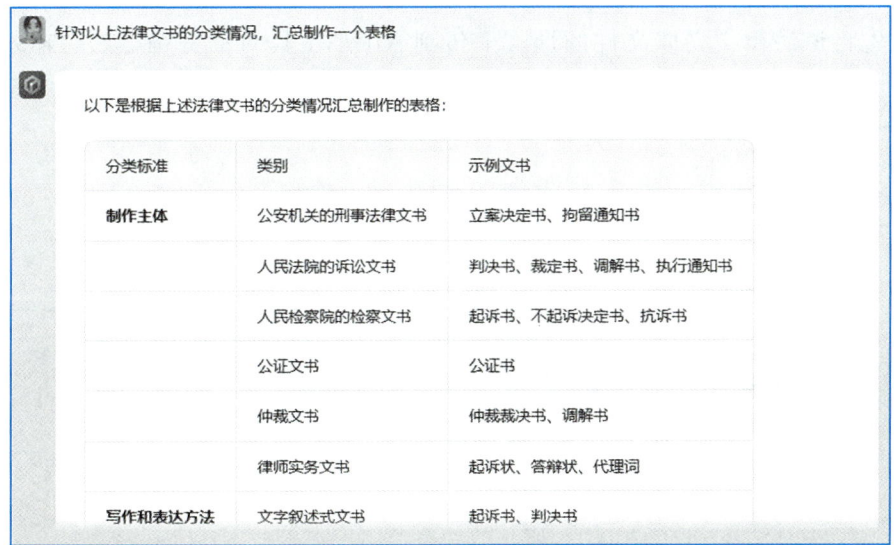

图 5-2   AI 生成表格

2．法律文书的特点与要素

在对话框中输入："请介绍一下法律文书的特点与要素"，AIGC 的输出结果，如图 5-3 所示。

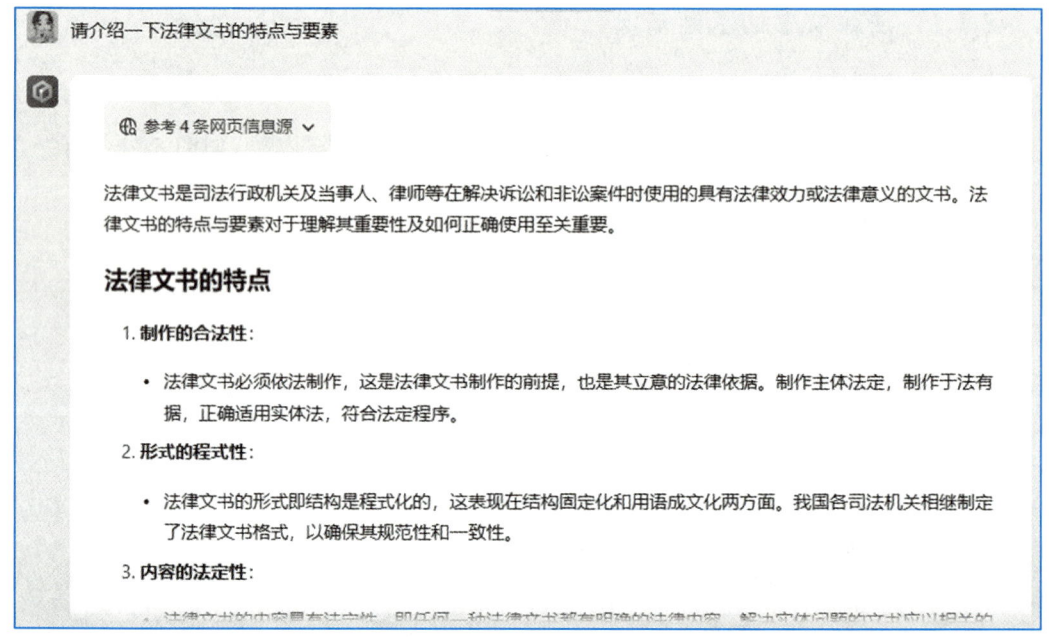

图 5-3　AI 生成法律文书的特点与要素

5.1.2　AI 解读法律文书

1．提取案件概述

首先将该法律文书以文件的形式上传到 AIGC 工具对话框中，然后输入："请提取本起诉状的案件概述"，等待 AIGC 提取本案件的关键信息并输出到对话框中，如图 5-4 和图 5-5 所示。

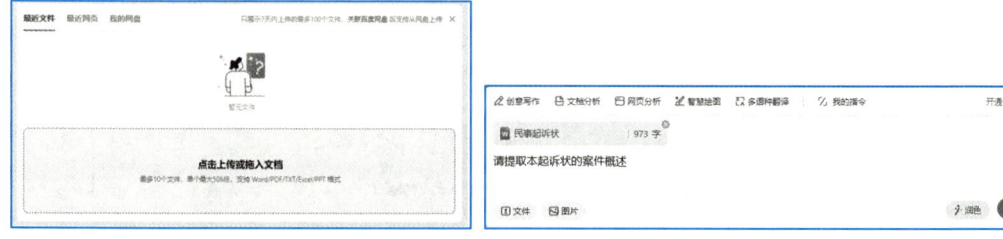

图 5-4　上传法律文书文件

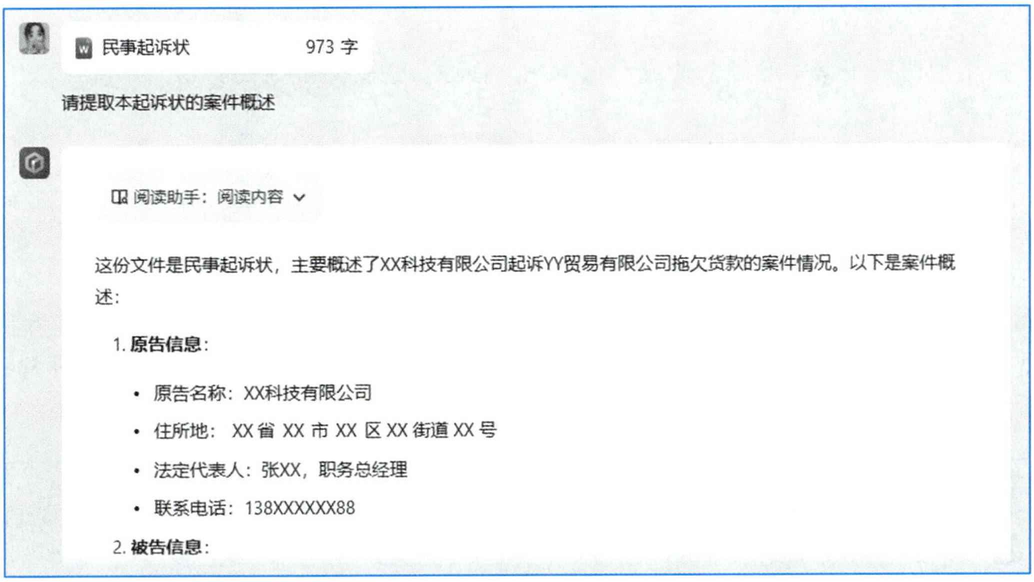

图 5-5 AI 提取诉讼案件概述

AIGC 工具输出的案件概述部分如下所示。

这份文件是民事起诉状，主要概述了 XX 科技有限公司起诉 YY 贸易有限公司拖欠货款的案件情况。以下是案件概述：

1. 原告信息：

原告名称：XX 科技有限公司

住所地：××省××市××区××街道 ×× 号

法定代表人：张××，职务总经理

联系电话：138×××××88

2. 被告信息：

被告名称：YY 贸易有限公司

住所地：××市×× 区×× 路×× 号

法定代表人：李 ××，职务董事长

联系电话：136×××××66

3. 案由：

买卖合同纠纷

4. 诉讼请求：

立即支付拖欠货款人民币××元，支付逾期付款违约金，承担全部诉讼费用，包括案件受理费、保全费、公告费等。

5. 合同情况：

合同类型：《产品买卖合同》

合同签订时间：自 20××年×月×日起

合同内容：原告向被告供应高端电子芯片，被告按约定时间和金额支付货款。

6. 违约影响：

给原告的正常生产经营造成严重影响，使原告遭受经济损失。

······

2. 法律关系分析解读

使用 AGIC 工具可以更好地帮助读者理解和分析法律文书，以下是 AGIC 工具解读上述买卖合同示例。

（1）合同关系认定解读。

在 AIGC 工具对话框中输入："你好，请针对我上传的法律文书——民事起诉状进行分析和解读。根据原告提供的《产品买卖合同》进行合同关系认定。"如图 5-6 所示。

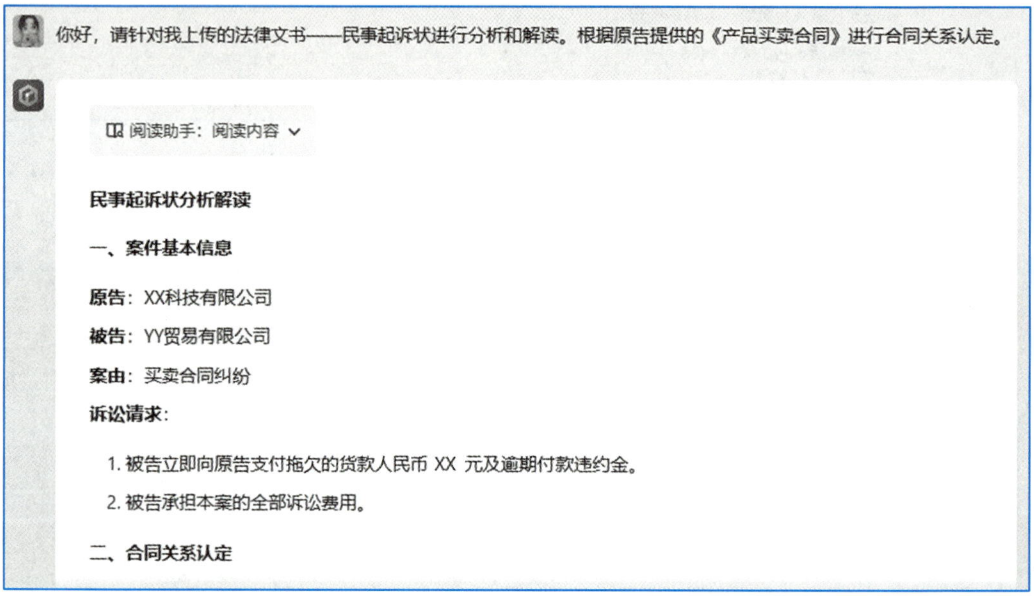

图 5-6　AI 解读民事诉讼状

AIGC 工具输出的案件基本信息和合同关系认定部分如下所示：

一、案件基本信息

原告：XX 科技有限公司

被告：YY 贸易有限公司

案由：买卖合同纠纷

诉讼请求：

1. 被告立即向原告支付拖欠的货款人民币 ×× 元及逾期付款违约金。

2. 被告承担本案的全部诉讼费用。

二、合同关系认定

根据原告 XX 科技有限公司提供的《产品买卖合同》（合同编号：20××××××），可以明确以下几点：

合同主体：

买方（被告）：YY 贸易有限公司

卖方（原告）：XX 科技有限公司

……

合同成立与生效：

合同自双方签字盖章之日起成立并生效（具体生效日期未在起诉状中明确，但通常会在合同文本中载明）。

违约条款：

如被告未按约定支付货款，则构成违约，应承担相应的违约责任，包括但不限于支付违约金等。

三、合同履行情况

根据起诉状中的事实与理由部分，原告已经依约履行了供货义务，向被告交付了符合合同约定质量标准的产品，并开具了相应的发票。然而，被告在支付了部分货款后，自 20××年×月×日起，无故拖欠剩余货款人民币××元。

……

四、法律适用与责任判定

法律适用：

本案涉及买卖合同纠纷，应适用《中华人民共和国民法典》中关于买卖合同的相关规定。

……

五、证据支持

原告提供了以下证据来支持其主张：

《产品买卖合同》：证明原被告之间存在买卖合同关系及双方的权利义务约定。

送货单及签收记录：证明原告已履行供货义务。

……

（2）双方争议焦点解读。

在 AIGC 工具对话框中输入："请问双方争议的焦点是什么？"，如图 5-7 所示。

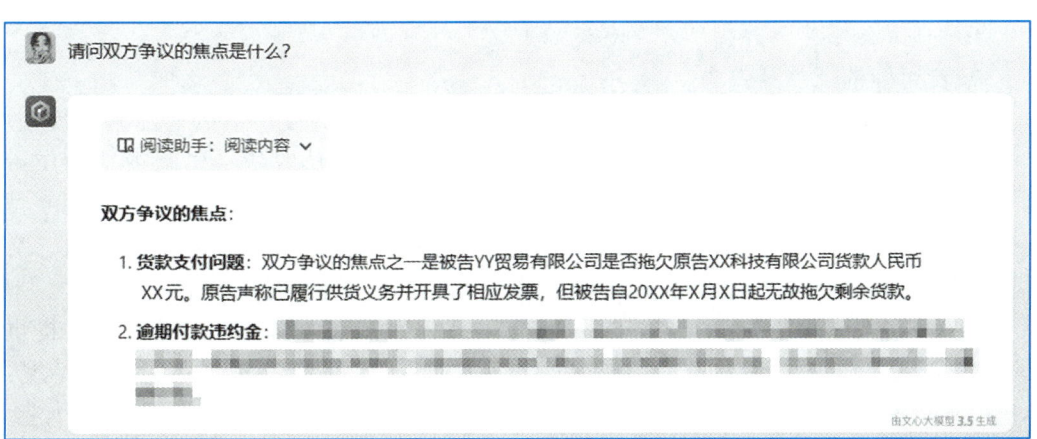

图 5-7　AIGC 解读双方争议情况

（3）证据效力情况解读。

在 AIGC 工具对话框中输入："请问本诉讼状双方的证据效力如何？"如图 5-8 所示。

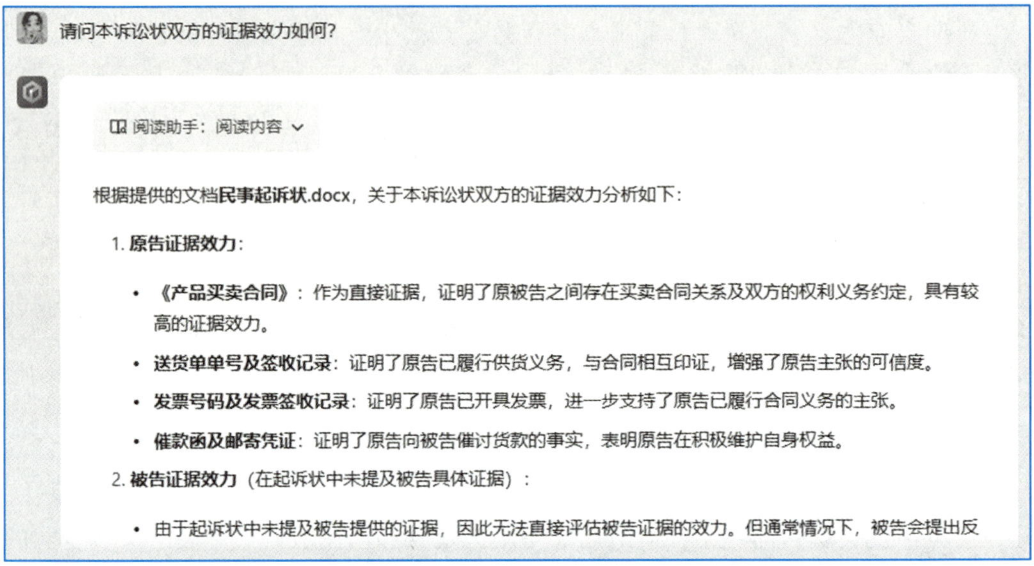

图 5-8　AIGC 解读证据效力情况

AIGC 工具输出的证据效力解读情况部分如下所示：

原告证据效力

1.《产品买卖合同》：作为直接证据，证明了原被告之间存在买卖合同关系及双方的权利义务约定，具有较高的证据效力。

2. 送货单单号及签收记录：证明了原告已履行供货义务，与合同相互印证，增强了原告主张的可信度。

3. 发票号码及发票签收记录：证明了原告已开具发票，进一步支持了原告已履行合同义务的主张。

……

被告可能的证据及效力

1. 由于起诉状中未提及被告提供的证据，因此无法直接评估被告证据的效力。但通常情况下，被告会提出反驳原告证据的材料，如否认收货、付款或提出质量异议等。

2. 双方沟通记录等证据：被告提供的双方沟通记录，如涉及对货物质量、交付时间、付款条件等问题的协商，可作为认定案件事实的参考依据。

3. 付款凭证等证据：若被告主张已支付部分原告未计算在内的款项，其提供的付款凭证将成为关键证据。付款凭证作为书证，能够直接证明被告的付款情况，对确定实际拖欠货款金额具有重要意义。但如果被告提供的付款凭证存在伪造、变造或与本案无关等问题，其证据效力将不被法院认可。

……

（4）庭审诉讼策略分析。

在民事诉讼的进程中，庭审阶段无疑是极为关键的环节。而庭审之前原被告双方所进行的一系列准备工作，对于庭审的走向以及最终的判决结果有着至关重要的影响。对于这份民事诉讼状，我们可以充分借助 AIGC 工具的强大功能来深入探究双方在庭审之前需要做的准备工作。只需在 AIGC 工具对话框中输入："庭审之前双方需要做哪些准备？"即可开始对这一问题的深入剖析，如图 5-9 所示。

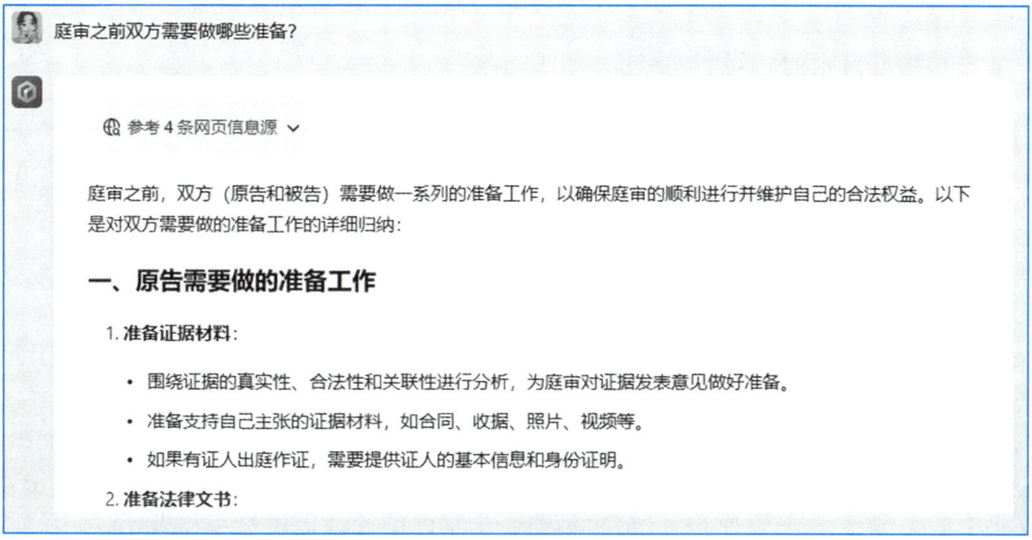

图 5-9　AI 助力庭审策略分析情况

借助 AIGC 工具对庭审之前要做的准备工作进行分析，其输出的主要内容部分如下所示：

庭审之前，双方（原告和被告）需要做一系列的准备工作，以确保庭审的顺利进行并维护自己的合法权益。以下是对双方需要做的准备工作的详细归纳：

一、原告需要做的准备工作

1. 准备证据材料：

围绕证据的真实性、合法性和关联性进行分析，为庭审对证据发表意见做好准备。

准备支持自己主张的证据材料，如合同、收据、照片、视频等。

如果有证人出庭作证，需要提供证人的基本信息和身份证明。

2. 准备法律文书：

准备详细的诉状，明确诉讼请求、事实和理由。

携带开庭传票、有效身份证以及联系代理律师等。

准备对案件的书面意见，详细阐述自己的观点和主张。

……

二、被告需要做的准备工作

1. 准备答辩状：

阅读原告的起诉状内容，针对原告的起诉状准备好答辩状。答辩状应明确被告的答辩意见、事实和理由。

2. 准备证据材料：

在法院确定的举证期限内，就自己的答辩主张提交证据。

证据材料应真实、合法且与案件相关。

3. 出庭准备：

按照法庭规定的时间、地点准时出庭。

携带证明其身份的证件，如身份证原件等。

……

三、共同注意事项

1. 遵守法庭秩序：

在庭审过程中，双方都应遵守法庭秩序，尊重法官和其他诉讼参与人。

2. 注意言辞举止：

在庭审中，双方的言辞和举止都会影响到法官和其他诉讼参与人的印象，因此应保持礼貌和尊重。

……

借助 AIGC 工具的解读，可以帮助使用者更全面、深入地理解该民事诉讼法律文书中的关键要点、合同分析及庭审策略，为案件的处理提供参考和指导。

5.1.3　AI 在法律文书解读中的应用

在法律领域，解读法律文书是一项基本而重要的技能。而在当今数字化时代，AIGC 工具为法律文书解读开辟了新的途径。其强大的功能能够辅助读者更好地理解法律文书的复杂内容，从多方面提升解读的效率与准确性。

1. AIGC 工具的精准选型助力解读

不同类型的法律文书对 AIGC 工具有着不同的需求。对于合同类法律文书而言，应选用具备专业合同审查功能的 AIGC 工具。例如，在一份商业租赁合同中，AIGC 工具能迅速指出租金递增条款是否合理、维修责任分配是否明确等潜在问题，让使用者快速聚焦于合同关键要点与潜在风险。而针对案件分析类法律文书，适宜的 AIGC 工具应具备出色的法律关系和逻辑结构分析能力。它能够像一位法律架构师，将案件中错综复杂的各方主体关系清晰梳理。例如，在一个涉及多方侵权与合同违约竞合的复杂案件法律文书中，该工具可以准确地呈现出侵权方与被侵权方、违约方与守约方之间的权利义务交织网络，明确各主体在不同法律关系层面的角色与责任，使使用者能迅速构建起对案件整体架构的清晰认知框架，为深入解读奠定坚实基础。

2. AIGC 工具高效提取关键信息

AIGC 工具的高效文本处理能力在法律文书解读中表现卓越，能够快速且精准地提炼出各类关键信息。在当事人信息方面，无论是自然人的姓名、年龄、住址、联系方式，还是法人的名称、注册地址、法定代表人等信息都能迅速抓取。在案件事实部分，它能精准锁定关键情节，如侵权行为发生的时间、地点、方式，违约事件的起因、经过、结果等重要时间节点与行为细节。在法律依据提取上，无论是具体的法律条文编号与内容，还是所遵循的法律原则阐述，都能清晰呈现，极大地提升了解读的初始效率与信息获取的准确性。

3. AIGC 工具深度剖析法律关系

当面对复杂的法律文书时，AIGC 工具借助自然语言处理技术可深入剖析其中的法律关系。例如，在一个涉及公司股权纠纷、关联交易、对外担保等多重复杂法律关系的商业法律文书中，AIGC 工具能够深入语义层面，解析出各方股东之间基于股权所产生的权利义务关系，如股东的知情权、表决权、分红权等如何在纠纷中受到影响；厘清关联交易背后隐藏的法律逻辑，判断是否存在利益输送、损害公司或其他股东利益的情形；明确对外担保所引发的法律责任界定，是一般保证还是连带责任保证，担保范围与期限如何确定等。通过这样的深度分析，AIGC 工具为使用者呈现出清晰的法律关系脉络，使其能透彻理解案件核心法律关系的本质，从而在解读文书时能够更全面、深入地把握其内涵与意图。

4. AIGC 工具与人工协作保障解读质量

AIGC 工具在法律文书解读中展现出诸多优势，但人的专业知识和经验依然不可或缺。在处理一些特殊法律文书时，这种协作尤为重要。例如，在涉及新兴网络侵权类型的法律文书中，由于相关法律条文可能尚不完善，AIGC 工具的分析可能存在局限性。此时，法律专业人士对法律原则的深刻理解、对网络技术与法律交叉领域知识的积累以及丰富的实践经验，能够对 AIGC 工具的输出结果进行补充和修正。又如，在处理涉及特殊社会背景或政策考量的法律文书时，法律专业人士能够结合社会公序良俗、政策导向等因素，对 AIGC 工具基于纯文本分析得出的结论进行综合判断。通过 AIGC 工具与人工的紧密协作，实现优势互补，共同提升法律文书解读的质量与水平，为处理法律事务提供坚实保障。

5.1.4　小结

数字化与智能化正深刻变革法律领域。法律文书作为法律活动的基石，其解读能力对各方至关重要。传统解读方式耗时耗力，且易受人为因素干扰。AIGC 的兴起为法律文书解读带来了新途径，其强大的自然语言处理能力能够高效挖掘法律文书中的关键信息、法律关系及逻辑结构，提供精准、高效的解读服务。本节重点探讨了 AIGC 工具在法律文书解读中的应用，对快速提取关键信息、分析法律关系、预测法律结果等功能进行了充分展示。通过案例导入的方式，读者能够在实际操作中掌握利用 AIGC 工具解读法律文书的技巧，从而提高解读效率与准确性。通过选择适合的 AIGC 工具，结合人工分析，可以显著提升法律文书解读的准确性和效率。未来，人机协作或许将成为法律文书解读的重要模式。

5.2 AI 助力大数据处理

在当今信息化高速发展的时代，数据已成为各行各业的核心资产。随着数据量的爆炸式增长，如何高效地处理、分析和利用这些数据，成为企业和研究机构面临的重大挑战。而大数据处理技术的出现，为我们提供了应对这一挑战的有效手段。近年来，AIGC 技术的迅猛发展，更是为大数据处理领域注入了新的活力。AIGC 技术以其强大的数据处理和模式识别能力，正在逐步改变我们对大数据的理解和应用方式。它不仅能够高效地处理和分析海量数据，还能够从数据中挖掘出隐藏的模式和规律，为决策提供有力的支持。

本节旨在深入探讨 AIGC 如何帮助使用者进行大数据分析，通过详细介绍大数据处理的应用场景、相关案例以及 AIGC 在大数据处理中的具体应用，帮助读者全面深入地理解。尽管 AIGC 为大数据处理带来了诸多优势，但在实际应用过程中，仍存在着数据质量、算法选择、隐私保护等问题。因此需要不断探索和创新，以克服这些挑战，推动 AIGC 与大数据处理的深度融合。相信在 AIGC 的助力下，大数据处理将能够发挥出更大的价值，推动各行业在数据驱动下实现更深入的创新与变革，为社会的进步和发展贡献力量。

5.2.1 AI 大数据助力个性化旅行

1. AI 制订旅行规划

小王是一位热爱旅行的普通上班族，七月份要休年假，计划前往青岛度假，他希望借助 AIGC 工具，依据自己的喜好和兴趣，制订一份完美的青岛旅行规划，包括合适的景点、餐馆和活动。

在对话框输入栏中输入："你好，我是小王，今年 28 岁，性别男，职业是设计师，喜欢自由行，想一个人去青岛旅游，计划费用在 2 万元左右，旅行过程尽量轻松一些，请帮我制订一份旅行规划。"AIGC 输出如图 5-10 所示。

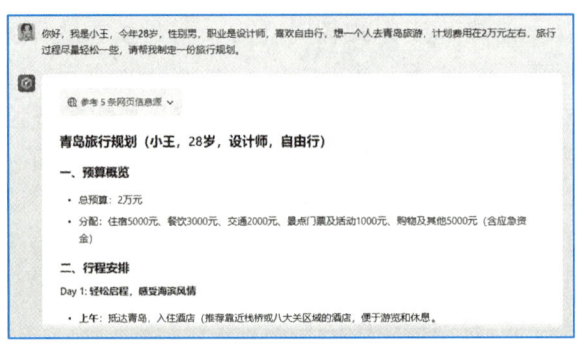

图 5-10　AI 制订旅行规划

输出的主要内容如下所示：

一、预算概览

总预算：2 万元

目的地：青岛

分配：住宿 5 000 元、餐饮 3 000 元、交通 2 000 元、景点门票及活动 1 000 元、购物及其他 5 000 元（含应急资金）

二、行程安排

Day 1：轻松启程，感受海滨风情

上午：抵达青岛，入住酒店（推荐靠近栈桥或八大关区域的酒店，便于游览和休息。）

下午：在酒店附近休息，适应环境，可以步行或骑行探索周边。

晚上：在酒店附近享用海鲜晚餐，推荐尝试 87 号海鲜烧烤。

Day 2：海滨风光与休闲

上午：前往金沙滩，享受阳光、沙滩和海水，适合拍照留念。

中午：在海边餐厅享用午餐，推荐尝试青岛的特色海鲜。

下午：前往青岛太平角公园，欣赏如画的风景，适合散步和拍照。

晚上：在酒店附近自由活动，可以选择去青岛啤酒 1903 时光精酿工坊用餐，体验青岛的啤酒文化。

Day 3：体验海洋世界，享受浪漫时光

上午：

青岛海底世界：探访深蓝秘境，观赏晶莹剔透的海洋精灵，感受美轮美奂的海底世界。

中午：在海底世界附近享用午餐。

下午：

小麦岛公园：探索公园内的漂亮草坪，面朝大海看潮起日落，享受宁静与美好。

太平角公园：漫步丘比特之路，感受爱情的浪漫氛围，之后前往第二海水浴场吹海风、享受海水浴。

晚上：在太平角附近享用晚餐，之后可以选择乘坐太平山索道，俯瞰青岛夜景，体验别样的浪漫。

Day 4：休闲购物，结束旅程

上午：

银鱼巷：免费拍照胜地，夜晚灯光璀璨，同时品尝当地美食，购买特色纪念品。

中午：在银鱼巷附近享用午餐。

下午：

五四广场：参观青岛的地标性建筑，感受现代都市的繁华。

购物：前往青岛的购物中心或商业街，如万象城或台东步行街，购买心仪的商品。

晚上：根据返程时间，提前到达机场或火车站，结束愉快的青岛之旅。

……

通过与 AIGC 的对话，小王很快就制订好了去青岛旅行的行程规划。

2．大数据分析与用户画像构建

小王想通过上述旅行规划输入的个人信息来构建自己的用户画像，他决定借助 AIGC 工具来进行大数据分析处理。

在对话框输入栏中输入："你好，请对上述收集到的数据进行分析处理，构建出我的用户画像"，输出结果如图 5-11 所示。

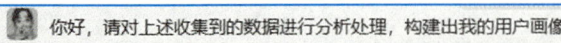

图 5-11　AI 构建大数据画像

AIGC 输出的主要内容如下所示：

一、基本信息

姓名：小王

性别：男

年龄：28 岁

职业：设计师

二、旅游偏好

旅游方式：喜欢自由行，这表明小王倾向于自主规划行程，享受自由探索的乐趣。

旅游目的地：计划一个人去青岛旅游，青岛作为海滨城市，拥有美丽的海滩、丰富的历史文化以及美食，说明小王对海滨风光、历史文化以及美食体验有一定的兴趣。

旅游预算：虽然具体预算未提及，但从他计划一个人去青岛旅游并希望旅行过程尽量轻松来看，可以推测他愿意为一次舒适、愉快的旅行体验投入一定的资金。

三、消费习惯

旅游预算：计划费用在 2 万元左右，显示出一定的消费能力和对旅游品质的追求。

消费观念：注重性价比，愿意为优质的服务和体验支付合理的价格。

四、行为特征

旅游行为：

倾向于提前规划行程，注重旅行的细节和安排。

喜欢通过大数据分析工具来优化旅行计划，提高旅行效率。

在线行为：

可能经常浏览旅游网站、社交媒体和旅游论坛，寻找旅游灵感和攻略。

对旅游平台的用户评价和服务质量较为关注。

五、社交属性

社交圈子：可能拥有一定的社交圈子，包括同事、朋友和家人，可能会分享旅行经历和心得。

社交媒体使用：可能活跃于微博、抖音、小红书等社交媒体平台，喜欢分享和记录生活点滴。

六、用户画像总结

您是一位 28 岁的男性设计师，对自由行有浓厚兴趣，特别是海滨城市青岛。您注重旅行的轻松愉悦体验，对历史文化、美食探索有较高兴趣。在消费方面，您有一定的消费能力和对旅游品质的追求，注重性价比。您倾向于提前规划行程，注重旅行的细节和安排，并喜欢通过大数据分析工具来优化旅行计划。在社交方面，您可能拥有一定的社交圈子，并活跃于社交媒体平台。技术上，您熟悉并愿意使用大数据分析工具和各种数字化工具来辅助旅行。

……

3. 景点推荐与注意事项

小王确定了前往青岛的行程后，打算先了解当地的热门旅游景点。鉴于 AI 具有强大的分析和处理大数据的能力，小王便借助 AI 工具来为自己搜集并整理青岛的热门景点信息。

在文心一言对话框输入栏中输入："请根据我的用户画像，推荐一些适合我去的热门景点"，AIGC 输出如图 5-12 所示。

AIGC 输出的主要内容如下所示：

1. 栈桥

推荐理由：栈桥是青岛的标志性建筑，也是所有游客必打卡的地方。您可以在这里欣赏到浩瀚的大海和美丽的城市建筑，感受青岛独特的海滨风情。此外，12 月的栈桥海鸥飞翔，场面壮观，您可以拿着面包去喂海鸥，与大自然亲密接触。

2. 八大关

推荐理由：八大关最能体现青岛"红瓦绿树、碧海蓝天"的特点。这里的欧式建筑在冬季更显韵味，道路两旁的树木虽然没有了茂盛的枝叶，但却有一种独特的线条美。漫步在八大关，仿佛穿越回了旧时光，对于设计师来说，这里也是寻找设计灵感的绝佳之地。

3. 小鱼山公园

推荐理由：小鱼山公园虽然树叶在冬季有些凋零，但秋冬的氛围感十足。站在山上可以俯瞰整个青岛的老城区，红瓦绿树尽收眼底，宛如一幅美丽的画卷。对于热爱设计的您来说，这里的景色将提供丰富的视觉素材和灵感。

4. 青岛啤酒博物馆

推荐理由：作为设计师，您可能对文化和历史有特别的关注。青岛啤酒博物馆是探索啤酒文化的瑰宝，您可以在这里感受百年酿造的传奇历程，了解青岛啤酒的历史和文化。同时，您还可以品尝到新鲜的啤酒，享受美食与文化的双重盛宴。

5. 崂山

推荐理由：崂山风光秀丽，道教文化底蕴深厚。您可以在这里登山观景，体验道教文化，感受大自然的神秘莫测之美。对于喜欢户外活动和自然风光的您来说，崂山将是一个不容错过的景点。

以上是我为您推荐的青岛热门景点，希望这些建议能够帮助您规划一次愉快且充实的青岛之旅。在旅行过程中，请务必注意安全和环保，尊重当地的文化和习俗。祝您旅途愉快！

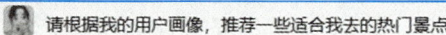

图 5-12　AI 推荐热门景点

4. 美食及购物推荐

在旅程之中，小王不仅期待着游览当地的风景名胜，更对品尝特色美食充满了渴望。同时，他也心心念念着为家人挑选一些别具风味的当地特产。为了在购买特产时避免盲目摸索，保障所购物品的品质与性价比，小王深知与掌握丰富本地信息资源的"伙伴"进行深入交流至关重要。AIGC 也为他推荐了青岛本地人最爱去的餐厅和最喜爱的美食供他参考。

小王在旅行的过程中，心心念念着给家人带回当地特产，同时也一直筹划着给 65 岁的妈妈购买一件衣服。鉴于自己对适合妈妈年龄段的服装款式了解有限，他决定借助具有强大数据分析和处理能力的 AIGC 工具，依据大数据推荐来寻找合适的衣服款式，从而更好地满足妈妈的穿着需求和喜好。于是他展开了一段与 AIGC 的对话，如图 5-13 所示。

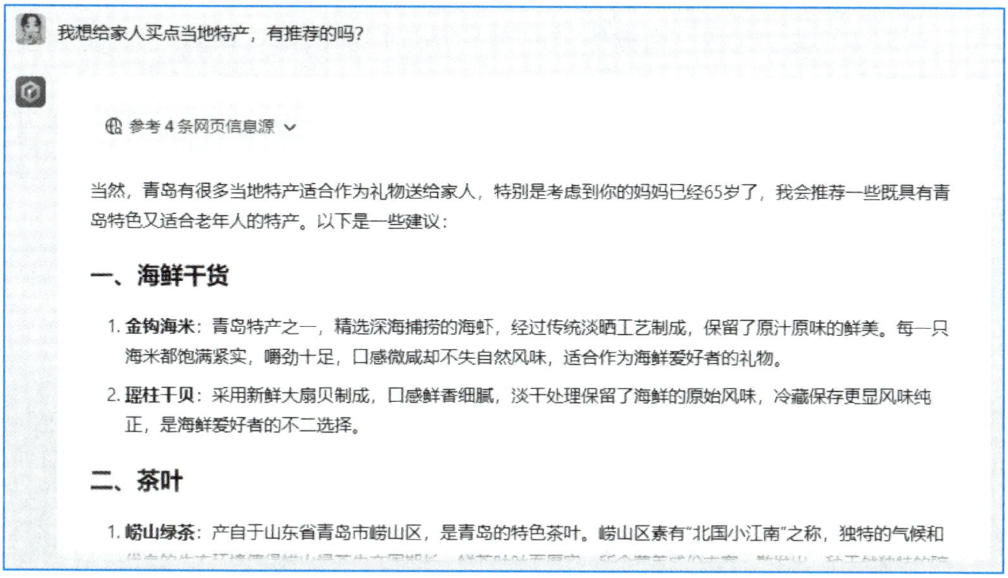

图 5-13　AI 推荐当地特产

AIGC 以小王的需求为导向，并且充分兼顾他家人的年龄状况，利用自身的数据处理优势为他精准推荐了如下特产，后续输出的相关部分内容如下所示：

当然，青岛有很多当地特产适合作为礼物送给家人，特别是考虑到你的妈妈已经 65 岁了，我会推荐一些既具有青岛特色又适合老年人的特产。以下是一些建议：

一、海鲜干货

金钩海米：青岛特产之一，精选深海捕捞的海虾，经过传统淡晒工艺制成，保留了原汁原味的鲜美。每一只海米都饱满紧实，嚼劲十足，口感微咸却不失自然风味，适合作为海鲜爱好者的礼物。

……

二、茶叶

崂山绿茶：产自于山东省青岛市崂山区，是青岛的特色茶叶。特级崂山绿茶色泽翠绿，汤色嫩绿明亮，滋味鲜醇爽口，适合送给喜欢品茶的家人。

崂山红茶：采摘自崂山海拔较高的地方，茶叶品质优良，滋味醇厚，香气浓，具有独特的花果香。崂山红茶是青岛特产茶的代表之一，其优秀的品质和美味的口感深受茶叶爱好者的喜爱。

……

三、酒类

青岛啤酒：青岛的标志性饮品，酒液清亮透明，泡沫洁白细腻，有独特的酒花香味和苦味，饮用舒适。可以选择礼盒装送给喜欢喝酒的家人。

琅琊台酒：属于窖香浓郁、绵甜甘冽、落口爽净、回味悠长的浓香型白酒，也是青岛的名酒之一。

……

四、特色小吃

流亭秘制猪蹄：青岛有名的特色小吃，也是来青岛旅游的游客必吃的美食。经过精心挑选、清洗、腌制、卤煮等多道工序精心制作而成，口感 Q 弹，适合作为下酒菜或宴客菜。

青岛脂渣：外酥里嫩，鲜美多汁，咬一口满口的油脂香，但并不腻口。作为早餐桌上的美味佳肴，或是下酒小菜，都极为合适。

五、其他特产

崂山蜜杏：青岛特产水果之一，口感香甜可口，适合作为水果礼物送给家人。

钙奶饼干：青岛的传统小吃之一，以牛奶和面粉为主要原料，口感酥脆，香甜可口。钙奶饼干是青岛人的童年回忆之一，适合作为零食送给家人。

……

以上特产不仅具有青岛特色，而且适合老年人食用或欣赏。你可以根据个人喜好和家人的口味选择合适的特产作为礼物。希望这些建议能帮助你挑选到满意的礼物！

小王在对话框输入栏中输入："我想给我妈妈买一件衣服，有推荐的吗？"AIGC 可凭借其强大的数据处理能力，迅速整合时尚潮流、不同年龄层穿搭偏好、各类面料与版型适配性等海量数据信息，深度分析小王妈妈的潜在穿衣需求，从而精准定位，为小王贴心筛选出适合其妈妈穿着的衣物。

小王在对话框输入栏中输入："我妈妈身高一米六五，体重六十公斤，平时穿 M 码衣服"，AIGC 输出如图 5-14 所示。

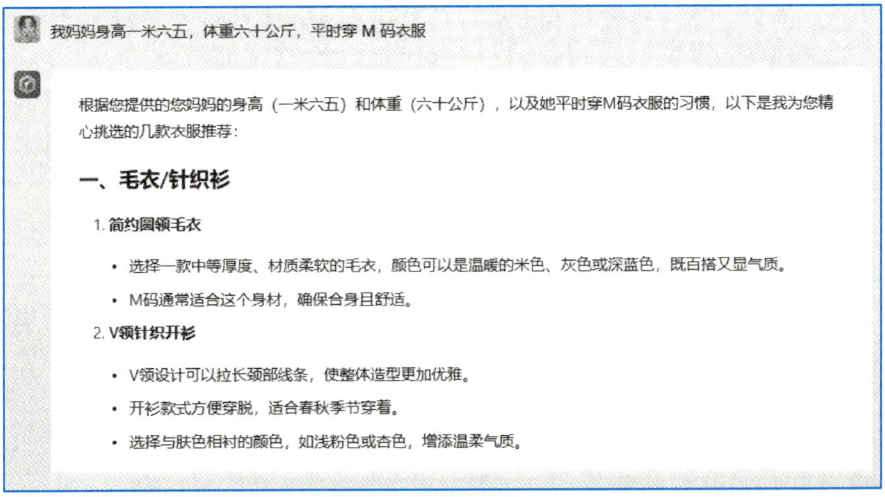

我妈妈身高一米六五，体重六十公斤，平时穿 M 码衣服

根据您提供的您妈妈的身高（一米六五）和体重（六十公斤），以及她平时穿M码衣服的习惯，以下是我为您精心挑选的几款衣服推荐：

一、毛衣/针织衫

1. 简约圆领毛衣

- 选择一款中等厚度、材质柔软的毛衣，颜色可以是温暖的米色、灰色或深蓝色，既百搭又显气质。
- M码通常适合这个身材，确保合身且舒适。

2. V领针织开衫

- V领设计可以拉长颈部线条，使整体造型更加优雅。
- 开衫款式方便穿脱，适合春秋季节穿着。
- 选择与肤色相衬的颜色，如浅粉色或杏色，增添温柔气质。

图 5-14　AI 依尺码精准析配

以下即 AIGC 技术根据小王输入的精确尺码要求（身高一米六五，体重六十公斤，平时穿 M 码衣服），经过深度数据分析与个性化匹配后，为小王妈妈精心挑选并推荐的衣服。以下是输出的相关部分内容展示：

根据您提供的您妈妈的身高（一米六五）和体重（六十公斤），以及她平时穿 M 码衣服的习惯，以下是我为您精心挑选的几款衣服推荐：

一、毛衣/针织衫

1. 简约圆领毛衣

选择一款中等厚度、材质柔软的毛衣，颜色可以是温暖的米色、灰色或深蓝色，既百搭又显气质。M 码通常适合这个身材，确保合身且舒适。

2. V 领针织开衫

V 领设计可以拉长颈部线条，使整体造型更加优雅。开衫款式方便穿脱，适合春秋季节穿着。选择与肤色相衬的颜色，如浅粉色或杏色，增添温柔气质。

二、连衣裙

1. A 字版型连衣裙

A 字版型能够很好地修饰身材，特别是腰部和臀部线条。选择膝盖上下长度的裙子，既得体又大方。材质可以选择棉麻或丝绸，穿着舒适且透气。

2. 碎花连衣裙

碎花元素增添浪漫气息，适合春夏季节穿着。选择收腰设计，突出女性曲线美。搭配一双平底鞋或凉鞋，轻松打造休闲优雅风格。

三、外套/大衣

1. 短款呢子大衣

短款大衣能够拉长下半身比例，使整体造型更加高挑。呢子材质保暖且挺括，适合秋冬季节穿着。选择经典的双排扣或单排扣设计，简约而不失时尚感。

2. 针织开衫外套

针织开衫柔软舒适，适合春秋季节穿着。选择带有口袋的款式，方便实用。可以搭配牛仔裤或休闲裤，打造休闲优雅风格。

四、裤子/半身裙

1. 直筒牛仔裤

直筒版型能够很好地修饰腿部线条，使双腿看起来更加修长。选择中高腰设计，提升腰线，拉长下半身比例。搭配简约上衣或外套，轻松打造时尚造型。

2. 中长款半身裙

中长款半身裙能够很好地遮掩腿部线条，适合各种身材的女性穿着。选择高腰设计，提升腰线，拉长下半身比例。材质可以选择棉麻或丝绸，穿着舒适且透气。

……

在选择衣服时，除了考虑尺码外，还要关注衣服的版型、材质和颜色等因素，以确保选购到既合身又时尚的衣服。希望以上推荐能够帮助您为妈妈挑选到一件满意的衣服！

小王在 AIGC 技术的赋能下，对青岛这座城市的探索之旅变得前所未有的深入与个性化。AIGC 凭借其无与伦比的数据处理与分析能力，为小王打开了一扇通往青岛深度魅力的窗口。它不仅广泛搜集并细致剖析了青岛的旅行规划、热门景点、地道特产等海量信息，更通过深度学习与智能算法，精准捕捉了小王的兴趣所在、时间规划及预算考量，从而为其精心打造了一份全方位、个性化的旅行计划表。

这份计划表不仅详尽无遗地涵盖了行程的每一个细节，从日程安排到餐饮住宿、交通出行，都经过了 AIGC 的精心规划与优化，确保了小王能够以最舒适、最经济的方式，充分领略青岛的风土人情与自然美景。小王对 AIGC 强大的数据处理能力和提供的个性化服务非常满意，于是决定按照 AIGC 制定的计划去青岛旅行。他期待着这次旅行能给他带来很多新发现和惊喜，同时也想亲自感受一下 AIGC 技术给现代旅行方式带来的巨大改变和便利。

5.2.2   AI 助力大数据处理的未来发展趋势

1. 多模态数据融合

随着数据来源的日益多样化，未来 AIGC 将更加注重多模态数据（如文本、图像、音频、视频等）的融合处理。通过整合不同模态的数据，可以挖掘出更丰富、更全面的信息，为大数据处理提供更强大的分析能力。例如，在智能安防领域，结合视频监控数据和音频识别数据，AIGC 可以实现更精准的异常行为检测和预警。

2. 边缘计算与 AIGC 的结合

边缘计算将计算和数据存储靠近数据源或用户端，以减少数据传输延迟和网络带宽压力。未来 AIGC 将与边缘计算相结合，在边缘设备上进行数据处理和模型推理，提高实时性和响应速度。例如，在智能家居系统中，智能设备可以利用边缘计算和 AIGC 技术，实时分析用户的行为数据，自动调整家居设备的运行状态，提供更加智能化的家居服务。

3. 人机协作的大数据处理模式

AIGC 虽然具有强大的智能处理能力，但人类的经验、创造力和判断力仍然不可或缺。未来将形成人机协作的大数据处理模式，人类与 AIGC 相互配合，共同完成数据处理任务。例如，在数据分析过程中，AIGC 可以提供数据挖掘结果和初步分析建议，人类分析师则根据自身经验和专业知识对结果进行验证、优化和深入解读，从而实现更精准、更有价值的数据分析。

5.2.3   小结

AIGC 在大数据处理中展现出了巨大的潜力和优势，通过在数据清洗、分析挖掘、模型构建等方面的应用，为各行业的大数据处理提供了新的方法和效率提升。然而，AIGC 助力大数据处理也面临着数据隐私安全、算法可解释性、计算资源需求等挑战。展望未来，随着多模态数据融合、边缘计算与人机协作等趋势的发展，AIGC 将在大数据处理领域发挥更加重要的作用，推动数据驱动的创新与变革，为社会经济发展带来更多的机遇和价值。各行业应积极关注 AIGC 技术的发展，合理应用其在大数据处理中的优势，同时努力应对相关挑战，以实现大数据的有效利用和可持续发展。

5.3　AI 助力金融分析

采用 AI 和大数据技术，可以为金融机构提供更精确、更全面、更实时的决策支持，从而提高金融机构的竞争力和风险控制能力。AI 成为提高金融机构盈利能力、降低风险、提升客户满意度的重要选择。

1.　智能投资顾问

智能投资顾问指的是 AI 通过大数据分析和机器学习算法，提供个性化投资建议和资产配置方案，满足投资者的风险偏好和投资目标的一款程序。在实际应用中，AI 智能投资顾问通过提供详细的投资组合建议，帮助使用者了解投资策略和技巧，帮助投资者高效地提升自己在投资领域的知识水平。

2.　智能客服与咨询

金融智能客服，是金融领域结合先进人工智能技术的创新服务形式。它运用自然语言处理、机器学习等前沿科技，实现 24 小时不间断的客户服务。AIGC 金融智能客服能够精准理解客户需求，提供个性化、高效准确的金融咨询与解答，助力客户解决各类金融问题。通过智能化的交互体验，不仅提升了金融服务的便捷性，还显著增强了客户的满意度与信任度，为金融行业注入了新的活力与竞争力。

3.　信用风险评估

AIGC 信贷评估与审批是一种创新的金融科技应用，它利用 AIGC 工具对贷款申请进行自动化评估与审批。通过深度学习算法和大数据分析，AIGC 能够快速识别申请人的信用风险，生成精准的风控结果，辅助信贷人员进行审批决策。这种方法不仅提高了审批效率，还降低了人为因素导致的风险。AIGC 信贷评估与审批为金融机构带来了更高效、更智能的信贷服务，同时也为申请人提供了更便捷、更快速的贷款体验。

5.4　AI 辅助职业生涯

在当今数字化与智能化飞速发展的时代，AIGC 正以前所未有的态势重塑各个行业的格局。对于个体而言，职业生涯的发展路径也在这股浪潮中面临着深刻的变革与全新的机遇。AIGC 不再仅仅是一项新兴的技术概念，而是逐渐演变成一种能够为个人职业成长提供强大助力的关键因素。它犹如一把智能的钥匙，开启了职业发展的多扇新门，无论是初入职场的新人渴望快速提升技能、站稳脚跟，还是资深从业者谋求转型突破、拓展职业边界，AIGC 都展现出了独特的赋能潜力，值得深入探究其如何在不同职业场景与阶段中发挥作用并引导人们走向更为成功与多元的职业生涯，示例如下：

林晓的职业发展之路

林晓是一位对未来充满迷茫的大学毕业生。在求职初期，他面对空白的简历文档，完全不知从何下手。这时，他听闻了 AIGC 软件的神奇功效，便决定一试。

他先使用一款知名的 AIGC 简历生成软件，将自己的大学专业、成绩排名、社团经历、实习项目等信息输入进去。软件瞬间就生成了一份结构清晰、排版美观的简历，并且还根据他所学专业，为他推荐了一些适合的岗位关键词，对简历进行了针对性的润色。例如，林晓学的是计算机专业，软件在描述他的实习项目时，着重强调了他在编程技术应用和解决技术难题方面的表现，使简历更贴合软件工程师岗位的要求。

接着，林晓告知软件自己对新兴技术领域感兴趣，并且希望在未来五年内能够成为一名资深的技术专家。AIGC 迅速分析了当前科技行业的发展趋势，如人工智能、大数据、区块链等热门领域的人才需求和成长路径。它为林晓制订了详细的计划，建议他先从一家有潜力的初创科技公司的初级程序员岗位入手，在那里可以接触到多元化的项目，快速积累实践经验。然后，在工作 2~3 年后，争取进入一家大型互联网企业，深入研究某一特定领域的技术，比如专注于人工智能算法优化。同时，AIGC 还推荐了一系列在线课程和学习资源，帮助他提升在数据结构、算法设计、编程语言等方面的技能，以实现逐步晋升的目标。

当林晓收到了几家公司的面试邀请后，他再次借助 AIGC 软件。该软件可以模拟面试场景，扮演面试官提出各种可能的问题，如技术难题、项目经验细节、团队协作案例等。林晓在模拟面试中认真回答，AIGC 则根据他的回答给出反馈，指出他回答中的不足之处，比如逻辑不够清晰、专业术语使用不准确等，并提供了优化后的回答示例。林晓通过反复练习，逐渐提升了自己的面试表现。

在面试一家心仪的科技公司前，林晓还使用 AIGC 生成了一些个性化的面试话术，用于在面试中更好地展示自己的优势和对公司的理解。最终，林晓凭借着 AIGC 辅助优化后的简历、充分准备的面试表现，成功拿到了这家公司的录用通知，开启了他在科技领域充满希望的职业生涯之旅，也深刻体会到了 AIGC 在职业生涯各个关键环节中所发挥的巨大辅助作用。

5.4.1 生成个人简历

AI 利用人工智能技术，根据用户提供的个人信息、教育背景、工作经验、技能专长等数据，自动生成符合规范、内容翔实、格式美观的个人简历。这种技术通常基于深度学习算法和自然语言处理技术，能够智能地分析用户输入的信息，并根据招聘市场的要求和行业趋势，自动调整简历的内容和格式，使其更具吸引力和竞争力。

1. 首先请 AI 描述一下简历的要素和原则

输出如图 5-15 所示。

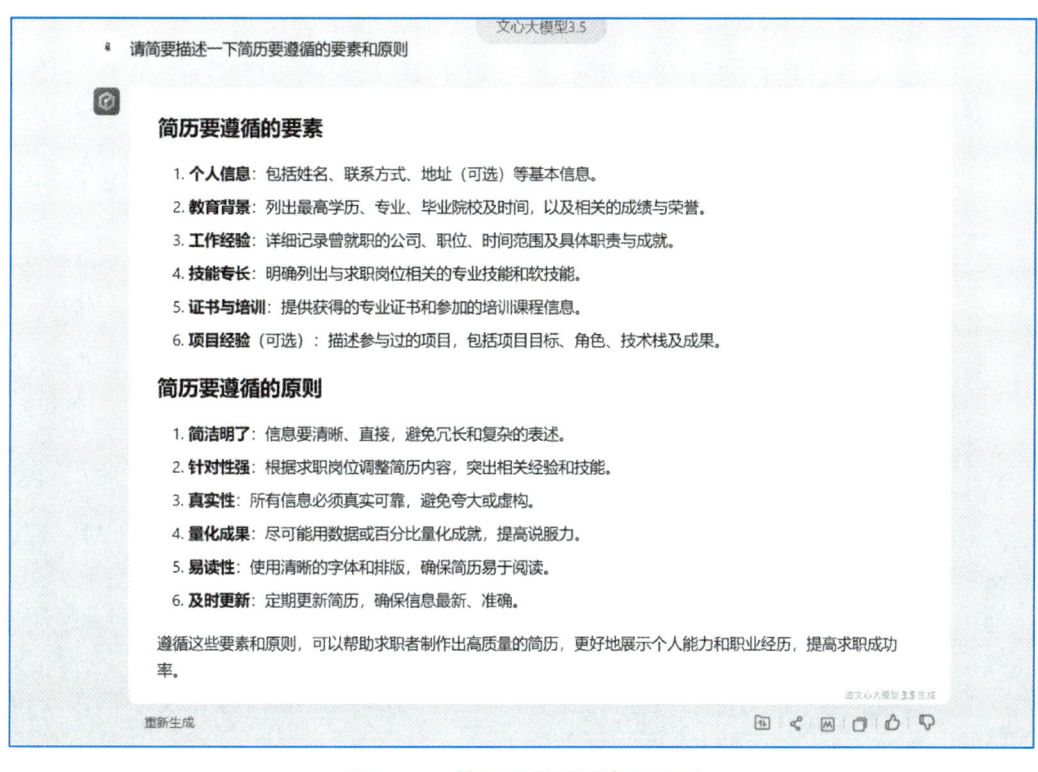

图 5-15　简历遵循的要素和原则

2．撰写个人简历

AIGC 可以根据姓名、性别及个人经历等信息，撰写一份简单的个人简历，如图 5-16 所示。

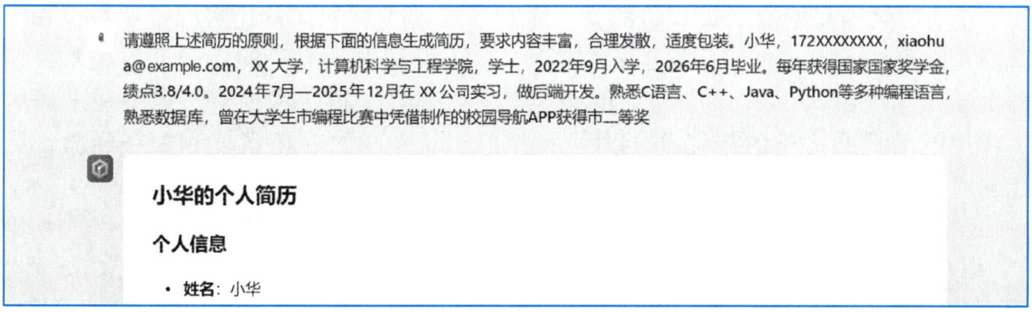

图 5-16　撰写个人简历

小华的个人简历

个人信息

姓名：小华

联系电话：172××××××××

电子邮箱：xiaohua@example.com

教育背景

××大学　计算机科学与工程学院　学士（2022 年 9 月–2026 年 6 月）

在校期间，每年荣获国家奖学金，展现卓越的学术能力和学习表现。

绩点高达 3.8/4.0，位于班级前列，证明了深厚的专业知识基础。

参与多个学术研究项目，培养了良好的问题解决能力和团队协作精神。

实习经历

××公司　后端开发实习生（2024 年 7 月–2025 年 12 月）

实习期间，深入参与后端开发工作，积累了丰富的实战经验。

负责多个功能模块的开发与维护，有效提升了系统性能和稳定性。

与团队成员紧密合作，共同解决了多个技术难题，展现了出色的沟通能力和团队协作能力。

技能专长

编程语言：熟练掌握 C 语言、C++、Java、Python 等多种编程语言，具备扎实的编程基础。

数据库管理：熟悉数据库原理及操作，能够熟练运用 SQL 进行数据处理和分析。

项目经验：曾在大学生市编程比赛中，带领团队开发校园导航 App，并荣获市二等奖，展示了良好的项目管理和创新能力。

其他技能：具备良好的问题解决能力、学习能力和团队协作能力，能够快速适应新环境和新任务。

荣誉与奖项

大学生市编程比赛：荣获市二等奖，作品为校园导航 App。

国家奖学金：在校期间每年获得，体现了卓越的学术能力和学习表现。

个人陈述

作为一名即将毕业的计算机科学与工程学院学生，我具备扎实的专业知识和丰富的实践经验。在××公司的实习经历中，我不仅积累了宝贵的后端开发经验，还学会了如何与团队成员有效沟通和协作。我热爱编程和技术创新，渴望在未来的工作中继续提升自己的技能和能力。我相信，凭借我的专业素养和实践经验，我能够成为贵公司的一名优秀员工，为公司的发展贡献自己的力量。

3. 能力突出

如果想要在简历中突出某一方面的能力，可以通过一些提示词让 AIGC 继续生成并完善内容。例如，"请在简历中突出对人工智能基础知识和算法的理解"，输出如图 5-17 所示。

5.4.2　润色个人简历

在已有的个人简历的基础上，AIGC 可以通过结构化分类等多种方式对个人的简历进行优化，使得简历更加便于面试官阅读，能够更加突出个人的特点。例如，将下列简历的文档"简历.docx"上传到 AIGC 工具中，如图 5-18 和图 5-19 所示。

- **人工智能与算法**：深入理解人工智能基础知识，包括机器学习、深度学习等，熟悉多种算法如决策树、支持向量机、神经网络等，并具备将其应用于实际问题的能力。
- **数据处理与分析**：熟悉数据库原理及操作，能够熟练运用SQL进行数据处理和分析，同时掌握Python等编程语言进行高级数据分析。
- **项目经验**：在大学生市编程比赛中，带领团队开发校园导航APP，荣获市二等奖，展示了良好的项目管理和创新能力。同时，参与多个与人工智能相关的学术研究项目，积累了丰富的实践经验。

荣誉与奖项

- **大学生市编程比赛**：荣获市二等奖，作品为校园导航APP。
- **国家奖学金**：在校期间每年获得，体现了卓越的学术能力和学习表现。

个人陈述

作为一名即将毕业的计算机科学与工程学院学生，我对人工智能领域充满热情，并致力于将其应用于实际问题中。在校期间，我深入研究了人工智能基础知识和算法，积累了丰富的实践经验。在腾讯的实习经历中，我进一步加深了对人工智能技术的理解，并成功将其应用于智能推荐系统的开发中。我相信，凭借我的专业素养和实践经验，我能够成为贵公司的一名优秀员工，为公司的发展贡献自己的力量。

图 5-17　简历中关于人工智能基础知识和算法内容的补充

姓名：小华　　　　　　　　　　　**性别**：男
联系电话：172×××××××××　　**电子邮箱**：xiaohua@example.com
学校：××大学　　　　　　　　　**学院与专业**：计算机科学与工程学院
　　　　　　　　　　　　　　　　　　　　　　　　　计算机科学与技术专业

毕业时间：2025 年 6 月
求职目标
岗位：软件开发工程师　　　　　　**行业**：互联网/IT
教育背景
2018 年 9 月–2025 年 6 月：××大学，计算机科学与技术专业，本科
主修课程
数据结构、计算机网络、操作系统、数据库原理、软件工程、编译原理、计算机组成原理、算法分析与设计、Java 程序设计、C++程序设计等。

项目经验
项目名称：基于 Java 的在线教育平台开发　时间：2023 年 9 月–2024 年 1 月
职责：负责项目需求分析，撰写项目文档；设计并实现用户模块、课程模块和考试模块；参与项目测试及 bug 修复工作；使用 Spring Boot、MyBatis、MySQL等技术栈。

项目名称：智能停车场管理系统　时间：2022 年 10 月–2023 年 4 月
职责：负责系统架构设计，编写系统设计文档；实现车牌识别、车位预约、费用计算等功能；使用 Python、Django、MySQL 等技术栈。

实习经历
实习单位：XX 科技有限公司　时间：2024 年 7 月–2024 年 9 月　岗位：软件开发实习生
主要职责：参与公司项目开发，负责前端页面的设计与实现；协助团队进行项目测试，定位并修复漏洞；学习并掌握了 Vue.js、Element UI 等前端技术。

编码比赛

比赛：第 × 届全国大学生计算机应用大赛　时间：2023 年 5 月　奖项：一等奖　项目名称：基于深度学习的图像识别系统　职责：负责项目整体架构设计及核心代码实现，使用 TensorFlow 框架。

比赛：××杯全国软件和信息技术专业人才大赛　时间：2022 年 4 月　奖项：二等奖　项目名称：智能问答系统　职责：负责后端逻辑处理及数据库设计，使用 Python、Flask 框架。

自我评价

本人性格开朗、积极进取，具备良好的团队协作精神和沟通能力。热爱编程，对新技术充满好奇心。在校期间，积累了丰富的项目经验和扎实的专业知识，期望在贵公司发挥所学，为公司的发展贡献力量。

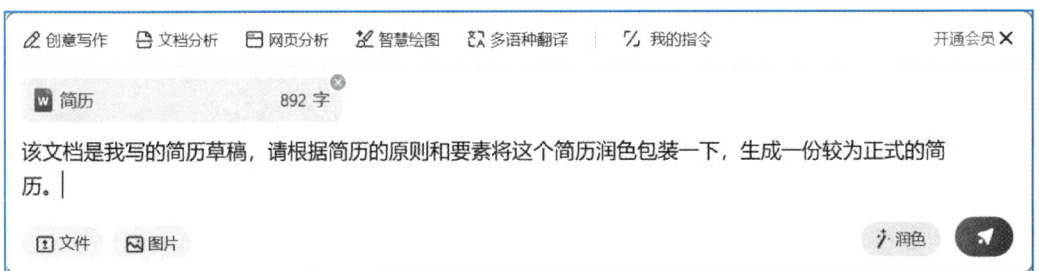

图 5-18　上传简历文档

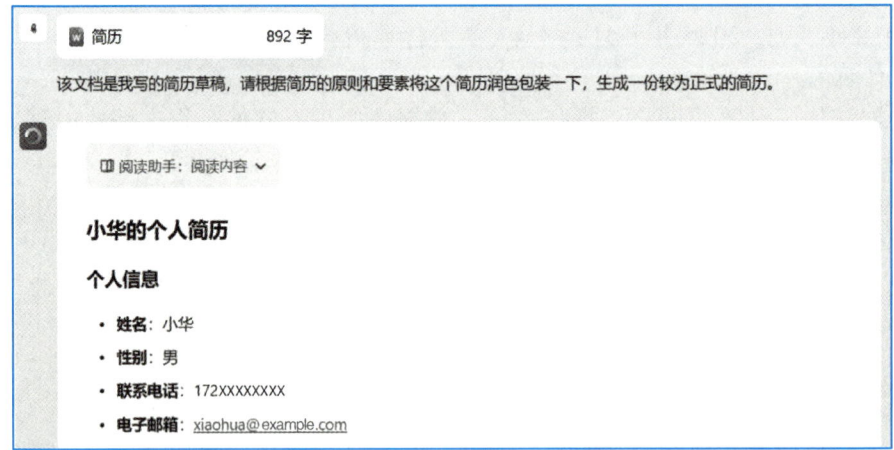

图 5-19　文心一言润色的简历

输出如下：

小华的个人简历

个人信息

......

教育背景

......

专业技能

编程语言：熟练掌握 Java、Python、C++等主流编程语言。

人工智能与算法：对人工智能基础知识有深入理解，熟悉机器学习、深度学习等算法原理及应用，具备扎实的算法分析与设计能力。

框架与工具：熟练使用 TensorFlow、PyTorch 等人工智能框架，以及 Spring Boot、Django 等后端开发框架。

数据库管理：精通 MySQL、MongoDB 等数据库系统的使用与维护。

项目经验

项目名称：基于深度学习的图像识别系统

......

负责项目需求分析，设计并实现图像预处理、特征提取及分类算法。

使用 TensorFlow 框架搭建深度学习模型，进行模型训练与优化。

撰写项目文档，参与项目测试及结果分析。

项目名称：智能问答系统

......

负责后端逻辑处理及数据库设计，实现自然语言理解与知识图谱构建。

使用 Python、Flask 框架搭建系统，确保系统稳定可靠。

协同前端开发人员，完成系统测试与调试。

实习经历

实习单位：××科技有限公司

时间：2024 年 7 月—2024 年 9 月

岗位：人工智能研发实习生

主要职责：

参与公司人工智能项目的研发工作，负责算法设计与实现。

协助团队进行模型调优与测试，提升系统性能与准确性。

学习并掌握最新的人工智能技术动态，为公司技术创新贡献力量。

编码比赛与荣誉

第 × 届全国大学生计算机应用大赛：荣获一等奖，项目名称为"基于深度学习的图像识别系统"，负责项目整体架构设计及核心代码实现。

××杯全国软件和信息技术专业人才大赛：荣获二等奖，项目名称为"智能问答系统"，负责后端逻辑处理及数据库设计。

自我评价

本人性格开朗、积极进取，具备良好的团队协作精神和沟通能力。对人工智能领域充满热情，具备扎实的专业知识和丰富的项目经验。在腾讯实习期间，积累了丰富的实战经验，并不断提升自己的技术能力。期望在贵公司发挥所学，为公司的发展贡献力量。

这样，AIGC 就把一个简单的简历的初稿包装成了一个较为规范的简历。

5.4.3　生成个性化简历

利用人工智能技术，根据用户的个人信息、工作经验、技能特长以及求职目标，可自动生成一份定制化的简历。这种简历不仅能够突出用户的优势和适合特定职位的特点，还能根据不同的职位以及发布的不同平台进行调整，使之更加符合招聘方的期望。

1．设定角色

求职者要赋予 AI 一个求职者的身份，这样更有利于其更加精准地回答问题。例如，"你是一位求职者，现在需要在小红书发布一篇求职信息，请告诉我小红书笔记有哪些特征？"，如图 5-20 所示。

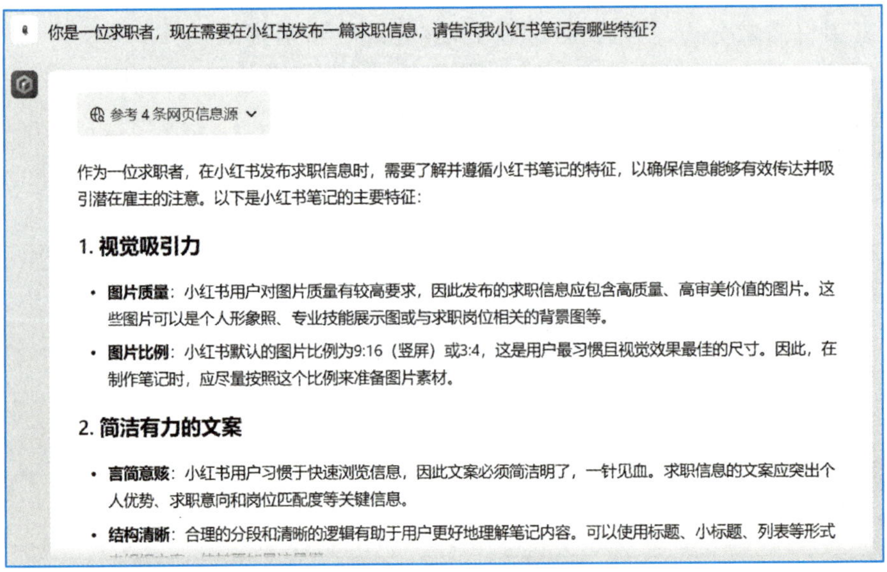

图 5-20　小红书笔记的特征

2．提供具体要求

例如，"遵循上面小红书笔记的特征，写一篇关于前端开发工程师小红书求职笔记"，如图 5-21 所示。

5.4.4　规划职业发展

AI 规划职业生涯发展是指利用人工智能技术来辅助个人进行职业生涯的规划和发展。这种规划方式基于个人的教育背景、工作经验、兴趣爱好、技能特长等信

图 5-21　生成小红书简历模板

息，通过 AI 的分析和生成能力，为用户提供个性化、科学化的职业建议和规划。

1．设定问题

例如，"我是××大学计算机科学与技术专业的大四学生，请为我推荐一些适合的职业方向和未来职业发展路径"，如图 5-22 所示。

2．完善个人信息

例如，"下面是我的个人信息及兴趣方向，请结合下列信息为我提供更加具体的职业方向和规划。我是××大学计算机科学与技术专业的大四学生，在校期间成绩优异，GPA 为 3.8，曾获得国家奖学金。积极参与学校组织的各类编程竞赛，并在大二时参与了一个关于人工智能的研究项目，该项目获得了校级科研创新奖。我对篮球和摄影有着浓厚的兴趣，是校篮球队的成员，每周都会参加训练和比赛。此外，我还喜欢在周末带着相机去户外拍摄自然风光和城市建筑，摄影作品曾在学校的摄影比赛中获奖。我对数据科学和人工智能领域充满热情，希望能够在毕业后加入一家科技公司，从事数据分析师或机器学习工程师的工作"。输出如图 5-23 所示。

我是 XX 大学计算机科学与技术专业的大四学生，请为我推荐一些适合的职业方向和未来职业发展路径

参考 5 条网页信息源 ∨

作为 XX 大学计算机科学与技术专业的大四学生，你拥有广阔的就业前景和多样的职业选择。以下是一些适合的职业方向和未来职业发展路径推荐：

一、职业方向推荐

1. 软件开发工程师

- **岗位描述**：负责软件的设计、开发、测试和维护工作，包括编写代码、调试程序、优化性能等。
- **发展路径**：可以从初级开发工程师做起，逐步晋升为中级、高级开发工程师，甚至成为技术总监或首席技术官。

2. 数据科学与大数据分析

- **岗位描述**：利用数据分析工具进行数据清洗、建模和预测分析，推动数据驱动决策。
- **发展路径**：可以从数据分析师做起，逐步晋升为数据科学家、大数据分析师或数据工程师，甚至进入管理层，负责数据战略和数据分析团队的运营。

3. 人工智能与机器学习

- **岗位描述**：设计和优化AI模型，处理图像、语音、文本等数据，实现智能决策系统、语音识别、图像识别等技术。
- **发展路径**：可以从AI工程师或机器学习工程师做起，逐步晋升为高级AI工程师、算法工程师或AI研究专家，甚至成为AI领域的领军人物。

4. 网络与信息安全

图 5-22　生成的职业方向和未来职业发展路径

下面是我的个人信息及兴趣方向，请结合下列信息为我提供更加具体的职业方向和规划。我是 XX 大学计算机科学与技术专业的大四学生，在校期间成绩优异，GPA为3.8，曾获得国家奖学金。积极参与学校组织的各类编程竞赛，并在大二时参与了一个关于人工智能的研究项目，该项目获得了校级科研创新奖。我对篮球和摄影有着浓厚的兴趣，是校篮球队的成员，每周都会参加训练和比赛。此外，我还喜欢在周末带相机去户外拍摄自然风光和城市建筑，摄影作品曾在学校的摄影比赛中获奖。我对数据科学和人工智能领域充满热情，希望能够在毕业后加入一家科技公司，从事数据分析或机器学习工程师的工作。

参考 6 条网页信息源 ∨

结合你的个人信息及兴趣方向，以下为你提供更加具体的职业方向和规划建议：

一、职业方向推荐

1. 数据分析师

- **岗位职责**：利用数据分析工具和技术，对企业或组织的数据进行收集、处理、分析和解读，以提供决策支持和业务优化建议。

图 5-23　完善后的职业方向和规划

结合你的个人信息及兴趣方向，以下为你提供更加具体的职业方向和规划建议：

一、职业方向推荐

......

二、未来职业发展路径

1. 短期目标（毕业后 1~3 年）

就业选择：加入一家在数据科学或人工智能领域具有影响力的科技公司，担任数据分析师或机器学习工程师的职位。

技能提升：继续深化专业知识，掌握最新的数据分析工具和技术，提升编程能力和算法设计能力。

职业经验：积累实际工作经验，参与公司的项目，了解业务流程和市场需求。

2. 中期目标（毕业后 3~5 年）

职位晋升：在公司内部晋升为高级数据分析师或机器学习工程师，或者成为项目负责人。

业务拓展：拓展业务领域，参与或主导更多的项目，提升业务能力和团队协作能力。

行业影响力：在行业内建立一定的知名度和影响力，参与行业会议和论坛，发表专业文章或研究成果。

3. 长期目标（毕业后 5 年以上）

职业发展：根据个人兴趣和职业规划，选择继续深造（如攻读博士学位）或进入管理层（如部门经理、技术总监等）。

技术创新：推动技术创新和应用，为公司或行业带来更大的价值。

社会贡献：积极参与社会公益活动，为社会的进步和发展做出贡献。

三、个人兴趣与职业发展的结合

篮球：

职业发展：可以利用篮球特长，参与公司的体育活动或团队建设活动，提升团队协作能力。

业余爱好：继续保持篮球爱好，参加业余比赛或训练，保持身心健康。

摄影：

职业发展：可以利用摄影技能，为公司或项目拍摄宣传照片或视频，提升个人品牌和公司形象。

业余爱好：继续保持摄影爱好，参加摄影比赛或展览，拓展艺术视野和审美能力。

四、建议与注意事项

持续学习：计算机科学和人工智能领域发展迅速，需要不断学习新技术和新知识，保持竞争力。

实践经验：通过实习、项目或竞赛等方式，积累实践经验，提升自己的技能水平。

......

通过系统的智能分析和预测，能够发现一些自己之前未曾考虑过的职业选择，这为未来规划打开了新的可能性。

5.4.5　模拟面试场景

AI 面试是一种创新的面试准备工具，它利用人工智能和生成式对话技术，为求职者提供了一种全新的面试体验。在这个虚拟的面试环境中，求职者可以与 AI 面试官进行实时互动，模拟真实的面试场景，从而有效提升面试技巧、增强自信心。通过这种模拟面试，求职者能够在无压力的环境中反复练习，为即将到来的职场挑战做好充分准备。

1. 了解 AI 面试流程

在利用 AI 面试之前，首先了解一下其流程。例如，"请简述 AI 面试流程"。输出如图 5–24 所示。

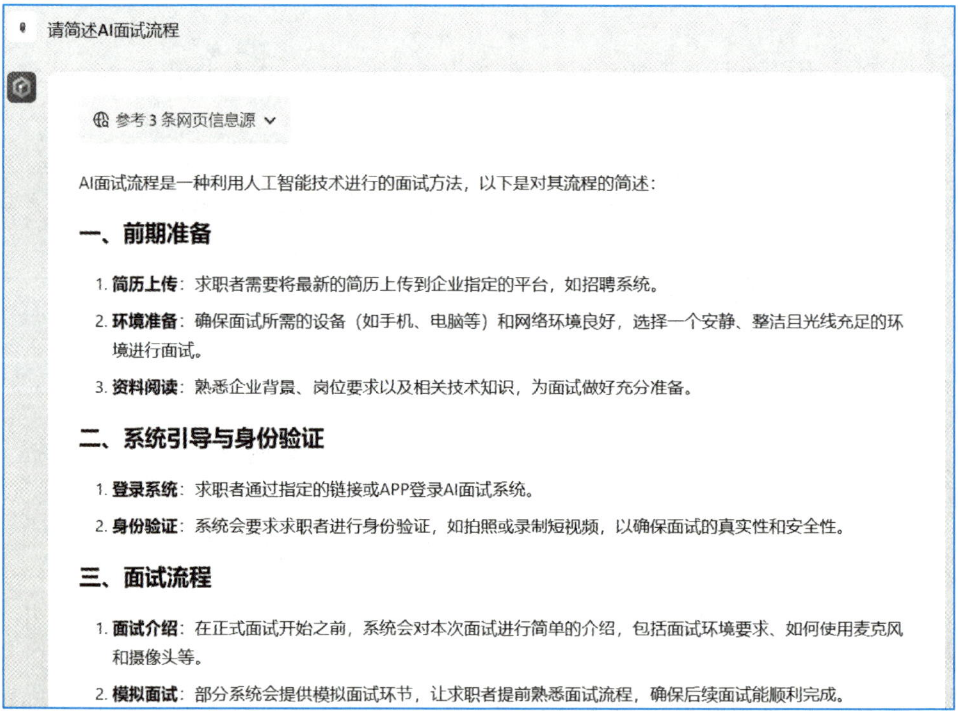

图 5–24　生成的 AI 面试流程

AI 面试流程是一种利用人工智能技术进行的面试方法，以下是对其流程的简述：

一、前期准备
简历上传：求职者需要将最新的简历上传到企业指定的平台，如招聘系统。
……

三、面试流程
面试介绍：在正式面试开始之前，系统会对本次面试进行简单的介绍，包括面试环境要求、如何使用麦克风和摄像头等。

模拟面试：部分系统会提供模拟面试环节，让求职者提前熟悉面试流程，确保后续面试能顺利完成。

问题回答：

问题展示：系统会以文字或语音的形式呈现问题，有时还可能配有相关的图片或视频材料，以帮助求职者更好地理解问题背景。

回答时间：每个问题都会有一个固定的回答时间限制，求职者需要在规定时间内完成回答。如果超时，系统可能会自动跳转到下一个问题。

录制回答：求职者可以通过摄像头和麦克风录制自己的回答。在回答过程中，可以适当使用笔记或草稿纸作为辅助，但应注意不要离开摄像头范围或进行其他违规操作。

技术展示（针对部分岗位）：如编程题目，求职者可以使用系统提供的代码编辑器进行编写并提交。

四、面试评估与结果反馈

AI 评估：AI 系统会根据预设算法，对求职者的表现进行评估，包括语言表达能力（如语速、清晰度、语法正确性等）、逻辑思维能力（如回答是否结构合理、有条理）以及专业技能水平（如对技术问题的理解和解答质量）。

结果反馈：面试评估结果会反馈给企业 HR。

2. 了解内容

准备好前期需要的物品如简历等，了解面试需要着重掌握的内容。例如，"作为一名大数据专业的大四学生，在面试之前需要着重了解哪方面的内容"。输出如图5-25 所示。

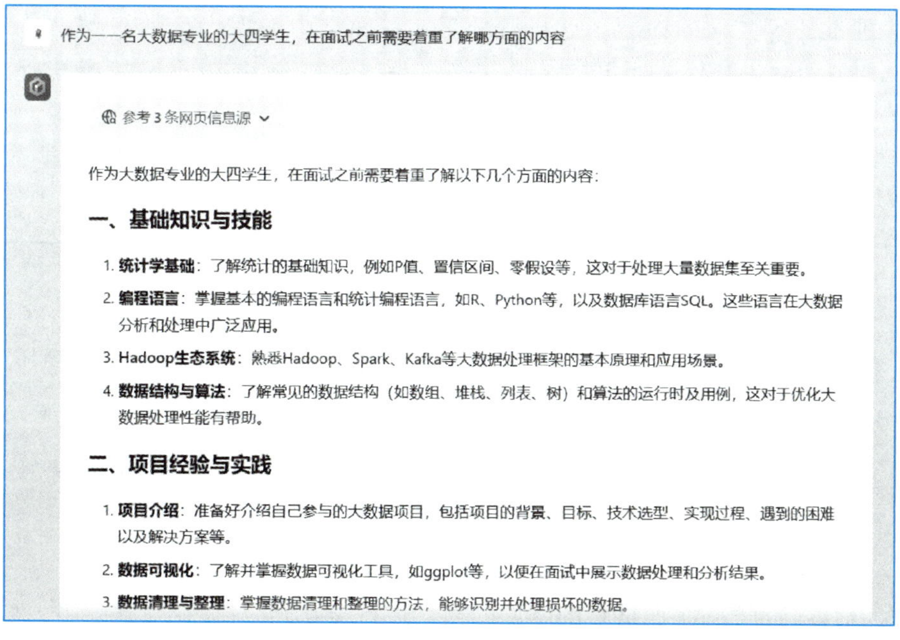

图 5-25　面试前需了解的专业知识

作为大数据专业的大四学生，在面试之前需要着重了解以下几个方面的内容：

一、基础知识与技能

统计学基础：了解统计的基础知识，例如 P 值、置信区间、零假设等，这对于处理大量数据集至关重要。

编程语言：掌握基本的编程语言和统计编程语言，如 R、Python 等，以及数据库语言 SQL。这些语言在大数据分析和处理中广泛应用。

Hadoop 生态系统：熟悉 Hadoop、Spark、Kafka 等大数据处理框架的基本原理和应用场景。

数据结构与算法：了解常见的数据结构（如数组、堆栈、列表、树）和算法的运行时及用例，这对于优化大数据处理性能有帮助。

二、项目经验与实践

……

三、行业趋势与技术发展

……

四、公司背景与职位要求

……

五、面试技巧与心理准备

面试技巧：学会如何回答面试中的常见问题，如自我介绍、项目经验介绍等。同时，注意表达清晰、准确，避免使用过于专业或晦涩的术语。

心理准备：保持积极的心态，相信自己能够胜任该职位。在面试中，保持冷静、自信，积极与面试官进行互动。

综上所述，作为大数据专业的大四学生，在面试之前需要全面了解基础知识与技能、项目经验与实践、行业趋势与技术发展、公司背景与职位要求以及面试技巧与心理准备等方面的内容。这将有助于你在面试中展现出自己的专业素养和实力，从而成功获得心仪的职位。

3. 设定角色，模拟面试

例如，"假如你是李经理，是本次面试的面试官，我将成为你的面试者。我的第一句话是您好"，如图 5-26 所示。

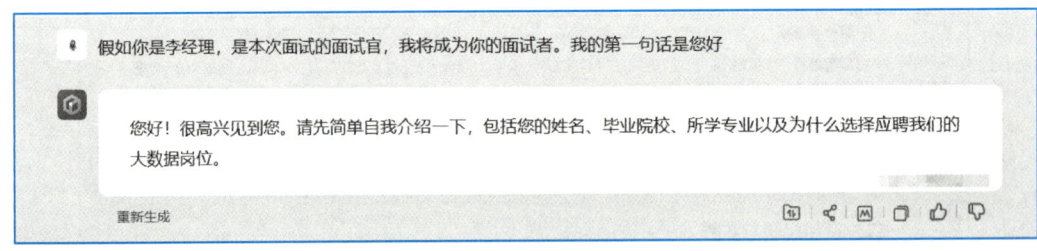

图 5-26　模拟面试官回答

4. 与 AI 交互

作为面试者回答 AI 面试官的问题，与其进行交互。

（1）例如，"李经理，您好！我叫小张，是××大学计算机科学与技术专业的应届毕业生。在大学期间，我系统学习了各种专业课程，包括数据结构、操作系统、计算机网络、数据库原理、编程语言（如 Java、C++）等。我的成绩一直名列前茅，平均绩点达到了 3.8。同时，我积极参与了一些实践项目，通过这些项目，我不仅巩固了理论知识，还锻炼了自己的实际动手能力。"，如图 5-27 所示。

李经理，您好！我叫小张，是 XX 大学计算机科学与技术专业的应届毕业生。在大学期间，我系统学习了各种专业课程，包括数据结构、操作系统、计算机网络、数据库原理、编程语言（如 Java、C++）等。我的成绩一直名列前茅，平均绩点达到了 3.8。同时，我积极参与了一些实践项目，通过这些项目，我不仅巩固了理论知识，还锻炼了自己的实际动手能力。

小张，你好！听起来你的学术背景很不错，成绩也很优秀。那你能详细介绍一下你参与过的实践项目吗？特别是与大数据相关的项目。在这些项目中，你扮演了什么角色？遇到了哪些挑战？又是如何解决的？

图 5-27　与面试官交互 1

（2）例如，"我参与过一个校园在线图书馆管理系统的开发项目。这个项目是由我们小组共同完成的，我主要负责后端开发部分。我使用 Java 和 Spring Boot 框架搭建了系统的服务器端架构，编写了各种服务接口，包括用户管理、书籍信息管理、借阅管理等功能模块。我运用了 MySQL 数据库存储数据，并且通过 JDBC 进行数据的持久化操作。在这个过程中，我学会了如何设计合理的数据库表结构，确保数据的完整性和一致性。为了提高系统性能，我还使用了一些 SQL 优化技巧，比如创建索引、优化查询语句等。另外，我参与了项目的测试和调试工作，通过 JUnit 进行单元测试，使用 Postman 进行接口测试，保证了系统的稳定性和可靠性。"，如图 5-28 所示。

我参与过一个校园在线图书馆管理系统的开发项目。这个项目是由我们小组共同完成的，我主要负责后端开发部分。我使用 Java 和 Spring Boot 框架搭建了系统的服务器端架构，编写了各种服务接口，包括用户管理、书籍信息管理、借阅管理等功能模块。我运用了 MySQL 数据库存储数据，并且通过 JDBC 进行数据的持久化操作。在这个过程中，我学会了如何设计合理的数据库表结构，确保数据的完整性和一致性。为了提高系统性能，我还使用了一些 SQL 优化技巧，比如创建索引、优化查询语句等。另外，我参与了项目的测试和调试工作，通过 JUnit 进行单元测试，使用 Postman 进行接口测试，保证了系统的稳定性和可靠性。

听起来你在这个项目中承担了很多重要的工作，并且表现得非常出色。那你认为在这个项目开发过程中，你遇到的最大困难是什么？你又是如何克服这个困难的？

图 5-28　与面试官交互 2

（3）例如，"在项目开发过程中我主要遇到的困难是结构和框架的问题，后来使用 Spring Boot 框架解决了。Spring Boot 给我们带来了很多便利。首先，它的自动配置功能让我们能够快速搭建项目，减少了大量的配置文件编写工作，让我们可以把更多精力放在业务逻辑上。它还提供了很多开箱即用的组件，比如 Spring MVC 方便我们构建 RESTful 服务，Spring Data JPA 简化了数据库操作，让我们可以通过简单的接口和注解就能完成数据的增删改查。而且，Spring Boot 的微服务架构支持让我们可以轻松地将系统拆分成多个微服务，提高了系统的可扩展性和可维护性。在我们的项目中，通过 Spring Boot 内置的 Tomcat 服务器，我们能快速部署和启动应用程序，同时，它的依赖注入机制也方便了各个组件之间的解耦，让代码结构更加清晰。"，如图 5-29 所示。

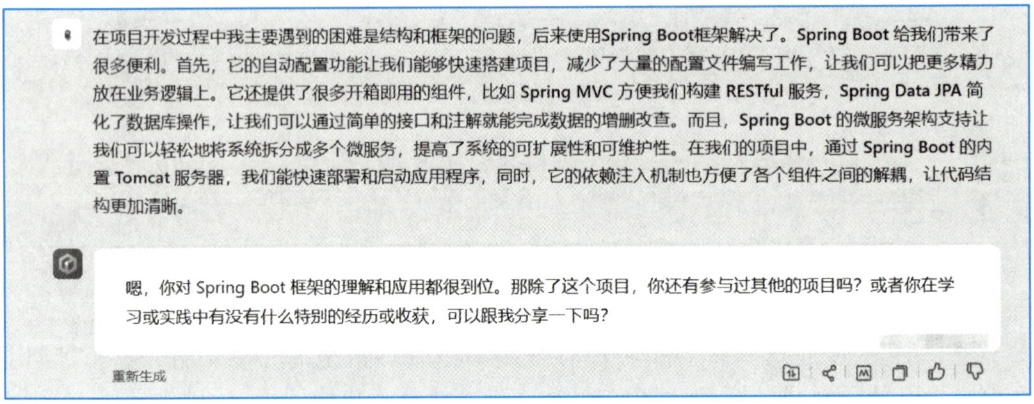

在项目开发过程中我主要遇到的困难是结构和框架的问题，后来使用**Spring Boot**框架解决了。**Spring Boot** 给我们带来了很多便利。首先，它的自动配置功能让我们能够快速搭建项目，减少了大量的配置文件编写工作，让我们可以把更多精力放在业务逻辑上。它还提供了很多开箱即用的组件，比如 **Spring MVC** 方便我们构建 **RESTful** 服务，**Spring Data JPA** 简化了数据库操作，让我们可以通过简单的接口和注解就能完成数据的增删改查。而且，**Spring Boot** 的微服务架构支持让我们可以轻松地将系统拆分成多个微服务，提高了系统的可扩展性和可维护性。在我们的项目中，通过 **Spring Boot** 的内置 **Tomcat** 服务器，我们能快速部署和启动应用程序，同时，它的依赖注入机制也方便了各个组件之间的解耦，让代码结构更加清晰。

嗯，你对 Spring Boot 框架的理解和应用都很到位。那除了这个项目，你还有参与过其他的项目吗？或者你在学习或实践中有没有什么特别的经历或收获，可以跟我分享一下吗？

重新生成

图 5-29　与面试官交互 3

通过不断地与 AI 面试官进行对话，不仅提高了自己的面试技巧，还增强了对计算机专业知识的掌握。这个案例展示了 AIGC 在帮助求职者准备面试方面的巨大潜力，为用户提供了一个低成本、高效率的面试训练平台。

5.4.6　提升职业技能

AI 不但能够助力求职者在求职之际，通过智能分析岗位需求与个人优势，精准优化简历，突出关键亮点，增加获得面试的机会。而且在职业技能提升方面，可提供丰富的学习资源，如模拟真实工作场景进行实践训练，依据个人职业规划定制专业课程，深入剖析行业趋势与前沿技术，帮助从业者及时更新知识体系，提升专业技能水平，从而在职业生涯中脱颖而出，适应不断变化的职场环境，实现自身价值的最大化。

例如，"我是一位中型互联网公司的软件工程师，希望提升自己的编程能力，请为我制订一个学习策略。"，输出如图 5-30 所示。

提升编程能力是一个持续且系统的过程，涉及理论知识的学习、实践经验的积累以及不断反思与优化。以下是一个针对您作为中型互联网公司软件工程师的学习策略，旨在帮助您全面提升编程能力：

1. 明确学习目标

短期目标：掌握一项新技术或编程语言的高级特性（如 Python 的异步编程、JavaScript 的 ES6+特性等）。

中期目标：深入理解软件工程原理，如设计模式、系统架构设计、性能优化等。

长期目标：成为技术领域的专家，能够主导复杂项目的开发，甚至参与技术决策和架构设计。

2. 基础知识巩固

编程语言：深化对当前工作语言的理解，同时学习至少一门新语言，以拓宽视野。

数据结构与算法：通过 LeetCode、HackerRank 等平台练习，提升解决复杂问题的能力。

计算机系统基础：了解操作系统、计算机网络、数据库原理等底层知识，有助于更好地进行性能调优和系统设计。

3. 技术深度与广度拓展

深入技术栈：选择您当前技术栈中的一到两个领域深入研究，如前端框架（React/Vue）、后端框架（Django/Spring）、数据库（MySQL/MongoDB）等。

新技术探索：关注并学习行业内的最新技术趋势，如人工智能、云计算（AWS/Azure）、微服务架构、区块链等。

开源项目参与：加入开源项目，不仅可以学习他人的代码，还能通过贡献代码提升自己的实战能力。

4. 实践项目与案例分析

个人项目：利用业余时间开发个人项目或小型应用，实践所学知识。

重构旧代码：回顾并重构自己或团队中的旧代码，学习如何写出更优雅、可维护的代码。

技术博客与论文：阅读并撰写技术博客或论文，分享学习心得，同时从他人经验中学习。

5. 持续学习与社区互动

在线课程与研讨会：参加 Coursera、Udemy、极客时间等平台的在线课程，以及技术会议和研讨会。

技术社群：加入 GitHub、Stack Overflow、知乎等技术社区，参与讨论，解答或提问。

导师与同行交流：寻找行业内的导师，定期进行交流；与同事进行代码审查，互相学习。

6. 自我评估与调整

定期复盘：每月或每季度进行一次学习复盘，总结成果与不足。

技能矩阵：建立个人技能矩阵，跟踪自己各项技能的掌握程度，并设定提升计划。

心态调整：保持好奇心和开放心态，接受失败并从中学习，保持持续学习的动力。

通过上述策略的实施，您不仅能够提升编程技能，还能在技术深度和广度上取得显著进步，为职业生涯的长远发展打下坚实的基础。

根据 AI 制订的学习策略，不仅能够系统地提升自己的编程能力，还可以为职业发展打下坚实的基础。

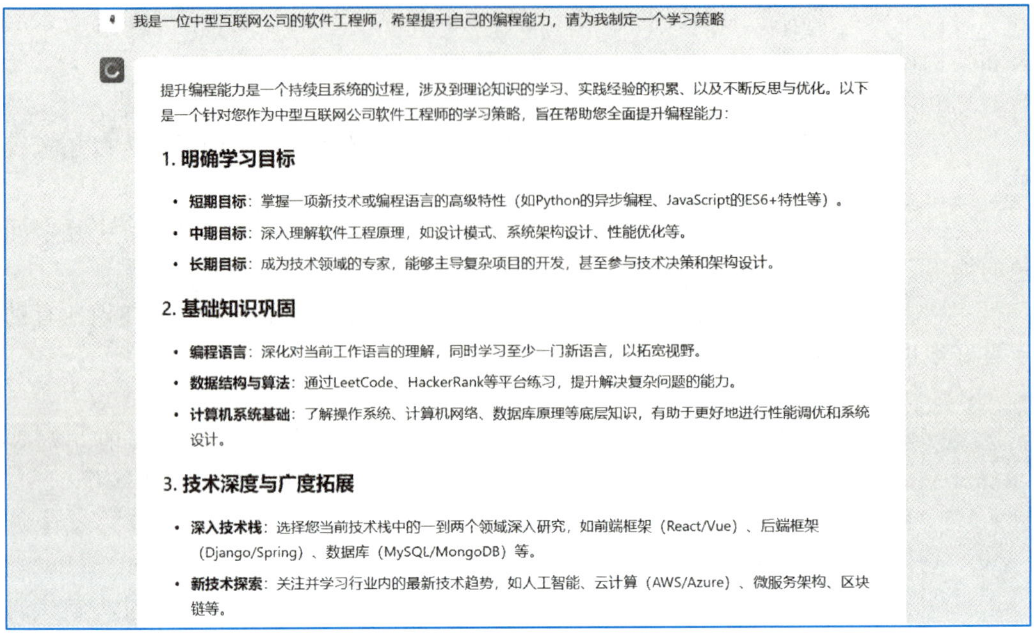

图 5-30　生成的学习策略

5.5　本 章 小 结

本章围绕 AIGC 在不同领域的应用展开介绍，探讨了其在法律文书解读、大数据处理、金融分析及职业发展辅助中的核心作用。

法律文书解读：AIGC 通过自然语言处理技术，高效提取法律文书的案件概述、分析法律关系、解读争议焦点及证据效力，并结合案例演示了从文书上传到庭审策略分析的全流程，显著提升法律文书的解读效率与准确性。

大数据处理：以个性化旅行为例，展示了 AIGC 如何通过用户画像构建、景点推荐、行程规划及购物建议等功能，实现数据驱动的个性化服务。案例中，AIGC 工具不仅优化了旅行体验，还通过多模态数据融合、边缘计算等趋势展望了未来发展方向。

金融分析：通过智能投资顾问、信用风险评估等场景，阐释了 AIGC 在资产配置、风险控制及贷款审批中的实践价值。

职业发展辅助：AIGC 可生成与优化简历、规划职业路径、模拟面试场景及提升职业技能。案例中，用户通过 AIGC 工具完成了从简历制作到面试准备的完整求职流程，体现了 AI 在职业成长中的全链条赋能。

本章强调 AIGC 技术的高效性与局限性并存，需结合人工经验实现优势互补，未来人机协作将成为各领域智能化发展的重要方向。

5.6　习题与思考

1. 使用 AIGC 工具（如文心一言），上传一份租房合同，要求如下。

（1）提取关键条款（租金、押金、违约责任）。

（2）识别潜在风险点（如模糊的维修责任）。

（3）生成通俗版条款解释。

2. 阅读以下民事起诉状片段：

诉讼请求：判令被告支付拖欠货款 50 万元及逾期违约金（自 2023 年 5 月 1 日起按 LPR 的 1.5 倍计算）。

事实与理由：原告依约供货并开具发票，被告自 2023 年 5 月起无故拖欠货款。

请结合本章内容，说明如何利用 AIGC 工具分析该案件的核心争议焦点及证据效力。

3. 假设你计划前往成都进行为期 3 天的自由行，预算为 8 000 元。请根据 5.2 节内容，设计使用 AIGC 工具（如文心一言）制订旅行规划的完整流程，内容如下。

（1）输入指令生成初步行程。

（2）基于用户画像（如年龄、兴趣）优化景点推荐。

（3）输出购物与美食清单。

4. 结合所学专业和个人信息设计一个 AI 辅助职业生涯的交互案例，需要包含 AI 生成简历、润色简历以及规划个性化发展等多个方面的内容，通过与 AIGC 工具反复对话将内容扩充到 2 000 左右。

5. 利用 AIGC 工具，为从事人工智能应用开发岗位的人员制订一份为期两年的职业技能提升计划，包括学习内容、实践项目、考核标准等，字数不少于两千字。

6. 使用 AIGC 工具分析过去五年信用风险评估模型的发展趋势，完成一篇 8 000 字以上的分析报告，需包含数据对比与可视化图表。

第 6 章　AIGC 工具与数字创作新范式

在人工智能技术高速发展的今天，生成式人工智能正在重塑艺术创作与内容生产的边界。本章聚焦图像、音乐、视频三大核心创作领域，通过实操导向的教学设计，带领学习者探索人机协同创作的全新可能。不同于传统软件工具的使用逻辑，AIGC 工具要求创作者既要理解技术特性，又要保持艺术感知；既要掌握参数调节技巧，又要具备跨媒介的整合思维。从像素到音符，从静态到动态，本章将通过系统化的工具实操训练，帮助学习者突破技术壁垒，将创意构想转化为可落地的数字作品。

6.1　图像类 AIGC 工具实操技巧

在当今数字化浪潮汹涌澎湃的时代，图像类 AIGC 工具宛如一颗璀璨的新星，在创意与技术的浩瀚星空中闪耀着独特的光芒，正以前所未有的速度改变着我们对图像创作和视觉表达的认知与实践。

想象一下，只需在输入框中输入一段充满奇思妙想的文字描述，转瞬之间，一幅精美绝伦、风格独特且极具创意的图像便跃然眼前。无论是梦幻般的仙境、充满未来感的都市风光，还是栩栩如生的人物肖像，图像类 AIGC 工具似乎都能将我们脑海中的幻想精准地转化为可视化的现实。它打破了传统图像创作中对专业绘画技能、复杂软件操作以及漫长创作周期的诸多限制，为每一个怀揣创意梦想的人开启了一扇通往无限可能的大门。

在艺术设计领域，那些曾经苦苦寻觅灵感的设计师们如今可以借助 AIGC 工具快速生成大量风格各异的草图和概念图，如同拥有了一位不知疲倦且创意无限的助手，极大地拓展了创作的边界与思路。广告从业者们则利用这些工具在分秒必争的商业战场上迅速炮制出吸引眼球的宣传海报和营销素材，精准地抓住目标受众的注意力，让产品和服务在激烈的市场竞争中脱颖而出。影视与游戏制作团队更是将图像类 AIGC 工具视为创新的利器，通过它构建出美轮美奂的虚拟场景、塑造生动逼真的角色形象，为观众和玩家带来前所未有的沉浸式体验，仿佛将他们带入一个只存在于想象中的奇幻世界。

不仅如此，在教育领域，图像类 AIGC 工具让抽象的知识变得生动形象，帮助学生们更好地理解和吸收；在新兴的虚拟现实、增强现实以及数字孪生等领域，它也正发挥着不可或缺的作用，为构建更加逼真和智能的虚拟环境提供着强大的图像生成支持。

然而，如同任何一项具有颠覆性的技术创新一样，图像类 AIGC 工具在带来无限机遇的同时，也伴随着一系列诸如版权归属、是否合法合规以及对传统创作生态影响等亟待深入探讨和解决的问题。但不可否认的是，它已经成为当今科技与文化发展进程中一股不可阻挡的强大力量。

编写本章的目的，正是为了引领读者踏上这一充满魅力与挑战的图像类 AIGC 工具探索之旅。无论是渴望掌握全新创作技能的艺术爱好者、寻求创新突破的专业人士，还是对这一前沿技术充满好奇的普通读者，都能通过本章深入了解图像类 AIGC 工具的奥秘，学会熟练运用它们释放自己的创意潜能，并在这个瞬息万变的数字化时代中，敏锐地洞察其在各个领域所掀起的创新浪潮与变革趋势。

6.1.1　图像类 AIGC 工具介绍

在数字化时代，创造力的边界正被不断拓展。图像类 AIGC 工具，作为这一变革的先锋，正引领着艺术与技术的融合。这些工具不仅仅是简单的图像编辑软件，更是创意的催化剂，能够将用户的想法转化为视觉艺术作品。通过深度学习和先进的算法，AIGC 工具能够理解并生成高质量的图像，从而为设计师、艺术家乃至普通用户提供一个全新的创作平台。无论是想要创造逼真的风景画，还是想要探索数字艺术的新领域，图像类 AIGC 工具都能提供无限的可能性。目前，可生成图像的工具种类较多，熟悉一些主流工具将为后续的实操打下基础。

1. 国外工具

Stable Diffusion：一个先进的图像生成模型，其代码和模型权重已经开源，可在配备至少 4 GB RAM 的大多数消费者硬件上运行，用户在自己计算机上部署后，几乎能免费生成任何图像。它主要用于根据文本描述生成图像，也可应用于修复、外扩和图像到图像的转换等任务。

DALL-E：由 OpenAI 开发，能够生成复杂的图像，并且理解文本与图像之间的关系，生成的图像质量较高，细节丰富，在创意和艺术感方面表现出色。

Midjourney：搭载在 Discord 上的人工智能绘画聊天机器人，通过收集大量已有作品数据进行算法解析，进而通过关键词生成各种类型的图像，如卡通、风景、人物等，还支持图生图功能。它的用户界面友好，使用门槛低，但在使用前需支付订阅费，其图标如图 6-1 所示。

2. 国内工具

文心一格：百度依托飞桨、文心大模型的技术创新推出的 AI 艺术和创意辅助平台，定位为面向有设计需求和创意的人群，基于文心大模型智能生成多样化 AI 创意图片，辅助创意设计，打破创意瓶颈。

Pixso AI：一款在线协同设计工具，将人工智能与设

图 6-1　Midjourney 的图标

计工具结合，可基于 Pixso AI 生成文本、图片、图标、设计灵感、设计规范、设计元素检查清单等。设计师通过简单的文本描述，即可快速生成符合需求的高质量图像，且目前完全免费，每位用户每天可最多生成 20 张图片。

WHEE：美图基于其视觉大模型 MiracleVision 推出的 AI 图片和绘画创作平台，支持多种模式的图片创作，包括文生图、图生图、风格模型训练和创作提示词库，用户仅需输入简单文字描述，就能将创意快速转变为高质量图像。

无界 AI：该工具能够生成多种类型的图像，如人物、风景、动物等，并且在图像的创意和艺术性上有较好的表现。它还提供了一些高级功能，如图像融合、局部修改等，方便用户根据自己的需求对生成的图像进行进一步的优化和调整，以满足不同的创作需求。

通义万相：阿里云推出的图像生成工具，具备强大的图像生成能力和广泛的应用场景。它可以根据用户输入的文本描述，生成高质量、多样化的图像，涵盖了人物、场景、物体等多个领域。此外，通义万相还支持图像风格迁移、图像编辑等功能，为用户提供了更丰富的创作手段，其图标如图 6-2 所示。

图 6-2　通义万相的图标

这些图像类 AIGC 工具能够根据用户输入的文本描述生成高质量、多样化的图像，涵盖人物、风景、物体、抽象艺术等各种类型的内容，满足不同用户在艺术创作、设计、广告等多个领域的需求。支持图像风格迁移，可将一种艺术风格或纹理应用到另一张图片上，使图像具有特定的视觉风格，为用户提供丰富的创意表达手段。也具备图像编辑和增强功能，如提高分辨率、增强颜色、调整构图等，能够对现有图像进行优化和改进，提升图像质量。可以进行图像合成，将多个图像元素结合起来，创造出全新的视觉作品，为用户提供更广阔的创作空间。

一般来讲，这些图像生成工具都会提供软件或网站平台的使用手册或官方教程，并提供限制次数的免费体验机会。用户可以尝试自由地生成 1~2 张图像，也可以通过浏览观赏其他用户生成的图像与其对应的提示词初步了解这些图像类 AIGC 工具。

6.1.2　使用图像类 AIGC 工具进行创作

图像类 AIGC 工具的出现为创作者们开辟了一片崭新的创意天地，以下将详细阐述使用这类工具进行创作的具体步骤与要点。

1. 创意构思阶段

（1）确定主题。

从自身兴趣、商业需求或学习任务等角度出发，确定想要生成的图像主题。例如，如果是为一家咖啡店制作宣传海报，主题可以是"温馨的咖啡店氛围"；若是为了个人艺术创作，主题可以是"梦幻仙境中的精灵聚会"。

考虑主题的具体性和明确性，避免过于模糊的概念。比如"美丽的风景"就比较笼统，而"日落时分的海边悬崖风景"则更具体，有助于工具生成更符合期望的图像。

（2）风格定位。

根据主题和用途，选择合适的图像风格。常见的风格有写实、卡通、抽象、古风、赛博朋克等。例如，对于科技产品介绍的图像，赛博朋克风格可以展现出科技的未来感和酷炫感；如果是儿童绘本，卡通风格会更合适。

可以收集一些不同风格的参考图像，帮助自己更清晰地想象和定义想要的风格。例如，在 Pinterest 或 Behance 等平台上搜索相关风格的作品，观察其色彩、线条、构图等特点。

（3）细节规划。

思考主题中包含的主要元素及其细节。以"温馨的咖啡店氛围"为例，主要元素可能包括咖啡杯、咖啡豆、顾客、服务员、店内装饰等。细节方面可以考虑咖啡杯上的图案、咖啡豆的光泽、顾客的表情和动作、店内的灯光效果等。

确定想要在图像中表达的情感和氛围，如宁静、欢乐、神秘等。这些情感可以通过色彩、光影等元素来体现。例如，暖色调（如橙色、黄色）通常能传达温馨、欢乐的情感，而冷色调（如蓝色、绿色）可能会营造出宁静或神秘的氛围。

2. 提示词撰写阶段

提示词（Prompt）是控制画面内容与效果的关键因素，通过了解提示词技巧可以显著提升画面的品质感与控制力。提示词是一种用来调节文生图大模型的方法。输入您想要的内容和效果，使模型能够理解您的意图，生成符合预期的图片。为了让模型清楚理解并生成高质量的图像，一个好的提示词应内容丰富且描述清晰。这个过程类似于老师向学生布置作业：如果老师说让学生画一张画，却不说明画中应包含哪些元素以及画的用途，学生会无从下手。同样地，模型在生成图像时需要准确清晰的提示。提示词描述得越具体，生成的画面就越准确稳定。

如果只是输入"一个男孩"，而不说明"一个男孩""长什么样""在哪里""什么时候""做什么""画面细节什么样"，模型将会自由发挥生成图片结果。

那么如何得到符合画面内容具体要求，又有丰富细致的画面效果呢？可以参考通义万相的提示词公式：提示词 = 主体+场景+风格。同样，也采用可灵大模型的"5W1H"公式，如表 6-1 和表 6-2 所示。

表 6-1　"5W1H"公式

元素	Who	What	When	Where	Why	How
中文翻译	谁	长什么样	什么时候	在哪里	做什么	画面细节

表 6-2　"5W1H"公式详解

元素	说明	示例
Who	画面主体，可以描述为人物、动物、植物、食物、建筑或者其他物体	1. 人物：医生、舞蹈家、医生、魔法师、小丑…… 2. 动物：长颈鹿、鹦鹉、北极熊、海豚、蜗牛…… 3. 植物：樱花树、向日葵、仙人掌、桉树、玫瑰花…… 4. 食物：意大利面、寿司、草莓蛋糕、烤鸡、冰淇淋…… 5. 建筑：城堡、摩天大楼、木屋、寺庙、图书馆…… 6. 其他物体：电吉他、望远镜、热气球、沙漏、古董时钟……

续表

元素	说明	示例
What	主体描述，对图像中主要对象或焦点进行详细、具体的文字描述	1. 明确主体：清晰地定义图像的主要对象如人物、动物、建筑等，例如，一个戴着博士帽的教授…… 2. 提供特征：描述主体的外貌、姿态、着装等特征，例如，一个穿着白色实验室外套的年轻女科学家…… 3. 特定情境：描述主体所在的场景或上下文，例如，一个站在宇宙飞船舱口的宇航员…… 4. 结合情感和行为：详细说明主体的情感状态和正在进行的动作，例如，一个微笑着阅读书籍的老人…… 具体示例 1. 一个穿着白色大衣的年轻女医生，手持听诊器，微笑着看向镜头 2. 一只五彩斑斓的飞翔中的鹦鹉，展开翅膀，背景是蓝天白云 3. 一棵巨大的红杉树，高耸入云，周围环绕着茂密的森林 4. 一盘新鲜的寿司拼盘，包括三文鱼、金枪鱼和鳗鱼，搭配一小碗酱油和芥末 5. 一座古老的石桥，横跨在清澈的小河上，两岸是茂密的绿树和鲜花
When	时间，画面发生的时间节点	1. 具体时间点：拂晓、正午、傍晚六点、午夜十二点、凌晨三点…… 2. 时间段：清晨、下午、傍晚、夜晚、深夜…… 3. 历史时间节点：文艺复兴时期、工业革命、中世纪、二战期间、唐朝…… 4. 季节性时间节点：初春、盛夏、秋分、初冬、严冬……
Where	环境，指主体对象所在的背景或者周围的物理空间，它为场景提供了上下文和氛围	1. 自然环境：山中小溪、热带雨林、沙漠、海滨、高山雪原…… 2. 城市环境：繁忙的商业区、宁静的郊区、古老的街区、现代化的科技园区、巨大购物中心…… 3. 室内环境：温馨的客厅、现代办公间、豪华餐厅、温馨的小卧室、古典图书馆…… 4. 特殊环境：激烈的战场、古代宫殿、未来科技都市、魔法森林、西部牛仔小镇……
Why	为什么出现在画面里，在做什么	1. 具体动作：明确描述主体正在进行的特定动作，例如，阅读图书、弹钢琴、绘画、喝咖啡、修理自行车…… 2. 互动行为：描述主体与其他人物或物体的互动行为，例如，与朋友交谈、喂养宠物、跳舞、合奏音乐、打电话…… 3. 情感表现：描述主体在进行某个动作时的情感状态或表现，例如，微笑着看向远方、皱眉思考、大笑、流泪、惊讶…… 4. 持续活动：描述主体持续进行的某个活动，例如，跑步、露营、野餐、钓鱼、骑自行车……

元素	说明	示例
How	画面细节描述,对图像中具体元素和视觉效果进行详细、具体的文字描述	1. 构图:描述图像内各元素的布局和排列方式,例如,黄金比例构图、对角线构图、三角形构图…… 2. 视角:描述图像的视角和拍摄角度,例如,鸟瞰、仰视、平视…… 3. 艺术流派:描述图像的艺术风格或流派,例如,印象派、现实主义、赛博朋克…… 4. 色调:描述图像的整体色调和配色方案,例如,冷色调、暖色调、高饱和度色调…… 5. 光影效果:描述图像中的光照和阴影效果,例如,柔和光线、强烈阴影、柔和的晨光…… 6. 质感:描述图像中物体的表面质感,例如,光滑、粗糙、绒毛、丝绸般光滑…… 7. 细节元素:描述图像中的微小元素或附加细节,例如,装饰物、背景元素、精致的花纹……

另附部分其他提示词词典,如表 6-3~表 6-7 所示。通过撰写不同维度的提示词,决定了生成图像的内容、风格、细节等多个方面的表现力,如图 6-3 和图 6-4 所示。这里准备了常用维度及提示词示例作为参考,同时也期待大家挖掘更多的妙招。

表 6-3　部分流派主义风格提示词

类别	流派主义风格提示词
传统绘画	古典油画、水墨风、工笔画、浮世绘、点彩画、光影主义绘画、油画棒画、铅笔画、钢笔画、马克笔画、水彩画、素描画
现代绘画	抽象派绘画、印象派绘画、波普艺术绘画、立体主义绘画、涂鸦风绘画、赛博朋克绘画、二次元绘画、黑白漫画、哥特风绘画、复古风绘画、扁平插画
数码与科技艺术	现代数码摄影、3D 建模、像素画
工艺美术	纸艺、沙画、拼贴艺术、毛毡工艺
设计与装饰	新艺术运动、装饰艺术

表 6-4　部分艺术家风格提示词

类别	艺术家风格提示词
外国艺术家	凡·高、毕加索、莫奈等
中国艺术家	徐悲鸿、齐白石、吴冠中等

表 6-5　常见的艺术手法提示词

领域	艺术手法提示词	介绍
绘画	潦草笔触	画面呈现出随意、粗糙的笔触效果,带有涂鸦风格
	草稿笔触	呈现出初步构思或未完成状态的绘画,笔触较为简洁
	浓墨重彩	使用深重、鲜明的色彩,营造出强烈的视觉冲击力
	轻描淡写	笔触轻柔,色彩淡雅,强调简洁和轻盈感
	笔触清晰	画面中的笔触线条分明,细节清晰可见

续表

领域	艺术手法提示词	介绍
摄影	长曝光	模拟长时间曝光的效果，常用于捕捉水流、星轨等
	多重曝光	在同一张画面中叠加多个曝光图像，创造出梦幻或超现实的效果
	微距镜头	突出表现物体的细节和纹理，常用于拍摄微小物体或昆虫
	全息摄影	呈现出三维立体效果，使画面更具立体感和空间感
	景深	利用前后景深的差异，营造出画面的层次感和空间感
	超广角	展现宽广的视野，使画面更具开阔感和宏伟感
数字艺术	4K 分辨率	画面清晰度高，细节表现力强，带来接近真实的视觉体验
	超高清	画面细腻度极高，能够呈现更多的细节和纹理
	8K 分辨率	超越 4K 的清晰度，提供更丰富、更细腻的画面表现
	光线追踪	模拟真实世界中的光线反射和折射效果，使画面更具真实感和立体感

图 6-3　利用微距镜头和高清画质等提示词生成的图像

表 6-6　常见的空间布局术语提示词

空间布局术语	描述	示例提示词
前景	图像中最靠近观众的部分，用于突出重点或引导视线	明亮的花朵在前景中绽放
中景	在前景与背景之间，展现主要场景活动区域	公园的长椅和行人位于中景
近景	类似于前景，通常指比中景更接近镜头的人物或物象	主角面部表情清晰可见的近景特写
背景	图像最深处，提供环境信息和空间感	山脉作为画面背景延伸至远方
主体	图像中心或焦点所在，占据显著地位的元素	建筑主体矗立在画面正中央
边缘	图像边缘，可能用于平衡构图或扩展视野	树木沿着画框边缘自然分布

图 6-4　利用空间布局术语提示词生成的图像

表6-7　视角术语提示词

视角术语	描述	示例提示词
平视	视线与被摄主体处于同一水平线上，如同人眼日常观察视角	平视视角下的城市街道风光
俯视	从上向下看的视角，类似于鸟瞰或无人机视角	俯视视角下的公园全景
仰视	从下向上看的视角，常用于表现高耸的建筑物或天空	仰视视角下的摩天大楼
透视	用于反映三维空间中物体随着远离观察点而逐渐变小的现象	透视视角下的铁路轨道消失在地平线
鱼眼视角	极端广角镜头产生的扭曲变形视角，视野范围极大	采用鱼眼视角捕捉圆形全景景观
侧视/斜侧视角	从物体侧面或斜侧方向观察的视角	斜侧视角下的汽车轮廓
宽幅视角	类似于宽银幕电影的宽广视角	宽幅视角下的海滨落日景色

3．其他注意事项

（1）工具选择与参数设置阶段。

工具选择是指根据自己的需求和预算，选择合适的图像类AIGC工具。如果是初学者，且对图像质量和风格多样性有较高要求，可以选择Midjourney这样操作相对简单、生成效果出色的工具，或者国产的通义万相、文心一格等；如果有一定的技术基础，想对模型和参数进行更多自定义，Stable Diffusion可能是个不错的选择。

可以多接触各个图像类AIGC工具，了解它们的特点和优势。例如，DALL·E在理解复杂语义和生成创意组合方面表现较好；一些国产工具可能在特定风格（如古风）的生成上有独特的优势，或者在本地化服务（如对中文提示词的支持）方面更出色。

参数设置具体可以分为图像尺寸、生成数量及其他参数。

图像尺寸是指根据图像的用途设置尺寸。如果是用于社交媒体，可能需要根据平台的推荐尺寸（如正方形或竖版）进行设置；如果是用于打印，需要设置较高的分辨率和合适的尺寸，如A4、A3等纸张尺寸对应的像素大小。

生成数量是指如果对图像的最终效果不太确定，或者需要多种创意进行对比，可以设置生成多个图像。一般可以先设置生成3～5个图像，观察效果后再决定是否需要更多。

其他参数一般是指有些工具提供的其他参数，如采样步数、风格强度等。采样步数较高可以使图像更精细，但可能会增加生成时间；风格强度可以调整生成图像与提示词所要求风格的匹配程度，根据具体需求合理设置这些参数。

还可以使用其他AIGC进行辅助，如DeepSeek可通过增强语义解析将模糊创意转化为精准提示词，利用CV技术实现生成缺陷诊断与多版本智能优化，并整合艺术史数据库构建教学专用工作流，在提升图像生成效率的同时降低技术门槛，特别适合教育场景中结合伦理审查机制，实现从概念到成品的全流程AI创作赋能。

（2）图像生成与观察阶段。

在工具中输入引导词并设置好参数后，单击"生成"按钮，等待工具生成图像。生成时间因工具、参数和图像复杂程度而异，可能从几秒到几分钟不等。生成后，仔细观察图像是否符合主题、风格和细节要求。注意图像的整体构图、色彩搭配、元素呈现等方面。如果与预期相差较大，不要着急，这是很正常的情况，这也是为了后续调整和优化打下基础。

（3）调整与优化阶段。

调整和优化一般是指对提示词和参数进行调整。如果图像不符合要求，首先考虑调整提示词。分析是因为主题元素描述不准确、风格要求不明确还是细节缺失导致的问题。例如，如果生成的海边悬崖风景没有体现出日落的色彩，可以在提示词中加强对日落颜色（如"橙红色的晚霞映照在海面上"）和光影效果（如"悬崖在夕阳余晖下形成长长的影子"）的描述。尝试不同的提示词表达方式，改变词汇顺序、更换同义词或增减细节描述，观察对生成图像的影响。

参数调整是指根据生成图像的情况，调整工具的参数。如果图像看起来比较模糊，可以适当增加采样步数；如果风格不够突出，可以调整风格强度参数。

（4）后期处理阶段（可选）。

在图像生成后期，可以进行简单调整。如使用图像类 AIGC 工具自带的简单编辑功能，如裁剪、旋转、调整亮度/对比度/饱和度等，对生成的图像进行基本的优化。例如，如果图像的色彩不够鲜艳，可以适当提高饱和度；如果构图有些松散，可以通过裁剪来突出主体。或利用工具的局部修改功能（如果有），对图像中的小瑕疵或不符合要求的细节进行修改。比如，修正人物的表情、修改物体的形状等。

如果需要更高质量的效果，则可以将生成的图像导入专业的图像编辑软件，如 Adobe Photoshop。在该软件中，可以进行更复杂的操作，如精细的抠图、合成其他元素、添加特效（如光影效果、模糊效果等）。或使用滤镜来进一步调整图像的风格。例如，通过添加油画滤镜可以让图像更具艺术质感；使用锐化滤镜可以让图像的细节更加清晰。AI 大模型中的参数调整如图 6-5 所示。

（5）保存与应用阶段。

在保存图像时，应选择合适的图像格式（如 JPEG、PNG 等）保存生成和优化后的图像。如果是用于印刷，建议保存为高分辨率的 TIFF 格式；如果是用于网络展示，JPEG 或 PNG 格式即可。在应用方面，可以作为咖啡店的宣传海报、用于个人艺术作品集、作为产品介绍的配图等。

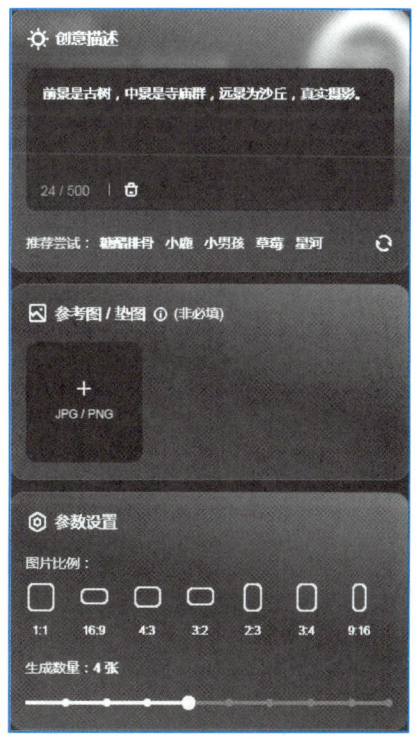

图 6-5　AI 大模型中的参数调整

在应用过程中，根据实际情况（如展示平台的要求、与其他内容的搭配等），可能还需要对图像进行一些微调。

6.1.3 图像类 AIGC 工具在各领域的应用

图像类 AIGC 工具早已凭借其强大的功能广泛应用于许多领域。

1．艺术与设计领域

创意启发　图像类 AIGC 工具能够为艺术家和设计师提供丰富的创意灵感。通过输入特定的主题、风格或元素等关键词，工具可以快速生成多种风格各异的图像作品，帮助创作者拓展思路，激发新的创作灵感，突破传统思维的局限。

快速原型制作　在设计初期，可利用 AIGC 工具快速生成设计概念的草图或初稿。例如，在产品设计中，能够快速生成不同造型、颜色和材质的产品外观图像；在平面设计中，迅速生成海报、宣传单页、包装等设计的初步方案，帮助设计师快速验证和调整设计方向，提高设计效率。

风格探索与融合　支持各种艺术风格的生成和融合，如将写实与抽象风格相结合、传统与现代风格相融合等。设计师可以借此探索独特的视觉风格，满足不同客户或项目的多样化需求，为设计作品赋予更鲜明的个性和创新性。

辅助细节设计　对于一些复杂的设计项目，AIGC 工具可以协助设计师处理细节部分。比如，在绘制大型场景插画时，工具可以生成场景中的具体元素、纹理和光影效果等细节，设计师再在此基础上进行进一步的优化和调整，使作品更加丰富和细腻。

2．影视与娱乐领域

前期策划与概念设计　在影视制作的前期，帮助编剧、导演和美术指导等人员快速生成故事场景、角色形象、道具设计等概念图，辅助他们更好地构思和规划影视作品的视觉效果和风格基调。例如，通过生成式 AI 开发美术设计辅助工具，为剧组美术设计工作提质增效，节省成本。

特效制作　生成各种虚拟场景、奇幻生物、特殊效果等图像元素，为影视特效制作提供丰富的素材和创意参考。如在科幻电影中，生成未来城市、外星生物、时空隧道等特效场景的图像，帮助特效师更高效地制作出逼真且富有想象力的视觉特效。

内容生成与补充　基于现有的影视作品，生成相关的衍生图像内容，如根据热门电影制作海报、剧照、宣传图片等；还可以根据小说、漫画等创作动画短片、视频片段等内容，为影视娱乐产业的内容创作和衍生开发提供更多可能性。

游戏开发　用于生成游戏中的各种美术资源，如角色建模、场景绘制、道具设计、UI 界面等。它可以根据游戏的设定和风格要求，快速生成大量高质量的图像素材，缩短游戏开发周期，降低开发成本。同时，还能为游戏提供多样化的风格选择和创意方向，增强游戏的视觉吸引力和艺术感染力。

3．广告与营销领域

广告创意与设计　快速生成各种形式的广告图像，包括平面广告、户外广告、网络广告等。根据不同的产品特点、目标受众和广告策略，生成具有吸引力和创意的广告画面，帮助广告公司和营销团队更高效地制作广告素材，提升广告的传播效果和影响力。

个性化营销　结合大数据和用户画像技术，为不同的用户群体生成个性化的广告图像。例如，根据用户的年龄、性别、兴趣爱好、消费习惯等信息，生成符合其个性化需求和偏好的产品推荐图片，提高广告的精准度和转化率。

品牌形象塑造　通过生成具有品牌特色和风格的图像内容，助力品牌形象的塑造和传播。如生成品牌标志、品牌吉祥物、品牌故事相关的插画等，强化品牌在消费者心目中的印象和认知度，提升品牌的美誉度和忠诚度。

市场调研与趋势预测　分析大量的广告图像数据，了解市场趋势和消费者喜好的变化。AIGC 工具可以生成不同风格、主题和形式的广告图像，模拟市场上的各种广告创意和表现手法，帮助广告商和营销人员更好地把握市场动态，提前预测和适应市场趋势，制定更具前瞻性的营销策略。

4. 教育领域

教学资源制作　为教师生成教学课件、教材插图、教学动画等多种教学资源。例如，在历史、地理等学科的教学中，生成历史事件场景、地理地貌等相关的图像，帮助学生更直观地理解和掌握知识；在美术教育中，作为学生绘画练习的参考素材，激发学生的创造力和想象力。

个性化学习　根据学生的学习进度、能力水平和兴趣爱好，生成个性化的学习图像资料。比如为学习语言的学生生成与词汇、语法相关的情境图片，辅助学生更好地理解和记忆；为数学学习生成几何图形、数学模型等图像，帮助学生提高空间思维能力和解题能力。

虚拟实验室与模拟场景　创建虚拟的实验场景、科学现象等图像，为学生提供沉浸式的学习体验。在物理、化学、生物等实验教学中，通过生成虚拟实验图像，让学生在无法进行实际实验的情况下，也能直观地观察和理解实验过程和原理，提高教学效果和安全性。

教育游戏开发　设计教育游戏中的图像元素，如角色、场景、道具等，使教育游戏更具趣味性和吸引力。通过将教育内容与游戏图像相结合，激发学生的学习兴趣和积极性，让学生在游戏中快乐学习、主动探索。

5. 医疗领域

医学影像辅助诊断　虽然图像类 AIGC 工具不能直接进行医学诊断，但可以辅助医生对医学影像进行分析和诊断。例如，通过生成与病变部位相似的图像，帮助医生更好地识别和理解影像中的异常特征；或者对医学影像进行增强和优化处理，提高影像的清晰度和辨识度，为医生的诊断提供更准确的依据。

医疗培训与教育　生成人体解剖结构、病理生理过程、手术操作步骤等相关的图像和动画，用于医学教育和培训。这些图像资料可以帮助医学生和医护人员更直观地学习和掌握医学知识和技能，增强培训效果和提高培训质量。

心理健康治疗　在心理健康治疗中，根据患者的描述和需求，生成具有安抚、激励或引导作用的图像，辅助心理治疗师进行心理疏导和治疗。例如，生成自然风景、温馨场景等图像，帮助患者缓解焦虑、抑郁等情绪，营造积极的心理状态。

　　医疗科普宣传　制作通俗易懂的医疗科普图像和视频，向公众普及健康知识、疾病预防、医疗保健等方面的内容。通过生动形象的图像展示，提高公众对医疗健康知识的认知度和关注度，增强公众的健康意识和自我保健能力。

6. 建筑与室内设计领域

　　方案设计与可视化　在建筑设计的初期，快速生成建筑外观、整体布局、空间形态等多种设计方案的图像，帮助设计师和客户更直观地感受和比较不同方案的效果，从而做出更合理的设计决策。在室内设计中，生成不同风格、色彩搭配和家具布置的室内效果图，让客户提前预览设计效果，减少设计修改的次数，提高设计效率和客户满意度。

　　材质与纹理生成　提供丰富的建筑材料和室内装饰材料的纹理、质感等图像效果，帮助设计师更准确地选择和搭配材料。例如，生成不同材质的墙面、地面、家具表面等图像，展示其在不同光照条件下的视觉效果，为设计师提供更真实的参考，使设计方案更加精细和完善。

　　景观设计辅助　对于建筑周边的景观设计，AIGC 工具可以生成各种植物、水体、地形等景观元素的图像，辅助设计师进行景观规划和布局。同时，还可以生成不同季节、不同时间段的景观效果图像，帮助设计师考虑景观的时效性和变化性，打造更具美感和实用性的建筑景观环境。

　　虚拟现实与增强现实应用　结合虚拟现实（virtual reality，VR）和增强现实（augmented reality，AR）技术，将生成的建筑与室内设计图像转化为沉浸式的虚拟体验。客户可以通过佩戴 VR 设备或使用 AR 应用，身临其境地感受设计后的空间效果，更好地理解设计意图，提出更准确的修改意见，提升设计的质量和用户体验。

　　图像类 AIGC 能在各领域应用。它可以快速生成多样图像，满足创意和时效需求；提供丰富创意灵感，辅助设计和策划；可降低成本，提高各领域的视觉内容制作效率。

6.1.4　案例：超能 supnice 在创意竞赛作品中的应用

　　本案例为重庆三峡学院获奖案例，如图 6-6 和图 6-7 所示。

　　在当今数字化浪潮中，AIGC 在广告设计领域崭露头角，为广告行业带来前所未有的变革与优势。AIGC 可在瞬间生成海量风格各异的创意概念与视觉元素，突破人类思维局限。它能融合不同文化、艺术流派与时尚趋势，为广告创意注入全新活力，使广告在众多竞品中迅速吸引受众目光，脱颖而出。

　　传统广告设计流程繁琐，从构思、草图绘制到反复修改定稿，耗费大量人力与时间。AIGC 则能自动化完成诸多基础设计任务，如快速生成多个设计草图、进行色彩搭配与排版布局尝试等。设计师可将节省的时间用于创意深化与策略优化，使广告项目交付周期大幅缩短，满足快节奏市场需求。

　　凭借强大的数据处理与分析能力，AIGC 可深度挖掘消费者数据，洞察其行为习惯、兴趣偏好与消费痛点。这使广告设计能紧密围绕目标受众的需求与情感共鸣

图 6-6　获奖证书

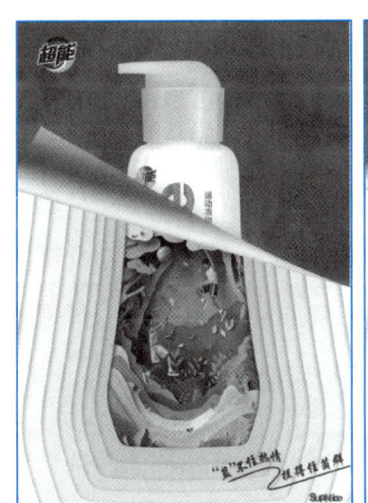
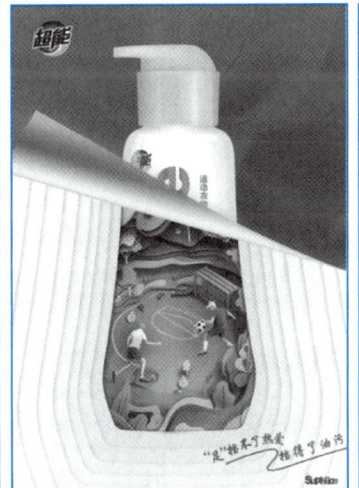
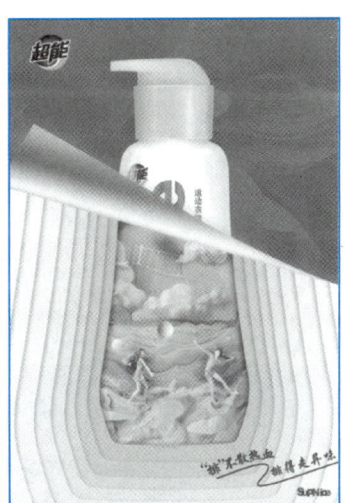

图 6-7　作品展示

点展开，实现精准定位与个性化营销，从而有效提升广告的传播效果与转化率。

对于广告设计企业与品牌方而言，AIGC 降低了对大量专业设计人员的依赖，减少人力成本支出。同时，高效的设计流程减少了因反复修改与项目延误导致的额外成本，使广告设计在预算范围内达成更优效果，提升整体投资回报率。

1. 工具初试

制作流程上，先是解读策略单，寻找关键词，根据要求，超能 supnice 面向的对象为年轻群体，所以提取其中的关键词：青春、运动和美好生活，如图 6-8 所示。

图 6-8　利用 AIGC 图生图搭配提示词生成的效果

除了利用提取的关键词以外，还根据美术设计，对图 6-9 所示的两张图片进行了风格参考和创意参考。

2. 优化

在大致的艺术风格和创意确定下来后，继续利用 AIGC 对画面内容进行优化。AI 口令提示词如下。

"3D 纸剪出一个欢快的运动世界，三名运动员以超现实主义的卡通风格奔跑，蓝色，充满活力，细致的阴影，逼真的风景，柔和的色调，传统的旋涡，充满活力。"

(a)风格参考：运动剪纸　　　　(b)创意参考：画面和产品的结合

图 6-9　参考图片

再进行情感文案优化，结合产品文案："篮"不住热情，挡得住菌群；"足"挡不了热爱，挡得了油污；"排"不散热血，排得走异味。最终形成超能 supnice 系列产品，如图 6-10 所示。

3. 二次优化

利用刚刚的情感文案再次进行图片优化和参数设置。第二次优化 AI 提示词如下。

"3D 纸剪出一个欢快的运动世界，两个男孩以超现实主义的卡通风格打篮球，柔和，充满活力，细致的阴影，逼真的风景，柔和的色调，传统的旋涡，充满活力，图像宽高比为 3：4。"

效果如图 6-11 所示。

根据效果图，选出最满意的一张，利用 Photoshop 对图像进行细节调整，如篮球的图像效果增强。然后和产品进行结合，形成系列产品的第一个最终结果，如图 6-12 所示。

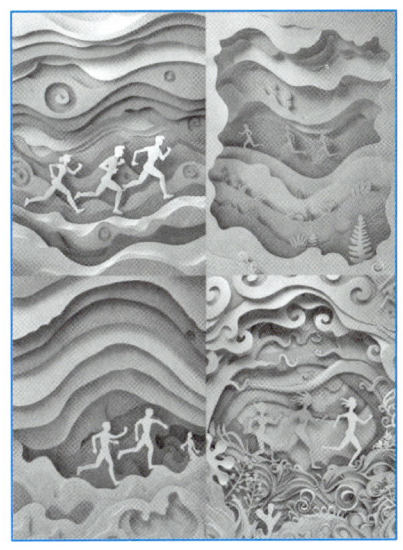

图 6-10　第一次优化后产出效果图

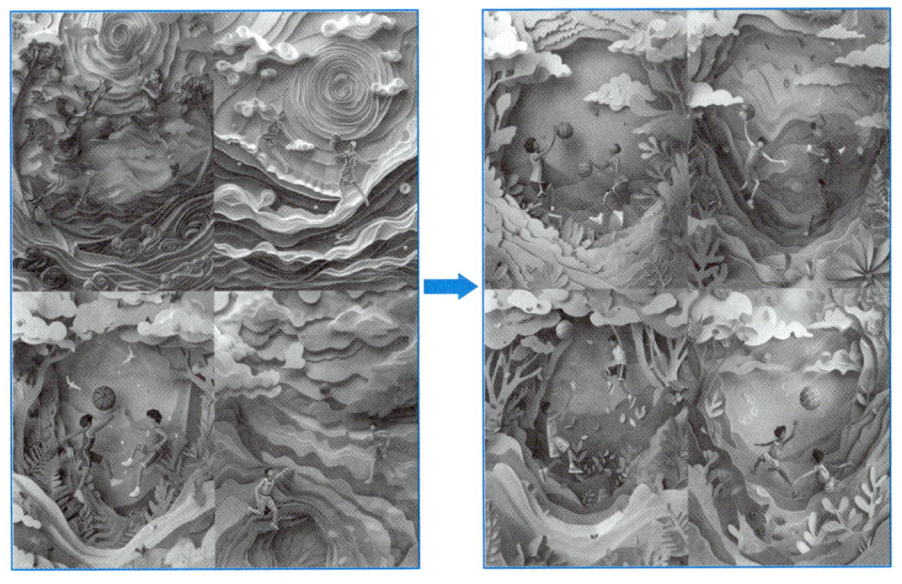

图 6-11　第二次优化形成的效果图

4. 情感文案二

利用 AI 提示词："3D 纸剪出一个欢快的运动世界，两个男人在操场上以跑步姿势踢足球，超现实主义的卡通风格，绿色，充满活力，细致的阴影，逼真的风景，柔和的色调，传统的漩涡，充满活力，图像宽高比为 3：4"。生成该系列第二个产品样图，如图 6-13 和图 6-14 所示。

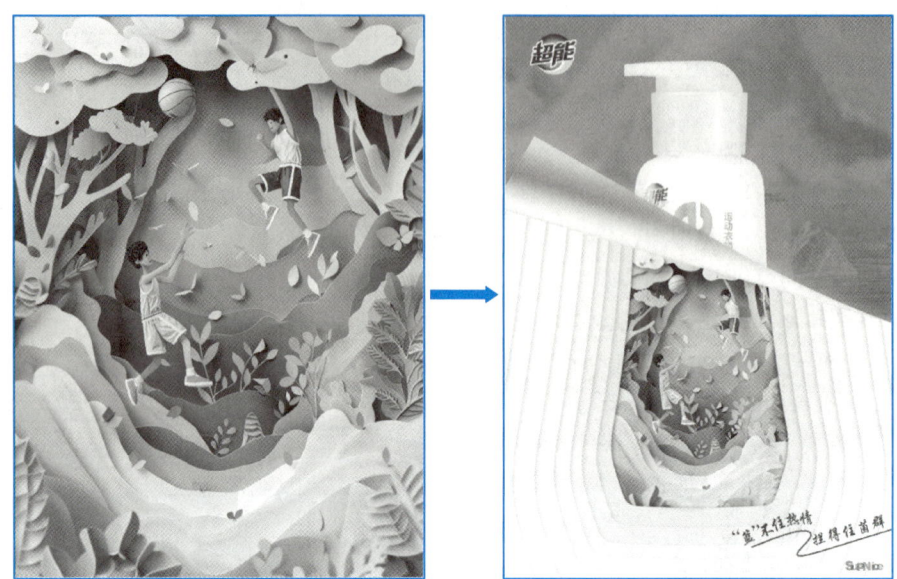

图 6-12　和产品结合后最终的效果图

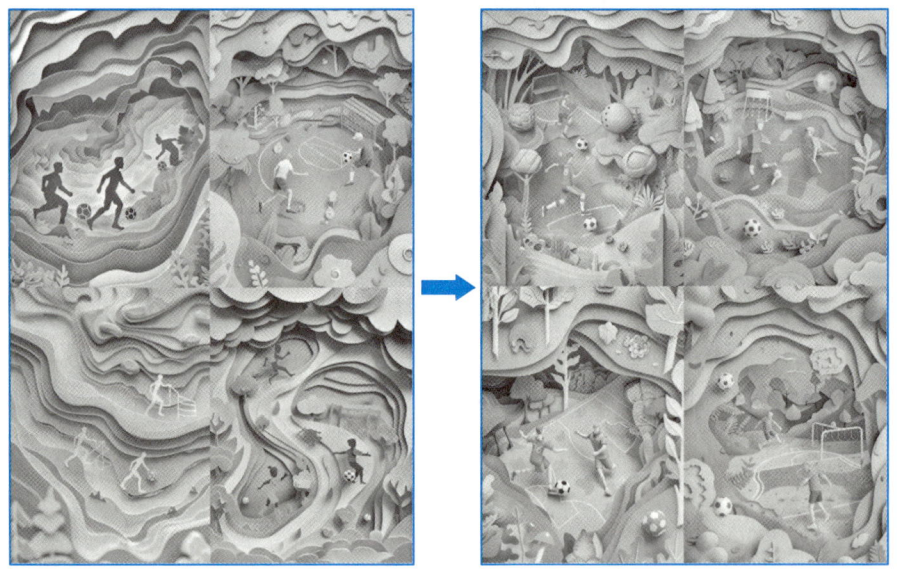

图 6-13　经过优化后系列产品 2 的最终效果图

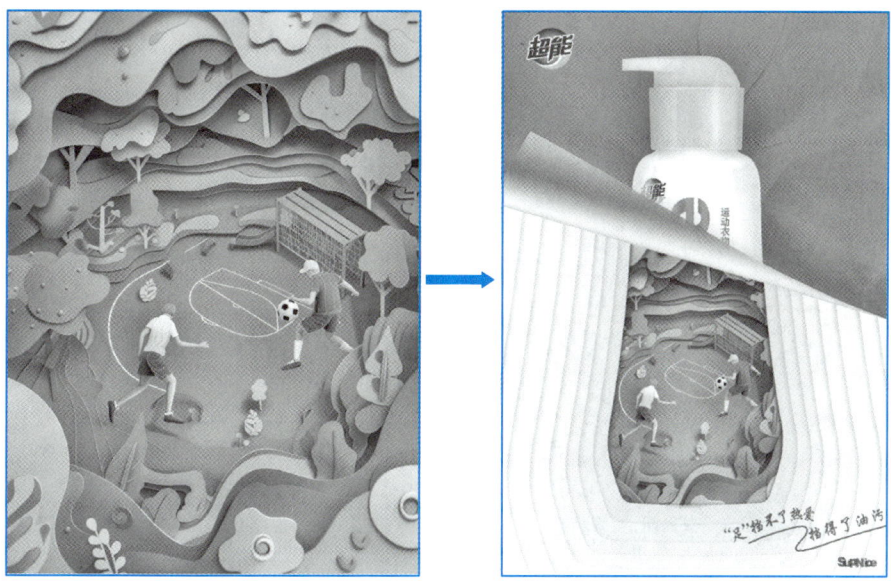

图 6-14　和产品结合的最终效果图

5.　情感文案三

利用 AI 提示词："3D 纸剪出一个欢快的运动世界，几个女孩在沙滩上打排球，超现实主义的卡通风格，柔和，充满活力，细致的阴影，逼真的风景，柔和的色调，传统的漩涡，充满活力，图像宽高比为 3∶4"。继续生成系列产品 3 的效果图，如图 6-15 所示。

生成的效果图考虑对比度、参照物等多方面因素，再次利用 Photoshop 进行细节调整改进。形成最终和产品结合的效果图，如图 6-16 所示。

图 6-15　经过优化后系列产品 3 的最终效果图

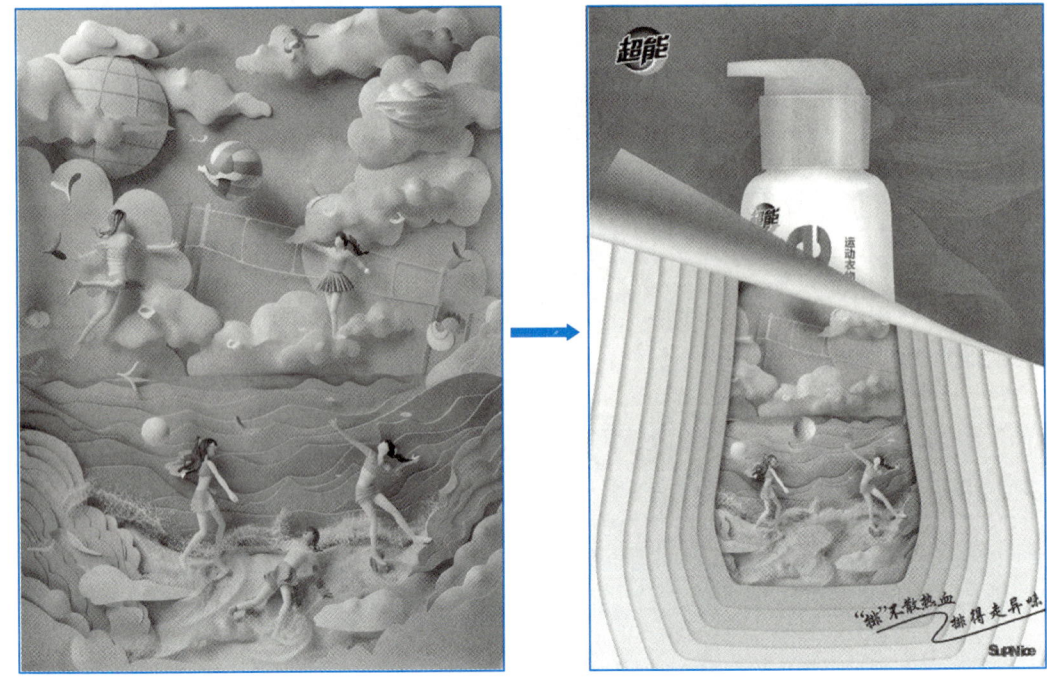

图 6-16 经过优化后系列产品 3 的最终效果图

AIGC 的技术普及提升了创作的速度。AIGC 技术缩短作品构思到实现的时间，加速创意产出；优化了创作流程，减少了重复劳动，让创作者更专注于创意本身；也为创意竞赛带来全新灵感，推动作品创新。

6.2 音乐类 AIGC 实操技巧

在音乐创作的过程中，无论是专业的音乐人寻求灵感的激发，还是普通爱好者希望实现自己的音乐梦想，都常常面临着诸多挑战，如创作灵感的枯竭、制作技巧的局限以及时间和资源的限制等。而音乐类 AIGC 工具的诞生，恰似一把神奇的钥匙，为解决这些问题提供了有效的方案。这些工具能够在短时间内生成大量的音乐素材和创意，帮助创作者们突破思维定势，开启全新的创作思路。同时，它们还具备丰富的功能和便捷的操作方式，使得即使没有深厚音乐专业背景的人，也能够轻松上手，参与到音乐创作中来。因此，了解和掌握音乐类 AIGC 工具的实操技巧，将有助于更好地利用这些工具，满足不同的音乐创作需求，实现更加高效、多样化的音乐创作。

6.2.1 音乐类 AIGC 工具介绍

1. Suno

Suno 是音乐 AIGC 领域中较为老牌成熟的商业产品（图 6-17）。它的音乐和歌

曲生成质量较高，具备较好的多样性和中文
发音支持。Suno 能够单独生成器乐，也能混
合乐器和人声生成歌曲，其最新的 3.5 模型最
长能生成 4 分钟长度的音乐，还支持对生成
的音乐进行延长等操作。此外，该产品还可
根据歌名为歌曲生成配套图片、字幕并制作
成视频，其主要特色功能如下：

图 6-17　Suno 的图标

多样化的音乐生成　Suno 的核心功能是
通过 AI 生成音乐，用户可以根据自身需求选择不同的音乐风格、节奏、乐器等，
AI 会据此快速生成高度原创且多样化的音乐片段。它支持流行、摇滚、电子、古
典、爵士等多种音乐风格，每种风格都经过精细调校，生成的音乐听起来自然且
专业。

高度可定制性　提供多种定制选项，用户能够对音乐的结构、音色等进行全面
的自定义调整，使生成的音乐更符合个人期望和项目需求，满足不同用户在各种场
景下的音乐创作要求。

一站式创作服务　只需输入简单的文本提示词，Suno 便能一站式完成歌词创作、
演唱、编曲和配乐等任务，生成具有特定流派风格的完整歌曲，甚至包含人声，
极大地简化了音乐创作流程，降低了创作门槛，让没有专业音乐知识的人也能轻
松创作。

长音频生成　Suno V3 版本能够制作长达 2 分钟的歌曲，满足用户对于较长篇幅
音乐作品的需求，可应用于更多场景，如短视频背景音乐、小型音乐作品创作等。

2. 海绵音乐

海绵音乐是字节跳动公司旗下的产品，音乐生成质量好，交互
界面设计优秀（图 6-18）。其灵感创造功能支持通过上传图片生成
歌曲，生成的歌曲结构完整。该工具不限量免费试用，且生成速度
快，其主要特色功能如下。

图 6-18　海绵
音乐的图标

多样化风格与模板　提供丰富的音乐风格模板，可满足不同用
户的创作需求，流行、摇滚、电子、古典还是爵士等风格，都能找到相应的模板，
为创作者提供了广阔的创作空间。

个性化创作　支持用户根据自身情感和主题选择创作方向，还能对节奏、速度、
乐器组合等音乐元素进行自定义，让每一次创作都展现出个性与特色，充分发挥用
户的创造力，实现高度个性化的音乐创作。

虚拟歌手功能　集成了虚拟歌手功能，用户可以选择不同的声音来演唱创作的
歌曲，使歌词与旋律达到完美结合，进一步丰富了音乐的表现力。

实时反馈与乐谱生成　在创作过程中为用户提供实时反馈，帮助其及时调整和
完善作品，确保最终生成的音乐达到最佳效果。此外，还能自动生成乐谱，方便用
户进一步学习、演奏创作的作品，也便于与他人分享交流。

多音轨混音　支持多音轨混音功能，用户可以在同一个项目中添加多个乐器轨
道，从而创造出层次丰富、多元化的音乐作品，提升音乐的质感和丰富度。

3. QQ 音乐 TME Studio

TME Studio 是 QQ 音乐推出的辅助创作工具，其中的智能曲谱功能，只需上传 mp3、wav 格式的歌曲，一分钟内即可解析出配好和弦、节奏、指法的曲谱，还能辨别出升降音、休止符等音乐信息。此外，还具备音乐分离工具，能够快速解析歌曲中的不同音轨，另外还具备辅助写词、调音等功能，为音乐人的创作提供了多方面的便利，其主要特色功能如下。

音乐分离 基于深度学习技术，用户可以上传任意歌曲，TME Studio 能够将歌曲中的人声和各种乐器，如鼓、贝斯、吉他、钢琴等精准地分离和提取出来，方便用户对不同的音频元素进行单独处理或再创作。

MIR 计算 通过人工智能和信号处理技术对音乐进行深度内容理解与分析，可提取音乐的采样率、位深、BPM、节奏、节拍、调性、和弦进行、鼓点识别、副歌识别等丰富信息，帮助用户更好地理解音乐结构和特点，为创作提供有力的数据支持。

辅助写词 通过分析 TME 全曲库歌词以及散文、诗歌等多种语料素材，依据智能推荐算法为用户找到合适的押韵词语，激发创作灵感，辅助用户更高效地完成歌词创作。

智能曲谱 运用深度学习神经网络算法，能够为海量歌曲生成智能吉他曲谱。用户只需上传音乐，即可快速获得相应的曲谱，降低了音乐学习和创作的门槛，方便用户进行演奏和进一步的创作改编。

即将推出的功能 包括空间音频混音（全景声混音工具）、曲风合成（一键 remix，让一首歌曲拥有多种曲风）、调音台（轻松修改和调整音乐细节）等，这些功能将进一步丰富平台的创作能力，为用户提供更全面的音乐创作体验。

银河音效 提供了一套高性能、多样化的音乐重放解决方案，涵盖跨平台 SDK、发布后台、制作工具等。针对耳机、外放、车载等不同场景，官方提供了 47 款调制好的基础音效，覆盖低音、环绕、人声等经典效果。依托海量曲库和后台计算的 MIR 信息，还能实现 automix、响度自适应等功能，为每首歌曲打造独特的调音效果，通过 AI+数字信号处理（digital signal processing，DSP）技术，可针对用户生物特征和听音环境特征进行个性化定制。

MusE 一站式的图片、短视频创作工具，支持用户简单输入、一键创作。用户可以输入想创作的歌曲或歌词，MusE 能够智能生成所需的专辑封面、歌词海报或歌词动态视频。同时，用户也可以指定影视作品，通过使用 MMatch 音视频匹配及智能剪辑技术，MusE 能够为音乐生成剪辑好的短视频，并支持音乐卡点、特效、滤镜、目标人物剪辑等功能，助力 UGC 用户创作媲美 PGC 的质量作品，让创作更加简单、高效。

4. 其他音乐类 AIGC 工具

除了以上介绍的三款音乐生成工具，还有很多音乐类 AIGC 工具可供选择，如表 6-8 所示。

表 6-8　其他音乐类 AIGC 工具

工具名称	功能介绍
Udio	能够单独生成器乐，也可混合乐器和人声生成歌曲，最长能生成 4 分钟长度的音乐，还可为生成的歌曲根据歌名配图、配字幕并制作成视频
Boomy	操作相对简单，用户无须具备专业的音乐知识和技能，即可快速生成各种风格的原创歌曲。提供丰富的音乐风格和主题模板，还支持歌词创作和编辑
海螺音乐	生成音频的方式是参考指定曲目的节奏和风格，模仿重唱新的歌词
豆包	豆包的音乐生成功能可以在网站和 App 中使用，通过问答对话的形式输入和生成音乐
通义	能够生成不同风格的音乐片段或完整歌曲，并且可以与阿里云的其他服务和工具相结合，为用户提供更全面的创作和应用解决方案

6.2.2　使用音乐类 AIGC 工具进行创作

音乐类 AIGC 工具打破了传统音乐创作的固有模式，为创作者们提供了前所未有的机遇和可能性。借助强大的算法与海量的数据资源，能够快速且精准地生成各式各样风格迥异的音乐元素，甚至是完整而成熟的音乐作品。从灵动活泼的流行旋律到庄重典雅的古典乐章，从激情四溢的摇滚节奏到充满未来感的电子音效，AIGC工具都能轻松驾驭，极大地拓宽了音乐创作的边界与视野。

1. 明确创作主题

在启动 AIGC 工具进行创作前，明确创作主题是至关重要的起始步骤，这是后续所有创作决策的核心指引。

音乐主题的来源广泛且多元，它可以是个人内心深处情感的细腻抒发。例如，当创作者沉浸在失恋的痛苦中，对过去回忆的眷恋以及对未来的迷茫，都能汇聚成"破碎的心"这一主题，通过音乐来倾诉内心的伤痛；或者在热恋时，炽热的情感和对未来的美好憧憬，可衍生出"爱的乐章"这样的主题，用音符描绘爱情的绚烂色彩。

一些抽象的概念也可以成为主题的灵感源泉。例如对时间流逝的思考，"时光的低语"主题可以通过音乐来诠释岁月的匆匆和人们对时间的敬畏；对未知宇宙的好奇与遐想，"星际的奥秘"主题则能借助音乐带领听众遨游浩瀚星空，探索宇宙的神秘。

明确创作主题就像是在一张白纸上勾勒出轮廓，让后续使用 AIGC 工具时的每一次参数设置、每一个指令输入都有了明确的方向和目标，确保生成的音乐元素紧密围绕主题展开，从而构建出一个完整且富有内涵的音乐作品，使其能够精准地向听众传达创作者想要表达的情感、故事或理念，引发听众的强烈共鸣。

以海绵音乐为例，用户只需输入一句灵感或上传一张图片，即可生成专属的音乐作品。平台提供多种音乐风格和创作工具，帮助用户轻松创作出高质量的音乐。图 6-19 所示为海绵音乐的灵感创作页面。

2. 确定风格与情感

在明确了创作主题之后，确定与之相匹配的音乐风格与情感基调，犹如为一幅画

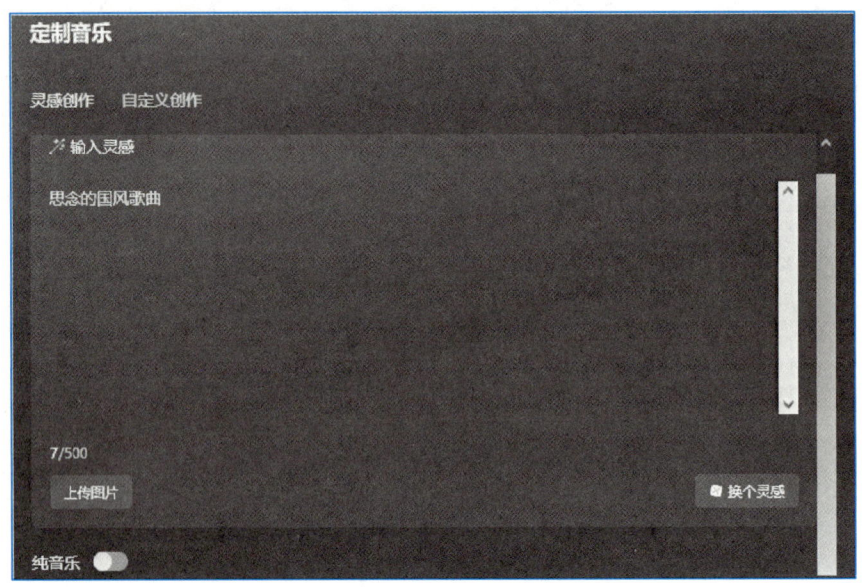

图 6-19   海绵音乐的灵感创作页面

作选定色彩与笔触，将赋予作品独特的个性与灵魂，使其鲜活地呈现在听众面前。

（1）音乐风格。

当人们聆听一首歌时，音乐的风格类型通常是他们首先会关注到的。音乐风格种类繁多，每一种风格都蕴含着特定的音乐元素组合与表现方式，能够营造出截然不同的听觉氛围和情感体验。

在音乐创作领域，精确界定音乐的风格类型至关重要，这确保了音乐类 AIGC 工具能够有效且准确地融入特定的风格元素。随着音乐的不断发展，各种类型的风格、主题层出不穷，因此，对音乐风格术语的深入了解成为设计提示词不可或缺的先决条件。常见的音乐类型如表 6-9 所示。

表 6-9   常见的音乐类型

音乐类型	类型特点	适用领域
古典音乐	曲式结构严谨、和声丰富、旋律变化细腻	音乐会、音乐节、舞蹈、学术研究
摇滚音乐	强烈的电吉他和鼓点、多样化风格、歌词主题广泛、强烈的个人表达和反叛精神	音乐节、演唱会、电视广告、电影与电视剧配乐
民族音乐	旋律优美、和声丰富、乐器多样、演奏技巧独特	文化活动、音乐节、电影与电视剧配乐、学术研究
电子音乐	声音来源广泛、技术性强、风格多样	音乐节、舞厅、电影与电视剧配乐
古风音乐	歌词古典雅致、曲调唯美、具有故事性	电影与电视剧配乐、文化活动、社交媒体
民谣音乐	旋律流畅、自然，易于哼唱、和声简单、节奏平稳	音乐节、音乐会、校园文化活动
爵士音乐	即兴演奏、复杂和声、韵律切分法、多重节奏及融合自由与规律	音乐会、音乐节、剧院

海绵音乐的曲风选择如图 6-20 所示。

（2）音乐情感。

音乐情感是音乐作品的灵魂所在，它能够在无形之中触动听众的心灵，引发情感共鸣。在使用音乐类 AIGC 工具创作时，精准把握和塑造音乐情感是至关重要的环节，这一点也体现在"情感词汇"的设计中。部分情感词汇如表 6-10 所示。

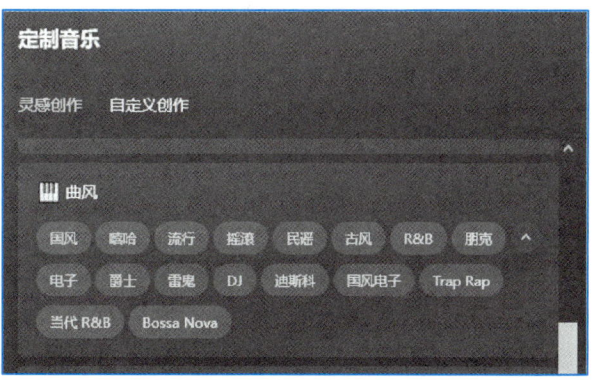

图 6-20　海绵音乐的曲风选择

表 6-10　部分情感词汇

情绪类型	情感词汇实例
积极/正向情绪	快乐、激情、鼓励、自信、幸福、兴奋、鼓舞、愉快、乐观、充满希望、振奋、阳光
消极/负向情绪	悲观、无助、迷茫、伤心、愤怒、沮丧、绝望、嫉妒、仇恨、失落、厌倦、烦躁
中性/平衡情绪	自在、平和、冷静、安慰、镇定、心安、悠闲、怡然、平静、安静、放松、放心、安全、满足、安详、安稳
特殊/复杂情绪	浪漫、矛盾、无奈、挣扎、惋惜、犹豫不决、患得患失、悲喜交加

音乐情感的来源丰富多样，它可以源于创作者自身的情感经历，也可以来自对外部世界的观察和感受。

旋律的跳进和级进也对情感表达有着重要作用。跳进能够制造紧张感和戏剧性，适用于表达激动、惊喜等强烈情感。比如，在一些电影的紧张情节配乐中，突然的旋律跳进可以增强观众的紧张情绪；级进则更加平稳，适合营造舒缓、柔和的情感，像摇篮曲中的级进旋律，能够让婴儿在温柔的氛围中安然入睡。

节奏的强弱变化也能传递丰富的情感。强烈的重音可以表达力量、决心或愤怒等情感，例如，在进行曲中，坚定的重音体现了战士们勇往直前的意志。弱拍的强调或不规则的节奏变化则可能带来神秘、不安的感觉，这种节奏在悬疑电影配乐中经常使用，能够有效地营造紧张的氛围。

音色同样是表达情感的重要手段。不同乐器具有各自独特的音色，能够唤起不同的情感联想。例如，小提琴的音色柔和、细腻，适合表达温柔、悲伤或浪漫的情感；小号的音色明亮、高亢，常用于传达激昂、胜利的情绪。在音乐类 AIGC 工具创作中，也可以通过选择不同的音色组合来塑造想要的音乐情感，例如，用弦乐组来营造深情的氛围，用管乐和打击乐来增强音乐的力量感。

（3）多次尝试与调整。

由于音乐类 AIGC 工具生成的音乐存在一定的随机性和不确定性，首次生成的结果可能不完全符合心意。创作者可以多次调整输入的指令、参数或描述，反复尝试生成不同版本的音乐片段，然后从中挑选出最有潜力的部分进行组合、剪辑和进一步加工。在调整过程中，注意倾听每个元素的变化对整体音乐效果的影响，逐步打磨出理想的音乐作品。

音乐往往蕴含多种核心元素，诸如旋律、节奏、和声、音质以及结构等，它们相互交织，共同塑造出多元而迷人的音乐景观。在音乐类 AIGC 工具的应用范畴内，用户同样能够自主调控这些专业的音乐构成部分，使得音乐创作更加专业且趋于完美，主要调整内容包括以下几个部分。

确定基本速度　根据歌曲的风格和情感表达来确定基础速度。一般来说，抒情慢歌速度通常在（60～90 BPM）之间，流行歌曲速度多在（100～130 BPM）左右，而快节奏的舞曲等可能会达到 140 BPM 甚至更高。

速度变化与情感起伏　在歌曲的不同段落，可通过速度的细微变化来增强情感表达。如副歌部分可适当加快速度以提升情感的张力和兴奋感，而主歌部分则相对较慢，营造出铺垫和叙事的氛围，使歌曲更富有层次感和动态变化。

节奏型与速度的配合　不同的节奏型在不同速度下会产生不同的效果。例如，同样是 4/4 拍，快速的节奏型可以使音乐更具活力和动感，适合表现欢快、激昂的情绪；而缓慢的节奏型则更显沉稳、庄重，适合表达抒情、忧伤等情感。

（4）后期处理与完善。

虽然 AIGC 工具能够生成较为完整的音乐，但为了使作品更加专业和独特，通常还需要进行后期处理。这包括对音量平衡的调整，确保各个乐器和声音元素在整体混音中协调一致；对音色进行优化，使其更加饱满、清晰或具有特色；添加一些特殊效果，如混响、延迟、合唱等，增强音乐的空间感和丰富度。此外，如果工具生成的歌词存在瑕疵或不够生动，创作者可以运用自己的文学功底进行修改润色，使歌词与旋律完美融合，传达出更深刻的情感和主题。

① 人声调整。

音高修正　使用音高修正工具如 Auto-Tune 等，对人声的音准进行微调，确保演唱的音符准确无误，但要注意不要过度修正，以免使人声听起来过于机械失去情感。

EQ 均衡调整　一般男声可适当增强（100～300 Hz）的低音频率，使声音更具厚实感和磁性；女声则可在（200～400 Hz）稍作提升增加温暖感，同时在（5～8 kHz）提升高音频率，让声音更加明亮、清晰。对于有鼻音问题的人声，可适当衰减（100～200 Hz）频段；齿音过重则可在（5～10 kHz）进行适度削减。

压缩处理　通过压缩器来控制人声的动态范围，使人声在不同音量下都能保持相对稳定的电平，避免出现音量忽大忽小的情况。一般可设置适当的压缩比、阈值和 attack、release 时间，使声音更加饱满、有力，同时保留一定的自然动态。

混响与延迟添加　根据歌曲的风格和空间感需求添加混响和延迟效果。如在抒情、大气的歌曲中可添加较长的混响时间和较大的混响空间，营造出空灵、深远的氛围；而在流行、摇滚等风格中，混响和延迟则可相对较短、较小，以保持声音的清晰和直接。

② 歌词结构。

在使用音乐类 AIGC 工具进行创作时，歌词结构的把握同样关键，它能够使生成的歌词更加合理、富有吸引力，并且与音乐相得益彰。

主歌是歌词的基础部分，主要用于叙述故事、描绘场景或者铺垫情感。它通常会引入主题，像一部电影的开场，慢慢地把听众带入到歌词所营造的世界中。从内容上看，主歌的信息密度相对较高，它会详细地阐述歌曲背后的情节、背景或者情绪的起源。节奏和韵律方面，主歌的节奏一般比较平稳，这样有助于听众能够清晰地理解歌词内容。它的韵律也相对较为宽松，虽然也要遵循一定的押韵规则，但不像副歌那样严格，目的是更好地叙事。常见的主歌结构是多段式，一般会有两段或三段。每段主歌的长度可以根据歌曲风格和整体布局有所不同，但通常是较为规整的行数，比如 4~8 行。各段主歌之间在内容上会有逻辑关联，它们可能是从不同角度来阐述同一个主题，或者是按照时间顺序、情节发展来逐步推进故事。

副歌是歌曲的核心部分，也是最容易被听众记住的部分。它就像是文章中的中心句，集中体现了歌曲的主题和情感高潮。在情感表达上，副歌通常会更加强烈和直接。如果主歌是情感的铺垫，那么副歌就是情感的释放，会使用一些更具感染力的词汇和表达方式来引起听众的共鸣。从音乐角度来说，副歌的旋律往往是最动听、最容易记忆的，并且在节奏上也会更具活力和吸引力。它的韵律要求非常严格，通常会有明显的押韵，这样能够增强歌词的记忆点，让听众在听过几遍后就能跟着哼唱。副歌的长度一般相对固定且比主歌短，通常在 4~6 行，这样便于反复吟唱，强化听众的记忆。它的结构相对简单明了，一般会围绕一个核心的情感或者主题进行阐述。并且在整首歌曲中，副歌会反复出现，次数可能是两次、三次或者更多，具体取决于歌曲的设计和风格。例如，在一些流行歌曲中，通常会是主歌—副歌—主歌—副歌—桥段—副歌这样的结构，副歌的多次出现能够加深听众对歌曲主题的印象。

桥段是连接主歌和副歌或者两个不同副歌之间的过渡部分，起到承上启下的作用。它就像是一座桥梁，能够在不破坏歌曲整体风格的前提下，为歌曲带来变化和新鲜感。在内容上，桥段可能会引入新的元素或者视角，进一步深化主题或者转换情绪。音乐性方面，桥段的旋律和节奏通常会与主歌和副歌有所不同，它可能会更加舒缓或者更加激昂，以此来制造对比和张力。在歌词的韵律上，桥段也可以有一定的灵活性，有时候甚至可以打破之前主歌和副歌的押韵模式，为歌曲增添变化。桥段的长度相对灵活，可以根据歌曲的需要进行调整，一般在 3~6 行。它的位置通常在歌曲的中间部分，例如在第二次副歌之前，帮助歌曲避免单调，引导听众进入新的情绪阶段。

有些歌曲会在前奏部分加入一些简单的歌词，如轻声地哼唱、简短的旁白或者重复主题相关的几个字。这种前奏歌词主要是为了营造氛围，提前引导听众进入歌曲的情绪世界。前奏歌词通常比较简短，可能只有 1~3 行，并且在演唱方式上会比较轻柔或者富有创意，以配合前奏的音乐风格，如使用和声、假声等演唱技巧。

尾奏歌词相对较少见，但如果有，主要是起到一种总结或者余韵的作用。它可能是对主题的再次强调，或者是一种情感的延续和淡化。让听众在音乐结束后还能沉浸在歌曲的情感之中。尾奏歌词的长度也较短，并且演唱方式会随着尾奏音乐的渐弱而逐渐轻柔，给人一种歌曲慢慢消失在空气中的感觉。

通过合理地安排歌词的主歌、副歌、桥段以及前奏和尾奏歌词，创作者能够构建出一个层次丰富、情感饱满、逻辑连贯的歌词结构，使歌词与音乐完美融合，更好地传达歌曲的主题和情感。

（5）版权与原创性考量。

在使用音乐类 AIGC 工具创作音乐时，要注意版权问题。了解所使用工具的版权规定，确保生成的音乐在使用和发布时符合相关法律法规。同时，尽管 AIGC 工具能提供很多创意和素材，但创作者也应注重在作品中融入自己的独特创意和风格，避免过度依赖工具而导致作品缺乏原创性，努力在人工智能的辅助下展现个人的音乐才华和创作理念，使作品具有独特的艺术价值。

6.2.3　音乐类 AIGC 工具在各个领域的应用

1. 娱乐领域

（1）影视制作。

快速创作配乐　音乐类 AIGC 工具可以根据电影、电视剧的场景、情节、氛围等快速生成相应的音乐片段，大大提高音乐创作的效率，节省时间和人力成本。例如，在一些预算有限或时间紧迫的项目中，音乐类 AIGC 工具能够快速提供可用的音乐初稿，供音乐制作人进一步修改和完善。

风格模仿与创新　模仿特定音乐风格或艺术家的风格进行创作，为影视作品打造具有时代感或特定风格的配乐，同时也能融合多种风格创造出独特的音乐效果，为影片增添新鲜感和吸引力。

辅助创作与创意启发　为音乐创作者提供灵感和创意，通过生成不同的音乐主题、旋律或和声，激发创作者的思维，辅助他们创作出更符合影片需求的音乐。

（2）游戏开发。

生成游戏背景音乐　根据游戏的不同场景，如战斗场景、探索场景、城镇场景等，自动生成与之匹配的背景音乐，增强游戏的沉浸感和氛围营造。还可以根据玩家的游戏行为和实时反馈进行音乐的调整，使音乐与游戏情节更加紧密地结合。

音效设计　除了背景音乐，音乐类 AIGC 工具还可以用于生成游戏中的各种音效，如角色的技能音效、武器的射击音效、环境音效等，丰富游戏的听觉体验。

个性化音乐体验　为玩家提供个性化的音乐选择，根据玩家的游戏偏好和历史行为，生成符合其个人喜好的游戏音乐，增加玩家对游戏的黏性和满意度。

2. 广告营销领域

广告音乐创作　快速生成符合广告风格和品牌形象的音乐，在短时间内为广告提供定制化的音乐解决方案，提高广告制作的效率。同时，音乐类 AIGC 工具可以根据广告的目标受众和投放平台，生成具有针对性的音乐，增强广告的吸引力和传播效果。

品牌音乐创作与推广　为品牌创作专属的音乐标识或主题曲，帮助品牌建立独特的听觉形象，提升品牌的辨识度和记忆度。音乐类 AIGC 工具还可以通过生成音乐视频、互动音乐体验等形式，为品牌的线上线下推广活动提供创意支持，吸引消费者的参与和关注。

3. 教育领域

音乐教育辅助　为音乐教学提供丰富的教学资源，如生成音乐练习曲、乐理讲解示例、音乐欣赏曲目等，帮助学生更好地理解和掌握音乐知识和技能。还可以根据学生的学习进度和水平，提供个性化的音乐学习建议和练习内容，提高音乐教育的针对性和效果。DeepSeek 在音乐类 AIGC 工具中扮演着创作与教育的双向赋能者角色，通过多模态技术将抽象灵感转化为可执行的音乐参数，例如，将"赛博朋克茶馆"的模糊概念解析为电子脉冲节奏与传统民乐元素的融合方案。它不仅支持实时演奏分析，标记指法偏差并生成 3D 手部运动轨迹对比报告，还能根据学生水平动态生成包含调速音频与趣味文化知识的自适应课件，显著降低古筝等传统乐器的教学门槛。

特殊教育支持　为特殊教育需求的学生提供定制化的音乐治疗方案，通过生成适合他们的音乐，帮助改善他们的情绪、认知和社交能力等。例如，为自闭症儿童生成具有舒缓情绪、促进交流作用的音乐，辅助特殊教育教师进行教学和康复训练。

4. 医疗康复领域

音乐治疗　根据患者的病情和心理状态，生成个性化的音乐治疗方案，在焦虑症、抑郁症治疗中，DeepSeek 通过情感识别算法解析患者语音特征，推荐匹配情绪调节需求的音乐干预方案。其生成的虚拟现实音乐场景（如竹林风声+古筝泛音组合）能降低患者心率变异率（HRV）23%，并通过脑波反馈动态调整声场参数。为中风患者、帕金森患者等生成具有节奏训练、运动协调功能的音乐，辅助康复治疗。

阿尔兹海默病辅助治疗　针对阿尔兹海默病、帕金森病等神经退行性疾病，DeepSeek 通过分析患者脑波数据与音乐偏好，生成动态音乐记忆训练方案。例如，为阿尔茨海默症患者定制融合地方戏曲元素的个性化歌单，刺激海马体活动以延缓记忆衰退。

技术融合与精准调控　DeepSeek 整合脑机接口与音乐语言模型，突破传统治疗界限。在脑卒中康复中，其开发的音乐运动诱发系统可通过实时分析运动皮层信号，驱动古筝音阶序列生成，帮助患者重建神经–动作关联。

5. 智能硬件与物联网领域

智能语音助手　为智能语音助手提供更加自然、流畅的语音交互体验，使语音助手能够更好地理解用户的指令和需求，并以更加人性化的方式进行回答和互动。同时，音乐类 AIGC 工具可以生成具有个性化的语音提示音和背景音，提升用户对智能语音助手的使用体验。

智能家居与物联网设备　为智能家居设备和物联网设备提供定制化的音频解决方案，如生成智能门锁的开锁提示音、智能家电的操作提示音、智能安防设备的报警音等，使设备的交互更加人性化和便捷。

6. 虚拟现实与增强现实领域

虚拟场景音乐生成　为虚拟现实和增强现实应用中的虚拟场景生成逼真的背景

音乐和环境音效，增强用户在虚拟环境中的沉浸感和真实感。例如，在虚拟现实游戏、虚拟旅游、虚拟展厅等应用中，音乐类 AIGC 工具可以根据虚拟场景的特点和用户的行为，实时生成与之匹配的音乐和音效。

互动音乐体验　实现互动音乐体验，使音乐能够根据用户在虚拟或增强现实环境中的操作和行为进行实时变化和调整。用户可以通过手势、动作、语音等方式与音乐进行互动，创造出独特的音乐体验。

6.2.4　案例：音乐类 AIGC 工具创作分析

在当今时代，音乐宛如灵动的精灵，轻盈地穿梭于电影电视、游戏艺术、广告推广、商业活动以及音乐教育等众多领域之中，成为传递情感、营造氛围的得力助手，在影视行业更是如此。随着短视频的异军突起，一段别具一格的音乐恰似神来之笔，能为作品增光添彩，轻松抓住观众的眼球。

而人工智能的音乐生成技术的横空出世，让人们对音乐的渴望得以轻松实现。接下来，我们将以具体的需求场景为切入点，深入探究如何巧妙设计音乐生成的提示词，并借助音乐类 AIGC 工具，获取令人心动的优质音乐，开启一场奇妙的音乐创作之旅。

在自然纪录片创作的领域里，有一个以细腻、真实、震撼而备受瞩目的视频团队。他们一直以来致力于用镜头捕捉大自然最纯粹的美，其作品风格仿若灵动的山水画卷，徐徐展开，让观众仿若身临其境，沉浸于大自然的怀抱之中。近日，这个团队精心雕琢了一部以"观云"为主题的短片。团队打算为这部短片寻觅一首带歌词的音乐插曲。他们期望通过优美的旋律与诗意的歌词相互呼应，将云的自由、飘逸以及其所蕴含的宁静祥和之感精准地传递给观众，使观众在欣赏云卷云舒的画面时，心灵也能随之起伏，沉浸在这美妙的视听融合的艺术体验之中，从而让这部"观云"短片成为团队又一经典之作，进一步巩固其在自然纪录片领域的地位。

1．分析场景，确定主题关键词

在具体的案例场景中，有一部以"观云"为主题的短片需要插曲来提升其整体的艺术效果。此刻，我们能够精准地确定音乐的核心主题，即"云朵"，我们可以进一步拓展出如"洁白""轻盈""变幻""飘逸"等一系列与之相关的描述性词汇，从而构建起丰富且精准的提示词体系。

2．构建情境与故事线索

围绕主题关键词进行联想，编织相关的情境画面或者故事脉络，能够极大程度地充实提示词的内涵。以"云朵"为例，从这个词出发，可以联想到诸多与云朵相关的情境背景，如"在澄澈蓝天的轻柔云朵间一群飞鸟自由翱翔的闲适之景"；抑或是增添一些可能的故事情节作为提示词，如"于云朵之上展开的奇幻冒险旅程"，又或是"在洁白云朵见证下的童年纯真约定"等。通过这样的联想方式，我们便能够为音乐创作或者挑选获取更加丰富且具有针对性的提示信息，从而更好地找到与"观云"主题短片相得益彰的音乐插曲，让观众在欣赏短片时，能更深刻地感受到云朵所蕴含的独特魅力与情感氛围，沉浸在由云朵所营造的美妙情境之中，进一步提升整个短片的艺术感染力和观赏价值。

3．细化情感和风格

在这个阶段，我们将深入探索音乐的具体元素，以捕捉和表达云朵所激发的情感和氛围。考虑到团队的风格倾向于温馨和文艺，将专注柔和的音乐元素。可以从云朵引发的情感联想中提取关键词，如自由、平和、神秘、怀旧和浪漫；同时，也可以确定音乐的风格方向，比如选择古典或民谣等类型。通过这些情感和风格的提示词可以塑造出符合团队特色并触动人心的音乐作品。

4．细化情感和风格

遵循上述三个步骤，大多数用户能够构思出一个较为完整的音乐提示词，用于音乐创作。然而，对于那些追求更高音乐品质的用户，还可以细化更多的专业元素。

针对以"云朵"为主题的歌曲，可以根据其主题和风格倾向，进一步确定歌曲的速度、人声与器乐配置以及歌词结构。

在速度上，考虑到歌曲的温和与轻柔特质，可以选择一个较慢的节奏，大约 60 BPM。

在人声和器乐的选择上，推荐使用柔和而富有感情的年轻女声，并以钢琴作为主要伴奏乐器，营造出一种温馨而文艺的氛围。

5．整合信息，生成音乐

经过细致的规划，关于"云朵"主题的歌曲已经积累了详尽的创作素材。以下是整理后的歌曲信息概要。

（1）主题提示词：在澄澈蓝天的轻柔云朵间一群飞鸟自由翱翔的闲适之景。

（2）情感倾向：宁静、自由、平和。

（3）音乐风格：民谣。

（4）节奏：60 BPM。

（5）人声：温柔女声。

（6）器乐：钢琴。

将这些详细信息输入到音乐类 AIGC 工具中，并单击"生成"按钮，即可得到一首定制的歌曲。如图 6-21 和图 6-22 展示的网易天音的音乐生成界面，大部分的歌曲信息已经成功输入到系统中。

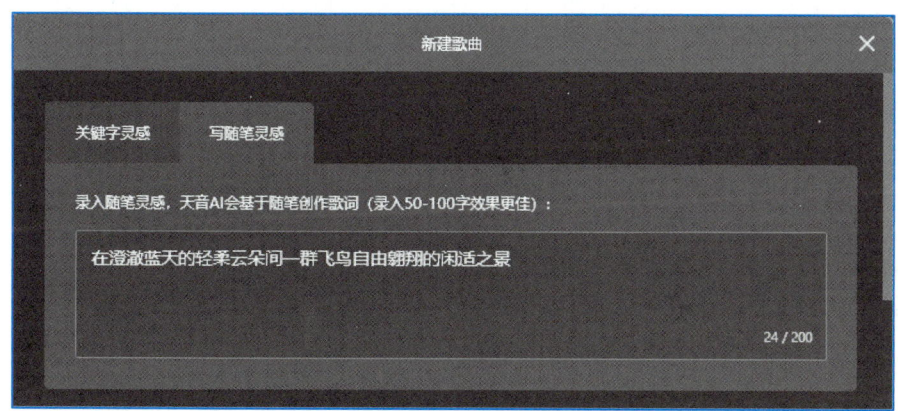

图 6-21　网易天音的音乐生成界面 1

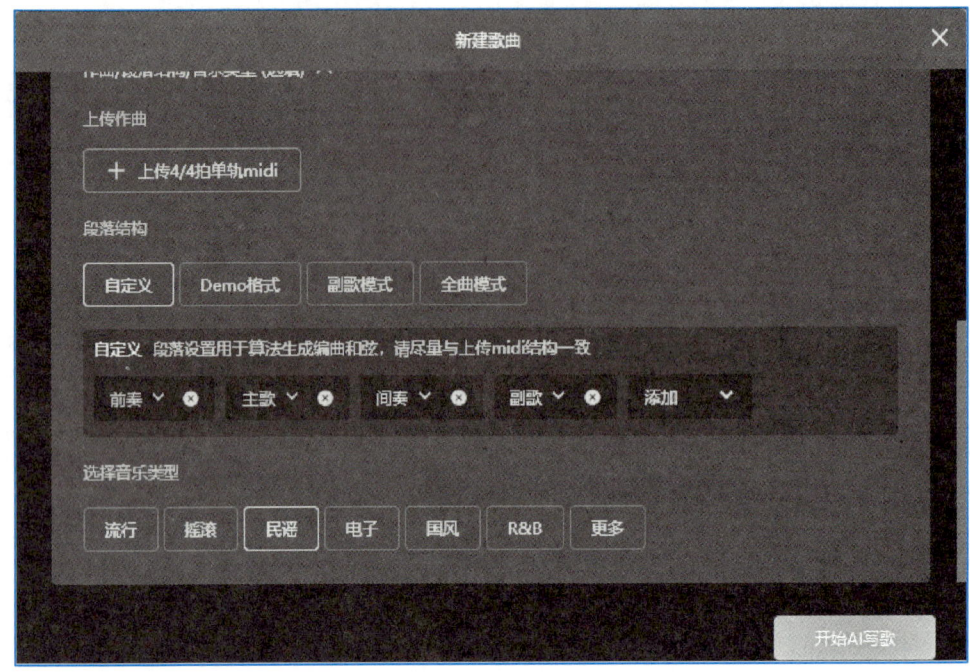

图 6-22　网易天音的音乐生成界面 2

单击"开始 AI 写歌"按钮，如图 6-23 所示，即为生成的词曲及其编辑界面。

图 6-23　网易天音生成的词曲及用户编辑页面

在本页面中，用户可以根据自己的需求进行各项内容的调整。经过修改后，可以得到一首质量不错的短视频插曲。

6.3　视频类 AIGC 工具实操技巧

随着人工智能技术的飞速发展，AIGC 正逐步改变各行各业的创作模式，尤其是在视频制作领域。视频作为信息传播的重要载体，具有极强的吸引力和传播力，而视频创作的复杂性和高成本却常常成为创作者的瓶颈。传统的视频制作不仅需要丰富的专业知识，还涉及拍摄、剪辑、音效、特效等多个环节，这对时间和资金的要求极高。然而，随着 AIGC 的应用，视频创作的门槛得到了大幅降低，创作者可以借助人工智能工具在短时间内完成高质量的视频内容生成，极大提升了创作效率和创作自由度。

基于应用视角，可以对视频生成的方式做进一步细分为剪辑生成、特效生成和内容生成，三种方式的结合使用可以大量应用在电影电视、游戏、短视频、广告等视觉制作领域，在工业设计、建筑设计、教育培训等行业也可以提供更加直观的演示效果。其视频生成的主要类型如表 6–11 所示。

表 6–11　视频生成的主要类型

生成方式	过程	典型应用
剪辑生成	将多段视频进行剪辑、合成和编辑，生成新的视频，包括视频属性编辑、片段编辑、视频部分编辑等	影视剪辑 视频换脸
特效生成	在现有视频上添加多种效果，如滤镜、光影、烟火等，提升视频创意和艺术	视觉后期特效
内容生成	根据给定的文本、图像等信息生成相应的视频内容	影视游戏场景制作、广告宣传

视频生成的技术发展可以大致分为图像拼接生成、GAN/VAE/Flow-based 生成、自回归和扩散模型生成几个关键阶段，随着深度学习的发展，视频生成无论在画质、长度、连贯性等方面都有了很大提升。但由于视频数据的复杂性高，相较于语言生成和图像生成，视频生成技术当前仍处于探索期，各类算法和模型都存在一定的局限性。视频生成技术发展的关键阶段如表 6–12 所示。

表 6–12　视频生成技术发展关键阶段

图像拼接生成阶段	GAN/VAE/Flow-based 生成阶段	自回归和扩散模型阶段
静态图像拼接形成视频流；简单易用，但视频质量低；连贯性差	通过前景和背景解耦、运动和内容分解、图像翻译等方法改进生成效果；视频质量较低	自回归模型：帧的预测生成，连贯性较好，但效率低、错误易积累； 扩散模型：将文生图架构迁移至视频生成，保真度较高，但资源消耗大

视频类 AIGC 工具通过深度学习、计算机视觉和自然语言处理等技术，能够自动化地处理视频编辑、内容生成、配音和特效制作等繁琐的工作，甚至能够根据简单的文本描述或素材生成完整的视频作品。这种智能化的工具不仅能帮助专业创作者提升工作效率，也让普通用户能够轻松创作具有高水平的视频内容。因此，视频类 AIGC 工具的广泛应用，推动了短视频、广告、教育、影视等多个领域的发展，极大拓宽了创作的边界。

本节将深入探讨视频类 AIGC 工具的应用场景、操作技巧以及实际创作案例，帮助用户了解如何利用这些工具进行创作、提高创作效率，同时展望 AIGC 在未来视频创作中的发展潜力和创新方向。通过掌握这些工具的使用方法，创作者不仅能够节省大量的时间成本，还能够突破传统创作模式的限制，创作出更加多元化和富有创意的视频作品。

6.3.1　视频类 AIGC 工具介绍

随着人工智能技术的不断进步，视频创作的方式正在经历前所未有的变革。传统的视频制作过程通常需要大量的人力和时间投入，从拍摄到剪辑再到后期特效，每一个环节都充满了复杂性和挑战。而视频类 AIGC 工具的出现，极大地简化了这一过程，使得视频创作不仅变得更加高效，还能够满足更高质量和多样化的创作需求。这些工具利用深度学习、计算机视觉、自然语言处理、语音合成等先进技术，能够自动生成、编辑和优化视频内容，从而使创作者可以专注于创意和内容的表达，而不必被繁琐的技术细节所困扰。

从电影制作到广告创作，从教育视频到社交媒体内容生成，视频类 AIGC 工具在多个领域展现出了巨大的潜力。它们可以根据用户的需求，自动完成剪辑、字幕生成、虚拟人物合成等工作，甚至可以根据文本输入自动生成演讲视频、短视频内容，极大地降低了制作成本和创作门槛。随着 AI 技术的不断完善，视频类 AIGC 工具的功能也越来越强大，从基础的自动剪辑到复杂的特效制作和情感分析，这些工具正在推动视频制作进入一个新的创作时代。

在全球范围内，多个国际平台和国内厂商已经推出了各具特色的视频类 AIGC 工具，它们通过不同的技术实现和应用场景满足了各种创作者的需求。无论是在专业的影视制作、广告创意、教育培训，还是在短视频平台内容创作中，视频类 AIGC 工具都发挥了不可忽视的作用。本节将详细介绍几款国内外代表性的视频类 AIGC 工具，并分析它们的功能特点、应用场景以及在各个行业中的实际应用效果。

1. 国外具有代表性的视频类 AIGC 工具

国外的代表性视频类 AIGC 工具，凭借其强大的功能和灵活的应用场景，成为全球创作者和企业的重要工具。这些工具借助深度学习、自然语言处理、计算机视觉等前沿技术，能够自动化处理视频剪辑、特效制作、虚拟人物生成等多个环节，显著提高了创作效率。在影视制作、广告创意、教育视频以及社交媒体内容创作等领域，国外的视频类 AIGC 工具展现出了巨大的潜力和广泛的应用价值。接下来，我们将详细介绍几款国外知名的视频类 AIGC 工具，并分析它们的功能特点及实际应用。

（1）Runway ML。

Runway ML 是一款多功能的人工智能创作平台，专注于视频编辑、生成和特效处理。它通过深度学习技术和预训练模型，提供了许多强大的功能，包括视频剪辑、对象追踪、背景替换、图像生成、特效渲染等。用户可以通过简单的拖拽操作来快速完成复杂的视频制作。Runway ML 支持实时生成和实时预览，创作者可以在创作过程中不断调整，极大地提升了创作的灵活性和创意的实现。它广泛应用于影视制作、广告创作和社交媒体内容创作。影视行业中的创作者可以利用 Runway ML 在后期制作中加速特效和场景合成，特别适用于需要高视觉冲击力的科幻或动画影片。广告创作者也能利用 Runway ML 快速生成短视频广告，配合动态文本和背景音乐，从而提高广告制作的效率。在社交媒体领域，创作者借助 Runway ML 可以轻松制作出吸引观众的创意短视频，提高内容质量并缩短制作周期。

（2）Pictory。

Pictory 是一款专为社交媒体和短视频创作设计的 AI 工具，它的主要功能包括自动化剪辑、字幕生成、视频总结和内容自动化生成。Pictory 通过 AI 算法能够从长视频中提取关键信息，并自动剪辑成精简的短视频，非常适合快速制作社交平台的内容。它提供了多种模板，用户可以根据需求选择适合的风格，AI 会自动为视频加入背景音乐、转场效果和动画，广泛应用于多个短视频平台，帮助内容创作者快速生成高质量的视频短片，特别适合需要处理大量素材的创作者。此外，品牌和广告公司也能使用 Pictory 快速生成营销视频、产品演示或品牌推广视频，从而加快内容发布速度，提升宣传效果。

（3）Synthesia。

Synthesia 是一款创新的 AI 驱动视频创作工具，专注于通过虚拟人物生成讲解视频。用户只需输入文本，AI 就能够自动生成虚拟人物讲解的视频。Synthesia 支持多种虚拟人物和语音合成选项，用户可以自定义虚拟人物的外观、语言和口音，生成高度逼真的讲解视频。AI 还能根据语音生成精准的口形同步，确保讲解视频的自然流畅。这款工具特别适用于企业培训、客户支持和市场营销等领域。在企业培训中，Synthesia 帮助企业快速生成在线培训视频，节省聘请讲师或演员的成本。在客户支持方面，虚拟人物可以用来自动生成常见问题解答视频，提供全天候自助服务。在市场营销领域，品牌可以通过 Synthesia 制作产品推广视频，生成多语言版本，帮助品牌轻松实现跨国推广。

（4）DeepBrain。

DeepBrain 是一款 AI 驱动的虚拟人物生成工具，它通过语音合成和自然语言处理技术，能够为用户提供高度逼真的虚拟讲解员。用户只需输入文本，DeepBrain 便能生成配有语音和相应视觉元素的讲解视频。DeepBrain 支持多种语言风格和音色，用户可以根据需求调整声音的自然度和情感表达。该工具可用于新闻播报、企业演示和个性化营销等多个领域。在新闻播报领域，DeepBrain 帮助媒体机构生成虚拟播报员，实现新闻视频的快速制作。在企业演示方面，它能够生成自动化的产品介绍视频或销售演示，大大减少了真人演员的需求。在个性化营销方面，品牌能够使用 DeepBrain 生成客户推荐视频，针对不同用户群体提供定制化的内容，增强客户互动与体验。

2. 国内具有代表性的视频类 AIGC 工具

随着国内人工智能技术的不断发展，视频类 AIGC 工具正在逐步改变视频创作的方式。这些工具利用深度学习、自然语言处理和计算机视觉等技术，能够自动化地进行视频生成、剪辑和优化，大幅提升创作效率和内容质量。尤其是在社交媒体内容创作、短视频制作、广告营销以及企业宣传等领域，国内的视频 AIGC 工具得到了广泛的应用，成为创作者和企业不可或缺的助力。

（1）可灵 AI。

可灵 AI（图 6-24）是国内领先的 AI 视频创作平台，专注于为短视频创作者提供全方位的 AI 支持。它通过智能视频生成、自动剪辑、字幕生成和特效渲染等功能，帮助用户快速制作符合要求的视频内容。可灵 AI 能够通过深度学习技术自动识别视频中的重要场景和关键信息，优化剪辑流程，使得创作者能够专注于创意的表达，而不需要花费大量时间在繁琐的编辑工作上。其自动化程度高，操作简便，非常适合抖音、快手等社交平台的短视频创作者，能够在短时间内产出高质量的内容。此外，它还广泛应用于电商直播、品牌营销以及广告创意领域，帮助商家和品牌提高创作效率和内容传播效果。

图 6-24　可灵 AI

（2）智谱清影。

智谱清影是另一款具备智能视频编辑和风格迁移功能的国内 AI 工具，特别适合广告创作和教育培训视频的制作。智谱清影能够通过分析视频内容的情感走向和叙事结构，自动生成最合适的剪辑方案，并添加符合主题的特效、背景音乐和字幕。其强大的场景识别和智能剪辑功能，让创作者可以更加专注于创意表达，而不必担心复杂的后期制作。该工具在广告行业的应用尤为广泛，能够根据不同品牌的定位和目标受众，自动推荐合适的视觉效果和配乐，大大提高了视频创作的效率和个性化。此外，智谱清影也被广泛用于教育视频制作，特别是在在线教育平台，能够快速将课程内容转化为高质量的视频素材。

（3）有言。

有言（图 6-25）是一款利用深度学习和自然语言处理技术的 AI 工具，专注于生成视频内容，尤其在教育培训、企业宣传、新闻播报等领域获得了广泛应用。用户只需提供文本，有言就能自动生成配有虚拟讲解员的视频，通过语音合成和口型同步，使得虚拟人物的讲解更加自然和真实。该工具的核心功能包括文本转视频、虚拟人物生成、语音合成和口型同步等，支持多种语言和口音选择，适应不同地区和文化背景的需求。在教育领域，有言可以为教师和教育机构提供高效的在线课程制作工具，快速生成教学视频，极大提高了内容制作效率，尤其适用于大规模在线教育平台。在企业宣传方面，企业可以利用有言生成定制化的产品介绍视频或员工培训视频，通过虚拟讲解员迅速传递信息，提升品牌形象。有言还广泛应用于新闻播报和客户支持，自动生成新闻播报或解答视频，减少人工工作量，提升服务效率。整体来看，有言通过人工智能技术，打破了传统视频制作的局限，降低了创作门槛，为各行业提供了创新的解决方案。

图 6-25　有言

（4）DeepSeek。

DeepSeek 是一款先进的视频类 AIGC 工具，旨在通过智能化技术提升视频创作效率与质量。它利用深度学习算法，能够自动生成高质量的视频内容，涵盖从脚本创作、画面生成到后期剪辑的全流程。DeepSeek 不仅支持多场景、多风格的视频生成，还能根据用户需求进行个性化定制，帮助创作者快速实现创意落地。无论是短视频制作、广告宣传，还是教育培训、影视创作，DeepSeek 都能提供高效、智能的解决方案，大幅降低制作成本与时间，推动视频内容创作的智能化革新。

总的来说，国内的视频类 AIGC 工具在各个领域中的应用表现出了强大的创新能力。无论是在短视频创作、广告制作、企业营销还是教育培训中，这些工具都能够显著提升视频制作的效率、降低创作成本，并帮助创作者实现更具创意和个性化的视频内容。未来这些工具将更加智能化，能够更好地满足不同行业和创作者的需求。

6.3.2 使用视频类 AIGC 工具进行操作

随着人工智能技术的不断进步，视频类 AIGC 工具为创作者提供了前所未有的创作体验，降低了创作门槛并加速了制作过程。通过这些工具，创作者可以在短时间内完成高质量的视频创作，且不必精通复杂的视频编辑技术。无论是视频剪辑、特效处理、内容生成，还是虚拟人物的创建和口形同步，视频类 AIGC 工具都能实现自动化并提高创作效率。视频类 AIGC 生成的方式大概分为文生视频、图生视频以及视频生视频 3 种方式，接下来将详细介绍如何使用这些工具进行创作，帮助创作者更好地理解和应用这些技术。

1. 初步设置与素材准备

使用视频类 AIGC 工具进行创作的第一步是准备好所需的素材。对于不同的创作需求，素材的准备方式也有所不同。一般来说，素材包括视频片段、音频文件、图片、文本内容等。

（1）创意构思阶段。

① 明确目标：确定视频的主题与用途，是用于广告、教育、节日祝福，还是社交媒体内容。明确受众群体，目标人群是年轻消费者、职场人士，还是普通大众等。当前视频类型可以分为表 6-13 所示的几类。

表 6-13 视频类型表

类别	描述
Vlog	日志类型，以个人生活、旅行、经历等为主题的个人日常记录
教育分享	分享知识、学习经验、解答问题，以教育为目的的视频
娱乐剧评	对影视作品、音乐、游戏等娱乐内容进行评论和评分的视频
产品测评	对商品、科技产品、美妆等进行测评和推荐的视频
健身教程	提供健身指导、训练计划和健康建议的视频
美食品鉴	介绍美食、烹饪方式、餐厅推荐等与美食相关的内容
时尚搭配	展示时尚穿搭、搭配技巧和购物心得的视频
生活技巧	分享生活小窍门、DIY 制作、使用技巧等的视频
旅游攻略	介绍旅游目的地、旅游攻略和旅行经验的视频
语言学习	提供语言学习方法、口语练习、学习资源推荐等的视频
心理健康	关于心理健康、健康疏导、情绪管理等方面的视频

② 构建内容框架：列出主要内容，如产品特点、故事情节、知识点等。明确情感基调，要是激励人心、营造温馨或者是体现专业和可信。

③ 确定视觉风格：选择合适的视觉效果，如动态炫酷、简洁明快、温馨浪漫等。同时考虑配色方案，如品牌色、节日色彩、柔和或者高对比度色调。

（2）引导词撰写阶段。

引导词撰写过程中注意以下三点：

清晰描述　撰写简洁明了的引导词，准确描述所需的视频内容和效果。

包含细节　在引导词中加入具体的视觉元素、色彩、背景音乐等细节，以指导AI 生成更符合预期的内容。

避免歧义　确保引导词表达明确，避免使用模棱两可的词语，以防止生成结果偏离预期。

用户可以在 ChatGPT 中通过输入相关主题、情节、角色、对话等信息，启发ChatGPT 生成富有创意的短视频脚本。这样能够更快地创作出吸引人的短视频内容，提高短视频的质量和观众的参与度。制作短视频的目的是吸引观众的注意力，传达信息和情感，因此用户首先要策划一个好的主题，具体方法如下。

在 ChatGPT 的输入框中输入"帮我推荐 10 个热门短视频话题"，ChatGPT 的回复如图 6-26 所示。

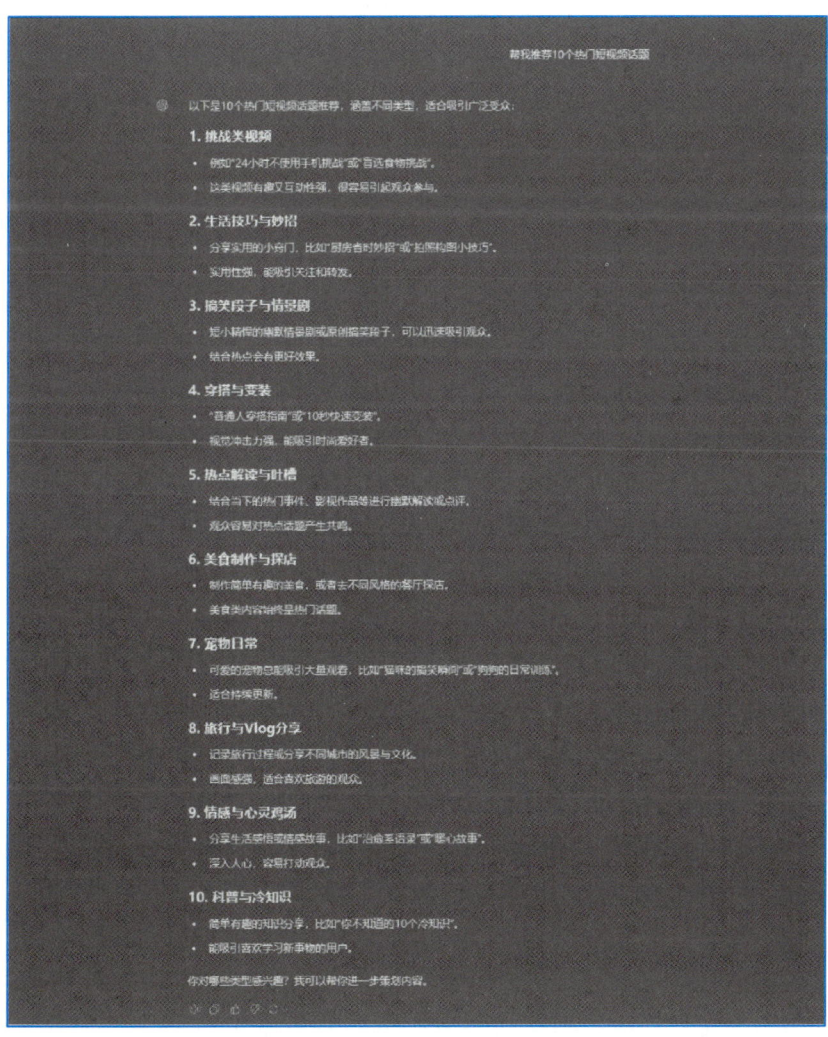

图 6-26　ChatGPT 的回复 1

有了话题，就可以让ChatGPT列出某个大类目下的一些子主题，为用户提供更多的视频主题参考，如在ChatGPT的输入框中输入"关于#时尚穿搭，给我10个子主题建议"，ChatGPT的回复如图6-27所示。

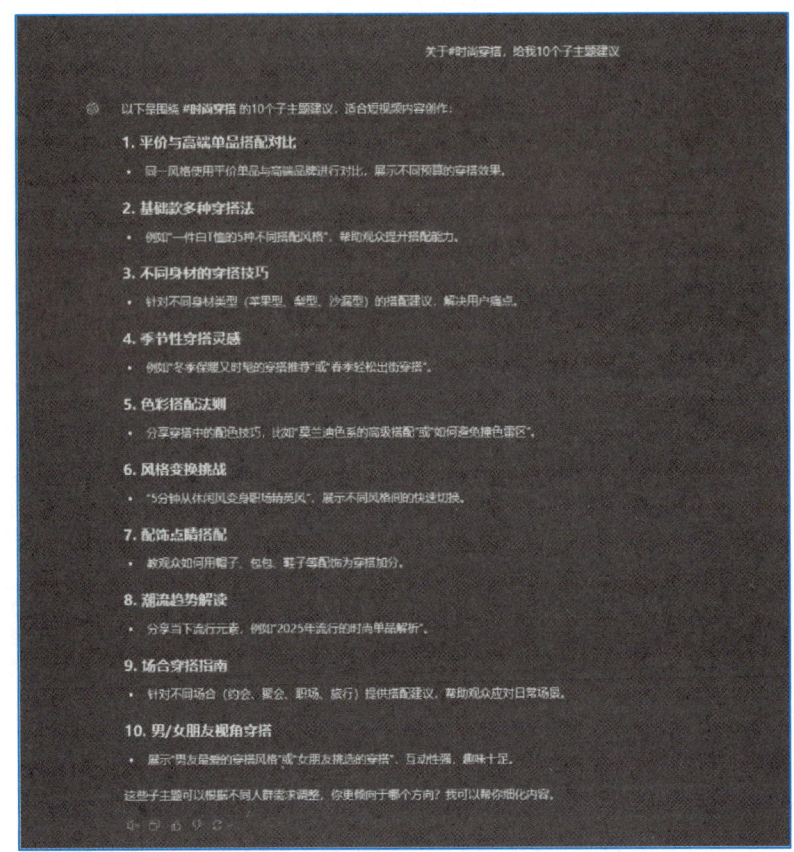

图6-27　ChatGPT的回复2

有了合适的子主题，用户就可以让ChatGPT构思视频创意，输入"关于时尚穿搭中的职场着装，提供不同职业和工作场合的着装建议等，要作为分享人来说，不需要很强的营销口吻，为我再提供10个视频创意"，ChatGPT的回复如图6-28所示。

有了视频创意，用户就可以进行脚本文案的生成了，另外还可以根据视频创意让ChatGPT拟写视频标题，也可以试着让ChatGPT加入一些数字，这样更有说服力，输入"根据'职场百搭穿搭：介绍几个适用于不同职业和场合的百搭着装方案，让观众能够灵活地搭配衣服'这个内容，帮我写10个热门的短视频标题，并在其中加一些数字"，ChatGPT的回复如图6-29所示。

有了短视频主题后，用户即可让ChatGPT根据这个主题生成详细的脚本内容，具体操作方法如下。在ChatGPT的输入框中输入"根据'职场百搭穿搭挑战：15分钟内搭出5套完美着装，敢来试试吗？'这个标题，写一个抖音短视频脚本。要求：用分享人口吻，语气要惊喜、轻松，内容要符合平台规则，不要用极限词"，ChatGPT的回复如图6-30和图6-31所示。

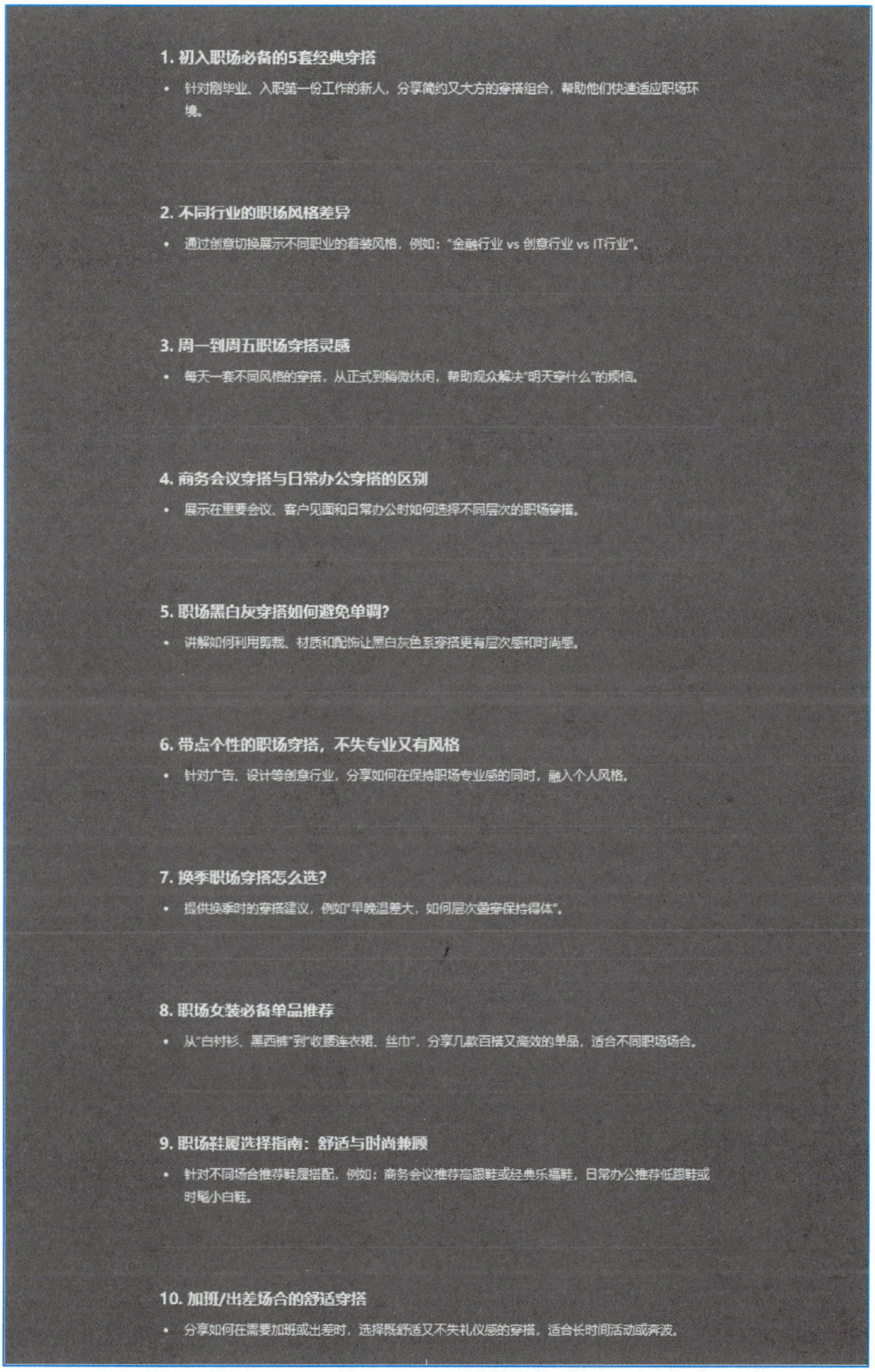

1. 初入职场必备的5套经典穿搭
- 针对刚毕业、入职第一份工作的新人，分享简约又大方的穿搭组合，帮助他们快速适应职场环境。

2. 不同行业的职场风格差异
- 通过创意切换展示不同职业的着装风格，例如："金融行业 vs 创意行业 vs IT行业"。

3. 周一到周五职场穿搭灵感
- 每天一套不同风格的穿搭，从正式到略微休闲，帮助观众解决"明天穿什么"的烦恼。

4. 商务会议穿搭与日常办公穿搭的区别
- 展示在重要会议、客户见面和日常办公时如何选择不同层次的职场穿搭。

5. 职场黑白灰穿搭如何避免单调？
- 讲解如何利用剪裁、材质和配饰让黑白灰色系穿搭更有层次感和时尚感。

6. 带点个性的职场穿搭，不失专业又有风格
- 针对广告、设计等创意行业，分享如何在保持职场专业感的同时，融入个人风格。

7. 换季职场穿搭怎么选？
- 提供换季时的穿搭建议，例如"早晚温差大，如何层次叠穿保持得体"。

8. 职场女装必备单品推荐
- 从"白衬衫、黑西裤"到"收腰连衣裙、丝巾"，分享几款百搭又高效的单品，适合不同职场场合。

9. 职场鞋履选择指南：舒适与时尚兼顾
- 针对不同场合推荐鞋履搭配，例如：商务会议推荐高跟鞋或经典乐福鞋，日常办公推荐低跟鞋或时髦小白鞋。

10. 加班/出差场合的舒适穿搭
- 分享如何在需要加班或出差时，选择既舒适又不失礼仪感的穿搭，适合长时间活动或奔波。

图 6-28　ChatGPT 的回复 3

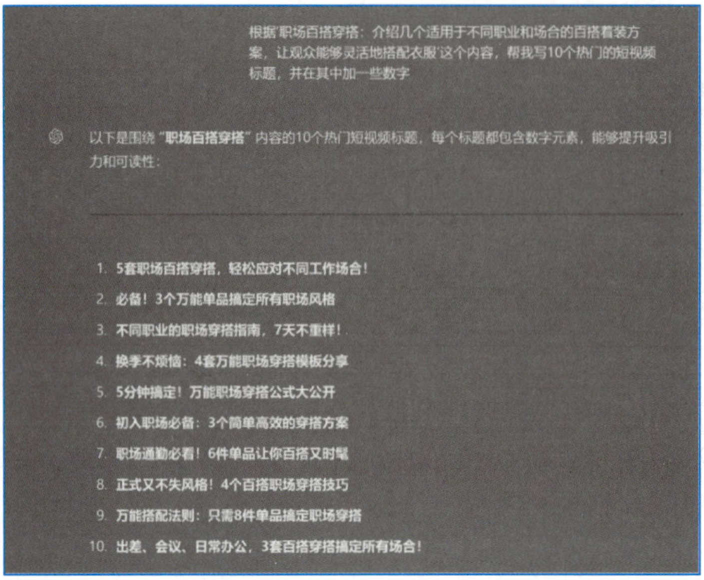

图 6-29 ChatGPT 的回复 4

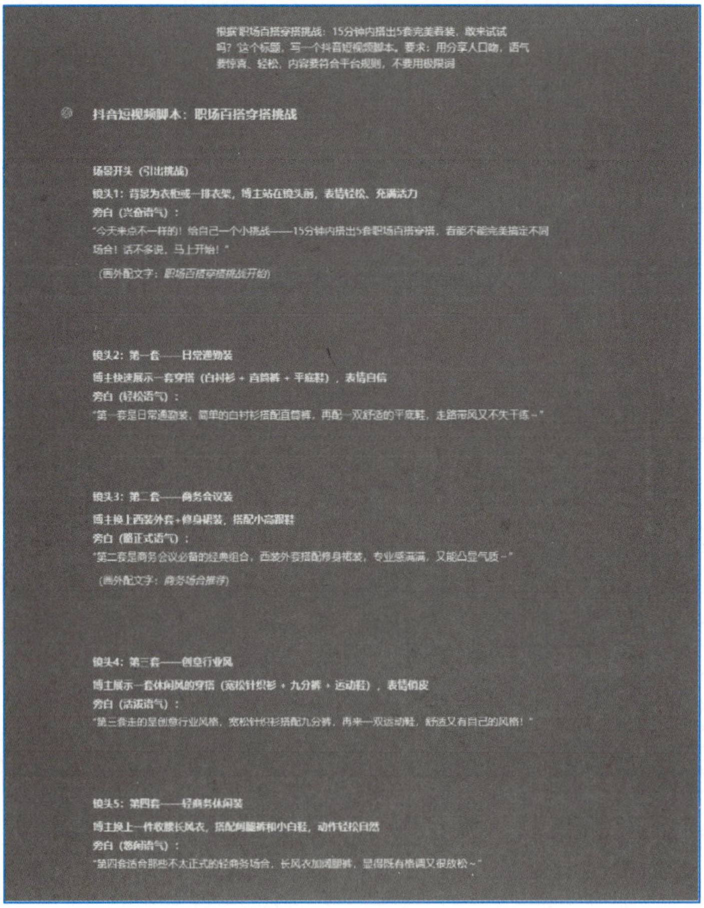

图 6-30 ChatGPT 的回复 5

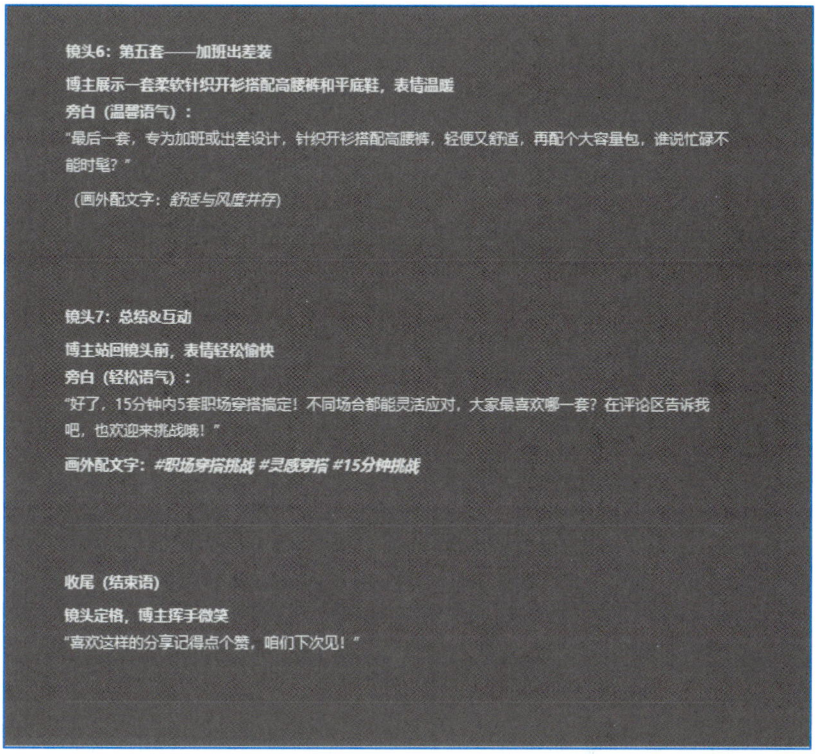

镜头6：第五套——加班出差装

博主展示一套柔软针织开衫搭配高腰裤和平底鞋，表情温暖

旁白（温馨语气）：

"最后一套，专为加班或出差设计，针织开衫搭配高腰裤，轻便又舒适，再配个大容量包，谁说忙碌不能时髦？"

（画外配文字：舒适与风度并存）

镜头7：总结&互动

博主站回镜头前，表情轻松愉快

旁白（轻松语气）：

"好了，15分钟内5套职场穿搭搞定！不同场合都能灵活应对，大家最喜欢哪一套？在评论区告诉我吧，也欢迎来挑战哦！"

画外配文字：#职场穿搭挑战 #灵感穿搭 #15分钟挑战

收尾（结束语）

镜头定格，博主挥手微笑

"喜欢这样的分享记得点个赞，咱们下次见！"

图 6-31　ChatGPT 的回复 6

生成分镜头脚本，用户在撰写分镜头脚本文案时可以根据具体的需求安排这些要素。分别有以下几个要素：

① 镜头序号：每个镜头标明序号，方便团队逐一拍摄和剪辑。

② 画面描述：详细描述镜头中的画面内容，包括场景、人物位置、动作、表情、道具等。

③ 台词/旁白：镜头中人物的台词或旁白内容。

④ 音效/背景音乐：指定该镜头的背景音乐或特殊音效，增加镜头氛围。

⑤ 转场方式：说明镜头之间的切换方式，例如"淡入""闪白""左右切屏"等。

⑥ 为 ChatGPT 设定身份，让其根据身份属性完成任务。例如，输入"你是一名专业的美食博主，正在写一个关于美食探店的脚本，场景发生在一家有百年历史的面馆里，脚本中需要包括当下短视频热门元素，开篇 5 秒迅速吸引人的眼球，中间有反转，结尾有惊喜，文案侧重于情绪表达。脚本用表格的形式呈现以下内容：分镜序号、景别（中、近、远、特写等镜头）、画面描述、对话台词（包括人物对话时的动作、语言、神态等，越详细越好）、背景音乐（给出具体的歌曲名称）"，生成的分镜头脚本文案如图 6-32 所示。

可以看出，ChatGPT 生成的分镜头脚本文案要素很齐全，也满足了提出的各项要求，但是其对短视频整体内容的意蕴和深度的把握还不够，而且对短视频热门元素了解得不多，因此这个分镜头脚本文案仅起到一定的参考作用，具体的运用还需结合用户的实践经验和短视频文案的类型。

篇5 s迅速吸引人的眼球，中间有反转，结尾有惊喜，文案侧重于情绪表达。脚本用表格的形式呈现以下内容：分镜序号、景别（中、近、远、特写等镜头）、画面描述、对话台词（包括人物对话时的动作、语言、神态等，越详细越好）、背景音乐（给出具体的歌曲名称）

美食探店脚本：百年老面馆探秘

分镜序号	景别	画面描述	对话台词	背景音乐
1	特写	门口招牌上的"百年老面馆"字样，画面轻微抖动，营造岁月感。	旁白（充满惊叹）："今天我要带大家探一家开了100年的老面馆！据说这里的手工面远近闻名，快跟我一起进去看看吧！"	《期待之光》轻快部分
2	中景	博主推开木质门，镜头切到面馆内部，墙上挂着泛黄的老照片，几张古旧木桌整齐排列。	博主（轻声惊叹）："一进门就感觉穿越了，老墙、老桌椅，连空气里都透着一股历史味儿！"	背景音效：木门开合声，轻微人声杂音
3	特写	面馆老板手工拉面，动作娴熟，面条在空中翻飞。	博主（兴奋语气）："快看！这是老板传承了三代的手艺，动作行云流水，这才是真正的老味道！"	《古风韵味》舒缓节奏
4	近景	镜头对准一碗刚端上的热气腾腾的面，汤头清澈，面条晶莹剔透，热气上升模糊镜头。	博主（深吸一口气，夸张神情）："这个香味太馋人了，闻着就已经想赶紧吃了！"	背景音效：轻微热气声
5	特写	博主夹起一筷子面条，拉长镜头展现面条的韧性，慢动作放入口中。	博主（略带夸张）："哇，面条劲道十足，口感超有弹性，这汤头也是鲜美到每一口都停不下来！"	《吃播欢乐》轻快节奏
6	中景	镜头切到墙角，一块不起眼的小匾上写着"百年传承，十年一味"，营造反转效果。	旁白（惊讶语气）："诶，刚刚还没注意到这块匾！原来这家老店每隔十年就会调整一次配方，只为追求更完美的味道！"	《悬念升起》低缓节奏
7	近景	老板端出一道隐藏菜单上的特别食，小小的蒸笼里冒着热气，揭开蒸笼盖，镜头聚焦在里面独特的面点。	博主（惊喜语气）："原来这里还有隐藏菜单！老板给我推荐了这道特别的面点，今天可真是大饱口福！"	《欢乐瞬间》轻快部分
8	特写	博主嘴角带笑，放下筷子，对镜头做出推荐手势。	博主（满脸满足）："百年老面馆果然名不虚传！如果你也想尝尝这传承百年的味道，千万别错过这里！"	《温暖时光》尾声部分
9	中景	镜头拉远，显示整个面馆的全貌，几位顾客在享用美食，画面逐渐淡出。	旁白（轻松语气）："好了，今天的探店就到这里啦，记得点赞收藏，下次带你们继续探好吃的！"	背景音乐渐弱，淡出

图 6-32　ChatGPT 生成的分镜头脚本文案

2．编辑与增强功能的使用

视频类 AIGC 工具的一个显著特点就是它们能够自动化完成大部分编辑工作，极大地提高了创作效率。创作者可以选择不同的功能进行进一步的编辑和优化，以实现期望的视觉效果和创作风格，常用功能如下。

视频剪辑和精简　许多视频类 AIGC 工具提供智能剪辑功能，能够根据内容自动生成剪辑版本。例如，Pictory 能够自动识别视频中的关键信息，快速剪辑成短视频，适合社交平台的传播需求。对于较长的视频，Pictory 不仅可以提取核心内容，还能自动为视频添加过渡动画和动态字幕，确保视频节奏更加流畅。

特效和动画生成　对于需要更高视觉冲击力的视频，Runway ML 提供了多种特效处理工具，可以在视频中添加动态元素、虚拟背景和高级视觉效果。例如，使用 Runway ML 时，创作者可以通过预设的特效模板快速为视频添加科幻、动画或自然景观效果，AI 会根据视频的内容自动调整效果的位置和动态。

虚拟人物与语音合成 Synthesia 和 DeepBrain 提供了生成虚拟人物并与文本同步的功能。创作者可以输入一段讲解文本，选择合适的虚拟人物，AI 会根据文本内容自动生成带有口型同步和自然语音的视频。这一功能特别适用于教育视频、企业培训以及客户支持等场景。通过虚拟人物，企业可以节省聘请演员的成本，同时确保视频内容的高效生产。

字幕生成与配音合成 Descript 和 Pictory 等工具通过 AI 自动生成字幕，使得视频的配音和文字内容更加匹配。特别是在需要多语言支持的情况下，工具如 Synthesia 提供了多种语言的配音功能，创作者能够轻松生成多个语言版本的视频，扩展品牌的全球影响力。

3. 调整与优化

视频初步生成后，创作者仍然可以对其进行调整和优化，以确保最终视频的效果达到最佳状态。视频类 AIGC 工具通常提供实时预览功能，创作者可以随时查看编辑效果并做出相应调整。

画面和色彩调整 很多视频类 AIGC 工具提供智能色彩校正和画面优化功能。例如，Runway ML 通过其图像增强功能，能够自动提升视频的清晰度和亮度，改善视频的视觉效果。创作者可以根据需求调整视频的色调、对比度、饱和度等参数，使画面更加生动。

音频优化和增强 许多工具（如 Descript 和 Pictory）还提供音频优化功能，帮助创作者改善视频中的音频质量。例如，Descript 的音频编辑工具可以帮助用户去除噪声、调整音量、修正发音等。此外，工具还可以对音频的音效进行增强，使得声音更加清晰、自然。

自动化背景音乐和音效添加 大多数视频类 AIGC 工具都支持背景音乐和音效的自动化添加。创作者可以根据视频内容的主题或情感氛围，选择合适的背景音乐或音效。例如，Pictory 根据视频内容自动为其匹配背景音乐、过渡效果和音效，确保视频在节奏和氛围上更加和谐。

4. 输出与发布

当视频制作完成后，创作者可以选择导出并发布至多个平台。大多数视频类 AIGC 工具支持不同分辨率、格式和输出选项，以适应各种设备和平台的需求。

导出格式与分辨率 不同平台对视频格式和分辨率有不同要求。工具如 Pictory 和 Descript 提供了多种输出选项，创作者可以根据平台要求选择适合的格式，确保视频的清晰度和适配性。

一键发布与自动化上传 一些 AIGC 工具（如 Pictory 和 Descript）提供了直接上传到社交媒体平台的功能。创作者可以将制作好的视频一键发布，省去了手动上传的步骤，进一步提高了发布效率。这一功能特别适合需要频繁更新内容的创作者和企业。

5. 成效评估与反馈

发布视频后，创作者可以通过平台提供的分析工具评估视频的表现，获取观众反馈。许多视频类 AIGC 工具也提供集成的数据分析功能，帮助创作者了解视频的观看量、互动情况和受欢迎程度。通过这些数据，创作者可以优化未来的创作策略，调整内容和风格以更好地满足观众需求。

使用视频类 AIGC 工具创作视频的流程非常直观且高效，从素材准备到创作编辑，再到优化输出，每一步都充满了智能化的支持。创作者能够凭借这些工具完成高质量的视频创作，无论是独立创作、企业宣传，还是教育培训和社交平台内容发布，视频类 AIGC 工具都能提供强大的助力。在未来，随着技术的进一步发展和创新，这些工具的功能将更加丰富与多样，进一步推动视频创作行业的变革。

6.3.3　视频类 AIGC 工具在各个领域的应用

视频类 AIGC 工具正在各个领域中推动创作和生产方式的革新。随着技术的发展，这些工具不仅在专业制作环境中得到应用，还扩展到多个行业，提升效率、降低成本，并提供更多创新的内容生产可能。

1. 影视制作

AIGC 工具为创作者提供了以前无法想象的便捷性和高效性。传统的影视制作通常依赖大量的手动后期处理工作，包括特效制作、剪辑、动画渲染等。然而，通过视频类 AIGC 工具，创作者可以在较短时间内完成这些任务。例如，Runway ML 能通过深度学习模型快速生成特效场景，甚至虚拟演员的替代品，尤其适合需要大量计算机生成的三维动画技术（computer graphics，CGI）或特殊效果的电影和电视节目制作。虚拟角色的引入使得创作者能够在不需要实际演员的情况下，完成某些复杂场景或无法拍摄的镜头，大大节省了拍摄和后期处理的时间。通过这种方式，影视创作的门槛大大降低，也为小型独立制作团队提供了更大的创作空间。

2. 广告创作

视频类 AIGC 工具的应用同样引领着效率和创意的革命。广告商和品牌都希望能够迅速推出具有吸引力的广告视频，以便在竞争激烈的市场中占据一席之地。通过 Pictory 等工具，创作者只需提供原始的视频素材，AIGC 便会自动提取出最具吸引力的部分，生成一个精简而富有创意的短视频。这类工具特别适合快速消费品的广告制作，能够在短时间内生产出多个版本的广告素材，适应不同平台和受众的需求。

3. 社交媒体内容创作

视频类 AIGC 工具极大地便利了创作者和营销人员的工作流程。社交平台对内容更新的频繁要求促使创作者寻求更高效的创作工具。通过 Descript 和 Pictory，创作者可以快速地将长视频转化为短小精悍的社交平台视频，自动添加字幕、过渡动画以及背景音乐等元素，这样的视频不仅满足平台的格式要求，也能吸引更多的观众。视频类 AIGC 工具提供了智能剪辑、自动字幕生成、内容摘要等功能，帮助创作者大幅提升内容创作的速度和质量。此外，这些工具还能够自动根据视频的情感氛围和主题匹配合适的背景音乐和音效，进一步增强观众的观看体验。

4. 教育培训

视频类 AIGC 工具已经成为快速、个性化教育内容制作的重要利器。传统的教育视频制作需要耗费大量时间，尤其是在需要模拟讲解员或演示复杂内容时，制作周期非常长。然而，借助 Synthesia 和 DeepBrain，教育者可以通过输入文本，快速生成带有虚拟人物讲解的教学视频。这些工具能够支持多种语言的语音合成和口型同步，甚至根据教育内容的要求定制虚拟讲解员的外观和表达风格。例如，在制作针对国际学生的多语言培训视频时，视频类 AIGC 工具能够根据不同的文化背景和语言习惯，生成个性化的教学视频，极大提高了教育资源的适应性和覆盖范围。这种个性化的视频制作模式，不仅提升了教育效率，还降低了传统教育视频制作的高成本。

5. 企业培训和员工教育

AIGC 工具通过虚拟讲解员和自动生成的培训视频可帮助企业快速响应员工培训需求。很多企业如今要求员工接受周期性培训，尤其是在新员工入职时。然而，传统的培训视频制作通常需要聘请专业讲师，并通过昂贵的设备进行录制。而视频类 AIGC 工具如 DeepBrain 能够快速生成针对特定课程的讲解视频，虚拟讲解员不仅能同步讲解复杂的操作流程，还能够在多种语言下进行内容讲解，帮助跨国企业减少跨地域培训的成本。员工可以根据个人学习进度观看视频，视频内容也能根据员工的学习需求进行个性化调整。与此同时，这些工具还能快速生成产品演示视频或企业宣传片，企业无须再为每个新产品或服务制作昂贵的培训视频或广告。

6. 新闻传媒

视频类 AIGC 工具为媒体行业带来了快速内容生成和传播的革命。随着新闻事件的发生速度越来越快，传统新闻播报和报道的制作周期已经无法满足实时新闻的需求。通过 DeepBrain 和 Synthesia 等工具，新闻机构能够使用虚拟主播快速生成新闻报道视频。这些虚拟播报员不仅能够通过 AI 合成语音播报新闻，还能进行多语言转换，使得新闻内容能迅速传播至全球观众。此外，视频类 AIGC 工具还能够帮助媒体机构快速生成新闻摘要视频、热点分析视频等，使得新闻报道更加生动、易于传播，吸引更多受众的关注。通过虚拟播报员，新闻内容的更新和传播更加高效，媒体机构能够更快速地响应突发事件和热点新闻，提升其市场竞争力。

总的来说，视频类 AIGC 工具已经在多个行业领域中展现了其巨大潜力，不仅提高了内容创作的效率，还降低了制作成本，并推动了创意的不断创新。从影视制作到广告创作，从教育培训到新闻传播，这些工具的应用都为传统行业带来了新机遇。随着人工智能技术的不断进步，未来的视频类 AIGC 工具将更加智能化、个性化，能够满足更广泛的行业需求，推动创作流程和生产方式的进一步变革。

6.3.4　案例：利用文案和链接视频

在短视频创作的过程中，用户常常会遇到这样一个问题：怎么又快又好地写出视频文案呢？ AI 文案写作工具就能轻松解决这个问题。用户通过与 AI 文案写作工具的交流，可以让其根据需求创作对应的视频文案。而有了文案，如何快速生成视频呢？剪映计算机版的"AI 文案成片"功能就能满足这个需求。用户只需要在"文字成片"面板中粘贴文案或文章超链接，并设置相应的朗读音色，单击"生成视频"按钮，选择喜欢的成片方式，即可借助 AI 生成相应的视频。本节介绍用 AI 文案生成视频的具体操作方法，包括运用 ChatGPT 创作文案并生成视频及运用剪映生成文案和视频。

用户在使用 ChatGPT 生成文案之前，要确定好短视频的主题，这样才能提出具体、清晰的需求，从而便于 ChatGPT 的理解和生成。文案生成后，用户就可以运用"AI 文案成片"功能生成相应的视频，并对生成的视频进行适当的调整。

打开 ChatGPT 的聊天窗口，单击底部的输入框，在其中输入"请给我 10 个以荷花拍摄技巧为主题的短视频标题"，单击输入框右侧的"发送"按钮，ChatGPT 即可根据要求生成 10 个有关荷花拍摄技巧的短视频标题，如图 6-33 所示。

请给我10个以荷花拍摄技巧为主题的短视频标题

以下是围绕荷花拍摄技巧的10个短视频标题，结合热门元素和实用性，帮助吸引更多观众：

1. 3分钟学会拍荷花，这几个简单技巧瞬间提升质感！
2. 5个荷花拍摄小技巧，让普通镜头也能拍出大片感！
3. 新手也能拍出惊艳荷花照！别错过这4个超实用技巧
4. 荷花拍摄教程：光影与构图这样用，效果立刻不同！
5. 想拍出唯美荷花照？学会这3招，轻松出片！
6. 超实用！教你用手机拍出清新荷花大片，简单又好看
7. 荷花怎么拍更有意境？教你捕捉最美瞬间！
8. 荷花拍摄小白逆袭指南！4个必备技巧让照片更高级
9. 如何拍出梦幻荷花？这几个后期小技巧超有用！
10. 同样是拍荷花，为什么你的不够好看？关键在这3点！

图 6-33　ChatGPT 生成的标题

用户可以选择一个标题，让 ChatGPT 生成对应的文案，例如，在下方输入"写一篇关于'新手也能拍出惊艳荷花照！别错过这 4 个超实用技巧'的视频文案，要求逻辑清晰，通俗易懂，20 字以内，用数字分点阐述"，按 Enter 键，ChatGPT 即可根据该要求生成一篇文案，具体如图 6-34 所示。

到这里，ChatGPT 的工作就完成了，全选 ChatGPT 回复的文案内容，在文案上右击，在弹出的快捷菜单中选择"复制"命令，复制 ChatGPT 的文案内容，并进行适当的修改。打开剪映计算机版，在首页单击"AI 文案成片"按钮，如图 6-35 所示，即可弹出"文字成片"面板。

打开文档，全选文案内容，选择"编辑"→"复制"命令，将文案复制一份。在"AI 文案成片"面板中，按 Ctrl+V 键将复制的内容粘贴到下方的文字窗口中，如图 6-36 所示。剪映的"文字成片"功能会自动为视频配音，用户可以选择自己喜欢的音色，如设置朗读音色为"甜美解说"，单击右下角的"生成视频"按钮。

图 6-34　ChatGPT 生成的文案

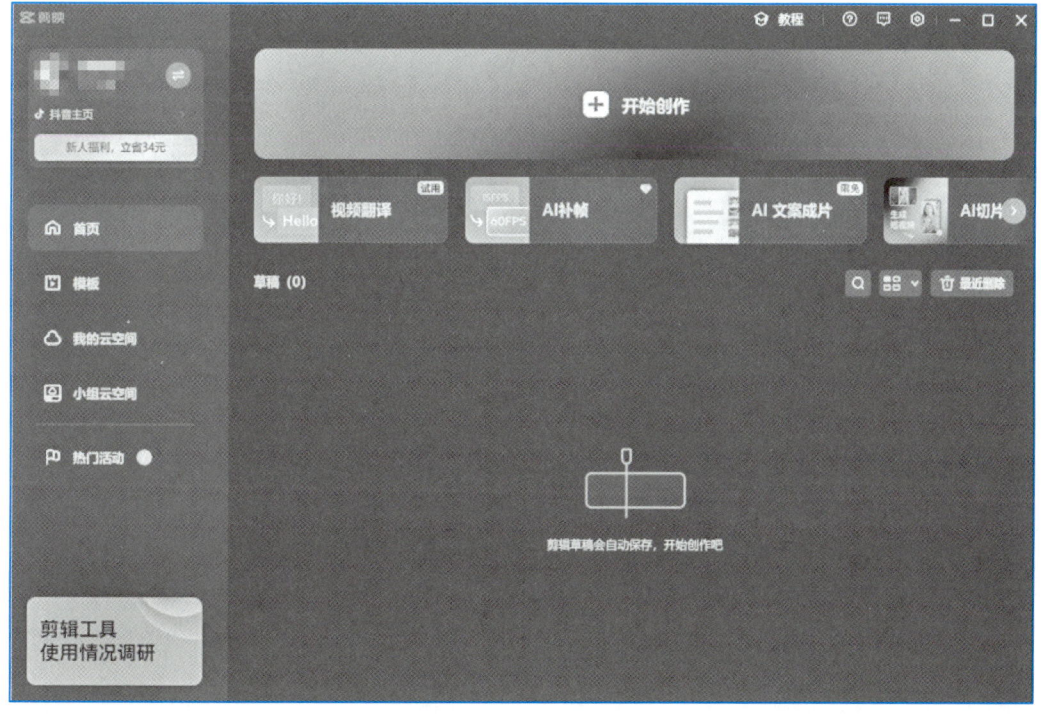

图 6-35　剪映界面

图 6-36　剪映"视频生成"界面

在弹出的"请选择成片方式"列表框中选择"智能匹配素材"选项，即可开始
生成对应的视频，并显示视频生成进度，如图 6-37。

稍等片刻，即可进入剪映的视频编辑界面，在视频轨道中可以查看剪映自动生
成的短视频缩略图，用户可以选择直接导出视频，也可以对视频的字幕、素材、朗
读音频和背景音乐进行调整。以调整字幕为例，用户可以选择第 1 段文本，在"文
本"操作区中，适当的位置添加一个逗号，或是设置一个合适的文字字体，系统会
根据修改后的字幕重新生成对应的朗读音频，并且设置的字体效果会自动同步到其
他字幕上，如图 6-38 所示。

AIGC 在视频生成领域的未来发展将极大地改变内容创作的方式，提供更加高
效、个性化和创意丰富的解决方案。随着技术的不断进步，AIGC 将在多个方面展
现其巨大潜力。首先，自动化视频制作将成为可能，AI 可以根据简单的文字描述
或关键词，自动生成完整的视频内容，包括剧本创作、镜头规划、配乐、配音和剪
辑等全过程。其次，AIGC 将助力智能化视频编辑与合成，自动完成镜头切换、配

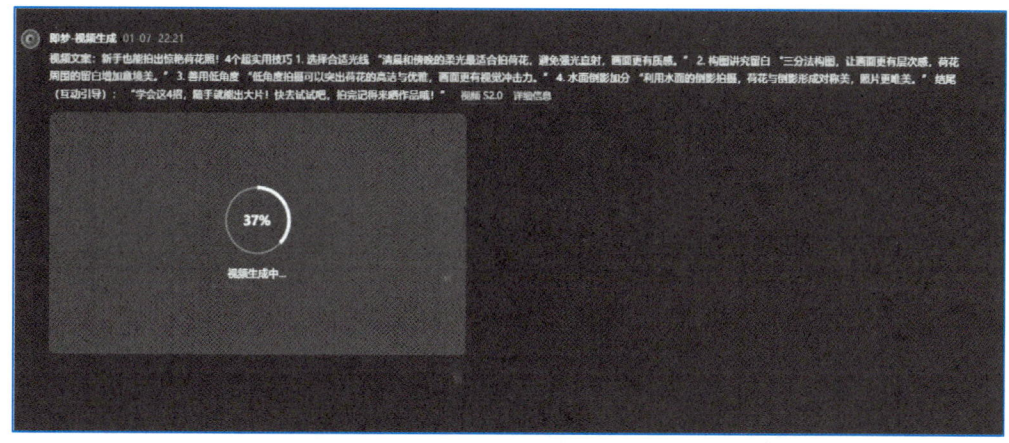

图 6-37　生成视频界面

图 6-38　生成视频效果

乐、字幕生成等任务，提升创作效率并优化视频效果。个性化视频内容生成也将变得更加普及，AI 根据用户的兴趣和历史数据，能够精准定制短视频、广告或产品推广视频，极大提升用户体验和品牌营销效果。此外，虚拟角色生成和深度伪造技术（deepfake）将在视频领域掀起一场变革，AI 可以生成逼真的虚拟角色并为其配音、演绎情感，甚至让其在社交媒体上进行互动。最后，AIGC 还将推动互动性和实时视频生成的发展，用户可以通过语音或手势指令实时生成符合需求的视频内容，广泛应用于直播、互动广告等领域。随着 AIGC 技术的成熟，视频生成将变得更加智能化、自动化和个性化，不仅帮助内容创作者提升创作效率，还为观众带来更加丰富和个性化的视听体验，推动短视频、影视和广告行业的革新。

6.4　本 章 小 结

本章通过图像、音乐、视频三大维度的工具实操，介绍了完整的 AIGC 创作知识体系。在图像创作领域，介绍了提示词工程、风格迁移与迭代优化的核心方法；在音乐生成环节，需理解了旋律结构解析与情感参数映射的技术逻辑；在视频合成阶段，应对多模态内容整合与动态叙事的创作流程进行实践。这些工具的共同特征在于：它们既是技术实现的"脚手架"，更是创意表达的"放大器"。

需要特别强调的是，AIGC 工具的应用本质是"人机对话"的艺术——创作者需在技术可能性与艺术追求之间找到平衡点。随着技术的迭代升级，工具界面可能改变，但底层创作逻辑永恒不变：清晰的创意构思、精准的需求拆解、审美的判断能力，始终是优秀作品的根基。建议学习者在掌握本章介绍的工具后，进一步探索跨媒介创作的协同可能，例如，将 AI 生成的视觉元素与动态音轨进行时空对齐，或尝试构建交互式多媒体作品。工具的价值在于服务于创意，而非限制想象。在未来的创作实践中，建议实践者保持对技术伦理的思考，让人工智能真正成为拓展人类创造力的翅膀。

6.5 习题与思考

1. 列举两款国外和两款国内的图像类 AIGC 工具，并简要说明其特点。

2. 假设你要为一款新的环保产品设计宣传海报，写出创作该海报图像的完整流程，包括创意构思、引导词撰写、工具选择及参数设置等步骤。

3. 分析图像类 AIGC 工具在建筑设计领域的具体应用方式及其对该领域的影响。

4. 对比 Suno 和海绵音乐这两款音乐类 AIGC 工具在功能上的异同。

5. 以"校园生活的一天"为主题，运用音乐类 AIGC 工具创作音乐，写出创作过程中确定风格、情感以及调整参数的思路。

6. 阐述音乐类 AIGC 工具在医疗康复领域的应用原理和具体案例。

7. 简述 Runway ML 和 Pictory 两款视频类 AIGC 工具的主要功能及适用场景。

8. 假如你要制作一个关于旅行的短视频，使用视频类 AIGC 工具进行创作，详细说明从初步设置、素材准备到编辑增强、输出发布的整个操作流程。

9. 分析视频类 AIGC 工具对新闻传媒领域内容创作和传播方式产生的变革。

10. 结合实例，探讨 AIGC 工具在跨媒介创作中的协同应用，例如如何将 AI 生成的图像、音乐和视频融合，创作出一个完整的多媒体作品。

11. 思考并阐述在使用 AIGC 工具进行创作时，如何平衡技术与艺术，以确保作品既具备创新性又具有艺术价值。同时，谈谈你对 AIGC 工具可能引发的技术伦理问题的看法及应对措施。

第 7 章　人工智能的安全、伦理和法律

当前，人工智能取得了显著的进步，并在众多领域内实现了广泛应用，特别是以 ChatGPT 为代表的生成式人工智能，标志着人工智能应用迈入了一个全新的阶段。然而，随着人工智能及应用的快速推进，一系列新的安全、伦理和法律问题也随之浮现，这些安全、伦理和法律问题相较于传统的网络安全、伦理和法律问题更为复杂多变。人工智能系统面临着更多新型的挑战与形势，这要求必须在标准制定、安全策略规划、技术手段研发以及管理措施实施等多个层面进行深入的探索与有效的应对。针对这些新兴的安全、伦理、法律等问题和挑战，需要进行更为细致的思考与研究，以确保人工智能的健康、安全与可持续发展。

7.1　人工智能安全

7.1.1　人工智能安全概念

人工智能安全是指人工智能系统在设计、开发、部署和使用过程中，保护系统免受攻击、滥用、误用、破坏与非法使用同时能够持续稳定且可靠运行的能力。在此过程中，人工智能安全严格遵循"以人为本、权责对等"的安全准则，致力于保护算法模型、数据资源、系统架构及产品应用的完整性、保密性、可用性、鲁棒性、透明度、公平性及个人隐私安全，具体含义如下。

完整性　保证人工智能系统的算法模型、数据以及产品应用在未经许可的情况下不会遭受篡改或损害。

保密性　确保人工智能系统中的敏感数据和信息得到妥善保护，防止其被未经授权的用户或实体非法获取或泄露。

可用性　保障人工智能系统能在必要时持续稳定运行，提供可靠服务，同时有效抵御恶意攻击，防止服务中断。

鲁棒性　人工智能系统需具备抵御异常输入及攻击的能力，以保障在各种复杂挑战下仍能维持其稳定性和可靠性。

透明性　人工智能系统的决策流程和行为应对用户和监管机构保持透明，从而便于及时发现并纠正可能存在的安全隐患。

公平性 人工智能系统的应用需确保对所有用户一视同仁,杜绝偏见与歧视现象的发生。

隐私性 保障用户个人隐私是人工智能安全的关键一环,要求在处理用户数据时严格遵循相关法律法规及伦理准则。

人工智能安全、信息安全以及网络空间安全,尽管都属于安全范畴,却各自具有其独特的侧重点与差异。可以从定义与范畴、关注点与技术手段、应用场景与影响范围几个方面对这三者进行比较,具体描述分别如表7-1、表7-2、表7-3所示。

表7-1 定义与范畴的比较

名词	定义	范畴
人工智能安全	人工智能系统在研发、部署、使用中面临的安全风险,包括数据泄露、模型篡改、系统攻击	算法安全、数据安全、系统安全等,确保系统的稳定性、可靠性,防止因安全导致的系统瘫痪、数据泄露等
信息安全	保护信息免受未经授权的访问、使用、破坏或泄露的科学与技术手段的总和	计算机系统、网络、数据、应用程序等,防止信息被非法获取、篡改或破坏。不仅关注网络层面的安全,还涉及操作系统安全、数据库安全、软件设备和设施安全、人员安全等
网络空间安全	网络本身的安全,网络所承载的信息、网络参与者的行为以及网络与现实世界的交互等	构建安全、可信、健康的网络环境,保障网络空间的正常运行和社会的稳定,涵盖网络安全、信息安全以及更广泛的网络行为安全等

表7-2 关注点与技术手段的比较

名词	关注点	技术手段
人工智能安全	算法模型的鲁棒性、数据隐私保护、系统的稳定性等	加密技术、防火墙、入侵检测系统、数据脱敏技术等
信息安全	信息机密性、完整性和可用性	防火墙、入侵检测系统、加密技术、身份认证和访问控制等
网络空间安全	网络环境的整体安全	传统的网络安全技术手段,网络行为分析、态势感知、安全审计等

表7-3 应用场景与影响范围的比较

名词	应用场景	影响范围
人工智能安全	人工智能系统的研发、部署和使用过程中,确保稳定性和可靠性	人工智能系统的性能、数据隐私保护以及系统的安全性等方面
信息安全	计算机系统、网络、数据、应用程序,确保信息的安全性、完整性	影响范围广泛,涉及个人、组织乃至国家的核心利益
网络空间安全	整个网络空间	不仅涉及网络系统的安全,还涉及网络信息的真实性、准确性以及网络行为的合规性等方面

7.1.2　人工智能安全的特征

人工智能安全有学科交叉性、高度复杂性、全面渗透性、数据敏感性以及动态适应性等多重特性。这些特性共同构成了人工智能安全领域的复杂性和重要性，要求持续投入研发力量和资源，以强化其安全防护体系。

1．学科交叉性

人工智能安全是一个跨多个学科的领域，它涵盖了计算机科学、机器学习、大数据、密码学以及网络安全等多个专业范畴。鉴于人工智能技术的复杂多样，安全防护的实施必须融合多个学科的知识和技术，以全面且有效地抵御各类安全挑战与威胁。

2．高度复杂性

人工智能系统的复杂结构和多样性特点为安全防护带来了更大的挑战。这些系统往往由多个相互关联、交互复杂的组件和模块组成，这种复杂性增加了潜在的安全风险。同时，人工智能系统高度依赖海量数据进行学习和决策，而这些数据中常包含用户的个人隐私和敏感信息。因此，在保障人工智能系统的安全性时，必须全面考虑系统的复杂性和数据的敏感性，通过实施多层次、多角度的安全防护措施，确保系统的稳健运行和数据的安全保护。

3．全面渗透性

人工智能安全是人工智能系统从研发、部署到运行整个生命周期中不可或缺的一环。从系统的设计构思、开发实现、严格测试，直至部署运行，每一步骤都需将安全因素纳入考量。此外，人工智能系统与外部环境的交互，例如用户数据输入、网络通信等，同样潜藏着安全风险。因此，人工智能安全必须全面融入系统的各个层级与环节，确保整个系统的安全性得到全方位保障。

4．数据敏感性

人工智能系统的训练与运作紧密依赖于各类数据，这些数据中往往包含个人隐私、商业核心机密乃至国家安全的重要信息。一旦数据发生泄露或被不当利用，将直接对人工智能系统的安全性构成严重威胁。因此，在维护人工智能安全的过程中，对数据实施严格保护并确保隐私权的维护显得尤为重要。

5．动态适应性

人工智能安全必须具备动态适应性和灵活性，以有效应对持续演变的安全威胁和攻击手段。随着技术的日新月异，新的安全挑战和攻击方式层出不穷，要求人工智能系统能够不断更新和优化其安全防护策略，以适应不断变化的安全环境。此外，人工智能系统还应具备自我学习和自我修复的能力，确保在面临攻击时能够迅速自我恢复，并维持系统的持续稳定运行。

7.1.3　人工智能安全模型

2024 年 9 月 9 日，全国网络安全标准化技术委员会发布《人工智能安全治理框架》1.0 版（下文简称为《框架》），是全国网络安全委员会为贯彻落实《全球人工智能治理倡议》而研究制定的。

　　人工智能安全架构是一个全面性的体系，其核心目的在于保障人工智能系统的安全性、可靠性、公正性以及透明度。此架构深植于风险管理的核心理念之中，紧密结合人工智能的独特技术特性，深入剖析风险的来源及其多种表现形式。针对识别出的各类安全风险，该架构提供了一系列有针对性的技术措施和综合防范策略，以有效应对并降低潜在风险。人工智能安全模型如图 7-1 所示。

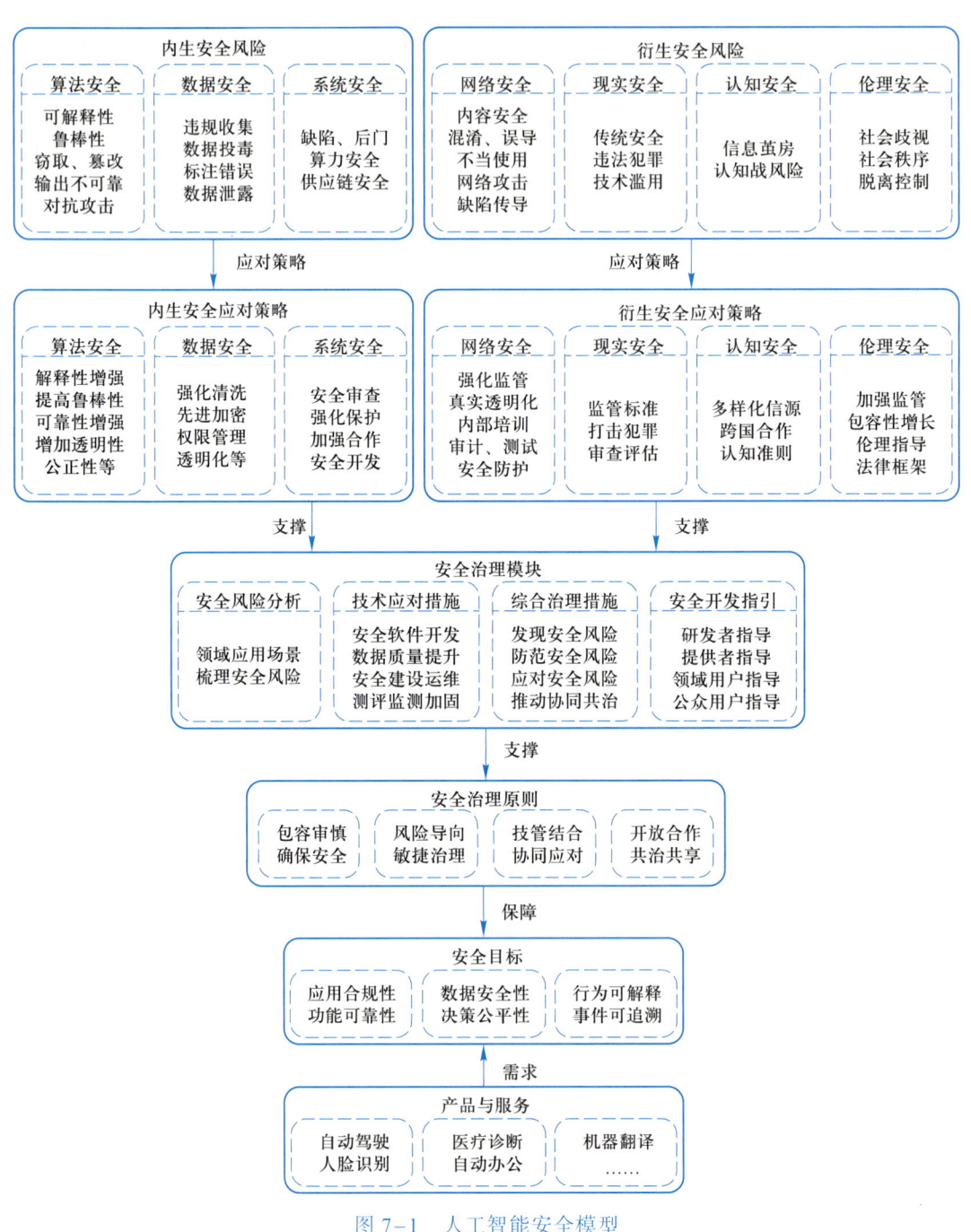

图 7-1　人工智能安全模型

安全风险主要从技术层面进行描述，包含内生安全和衍生安全，其中内生安全包含算法安全、数据安全、系统安全；衍生安全包含网络安全、现实安全、认知安全、伦理安全。内生安全和衍生安全的应对策略——对应其安全风险。安全应对策略支撑着安全治理模块的实现，安全治理模块包含安全风险分析、技术应对措施、综合治理措施、安全开发指引。安全治理模块进一步支撑安全治理原则，即包容审慎、确保安全、风险导向、敏捷治理、技管结合、协同应对、开放合作、共治共享。安全治理原则保障安全目标的实现，安全目标主要有应用合规性、功能可靠性、数据安全性、决策公平性、行为可解释、事件可追溯等。另一方面，产品与服务需求与安全目标也形成映射关系，即安全目标与产品及服务需求相辅相成，共同服务。

7.1.4　人工智能安全风险分类

人工智能的安全风险是指人工智能系统在设计、研发、训练、测试、部署、使用、维护等过程中可能遭遇的安全威胁、漏洞和风险，既包含自身技术缺陷、不足带来的风险，也包括不当使用、滥用甚至恶意使用带来的安全风险。由于人工智能安全风险类型具有多样化，可以从不同层面对人工智能安全进行不同的分类，这里主要根据技术层面、风险类型、使用场景、影响层次、生命周期几个方面对人工智能安全进行分类和描述。

1. 根据技术层面分类

从人工智能安全的技术层面，可以将人工智能安全分为人工智能的内生安全和衍生（应用）安全，如图 7-2 所示。

（1）人工智能内生安全。

人工智能内生安全风险包含三个层面：一是人工智能系统中硬件层面的计算机体系结构存在固有缺陷（存储程序控制机制的内生安全缺陷）可能带来的安全风险；二是软件层面算法自身缺陷可能引起的安全风险；三是环境影

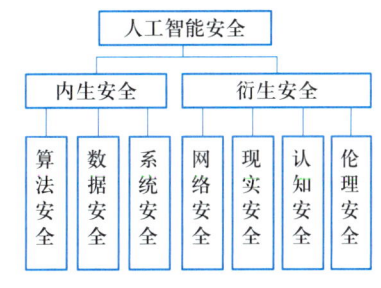

图 7-2　人工智能安全的技术层面分类

响等其他方面带来的安全风险。内生安全体现了人工智能安全问题的个性问题，解决内生安全问题的关键在于从根源上提升系统安全性，包含数据的保障性、技术的透明性、算法的公平性和系统的伸缩性等。内生安全包含算法安全、数据安全和系统安全。

算法安全　算法作为人工智能系统的核心，其安全性体现在人工智能算法自身的安全。主要包含可解释性、公正性、透明性、鲁棒性、信息窃取或篡改、不可靠输出、对抗攻击等。为了增强算法的透明性，需致力于提升人工智能算法的透明度和可解释性水平，以确保人工智能系统的决策过程能够接受审计并提供清晰的解释等。

数据安全　人工智能系统的核心在于对海量数据的训练与学习，数据无疑是支撑其运作的生命源泉。然而，这些被用于训练和学习的数据可能包含个人隐私信息或高度敏感的数据内容，例如，个人隐私详情、商业机密等。一旦这些数据遭到不当使用或外泄，不仅会严重侵犯个人隐私权，还可能对国家的安全稳定构成重大威胁。保障数据的完整性、机密性和可用性对人工智能系统正常运作是至关重要的。数据安全包括违规收集和使用数据、训练数据不当、数据投毒、训练数据标注不规范、数据泄露等。为了强化数据的安全防护，需构建全面的数据保护体系，保障人工智能系统训练与运行期间数据的安全性与合规性，严防数据泄露与滥用。

系统安全　系统安全（又名物理安全）指保护运行人工智能模型（如机器人、实体设备的人工智能系统等）软、硬件平台的安全性，主要包含恶意软硬件攻击、算力安全、供应链安全、人为破坏或非法操控等。为了强化系统的安全防护，需定期对人工智能系统进行漏洞扫描及修复，以保证人工智能系统不被用于非法用途。此外，还应对相关的法律法规进行定制和完善以及对相关应用的伦理道德进行宣传、教育等。

（2）人工智能衍生安全。

人工智能衍生安全（又名非内生安全）主要指的是人工智能系统在使用过程中的安全。如外部环境或操作所带来的威胁、滥用等构成的安全问题，人工智能武器的研发可能引发的国际军备竞赛、人工智能系统失控可能危及人类安全等。主要包含网络安全、现实安全、认知安全、伦理安全等。衍生安全体现了人工智能安全问题的共性问题。

网络安全　人工智能网络安全是指在网络或信息安全范畴内，运用人工智能技术来捍卫人工智能系统及其相关数据的安全，使之免受恶意攻击、数据外泄、篡改或任何形式的网络安全风险。人工智能网络安全主要包括内容安全、真实性安全、信息泄露、缺陷传导、网络攻击。

现实安全　人工智能现实安全是指在实际应用环境中，人工智能系统及其相关数据免受恶意攻击、数据泄露、篡改、破坏或非法使用等威胁，并保持稳定可靠运行的状态。人工智能现实安全主要包含经济社会安全、违法犯罪活动、两用技术滥用。

认知安全　认知安全是一种依赖于拥有理解力、推理能力和自学能力的认知系统来强化安全防御机制的策略，以灵活应对持续演变的网络威胁格局。这些先进的认知系统借鉴了人脑的工作模式，运用了诸如数据挖掘、机器学习算法、自然语言理解以及人机交互技术等手段，来模拟并实现类似人类智能的安全分析与响应功能。人工智能认知安全主要包含"信息茧房"和认知战争。

伦理安全　随着人工智能决策过程的透明度与可解释性日益受到重视，伦理与合规性安全成为不可或缺的关键要素，这意味着必须确保人工智能系统严格遵循相关的法律法规，同时其决策过程不能违背基本的道德准则与原则。具体地，在法规层面，针对人工智能的研发与应用，尚缺乏充分的法律框架以有效指导，特别是在数据管理、隐私权益维护及算法安全性等关键环节。这种法规的不足可能促使人工智能技术遭受滥用或误用的风险增加。在伦理道德层面，人工智能技术的迅猛进步亦引发了一系列伦理挑战。具体而言，如何保证人工智能系统的决策流程遵循道德准则以及怎样预防该技术可能对人类福祉产生的不利影响，成为亟待解决的问题。

2. 根据风险类型分类

从人工智能安全的风险类型层面，可以将人工智能安全分为对抗攻击安全、隐私安全、物理安全等，如图 7-3 所示。其中较多具体内容已经在技术层面分类中进行描述，后续不再一一详述。

（1）对抗攻击。

对抗攻击安全是指当人工智能系统遭受恶意攻击时，其具备的防护能力和保持稳定的性能。随着人工智能技术日益普及，对抗

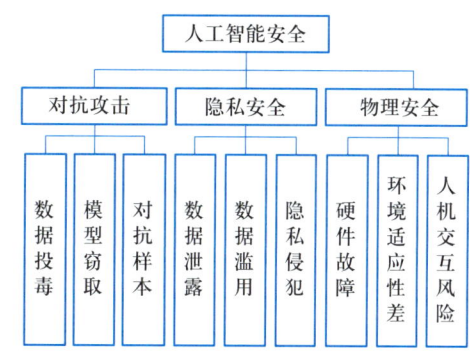

图 7-3　人工智能安全的风险类型分类

攻击已成为一个愈发严峻的安全挑战。对抗攻击安全的主要威胁包含数据投毒、模型窃取、对抗样本等，对应的防御措施为数据加密与隐私保护、模型安全与加固、安全审计与监控等。

（2）隐私安全。

隐私安全意味着在人工智能系统处理用户数据的过程中，能有效保障用户的隐私信息不被外泄或不当使用。随着人工智能技术持续进步，用户数据的隐私保护已成为一个备受瞩目的焦点问题。隐私安全的主要威胁包含数据泄露、数据滥用、隐私侵犯等，对应的防御措施为数据脱敏与去标识化、访问控制与权限管理、隐私保护技术等。

（3）物理安全。

物理安全关注的是人工智能系统在实体环境中的安全稳固表现，涵盖了系统硬件的防护、对不同环境的良好适应性以及在与人类交互过程中的安全性。鉴于人工智能技术在智能制造、自动驾驶等多个领域的深入应用，物理安全问题已成为一个迫切需要应对的挑战。物理安全的主要威胁包含硬件故障、环境适应性差、人机交互风险等，对应的防御措施为硬件冗余与备份、环境适应性测试、安全监管与标准制定等。

3. 根据使用场景分类

从人工智能安全的使用场景层面，可以将人工智能安全分为通用型安全、行业型安全等，如图 7-4 所示。显然，通用型安全和行业型安全均属于人工智能衍生（应用）安全的范畴。

（1）通用型安全。

通用型安全主要聚焦于两大方面：一是人工智能系统自身的安全性能，二是这些系统在与多样化环境和应用进行交互时可能引发的安全隐患。通用型安全主要包括系统脆弱性、对抗攻击、隐私保护、算法公平性、监管与标准等。

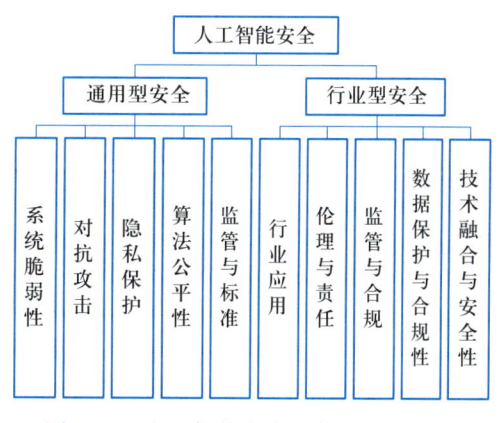

图 7-4　人工智能安全的使用场景分类

系统脆弱性　通用人工智能系统可能会因其框架、组件、数据处理流程、算法逻辑及模型设计等方面存在的瑕疵而蕴含安全风险。这些潜在的安全漏洞可能会被攻击者所瞄准，进而实施非法操控或导致敏感数据的外泄。另外，在人工智能模型的训练阶段，可能会潜藏一些缺陷与薄弱环节，使其易于遭受诸如对抗性攻击等安全挑战。此类攻击能够引发模型的预测偏差或产生错误引导的输出，进而对人工智能系统的稳定运行造成不利影响。

对抗攻击　通用型人工智能系统常遭遇的一种攻击手段是对抗样本攻击。攻击者通过在输入数据中巧妙地加入细微却精心设计的干扰，诱导系统产生错误的输出结果。

隐私保护　在处理用户数据时，通用型人工智能系统必须保障数据的隐私与安全。任何数据泄露或不当使用的行为都可能引发重大的隐私侵犯问题。

算法公平性　通用型人工智能系统的算法设计需保证公平性与非歧视性，以避免算法偏见。算法偏见可能致使某些群体遭受不公平待遇，从而引发社会纷争及潜在的法律风险。

监管与标准　为确保通用型人工智能系统的安全性，必须实施严格的监管并建立相应的标准体系。相关监管机构应负责制定和完善相关法规与标准，以保障这些系统的安全性和符合法规要求。

（2）行业型安全。

行业型安全聚焦于人工智能技术在特定领域内应用的安全性，同时关注这些应用对行业生态系统及社会环境可能带来的各种影响。行业型安全主要包括行业应用、数据保护与合规性、技术融合与安全性、伦理与责任、监管与合规等。

行业应用　由于各行各业对人工智能技术的需求及应用场景存在差异，它们所面临的安全风险也各具特色。举例来说，在自动驾驶行业中，系统可能会因为传感器故障或算法上的瑕疵而引发交通事故；而在金融领域，则可能因数据保护不力或算法偏见问题，导致金融欺诈事件或对特定群体造成不公平待遇。

数据保护与合规性　行业型人工智能系统需处理大量含有敏感信息的行业数据，因此，系统必须确保数据的保护性与合规性，严防数据泄露或被不法分子恶意利用。

技术融合与安全性　行业型人工智能系统常常与物联网、区块链等其他技术相结合进行应用。这种技术融合可能会引入新的安全挑战，因此，需要全面考虑各种技术的安全性以及它们之间的兼容性。

伦理与责任　行业型人工智能系统的应用可能会触及伦理层面的议题，例如，自动驾驶车辆在面对紧急状况时的道德抉择，或是人工智能武器系统的使用等。为此，相关行业应当构建伦理准则与责任体系，以保障技术的恰当运用并承担起相应的社会责任。

监管与合规　行业型人工智能系统的安全性需要得到行业监管机构的严密监督与专业指导。这些监管机构有责任制定并不断更新行业标准与规范，以确保系统的安全性与合规性得到有效保障。

4. 根据影响层次分类

随着人工智能技术的迅猛进步和广泛渗透，其在国家安全、军事安全、社会安全以及人身安全等领域均产生了深远的影响（图 7-5）。为了最大化利用人工智能技术的正面效应，并有效防范其可能带来的风险与挑战，政府、企业及社会各界需携手并进，强化监管体系，完善治理机制，共同促进人工智能技术朝着健康、有序的方向迈进。

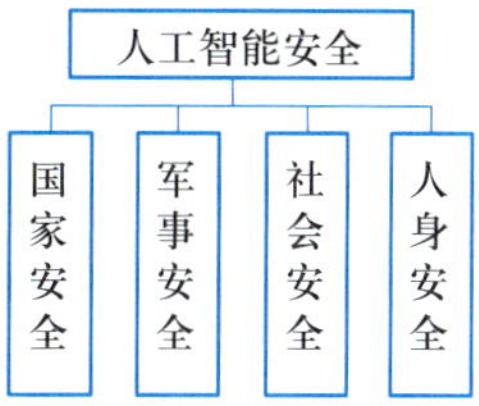

图 7-5　人工智能安全的影响层次分类

（1）国家安全。

人工智能技术在国家安全领域的应用正不断拓展，其带来的既是强大的技术助力，也伴随着不容忽视的潜在风险与挑战。一方面，人工智能技术通过智能监控、数据分析等先进手段，显著增强了国家的安全防御屏障，提升了安全预警与应对能力；另一方面，若人工智能技术被不法分子利用也可能对国家构成重大安全威胁。例如，黑客可能会利用人工智能系统中的安全漏洞，对国家关键基础设施发动攻击，导致系统崩溃、数据外泄等严重后果，进而威胁到国家安全。

（2）军事安全。

在军事范畴内，人工智能技术展现出了广阔的应用前景，但同时也潜藏着不容忽视的风险。人工智能技术的融入能够显著提升军队的作战效能，实现指挥、控制、通信以及情报等关键功能的智能化集成与优化。然而，一旦人工智能技术被应用于军事对抗之中，可能会引发战争形态与作战策略的深刻变化，使得战争变得更加复杂且难以预测。更令人担忧的是，人工智能技术存在被滥用于开发致命性自主武器系统的风险，这些系统能够自主识别并锁定攻击目标，执行远程自动化操作，从而隐匿攻击者的身份并试图在冲突中建立优势地位。这类系统若失去控制或被恶意操纵，将对人类生命及财产安全带来极为严重的威胁，其潜在后果不堪设想。

（3）社会安全。

人工智能技术在社会安全领域的影响具有多面性。一方面，它有助于提升社会治理的智能化程度，例如，借助智能监控和大数据分析技术，能够显著增强公共安全管理的效能。然而，另一方面，人工智能技术的普及应用也可能带来一系列复杂的社会问题，包括个人隐私的泄露、数据安全的隐患以及社会信任体系的动摇。若这些问题未能得到及时且有效的解决，将对社会整体的稳定与安全构成潜在的严重威胁。

（4）人身安全。

在人身安全保障方面，人工智能技术同样展现出了其双刃剑的特性。一方面，它在紧急救援等领域的应用极大地提升了人身安全保障水平。然而，另一方面，人工智能技术也可能对人身安全带来潜在的危害。例如，自动驾驶汽车等智能交通工具若发生故障或操作失误，可能引发交通事故；智能家居系统若存在安全漏洞，则可能被黑客攻击，进而威胁到家庭成员的人身安全。

5. 根据生命周期阶段分类

根据人工智能系统设计、实现、部署等生命周期阶段来看，可以对人工智能系统在生命周期不同阶段进行分类，依照国际标准化组织发布的《人工智能系统生命周期过程》，人工智能系统生命周期的阶段包含如图 7-6 所示的初始阶段、设计阶段、验证阶段、部署阶段、运行监控、持续验证、重新评估和废弃收尾阶段。

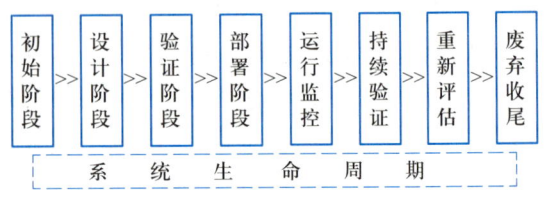

图 7-6　人工智能安全的系统生命周期

（1）初始阶段。

初始阶段是将创意构想转化为具体系统形态的关键时期，涵盖了任务深入分析、明确需求定义以及风险管理设计等一系列流程。在此阶段，安全风险尤为显著，主要体现在对人工智能应用目标的设定上，若这些目标与国家法律法规或社会普遍认同的伦理规范相悖，将带来严重的安全风险。

（2）设计阶段。

设计研发阶段指完成可部署人工智能系统创建的过程，主要包括确定设计方法、定义系统框架、编写软件代码、风险管理等过程。这个阶段的安全风险主要表现为人工智能基础设施不完善、技术脆弱性以及因设计研发有误等引发的安全风险。

（3）验证阶段。

在检验验证阶段，核心任务是确保人工智能系统能够依照既定的预期要求正常运行，并且全面达成预设的目标。此阶段面临的主要安全风险体现在测试与验证工作的不完善上，这可能导致前期阶段中潜在的安全隐患未能被及时发现和有效修复。

（4）部署阶段。

部署阶段是指将人工智能系统在目标环境中进行安装与配置的一系列操作。此阶段的安全隐患主要体现在部署环境的可信度问题上，若软硬件环境不可靠，系统便有可能面临未经授权的访问与使用风险。

（5）运行监控。

运行监控阶段涵盖了人工智能系统的日常监控、维护保养与升级更新等关键环节。在此阶段，安全风险主要体现为，恶意攻击者可能利用对抗样本、算法后门等手段对系统进行攻击，试图窃取模型、误导模型反馈、逆向还原数据，或进行成员推理、属性推断等；同时，攻击者还可能利用代码漏洞对系统进行渗透。此外，人工智能系统还面临着被滥用或用于恶意目的的风险。

（6）持续验证。

在持续验证阶段，主要任务是对持续学习的人工智能系统进行不间断的检验与验证。此阶段的安全隐患主要集中在测试验证数据的更新滞后问题上以及可能因持续学习进程中引入的模型反馈误导未能被及时察觉和修正。

（7）重新评估。

若初始目标无法实现或需进行调整，便会进入重新评估阶段。这一阶段涵盖了设计的重新定义、需求的重新界定以及风险管理的重新规划等过程。在此阶段，面临的安全风险与项目启动初期相似，即人工智能应用的目标设定可能违反了国家的法律法规或社会伦理道德准则。

（8）废弃收尾。

在废弃阶段，主要任务是彻底废弃那些使用目的已失效或被更优方案取代的人工智能系统，这包括对相关数据、算法模型以及整个系统的清除与销毁工作。此阶段的安全隐患主要体现在销毁过程的不彻底上，这可能导致个人隐私信息的泄露风险。

7.1.5　人工智能安全风险应对策略

为有效应对人工智能安全领域所面临的各种风险与挑战，必须实施一系列周密的应对策略，使得人工智能系统的整体安全性得以维护。以下主要列举具体安全问题的应对策略，根据其他层面对安全风险进行分类的具体问题大都可对应到技术层面分类的具体问题中，即内生安全包含算法安全、数据安全、系统安全；衍生安全包含网络安全、现实安全、认知安全和伦理安全。

1.　算法安全

（1）可解释性差。

深度学习等人工智能算法，因其内部结构和推理机制的复杂性，常常展现出黑箱（算法结构完全不可见）或灰箱（算法结构部分不可见）的特性。应对人工智能算法可解释性差的问题可以从多个方面入手，例如，开发可解释性算法、简化模型、透明化设计、增强监控与反馈、引入人类专家参与、制定法规与伦理指导以及加强教育与培训等。这些策略的实施将有助于提高人工智能算法的可解释性，从而更好地服务于人类社会。

（2）公正性。

在算法的设计及训练流程中，个人偏见可能无意识地被融入，或是因训练数据集本身的质量问题（如训练数据的倾向性等），有意或无意地导致算法输出结果有偏颇。应对人工智能算法公正性问题的应对策略包括多元化与代表性数据集、算法设计与审查、透明度与可解释性、公平性评估与调整、教育与培训、法规与伦理指导、建立反馈与投诉机制以及跨领域合作与监督等。这些策略的实施将有助于提高人工智能算法的公正性和公平性。

（3）透明性。

人工智能系统内部运作的高度不透明，使得其决策过程难以被有效审计或清晰解释。应对算法透明性差的问题可以通过增强算法透明性（可解释的机器学习模型、实施算法审查和可视化等）、提升数据透明度（严格监管、多样化数据集等）、强化监管和伦理指导、增强用户控制和参与、建立反馈和纠正机制等来逐步解决，以提高系统的透明性，进而屏蔽掉因透明性带来的不公平性等。

（4）鲁棒性。

算法的鲁棒性指的是算法在遭遇输入数据的变动、噪声污染等不确定性因素挑战时，仍能维持其输出结果的稳定性。然而，深度神经网络因其内在的非线性特性和庞大的架构体系，对于复杂多变的环境条件或潜在的恶意干扰尤为敏感。应对算法鲁棒性差的问题可以采用以下方法：一是引入对抗性样本进行对抗训练，旨在提升模型对攻击的抵御能力，从而使其更为稳健，如对抗训练、数据增强、平滑处理等；二是优化模型结构和算法设计，如引入强鲁棒性模型、引入正则化、集成学习方法等；三是加强模型测试和验证，旨在对模型进行全面且系统的测试，以识别并处理可能存在的安全漏洞与薄弱环节，如建立全面测试集、交叉验证、持续监控和更新等；四是结合人类智慧，如引入人工审核机制、结合专家知识和经验等来逐步解决，以提高算法的鲁棒性。

（5）信息窃取或篡改。

人工智能算法的关键要素，涵盖其参数配置、架构设计及功能实现，面临着逆向工程攻击的潜在威胁。这类攻击可能导致算法的核心信息被非法获取、恶意篡改，甚至被植入后门程序。针对人工智能算法的信息窃取和篡改风险，需要从技术、管理和法律三个层面综合施策，形成全方位的安全防护体系。技术层面，需加强数据加密、限制访问权限、定期安全审计、使用安全编程实践等；管理层面，建立完善的安全管理制度、加强团队协作、监督等管理措施；法律层面，加强知识产权保护、签订保密协议、寻求法律援助等。这三个层面共同构建起人工智能算法的信息窃取或篡改风险的安全防护网。

（6）不可靠输出。

生成式人工智能模型有时会产生所谓的"幻觉"现象，这意味着它们所生成的内容虽然在表面上看起来合理且连贯，但实际上却与客观现实不符。针对不可靠输出的应对策略包含提升数据质量、优化设计模型、引入事实核查机制、提高用户意识、技术改革与创新等，建立更加准确、可靠和智能化的人工智能算法。

（7）对抗攻击。

攻击者利用精心构造噪声或扰动形成的对抗样本数据，在不被察觉的情况下干扰并操控人工智能模型，导致模型输出错误结果，严重时甚至可能引发整个系统的崩溃。针对可能存在精心构造对抗样本数据的问题，需加强模型鲁棒性训练，开发高效对抗样本检测技术，实施严格的数据与系统安全防护，制定应急响应计划以及推动相关法律法规的完善，共同构筑起对抗此类攻击的多重防线。

2．数据安全

（1）违规收集和使用数据。

在人工智能训练数据的采集及用户交互环节，存在未经用户许可就擅自收集、滥用数据或个人信息的情况，不仅侵犯了用户的隐私权，同时也可能触犯了数据保护的相关法律法规。为了避免违规收集和使用数据，应确保数据采集及用户交互过程透明合法，明确告知用户数据收集目的、范围及用途，并获取用户明确同意；此外，还需加强数据加密与匿名处理，遵循最小数据原则，严格限制数据访问权限，定期进行数据审计与合规性检查以及建立高效的数据泄露应急响应机制。

（2）训练数据不当。

训练数据中可能混入虚假信息、偏见性内容、侵犯知识产权的材料，或者数据来源不够多元化，这些问题都可能导致人工智能模型输出违法、不恰当或极端的信息。其应对策略包含强化数据清洗与验证流程，剔除虚假与偏见性内容，确保数据来源合法且多元化；实施严格的知识产权审查，避免使用未经授权的材料；引入第三方数据审核机制以及利用人工智能辅助工具监测数据质量，共同维护数据的准确性与公正性。

（3）数据投毒。

恶意篡改训练数据或注入错误信息，即"数据投毒"，这将"污染"模型的学习过程，进而影响人工智能模型的准确性和公正性。针对该问题的应对策略包含实施严格的数据访问控制与审计，采用先进的加密技术保护数据完整性；建立多层防御机制，包括数据校验、异常检测与模型鲁棒性测试，及时发现并阻止数据投毒攻击；加强员工背景审查与安全意识培训，从内部防范数据篡改风险；同时，对于关键应用场景，实施多模型验证与人工复核，确保输出结果的安全可靠。

（4）训练数据标注不规范。

在数据标注的流程中，如果标注规则不健全、标注人员的专业能力有所欠缺，或者存在标注失误，这些因素都将对模型的精确度、稳定性和实用性造成负面影响。应对策略包含完善数据标注规则，确保标注标准统一且详尽；提升标注人员的专业技能与背景知识，进行定期的培训与考核；实施多级标注质量审核，包括自我检查、交叉验证与专业复审，以最小化标注失误；引入自动化与半自动化标注工具，辅助提高标注效率与准确性，同时保持对标注过程的持续监控与优化，确保模型训练的高质量输入。

（5）数据泄露。

在人工智能技术的研发与应用推进过程中存在多种潜在风险，会涉及众多敏感数据的处理，包括个人身份信息、企业核心机密、数据处理疏忽、非法尝试访问、恶意攻击手段以及诱导用户互动等。应对策略包含强化数据加密与匿名化处理，确保敏感数据在存储与传输过程中的安全性；建立严格的数据访问权限管理，实施最小权限原则；定期进行安全审计与漏洞扫描，及时修复安全弱点；加强员工安全意识与合规操作培训，防范内部风险；构建多层防御体系，包括防火墙、入侵检测系统、数据丢失防护等，以抵御外部攻击；制定应急响应计划，确保在数据泄露事件发生时能够迅速采取行动，减轻损失。

3. 系统安全

（1）恶意软硬件攻击。

在人工智能算法模型的设计、训练与验证阶段，标准接口、特性库、工具包、开发界面以及执行平台可能潜藏逻辑缺陷或安全漏洞。同时，软硬件系统有可能被恶意植入后门程序。在算法模型的全生命周期内实施严格的安全测试与代码审查，包括静态代码分析、动态测试与渗透测试，以发现并修复逻辑缺陷与安全漏洞；采用经过认证的安全组件与库，避免使用未经审核的第三方工具包；加强软硬件系统的供应链安全管理，确保所有组件来源可靠且未被篡改；实施定期的安全更新与补丁管理，及时应对新出现的安全威胁；构建持续监控与异常检测系统，以便在攻击发生时能够迅速识别并响应。

（2）算力安全。

人工智能系统的训练和运行依赖于由多个来源和广泛分布的算力节点构成的算力基础设施，这些节点涵盖了多种类型的计算资源。应对策略为强化算力基础设施的安全防护，包括物理安全、网络安全与访问控制；实施算力资源配额管理与优先级调度，防止恶意用户过度消耗资源；建立算力风险监测与预警机制，及时发现并隔离受感染的算力节点；采用分布式账本、区块链等技术增强算力交易的透明性与可追溯性；同时，加强算力提供者与使用者的安全意识培训，构建多方参与的算力安全生态，共同防范算力滥用与恶意攻击。

（3）供应链安全。

部分国家对人工智能产业链采取技术垄断、出口管制等单边强制措施，人为地构筑起发展障碍，恶意切断全球人工智能供应链的流通。应对策略：加强国际合作，推动建立多边的人工智能供应链安全机制，确保关键资源的开放流通；多元化供应链布局，减少对单一来源的依赖，增强供应链的韧性与弹性；提升自主研发能力，尤其是在核心技术与关键零部件方面，降低外部制裁的影响；同时，加强供应链风险管理，建立预警与应急响应体系，以有效应对潜在的供应中断风险。

（4）人为破坏或非法操控。

人工智能系统自身可能潜藏着安全上的薄弱环节，一旦这些漏洞被不法分子恶意瞄准并利用，可能会引发系统的全面崩溃或被不当利用。应对策略：强化人工智能系统的安全设计与开发流程，实施全面的安全测试与漏洞扫描，确保在部署前发现并修复所有已知漏洞；采用最新的加密技术与安全协议，保护系统内部的数据传输与存储；建立实时监控系统，对异常行为与潜在攻击进行快速识别与响应；加强系统的冗余与容错机制，确保在遭受攻击时仍能维持关键功能；同时，定期进行安全培训与演练，提升团队的安全意识与应急处理能力。

4. 网络安全

（1）内容安全。

内容安全与内生安全中的数据安全有一定重合。人工智能创作或生成的内容或许会带来虚假信息的散布、歧视性偏见、个人隐私的泄露以及版权侵犯等一系列问题，这些问题都可能对公民的生命与财产安全、国家安全、意识形态的稳固以及伦理道德的维护构成严重威胁。应对策略：强化人工智能内容生成的安全监管，实施严格的内容审核机制，确保输出内容合法、无害且符合伦理；采用先进的数据加密与访问控制技术，保护信息内容的完整性与真实性，防止未经授权的篡改；提升模型的安全性与鲁棒性，尤其是对用户输入信息的筛选与过滤能力，避免不良元素引导产生有害内容；同时，加强用户教育与意识提升，倡导负责任的信息使用与生成行为。

（2）真实性安全。

若人工智能系统及其产生的输出内容缺乏清晰的标识，用户可能难以区分与之交互的对象或生成内容的真正来源，进而难以验证内容的真实性（即内容真实性或数据真实性）。应对策略：为人工智能系统及其输出内容添加清晰、不可篡改的标识，确保用户能准确识别来源与真实性；提升内容生成技术的透明度，让用户了解内容是如何产生的；加强人工智能生成内容的验证手段，如引入数字签名、时间戳等技术；同时，更新身份验证技术，使其能够区分人类与人工智能生成的内容，确保认证流程的有效性。

（3）信息泄露。

政府机构、企业等组织的工作人员在执行职务过程中，若未能按照规范或不当地使用了人工智能服务，将敏感信息（例如内部业务数据等）输入至大模型，这可能会导致工作秘密、商业机密或关键的敏感业务数据外泄。应对策略：加强组织内部的人工智能使用培训；实施严格的数据分类与访问控制，限制敏感信息的接触范围；采用加密技术与安全协议保护数据传输与存储；建立数据泄露应急响应机制，及时发现并处理潜在风险；同时，定期进行安全审计与风险评估，确保人工智能服务的安全使用。

（4）缺陷传导。

在人工智能领域，基于基础模型进行二次开发或微调是一种常见的应用手段。然而，若基础模型本身存在安全漏洞，这些漏洞很可能会被传递到下游的模型中，进而导致整个系统面临更高的安全风险。应对策略：在选用基础模型时，进行严格的安全审查与测试，确保其无已知漏洞；对基础模型进行定期的安全更新与补丁管理；在二次开发或微调过程中，实施代码审查与安全测试，防止引入新漏洞；建立安全监控与响应机制，及时发现并处理基础模型中的安全问题；同时，鼓励使用经过认证的安全基础模型与开发框架。

（5）网络攻击。

人工智能若被不法分子恶意利用，可能会被自动化地用于发动网络攻击或提升攻击效率，涵盖利用系统漏洞、破解密码保护、生成有害代码、散布钓鱼邮件、执行网络扫描以及实施社会工程学攻击等多种手段。应对策略：加强人工智能系统的安全防护，包括实施严格的访问控制与身份验证，定期更新与修补系统漏洞；提升网络安全监测与响应能力，及时发现并阻断恶意行为；加强用户教育与安全意识提升，防范社会工程学攻击；同时，推动行业合作，共享威胁情报，共同应对人工智能在网络攻击中的滥用。

5. 现实安全

（1）经济社会安全。

人工智能技术已在很大程度上充当了人力工作的"高效替代工具"，并对经济安全构成了显著影响。应对策略：加强人工智能技术的监管与标准制定，确保其应用符合安全与伦理要求；提升算法模型的透明度与可解释性，便于监测与纠正错误；强化系统的安全防护与韧性，防范外部恶意攻击；推动行业合作，共享安全最佳实践，共同提升整体安全水平；同时，加强公众教育与安全意识提升，减少因误解或不当使用引发的风险，确保人工智能技术在促进经济发展的同时，不危及经济社会的整体稳定与安全。

（2）违法犯罪活动。

人工智能存在被不当用于涉及恐怖主义、暴力行为、赌博、毒品等非法活动的风险，这些滥用行为可能包括传授犯罪方法、掩饰犯罪行为以及制造犯罪工具等。应对策略：加强人工智能技术的监管，确保其不被用于非法活动；建立多部门协作机制，及时发现并打击利用人工智能进行的犯罪；提升公众对人工智能滥用风险的认识，倡导合法使用；同时，加强技术研发，提升人工智能在识别、预防与打击犯罪方面的能力，为维护社会治安贡献力量。

（3）两用技术滥用。

若人工智能中的两用技术（既可用于为民服务，也可用于各类破坏行动的技术）遭到不当使用或滥用，它们可能对国家安全、经济安全以及公共卫生安全构成严重的潜在威胁。针对人工智能中两用技术的不当使用或滥用，应对策略需聚焦预防、监管与技术提升。首先，加强技术研发前的伦理审查和风险评估，确保技术设计之初就考虑其潜在风险。其次，建立健全法律法规，明确界定技术使用边界，对违法行为严惩不贷。同时，提升网络安全防护能力，定期演练应对网络攻击，减少系统漏洞。此外，加强国际合作，共享威胁情报，共同应对跨国安全挑战。最后，推动公众教育与意识提升，让社会各界了解两用技术的风险，形成社会共治的良好氛围。

6．认知安全

（1）"信息茧房"效应。

人工智能将在定制化信息服务中扮演重要角色，通过广泛收集并分析用户的各类信息，包括类型、需求、意图、偏好、行为模式，乃至特定时期内的公众主流观念等，进而向用户推送既符合规范又个性化的信息和服务。然而，这种做法有可能加剧所谓的"信息茧房"现象，使用户局限于单一的信息渠道，难以接触到全面且多元化的观点和信息。为应对人工智能在定制化信息服务中可能加剧的"信息茧房"现象，需确保信息收集全面、算法透明可调整，同时鼓励用户主动探索多元信息，并加强媒体素养教育，提升公众对信息筛选和批判性思考的能力。此外，引入外部监管和多样化信息源，促进信息生态平衡，也是关键措施。

（2）用于认知战争。

人工智能技术能够被用来创造和传播虚假的新闻报道、篡改的图像及音视频资料，以宣扬恐怖主义、极端主义以及有组织犯罪等不良信息，进而干涉他国的内部事务、社会体制和社会秩序，对他国的主权构成威胁。针对人工智能技术在不良信息传播、干涉他国事务及操控舆论等方面的风险，应对策略需包括强化监管技术、提升公众意识、加强国际合作，并推动技术伦理建设。通过技术手段监测和拦截虚假信息，提高公众辨识能力，加强跨国合作打击网络犯罪，同时制定和执行严格的人工智能伦理准则，确保技术发展服务于社会福祉，维护国家主权和公众利益。

7．伦理安全

（1）加剧偏见。

人工智能在收集并分析人类的行为模式、社会地位、经济状况以及个体性格等信息的基础上，可能会对不同人群进行标签化分类并实行差异化对待，这一行为有可能触发系统性的社会歧视与偏见。为应对人工智能可能带来的社会歧视、偏见及技术差距加剧问题，需加强监管，确保数据使用公正透明，同时推动技术普及与教育，提升各地区技术能力，缩小发展差距，并培养公众对人工智能的批判性思维，以促进技术公平与社会和谐。

（2）社会秩序。

人工智能技术的迅猛进步及其在各个领域的广泛应用，或将引发生产工具与生产关系的根本性变化，推动传统行业模式经历重大转型。面对人工智能技术的迅猛发展及其对社会各领域的深远影响，应对策略需聚焦在增强适应力、促进包容性增长以及重塑社会契约上。这包括加强终身学习体系，提升劳动力技能以匹配新需求；推动政策创新，确保技术进步惠及广泛人群，减少不平等；同时，通过公共对话和教育，引导社会共识，理解并接受由技术驱动的变革，从而维护社会秩序与结构的稳定。

（3）脱离控制。

随着人工智能技术的快速进步，未来有可能出现人工智能系统能够自主获取外部资源、实现自我复制，乃至发展出某种形式的自我意识的情况。面对人工智能技术可能带来的控制权争夺、伦理挑战及安全威胁，应对策略需涵盖：强化伦理指导与法律框架，确保人工智能研发遵循人类价值观；发展安全可控的人工智能技术，包括限制自我复制能力，设置权力边界；加强国际合作，共同制定人工智能标准与监管机制；提升公众认知，培养对人工智能技术的责任感与审慎态度，确保人机和谐共存。

7.1.6 人工智能安全的意义

人工智能技术的核心特性使其与安全体系的多个组成部分紧密相连，产生了广泛而深入的影响，对国家的主权维护、意识形态塑造以及社会关系格局等方面构成了显著挑战。以下是对人工智能安全重要意义的具体阐述。

保障技术应用的可信赖性　人工智能系统的安全性构成了其广泛应用与信赖的基石。为了维护系统的保密性、完整性、可用性和可控性，必须采取有效措施，以防范数据泄露、模型篡改和系统故障等潜在风险。只有这样，人工智能技术才能在各个行业领域中实现稳定且可靠的应用，赢得广泛的信任与支持。

维护社会稳定与和谐　随着人工智能技术在智慧城市、智能交通、医疗诊断等多个社会领域的广泛应用，其安全性问题日益凸显。一旦人工智能系统存在安全隐患，可能会引发交通瘫痪、医疗诊断错误等严重后果，进而对社会稳定与和谐构成严重威胁。因此，确保人工智能技术的安全性，对于维护社会的正常运转与和谐氛围具有至关重要的作用。

促进经济发展　人工智能已成为当前全球科技竞争的核心议题之一，同时也是驱动经济增长的关键因素。确保人工智能的安全性，不仅能够激发该领域的技术创新与应用拓展，还能加速相关产业的蓬勃发展，进而有力推动经济的持续增长与就业机会的增多。

保护个人隐私和权益　在处理和分析庞大的个人数据集时，人工智能系统必须严格确保数据的保密性与安全性。一旦发生数据泄露或被不当利用的情况，个人隐私和权益将面临严重侵害。因此，保障人工智能系统的安全，成为维护个人隐私和权益的一道重要防线。

遵守法律法规和伦理规范　随着人工智能技术的迅猛进步，相关法律法规与伦理准则亦在持续健全之中。确保人工智能的安全性，是遵循法律法规与伦理规范不可或缺的一环。此外，通过强化安全管理与监管机制，能够有效促进人工智能技术的合规演进，确保其沿着正确的轨道发展。

提升国际竞争力　在全球化的大环境下，人工智能技术的竞争已成为国际舞台上的关键较量之一。保障人工智能的安全，对于增强我国在这一领域的国际竞争力具有重大意义。这不仅有助于推动我国在人工智能技术研发上实现更大突破，还能加速其在实际应用中的广泛落地，进一步巩固和提升我国的科技实力。

总而言之，人工智能安全的重要性极为显著，不容忽视。唯有通过强化安全管理与监管机制，促进人工智能技术的稳健、快速发展，方能更有效地服务于社会进步、经济发展和民众生活的各个领域。

7.1.7 人工智能安全发展趋势

人工智能的安全挑战是一个复杂且多维的问题，其妥善解决需要技术、伦理、法律及政策等多方面的协同。随着人工智能技术的不断进步和应用领域的不断扩展，人工智能安全问题也不断凸显，安全保障措施必须与时俱进、持续创新，以保障人工智能技术的稳健有序发展，为人类社会带来更多积极贡献。未来，人工智能安全将呈现以下发展态势。

技术创新与融合　相对于人工智能的技术发展速度而言，人工智能安全的发展有严重滞后的效应。随着人工智能技术的不断进步，预计将持续涌现出新的安全防护技术。这些创新技术与现有的安全防护手段相结合，将共同打造出一个更加全面和强大的安全防护体系。人工智能安全应用将朝着智能化、自动化、全面化的方向发展。

标准化与规范化　人工智能安全发展的标准化与规范化态势将持续加强，推动制定和完善人工智能安全标准和规范，可以确保人工智能技术的安全性、促进产业发展、增强社会信任。然而，面对诸多挑战和问题，需要政府、企业、学术界及公众共同努力，推动人工智能安全发展的标准化与规范化进程不断向前迈进。

法律法规的完善　鉴于人工智能安全问题的日益凸显，各国政府正积极加强相关法律法规的制定和完善。这些法律旨在加强对人工智能技术的监管和合规性审查，确保技术的合法、合规使用，为人工智能安全领域提供稳固的法律基础和明确的指导原则。

社会共识的形成　人工智能安全问题的日益显著促使社会各界形成共识，共同推动该领域的进步。政府、企业、学术界及公众正携手合作，致力于打造一个既安全可信又可有效管控的人工智能生态环境。

7.2　人工智能伦理

人工智能技术以惊人的速度发展，其影响力已经深入社会的方方面面。从机器学习和自然语言处理到计算机视觉，这些技术正在颠覆传统行业并创造新的可能性。人工智能将会对人类社会产生深远影响。那么，人工智能究竟应该向何处去？在人类社会深度科技化的历史背景中，想要阻止人工智能的快速发展几乎是不可能的，更为现实的做法是为人工智能的发展进行伦理规制，由此彰显了机器人与人工智能伦理研究的重要性。

7.2.1　人工智能的社会与技术影响

人工智能技术在许多领域都取得了突破性进展。例如，在制造业中，人工智能驱动的自动化生产线能够显著提高生产效率；在物流行业，智能调度算法优化了货物运输路径；在医疗领域，人工智能辅助诊断系统能够帮助医生更准确地识别疾病症状。这些进步不仅带来了经济效益，还改善了人类的生活质量。然而，这些技术也开始接管许多传统人类任务和决策过程，导致社会对人工智能技术的依赖日益增强。随着人工智能对人类社会的渗透，其可能引发的伦理问题也逐渐显现。

过去几年中，许多案例揭示了人工智能系统在实际应用中可能带来的伦理风险。例如，某公司自动驾驶汽车在自动辅助驾驶模式下未能识别前方货车，导致驾驶员在事故中丧生；某公司的人工智能聊天机器人上线不到一天，因发布种族主义和性别歧视言论而被下线；犯罪分子利用人工智能模仿企业高管的声音实施诈骗，造成公司财务损失。这些事件反映了当前人工智能技术在公平性、透明性、隐私保护和责任归属等方面面临着重大伦理挑战。更严重的是，人工智能技术已经开始被用于危害社会的活动，例如，利用人工智能技术制造深度伪造视频，传播虚假信息等。

7.2.2　何为人工智能"伦理问题"

人工智能伦理作为一个新兴的跨学科研究领域，分为两个主要方向：一是关于人工智能的伦理，即研究与人工智能相关的伦理理论、准则、政策和法规；二是关于伦理的人工智能，即设计能够符合伦理规范并在规划、开发、生产和使用过程中保持伦理行为的人工智能系统。尽管学术界近年来对人工智能伦理的关注有所增加，但整体研究仍处于起步阶段。目前的大多数研究集中于单一方面，例如偏见与公平性、隐私与安全、可解释性或伦理准则。然而，缺乏对人工智能伦理问题的全面综述与系统分析。

人工智能的伦理问题范围广泛且复杂，涵盖了技术、社会、经济和法律等多个维度。这些问题不仅对人工智能系统的开发和应用提出挑战，也对社会的整体运作带来深远影响。以下是人工智能伦理问题的主要范畴。

隐私权　人工智能在数据收集、存储和分析过程中可能侵犯个人隐私。例如，大规模监控技术可能收集个人行为数据，而未获得明确的用户同意。随着数据驱动的人工智能技术不断普及，个人信息的泄露风险显著增加。此外，人工智能算法在分析数据时可能挖掘出用户未曾公开的敏感信息，从而进一步威胁隐私权。

公平性与偏见　人工智能算法在决策过程中可能引入或放大偏见，导致歧视性结果。例如，招聘算法可能因训练数据的不平衡而对某些群体产生不公平待遇。这种偏见可能是由于训练数据的历史偏差，也可能是由于算法设计中未充分考虑公平性原则。为了减少这种风险，需要在数据采集、算法设计和模型验证阶段采取多种措施。

透明度与可解释性　许多人工智能系统是"黑箱"模型，其决策过程对用户和开发者来说是不透明的。这可能导致对系统信任度的下降，并增加责任划分的复杂性。为了提升人工智能系统的透明度，研究人员正在探索开发可解释的人工智能模型。这些模型不仅可以帮助用户理解人工智能的行为，还可以在出现问题时明确责任归属。

责任归属　当人工智能系统发生错误或造成损害时，明确责任归属是一大挑战。例如，自动驾驶汽车在事故中的责任应归于驾驶员、制造商还是开发者？解决这一问题需要在法律和技术层面制定相应的标准和规则，以确保在事故发生时能够快速、公正地划分责任。

信息茧房与回声室效应　人工智能驱动的推荐系统可能导致用户接触到的信息变得高度同质化，从而形成信息茧房或回声室效应，削弱社会多样性。这不仅限制了用户对多元观点的接触，还可能加剧社会分化和极化。为了缓解这一问题，需要在推荐算法中引入多样性和随机性机制。

就业与经济影响　人工智能的广泛应用可能导致大规模失业，特别是在重复性和低技能劳动领域。这给社会经济结构带来了新的挑战。为了缓解这种影响，政策制定者需要推动教育和职业培训的改革，以帮助劳动者适应新技术环境。此外，还需要探索新的社会保障机制，以应对因技术失业带来的后续问题。

安全与监控　人工智能在安全领域的应用，如面部识别和行为预测系统，可能被滥用，从而引发伦理争议。虽然这些技术可以提高公共安全，但其滥用可能导致严重的隐私侵害和社会不公。因此，需要通过政策和技术手段对人工智能安全应用进行严格监管。

人工智能武器化　人工智能被应用于军事和武器开发可能引发不可控的全球性问题。例如，人工智能驱动的自动武器可能在没有人类干预的情况下作出攻击决策，这增加了战争的不确定性和风险，同时对国际法和安全构成了严重挑战。国际社会亟须通过协作，制定相关法律和伦理框架，以限制人工智能在军事领域的滥用。

深度伪造与虚假信息传播　深度伪造技术可以生成高度逼真的虚假视频或音频内容，被恶意使用时可能威胁个人声誉甚至国家安全。例如，利用深度伪造技术制造的名人虚假言论视频，可能加剧公众的不信任情绪或引发社会争议。为了应对这一问题，需要开发更高效的检测技术，同时加强对虚假信息传播的法律监管。

伦理决策与价值冲突　人工智能系统在复杂情境下可能需要做出伦理决策，例如，自动驾驶汽车在事故无法避免的情况下如何选择最小化损害。这种决策涉及价值判断，而不同文化背景可能对同一伦理问题有不同的看法。为此，开发全球适应性的伦理人工智能系统是一项巨大的技术和社会挑战。

环境影响　人工智能技术的开发和应用需要消耗大量的计算资源，这对能源消耗和碳排放提出了严峻挑战。例如，训练一个大型的深度学习模型可能需要排放大量二氧化碳。因此，未来需要更加关注人工智能技术的绿色设计。

7.2.3　人工智能的伦理原则

人工智能伦理原则是指导人工智能技术开发和使用的基石，它们应与组织的使命、愿景和核心价值观相一致，并且符合行业最佳实践和社会期望。以下是一些关键的伦理原则。

公平性和非歧视　确保人工智能系统不会导致不公平的偏见或歧视。

透明度和可解释性　人工智能系统的决策过程应该是透明的，用户能够理解其工作原理。

责任和问责制　明确谁对人工智能系统的行为负责，确保在出现问题时能够追踪责任。

隐私和数据保护　尊重和保护个人隐私，合法合规地处理个人数据。

安全性和安保　确保人工智能系统安全可靠，防止对人类造成伤害。

以人为本的设计和监督　人工智能系统的设计应以人为中心，确保人类对人工智能系统有最终控制权。

7.3　人工智能法律

7.3.1　人工智能法律的重要性

近年来，人工智能技术以惊人的速度发展并深刻影响着我们的生活和社会。它在医疗、交通、教育、金融等领域展现出了巨大的潜力。然而，人工智能技术的广泛应用也引发了诸多法律和伦理问题，例如数据隐私保护、算法偏见、责任归属以及知识产权争议等。通过制定和完善人工智能法律，能为技术发展提供指引，同时有效应对上述问题，为社会的公平与可持续发展保驾护航。人工智能法律构建的重要性体现在以下几个方面。

规范技术应用、保障公共利益：例如，某公司因其人工智能招聘系统对女性候选人存在歧视而引发争议。该系统依据历史数据训练模型，而这些数据本身具有性别偏见，导致女性在技术职位中的评分低于男性。这一事件反映了缺乏法律约束时，算法可能延续或加剧社会不公平。通过人工智能法律，可以要求企业开发的人工智能算法具有透明性和公正性。

保护个人隐私与数据安全：例如，某公司非法获取社交平台用户数据，用于精准广告投放，引发公众对隐私保护的担忧。此事件表明，人工智能技术的大规模数据处理能力可能对个人隐私构成严重威胁。为此，法律需要明确数据收集与使用的规则，例如用户授权、数据加密等要求。

明确责任归属、化解法律纠纷：例如，某公司自动驾驶汽车出现致命交通事故，引发了对责任归属的激烈讨论：应由汽车制造商、软件开发商还是乘客承担责任？通过法律规定，可以为此类事件提供清晰的责任划分。

激励技术创新、促进产业发展：例如，某公司开发的人工智能在围棋领域取得成绩，但围绕其算法和数据集的知识产权问题也引发讨论，该公司是否对训练数据拥有完全的知识产权？这样的问题答案不可清晰，也可能阻碍创新。人工智能法律可以通过建立知识产权保护机制，鼓励企业和个人开发新技术；同时，避免过度监管以确保技术创新的自由。

7.3.2　人工智能法律的基本概念

人工智能法律的定义是指调整与人工智能技术开发、应用和影响相关的法律规范和制度体系。其核心在于通过法律手段规范人工智能技术的使用，平衡技术发展与社会利益，保障技术的透明性、公平性和安全性。人工智能法律的涵盖范围有以下几个方面：

（1）隐私与数据保护：规范数据的收集、存储和使用，保护个人隐私和信息安全。

（2）算法透明性与责任归属：确保算法结果可解释，并在出现问题时明确责任方。

（3）伦理与偏见问题：避免人工智能技术因算法偏见或伦理问题对社会造成不良影响。

（4）知识产权保护：解决人工智能生成作品的版权归属问题，鼓励技术创新。

我国于2021年实施《中华人民共和国个人信息保护法》，并对智能驾驶、人工智能算法推荐等领域提出详细规制。要求算法推荐系统"公开透明、用户可控"。明确提出对侵犯个人隐私的行为追责。

人工智能法律与其他法律有密切相关的联系。人工智能法律与民法密切相关，尤其是在侵权责任领域。例如，在无人驾驶汽车发生交通事故时，民法中的产品责任原则与人工智能法律规定共同作用，以划分制造商和用户的责任。人工智能系统可能被用于犯罪行为、网络诈骗或非法监控。在这种情况下，刑法对犯罪行为进行惩治，而人工智能法律则规范相关技术的使用边界，防止犯罪发生。人工智能法律与知识产权法亦有关联，人工智能生成内容（如艺术作品、代码）是否享有版权是当前知识产权法的重要争议点。人工智能法律需在技术与法律之间找到平衡，既保护创新者权益，也避免垄断技术资源。

7.3.3　人工智能的法律责任划分

法律责任的划分和承担是人工智能发展面临的首要法律挑战，涉及如何确保人工智能和自主系统是可以被问责的。法律责任的设定，在于追究法律责任，保障有关主体的合法权利，维护法律所调整的社会关系和社会秩序。

从传统责任理论来看，根据主观过错在法律责任中的地位，将法律责任分为过错责任和无过错责任。其中，过错责任将"过错"作为责任的构成要件，而且是最终要件，无过错就无责任。过错责任是法律责任中最普遍的形式，并且是占据主导地位的法律责任，传统的侵权法中也主要以过错责任为原则。但是进入人工智能时代后，人工智能系统已经可以在不需要人类的操作和监督下独立完成部分工作，而机器自主性操作造成的损害如何来判断和划分其责任成为一大难题。但事故发生后，需要有人来承担责任，这种情况下如何对各方责任进行界定就陷入了困境。

鉴于关于人工智能责任划分和承担问题在实践中已经出现，特别是在自动驾驶和机器人的应用中，对责任划分问题提出了迫切需求，部分国家和地区开始了立法层面的探索，国际社会也就此问题开始了积极的探讨，感兴趣的读者可以自行查阅相关资料进行学习。

7.3.4　人工智能的监管与治理

2019 年 6 月 17 日，国家新一代人工智能治理专业委员会发布《新一代人工智能治理原则——发展负责任的人工智能》，提出了人工智能治理的框架和行动指南。

全球人工智能发展进入新阶段，呈现出跨界融合、人机协同、群智开放等新特征，正在深刻改变人类社会生活、改变世界。为促进新一代人工智能健康发展，更好协调发展与治理的关系，确保人工智能安全可靠可控，推动经济、社会及生态可持续发展，共建人类命运共同体，人工智能发展相关各方应遵循以下原则：

和谐友好　人工智能发展应以增进人类共同福祉为目标；应符合人类的价值观和伦理道德，促进人机和谐，服务人类文明进步；应以保障社会安全、尊重人类权益为前提，避免误用，禁止滥用、恶用。

公平公正　人工智能发展应促进公平公正，保障利益相关者的权益，促进机会均等。通过持续提高技术水平、改善管理方式，在数据获取、算法设计、技术开发、产品研发和应用过程中消除偏见和歧视。

包容共享　人工智能应促进绿色发展，符合环境友好、资源节约的要求；应促进协调发展，推动各行各业转型升级，缩小区域差距；应促进包容发展，加强人工智能教育及科普，提升弱势群体适应性，努力消除数字鸿沟；应促进共享发展，避免数据与平台垄断，鼓励开放有序竞争。

尊重隐私　人工智能发展应尊重和保护个人隐私，充分保障个人的知情权和选择权。在个人信息的收集、存储、处理、使用等各环节应设置边界，建立规范。完善个人数据授权撤销机制，反对任何窃取、篡改、泄露和其他非法收集利用个人信息的行为。

安全可控　人工智能系统应不断提升透明性、可解释性、可靠性、可控性，逐步实现可审核、可监督、可追溯、可信赖。高度关注人工智能系统的安全，提高人工智能鲁棒性及抗干扰性，形成人工智能安全评估和管控能力。

共担责任　人工智能研发者、使用者及其他相关方应具有高度的社会责任感和自律意识，严格遵守法律法规、伦理道德和标准规范。建立人工智能问责机制，明确研发者、使用者和受用者等的责任。人工智能应用过程中应确保人类知情权，告知可能产生的风险和影响。防范利用人工智能进行非法活动。

开放协作　鼓励跨学科、跨领域、跨地区、跨国界的交流合作，推动国际组织、政府部门、科研机构、教育机构、企业、社会组织、公众在人工智能发展与治理中的协调互动。开展国际对话与合作，在充分尊重各国人工智能治理原则和实践的前提下，推动形成具有广泛共识的国际人工智能治理框架和标准规范。

敏捷治理　尊重人工智能发展规律，在推动人工智能创新发展、有序发展的同时，及时发现和解决可能引发的风险。不断提升智能化技术手段，优化管理机制，完善治理体系，推动治理原则贯穿人工智能产品和服务的全生命周期。对未来更高级人工智能的潜在风险持续开展研究和预判，确保人工智能始终朝着有利于社会的方向发展。

2024年9月9日，国家网络安全标准化技术委员会发布《人工智能安全治理框架》1.0版（以下简称《框架》）。《框架》以鼓励人工智能创新发展为第一要务，以有效防范化解人工智能安全风险为出发点和落脚点，提出了包容审慎、确保安全，风险导向、敏捷治理，技管结合、协同应对，开放合作、共治共享等人工智能安全治理的原则。针对模型算法安全、数据安全和系统安全等内生安全风险和网络域、现实域、认知域、伦理域等应用安全风险，《框架》提出相应技术应对和综合防治措施以及人工智能安全开发应用指引，为促进人工智能健康发展和规范应用提供了基础性、框架性技术指南。

7.4　本　章　小　结

人工智能的快速发展带来了前所未有的机遇，同时也引发了深刻的安全、伦理与法律挑战。安全方面，人工智能系统的脆弱性可能导致数据泄露、隐私侵犯及系统被恶意利用。伦理上，算法偏见、责任归属不明及人类价值观嵌入不足等问题日益凸显。法律方面，现行法规往往滞后于技术演进，如何界定人工智能行为的法律责任、保护用户权益及促进技术创新成为亟待解决的难题。通过本章的学习，可掌握人工智能安全的基本概念，熟悉人工智能的应用领域、伦理道德和法治敦促发展的体系。构建全面的安全框架、制定伦理准则及完善法律法规，成为保障人工智能健康发展的关键。未来，跨学科合作与国际共识的达成将对于平衡技术进步与社会福祉至关重要，有利于人工智能在遵循安全、伦理与法律边界的前提下，更好地服务于人类社会。

7.5　习题与思考

1. 什么是人工智能安全？
2. 人工智能系统面临的主要安全威胁有哪些？
3. 如何提高人工智能系统的安全性？
4. 人工智能安全在法律上有哪些规定？
5. 人工智能伦理与人工智能安全有何关系？

附录 AIGC 工具免责声明

本书中介绍的所有 AIGC 工具及其相关应用，仅供学习与教学目的使用。使用这些工具时，请注意以下事项。

1. 法律合规性

用户在使用 AIGC 工具时，需遵守所在国家和地区的法律法规。特别是对于生成内容的版权、隐私和数据保护，用户有责任确保其行为符合相关法律规定。

2. 工具的适用性

本书中提到的工具可能随时间推移发生更新或功能变动。书中提供的信息仅为参考，具体使用效果可能因实际操作环境而有所不同。用户在使用工具前，应熟悉其功能与限制。

3. 生成内容的责任

使用 AIGC 工具生成的内容仅代表用户个人的输入结果，与工具开发者或本书编写团队无关。对于生成内容可能产生的任何后果（如内容失实、侵权或道德争议），用户自行承担全部责任。

4. 第三方工具的知识产权声明

本书所引用的第三方 AIGC 工具，均为其各自权利持有人所有。用户在使用这些工具时，应尊重其知识产权，并按照官方授权的许可条款操作。此外，用户需仔细阅读并同意相关使用条款与隐私政策。因第三方工具服务中的漏洞或其他问题引发的风险，与本书及其编写团队无关。

5. 伦理与道德考量

AIGC 技术应用需以正当用途为前提。用户应避免利用工具生成虚假信息、散播恶意内容或从事其他不道德行为。

6. 风险提示

（1）人身安全与财产损失

用户因不当使用 AIGC 工具或生成内容所导致的人身安全问题（如网络欺诈、数据泄露）及财产损失，需自行承担全部责任。本书编写团队及其所属机构对此不承担任何赔偿义务。

（2）不可描述的风险

AIGC 工具可能生成不可控、不当或不符合预期的内容，包括但不限于误导性信息、冒犯性内容或其他违反伦理与道德的输出。本书提醒用户在使用过程中增强风险意识，对生成内容进行严格审查和筛选。

7. 本书内容的局限性

本书无法涵盖所有可能的使用场景和潜在问题。建议用户在使用工具前，深入了解其功能与限制，并根据实际需要调整使用方法。本书仅为学习和实践提供指导，用户需自行判断 AIGC 工具在特定场景下的适用性。

由于工具使用不当而引发的任何后果（包括法律责任），应由用户个人承担。

在开展涉及经济交易、重要决策或其他高风险操作前，建议咨询相关专业人士。

参考文献

［1］柏先云.WPS AI 智能办公从入门到精通（视频教学版）［M］.北京：化学工业出版社，2024.

［2］徐捷，雷鸣.AI 智能办公：ChatGPT+Office+WPS 应用从入门到精通［M］.北京：化学工业出版社，2024.

［3］程希冀.学会提问，驾驭 AI：提示词从入门到精通［M］.北京：电子工业出版社，2024.

［4］凌祯，张海涛，刘翠林.AI 智能办公：从训练 ChatGPT 开始［M］.北京：电子工业出版社，2023.

［5］李烨，栾东.人工智能入行实战：从校园到职场［M］.北京：人民邮电出版社，2023.

［6］陈凯泉，何瑶，仲国强.人工智能视域下的信息素养内涵转型及 AI 教育目标定位——兼论基础教育阶段 AI 课程与教学实施路径［J］.远程教育杂志，2018，36（1）：61-71.

［7］邓华，陈荣.AI 技术在"Python 与人工智能"课程教学工作中的辅助应用［J］.移动信息，2024，46（7）：117-120.

［8］钱文亮.AI 训练、"自动化写作"与当代诗歌的现代性诗学知识［J］.南方文坛，2024（1）：17-23.

［9］韩子满；柴通达.人工智能知识翻译能力探析——以文学掌故为例［J］.外语电化教学，2024（5）：3-10.

［10］蔡芬，贾泉，沈文钦.生成式人工智能在我国研究生学术写作中的应用现状及其影响［J］.中国高教研究，2025，41（1）：75-82.

［11］陈秋雷.新媒体实务（AIGC 版）［M］.北京：人民邮电出版社，2025.

［12］严莉，武栋.人工智能技术应用［M］.北京：人民邮电出版社，2025.

［13］张知博.生成式人工智能（AIGC）在金融信贷业务中的应用及挑战探究［J］.中国市场，2024（18）：190-194.

［14］宋天龙.AIGC 辅助数据分析与数据化运营［M］.北京：机械工业出版社：2024.

［15］韩雪妍，许文.生成式人工智能赋能法律服务市场转型升级研究——基于 ChatGPT 视角［J］.中国商论，2024，33（13）：126-129.

［16］杨立民.基于生成式人工智能法律服务的数智化发展逻辑与建构路径［J］.深圳大学学报（人文社会科学版），2023，40（06）：111-120.

［17］陈升，刘子俊，张楠.数字时代生成式人工智能影响及治理政策导向［J］.科学学研究，2024，42（01）：10-20.

［18］徐琳.基于 AIGC 视角的数字传媒人才职业规划与创新发展［J］.现代职业教育，2024（10）：45-48.

［19］方滨兴.人工智能安全［M］.北京：电子工业出版社，2020.

［20］李伦.人工智能与大数据伦理［M］.北京：科学出版社，2018.